프랑스 박물관 정책과 관람객

프랑스 박물관 정책과 관람객

초판 인쇄 2020년 01월 05일
초판 발행 2020년 01월 10일

지은이   자클린 에델망, 멜라니 루스탕 외
옮긴이   이보아, 조예슬
교정교열   정난진
펴낸이   이찬규
펴낸곳   북코리아
등록번호   제03-01240호
주소   [13209] 경기도 성남시 중원구 사기막골로 45번길 14
        우림2차 A동 1007호
전화   02-704-7840
팩스   02-704-7848
이메일   sunhaksa@korea.com
홈페이지   www.북코리아.kr

ISBN 978-89-6324-665-9 (93060)
값 27,000원

프랑스 박물관 정책과 관람객

자클린 에델망, 멜라니 루스탕 외 지음

이보아, 조예슬 옮김

목차

목
차

7

2006년 6월 1일부터 2일까지 이틀간 에콜 드 루브르(École du Louvre)에서 개최된 "박물관 관람객 연구의 활용: 방법론, 결과, 권장(Utiliser les études de publics dans une politique d'établissement: Méthodes, résultats, préconisations)"을 주제로 다룬 세미나는 프랑스박물관관리청(DMF)의 관람객 연구 부서와 파리 데카르트 대학교와 프랑스 국립과학연구소(CNRS)의 제휴로 탄생한 사회관계연구센터(Cerlis: Centre de Recherche Sur Les Liens Sociaux)가 기획하고 조직했다. 이 세미나는 프랑스박물관관리청이 그동안 진행해온 다수의 세미나, 예컨대 "관람객에 관한 지식, 목표의 정의로부터 결과의 극대화까지(2001)", "박물관, 관람객에 관한 지식과 개발(2004)" 등과 같은 맥락 안에 놓여 있었다. 이 세미나에서는 최근 5년간 박물관이 진행한 다수의 연구가 소개되었고, 이러한 연구가 문화 정책에 미친 영향력에 대한 분석도 이루어졌다.

박물관 관람객과 지역 인구에 관한 연구 분야

1990년부터 프랑스박물관관리청의 관람객 부서는 프랑스 박물관의 관람 빈도를 통계적으로 측정하기 위해 '뮤제오스타트(Muséostat)'를 설치했고, 문화부의 감독 하에 관람객상설관찰소(OPP)를 개설·운영했다. 이러한 관찰 기구는 예컨대 처음으로 박물관을 방문한 관람객 같은 다양한 범주의 관람객에 대한 특성을 이해하는 데 도움을 주었다. 이와 함께 국립박물관과 지방박물관의 정책적 방향, 전시기술학, 다양한 형태의 전시 매개 등을 제시해주었다. 프랑스박물관관리청의 요청에 따라 해당 분야의 관련 대학과 자문가를 중심으로 설문조사 방식을 통해 관람객의 전시 수용에 관한 정량적 연구가 실행되었다. 문화기관의 관람 빈도 증가, 관람객의 다양화에 대한 문제, 민주화의 목표가 이 연구와 관련 프로그램의 핵심을 차지했다.

한편, 박물관이 직면한 새로운 경제적·문화적·환경적 현실과 도전을 수용 및 이해하기 위해 관람객 개발에 관한 연구가 지원을 받게 되었다. 1990년대에 프랑스박물관관리청과 프랑스관광산업기구(Afit) 간에 체결된 협약서는 박물관의 수용에 관련된 다수의 출판물뿐만 아니라 국립지리연구소(IGN)의 참여로 이루어진 프랑스 박물관 관광지도의 탄생에 지대한 영향력을 미쳤다. 2003년 프랑스관광연구소(Odit de France)[1]와 체결한 협약은 국립박물관의 관람객 개발에 관한 전략 및 관람 행태 연구에 대한 재정적 지원을 가능케 했다.

2004년 말, 저자는 생활환경연구관찰연구센터(Crédoc: Centre de recherche pour l'Étude et l'Observation des Conditions de Vie)에 프랑스 박물관의 관람 빈도와 이미지에 대한 연구를 의뢰했다. 이 연구는 2005년 프랑스인의 생활방식이나 조건, 욕구에 관한 옴니버스 형식의 연구를 기반으로 실행되었다. 관람 빈도의 증가, 관람객 프로파일, 관람 동기에 관한 지식과 정보는 지속적으로 최신의 내용으로 수정 및 보완되어야 했다. 노년 계층을 대상으로 진행된 이 연구는 향후 사회 발전상을 좀 더 구체적으로 제시하고, 해당 계층의 박물관에 대한 접근성을 전망하는 데 활용되고 있다. 현재 문화통신부 연구전망통계과(DEPS)와의 협의 하에 결정된 프랑스박물관관리청의 정책적 우선 과제는 연구의 일관성을 강화하는 것이다.

문화통신부의 사회통계에 대한 발전 양상

사회통계학의 발전은 문화통신부의 새로운 요구에 부응하기 위해 이루어졌다. 이러한 통계의 목표는 사회 및 경제 환경과 문화기술의 발전 그리고 지역문화에 대한 관찰 필요성에 의해 강화되었고, 연구 영역은 관

---

1   프랑스관광연구소는 관광 장관의 감독 하에 있는 공익단체(GIP)다.

람객과 관람객 정책으로 확장되었다. 한편, 재정 법률에 관한 기관법 (Lolf)에 따라 지표가 사용되었는데, 이러한 지표는 기관 정책의 성과 증진을 위해 관람통계 분석장치의 설치, 무료 입장에 관한 조사, 만족도에 대한 평가 연구를 촉진했다.

프랑스박물관관리청은 그간의 성찰을 통해 도출해낸 연구주제와 관심을 연구위원회 차원에서 주요 프로그램에 반영했다. 연구책임자로 활동한 필리프 샹트피(Philippe Chantepie)가 이 책의 끝부분에 그 방향성을 제시해줄 프로그램은 문화 행태와 소비의 성장뿐만 아니라 직무와 역량의 발전과 연관성이 있다. 프랑스박물관관리청은 특히 문화기관의 관람 빈도, 문화 확산의 메커니즘에 관한 이해, 문화적 다양성, 지역, 국가 그리고 더 나아가 국제적 차원에서 문화기관의 재생 및 활성화 효과를 발생시킬 수 있는 중추적인 역할에 대한 연구를 장려했다.

관람 행태의 변화와 관람에 대한 기대 상승으로 인해 오늘날 문화기관은 경제·사회·환경적 목표를 조정해야 한다. 이것이 바로 국가, 지방자치단체, 협회에 속한 대다수의 문화기관이 관람객 연구를 실행하는 이유다. 관람객의 양적 증가와 다양화에 따라 관람객 연구도 증가 추세를 보였으며, 예컨대 통계 조사나 평판에 대한 기준, 잠재 관람객에 대한 연구, 전시에 대한 관람객의 기대나 반응 등과 같이 그 내용 또한 다양해졌다. 따라서 우리는 지금까지 진행된 연구 내용을 검토하고, 그 결과를 활용하고자 한다.

관람객 연구와 문화기관의 정책 방향성

2006년 6월 이틀 동안 진행된 세미나에서는 주요 동향에 대한 검토가 이루어졌으며, 전략적 차원에서 의미 있는 선택과 변화를 통해 연구가 통합되었다. 또한 박물관 문화프로그램의 방향성과 함께 새로운 전망을 가능케 하는 분석요소가 제시되었다. 이 세미나에서는 문화 정책을 수립하려는 박물관이나 문화유적지에 몸담고 있는 전문인력의 관점, 그리고 연구자와 자문가의 관점이라는 두 가지 시각을 다루었다. 몇 가지 방법론적인 문제(연구용역제안서는 어떻게 작성하는가? 무엇을 기초로, 무엇을 기준으로 연구 프로토콜을 선정하는가? 연구의 기여도나 가치는 어떻게 측정하며, 그 결과는 어떠한 방식으로 해석되어야 하는가? 연구 절차상 어떤 부분부터 시작해야 하고, 어떤 부분에 가장 큰 노력을 투입해야 하며, 연구를 실행하기 위한 조건은 무엇인가? 연구 결과를 어느 정도까지 권장사항으로 해석해야 하며, 실행 계획을 위해 어떤 정보가 전달되어야 하는가?)에 대한 해답을 제시하기 위해 관람객 연구와 프로젝트 관리에 관한 두 가지 세션이 마련되었다.

이 세미나는 관람객 연구에 관한 전문적인 지식과 정보의 보급, 그리고 연구의 일관성을 향상시키는 데 매우 중요한 의미를 지녔다. 또한 이 세미나는 관람 빈도의 증가뿐만 아니라 관람객의 기대에 부응하기 위해 관람객에 대한 통찰력을 얻기 원하는 박물관의 관람객 개발 전략의 일부로써 작용했다. 이에 기획 전시의 수용에 관한 연구, 관람객에 관한 사회통계학적 연구, 그리고 최근 주목받고 있는 관람객의 모델화에 관한 연구 등이 제시되었다. 또한 다양한 연구 집단도 소개되었는데, 일례로 루브르박물관의 연구팀이 개발한 계량경제학적 접근 방법은 관람객 지표에 기반을 둔 혁신적 미래 예측 분석 도구로 인정받고 있으며, 이러한 분석 도구를 통해 문화 정책 수립을 위한 전략적 연구가 가능해졌다.

저자는 관람객에 관한 지식과 관람 빈도의 모델화, 문화 관광과 현지 개발, 관람객 개발, 전시 평가와 전시 수용에 대한 연구, 관람객 지향적 전시 기획 등 이 책에서 다루는 모든 주제가 전시 및 전시 매개, 더 나아가 박물관 정책에 혁신적 변화를 도모하기 위한 연구로 발전할 수 있기를 바란다.

이 세미나를 개최하는 데 도움을 준 관람객과 사회관계연구센터, 그리고 세미나를 성공적으로 이끌어준 박물관 관리자, 사무국장, 관람객 서비스 담당자, 대학관계자 그리고 자문가에게 감사의 말씀을 전한다. 또한 탁월한 협력관계를 보여준 에콜 드 루브르, 연구소, 기업에도 감사의 뜻을 표한다.

프랑스박물관관리청장
프랑신 마리아니-듀크레(Francine Mariani-Ducray)

이
책
에
대
하
여

13

이 책에 대하여

관람객 연구: 기초 연구, 정책의 선택 및 운영의 문제점

자클린 에델망(Jacqueline Eidelman)
멜라니 루스탕(Mélanie Roustan)

다양한 활동의 목적, 지식, 시스템을 설명하는 관람 빈도 곡선에 대한 분석, 관람객에 대한 이해 증진, 이용자의 만족도 향상이라는 세 가지 접근은 현대박물관의 관람객 정책을 결정하는 데 중요한 의미를 지닌다. 이 정책은 과학적·문화적 프로젝트의 표현일 뿐만 아니라 경제적·사회적 논리의 표현이기도 하다. 전시와 문화유산의 관람 상황, 발전 및 영향에 대한 수요 증가의 원인을 규명해야 하는가? 독자들은 이 책의 끝부분에서 2000~2005년 사이에 프랑스에서 700개 이상의 연구가 실행되었다는 사실을 확인할 수 있는데, 이처럼 짧은 기간에 그만큼의 양적 성과를 거둔 연구는 지금까지 없었다.

부분적으로 사회과학에 기반을 둔 이러한 연구 성과는 문화의 가변성, 문화 확산의 논리, 문화 수용의 형태, 문화 활용의 다양성에 대한 질문을 제기했다. 다른 한편으로는 행정학과 경영학의 발전에 편승하여 복잡성과 다양성을 띠는 여가 시장, 문화 공간의 동시성, 미디어와 디지털 기술을 고려하면서 여가를 조정하는 과정에 주의를 기울였다. 이는 박물관 전략뿐만 아니라 행동의 철학('관람객의 다양화', '누구나 접근할 수 있는 문화', '다양성의 노출' 등)에서도 찾아볼 수 있다. 이러한 구분은 기능적 원리(입장료, 개관시간, 안내, 편의시설, 관리 등)뿐만 아니라 전시 매개장치 측면에서도 명확하게 드러났다. 관람객 연구는 목표 계약, 프로그램, 운영 등에 대한 방향을 제시하고, 발전시키고, 평가하는 것을 지원해주는 것처럼 보인다. 이것은 단순한 수사적 표현에 불과한 것인가? 아니면 경험을 통해 알게 된 것인가? 문화활동에 참여하고 있는 기업을 정당화하기 위한 궤변인가, 아니면 박물관과 관람객에게 진정으로 의미 있는 서비스인가?

상술한 질문에 대한 해답을 제공하는 것이 바로 이 책의 목적이다. 먼저 우리는 프랑스의 현 상황이 단기간에 걸쳐 이루어진 비교적 간략한 연구 성과임을 독자들에게 인지시키고, 벤치마킹이 가능한 몇 가지 주요 연구 사례와 내용을 제공하고자 한다. 또한 관람객 연구를 둘러싼 문제점의 원인과 해결 방법을 살펴보고, 연구 배경과 이 책의 저술에 참여한 저자들의 네트워크에 관해 설명을 제공할 것이다. 이 두 가지 방법으로 관람객 연구에 대한 다양한 특성, 과학적 이론과 실무 간의 편차, 지식과 경제 부문 간의 상호의존성이 제시될 것이다.

또한 사회학적 방법론을 기반으로 2000~2005년 동안 진행된 연구 결과를 검토하고, 연구 결과의 특성과 확산, 문제점과 결과에 대한 분석이 이루어질 것이다. 마치 그림자 인형 놀이처럼 연구 결과 이면에는 이 책에 수록된 내용과 관련된 실증적인 실무 시스템이 존재한다. 박물관에 대한 다양한 연구를 기반으로 저술된 이 책은 연구 기획에서 실행에 이르는 과정, 연구 동기 및 전략 등 포괄적인 내용을 담고 있다.

또한 이 책은 사고와 의사결정과정에 영향을 미치는 공공 지원 환경을 비롯한 박물관의 시장 환경 등 시스템에 관한 내용도 다루고 있다. 최근 박물관 만족도에 대한 연구가 증가하는 현상이나 행동학적 관점에서 문화의 개인화와 사회화 과정에 접근하는 것도 그러한 시스템의 사례에 해당한다. 이러한 관점에서 이 책은 박물관의 '독자성'을 인정하면서 '관람의 행복 경제학(la visite aux economies du bonheur)'과 연결되는 혼합적 형태의 모델을 제안하게 될 것이다.

1) 관람객 연구의 탄생과 조직

드니 삼송(Denis Samson)은 북미의 박물관학적 평가 연구에 대해 언급할 때 평가 연구가 급격한 양적 성장을 이룬 시기는 1970년대였다는 사실을 인정하면서도 한편으로는 그 기원이 19세기 말부터 시작되었다는 점을 강조했다.[1] 1916년부터 '박물관 피로(fatigue muséale)' 현상이 현저하게 나타나면서 관람객이 박물관에 접근할 때 작용하는 일곱 가지 유형의 제약 요인이 확인되었다.

1911~1938년 동안 다수의 연구에서 관람 지원을 위해 사용된 인간 공학이 연구 대상으로 등장하면서 이들 연구 결과를 기반으로 텍스트의 길이, 용어의 사용, 패널과 안내표지판의 위치 등에 대한 안내지침서가 개발되었다. 전시에 대한 관람객의 접근 방법과 수준은 과학박물관뿐만 아니라 미술관에서도 분석되었다. 예컨대, 전시에 대한 관람객 접근의 경우, 전시물의 유인력이나 보유력에 대한 연구뿐만 아니라 다양한 관람객 계층을 대상으로 실행된 연구를 통해 관람 단계(관람 계획 단계, 관심의 정점을 이룰 시점, 관심이 쇠퇴하는 시점)에 대한 개념 및 이론도 정립되었다.

학교 단체관람객의 경우, 관람 계획 및 준비에 투입하는 노력, 전시 해설자의 유용성, 지식 습득에 대한 관람의 학습적 효과 등이 검증되었다. 1930~1940년대에 개최된 국제 규모의 전시와 순회 전시는 텍스트의 해석(스타일과 형식), 메시지의 작성과 활용에 관한 연구의 기초가 되었다. 특히 전시 담론의 구조화를 위해 시나리오 개발에 대한 필요성이 강조되었으며, 관람객 유형과 메시지를 일치시키기 위해 개념과 시나리오를 구별한 것도 주목을 받았다. 한편, 대중의 호응도에 대한 측정과 유형학은 기존의 시장조사방법론이 차용되었다.

---

1   D. Samson, *Nous sommes tous des positions. Les stratégies de lecture des visiteurs d'exposition*, thèse de doctorat en communication, Université du Québec à Montréal, 1995.

(1) 지식 영역의 구조화

관람객 연구에서 두 번째로 중요한 시기는 1970년대인데, 이 시기에는 영국과 미국의 교육 분야에서 개발된 학습 프로그램의 개념과 방법이 박물관 영역으로 흡수되었다. 이에 전시 기획과 관련된 연구인 형성 평가(évaluation formative), 전시 개최 후 실행되는 총괄 평가(évaluation sommative) 같은 새로운 박물관학적 전문 용어가 확산되었다. 전시에 대한 평가 연구는 전시 기획의 초기 단계부터 시작되었는데, 이 단계에서는 전시 영역, 독립 장치, 패널이나 상호작용성이 내재한 2차원 및 3차원 모형이 사용되었으며, 소수의 관람객으로 구성된 모집단을 대상으로 실험이 진행되었다.

학습 목표의 교수법과 관련된 연구의 경우, 이러한 사전 테스트는 전시의 인지적·감성적·행동적 목표가 명확해지는 시점부터 관람객이 메시지를 이해하는 시점까지 요구되는 환경 구축에 유용하다. 이러한 원칙은 전시 기획 프로젝트가 진행되는 과정에서 전시에 대한 개념을 개선하는 것을 목표로 하는 사전 평가(évalutation préalable)와 시나리오를 통해 구현된 전시를 대상으로 한 형성 평가의 차이를 통해 더욱 구체화되었다. 마지막 단계에서는 평가 작업에 대한 평가가 이루어진다.[2]

1990년도 초반에는 이러한 절차에 관한 지식과 그 한계에 대한 종합 평가가 실행되었다. 소장품 취득과 폐기 처분 절차에 대해 표준화가 이루어진 것은 긍정적으로 평가된 반면 관람객과 관람에 대해 특정 개념이 형성된 것은 부정적으로 평가되었다. 한편 행동주의적 방법으로 학습 상황을 분석하며, 인지 구조의 역동성을 간과한 실험적 인지심리

2   C. G. Screven, «Exhibit Evaluation: A Goal-Referenced Approach», Curator, 1976, 19 (4); R. L. Wolf, B. L. Tymitz, *Preliminary guide for conducting naturalistic evaluation in studying museum environments*, Washington D. C., Office of Museum Programs, Smithsonian Institution, 1978; S. A. Griggs, «Evaluating Exhibitions», in J. Thompson (dir.), *Manual of Curatorship: A Guide to Museum Practic*, London, Butterworth's, 1984; R. S. Miles, M. B. Alt, D. C. Gosling, B. N. Lewis, A. F. Tout, *The Design of Educational Exhibits*, London, George Allen and Unwin, 1988 (2e éd.); H. H. Shettel, S. Bitgood, «Les pratiques de l'évaluation de l'exposition: quelques études de cas», *Publics & Musées*, n°4, 1993. Pour une discussion de toutes ces méthodes: S. Chaumier, «Les méthodes de l'évaluation muséale: quelques reperès au sujet des formes et techniques», *La lettre de l'Ocim*, n°65, 1999.

학에 대해 의문이 제기되었다.[3] 이와 함께 관람객의 참여, 관람 과정, 관람 성과 간의 연속성을 고려하지 않은 이러한 접근 방법에 대한 반박도 이루어졌다.[4] 사회학과 인류학, 더 나아가 정보통신학적 연구방법론의 적용은 관람 경험에 대한 분석에 중요한 영향력을 미쳤으며, 관람 경험에 대한 연구는 사회적이며 상징적인 상호작용과 문화학을 기반으로 면밀하게 검토되었다.[5]

프랑스의 상황은 어떠한가? 거의 1세기 동안 진행된 관람객 연구를 종합해서 1989년에 저서를 발간한 드니 삼송과 베르나르 쉴르(Bernard Schiele)[6]에 의하면, 1960년 이전에는 관람객을 다룬 프랑스 문헌이 전혀 없었으나, 1960년대에 2권,[7] 1970년대에 9권,[8] 그리고 1980년대에는 100여 권의 문헌이 출간되었다. 당시 관람객 연구는 미술관보다는 대부

3 D. Uzzel, «Les approches socio-cognitives de l'évaluation des expositions», *Publics & Musées*, n°1, 1992.

4 R. J. Loomis, «Planning for the visitor: the challenge of visitor studies», in S. Bicknell, G. Farmelo (dir.), *Museum Visitor Studies in the 90's*, Science Museum, 1993; J. H. Falk, L. D. Dierking, *Learning from Museums. Visitor Experiences and the Making of Meaning*, Altamira Press, 2000.

5 S. Mac Donald, G. Fyfe (dir.), *Theorizing museums. Representing identity and diversity in a changing world*, London, Blackwell Publishers / The Sociological Review, 1996.

6 D. Samson, B. Schiele, avec la collaboration de P. Di Campo, *L'Évaluation muséale, publics et expositions, Bibliographie raisonnée*, Paris, Expo Média, 1989.

7 A, Mesuret, *Enquête sur les visiteurs du Musée Saint-Raymond*, Mémoire de l'École des psychologues practiciens, 1966; P. Bourdieu, A. Darbel, *L'Amour de l'art. Les musées d'art européen et leur public*, Paris, Minuit, 1969.

8 *Les Pratiques culturelles des Français en 1974*, Paris, La Documentation française, 1974; J.-F. Barbier-Bouvet, *Nouveaux éléments sur le public des musées. Le public du musée de peinture et de sculpture de Grenoble: fréquentation, comportement, attitudes*, Paris, La Documentation française, 1977; F. Champion, *La Vulgarisation scientifique et son public à partir d'une étude sociologique sur le Palais de la découverte*, Thèse de doctorat en sociologie, Université Paris V - René Descartes, 1977; J. Eidelman, *Rapport d'enquête sociopédagogique sur quelques salles du Palais de la découverte*, Laboratoire de sociologie de l'Éducation (CNRS / Paris V), 1978; H. Gottesdiener, *Analyse de l'influence de l'organisation spatiale d'une exposition sur le comportement des visiteurs*, Université Paris X, 1979; A.-M. Laulan, *Le Grand Public face à la science en Languedoc-Roussillon. Exposition Images de la recherche*, CNRS, 1979; M. Roussel, *Le Public adulte au Palais de la découverte 1970-1978*, Palais de la découverte, 1979.

분 과학관에서 이루어졌으므로 퐁피두센터(Centre Georges-Pompidou)
의 연구는 예외적인 사례에 해당한다. 또한 프랑스와 영미권의 관람객
에 대한 시각은 매우 달랐으며, 프랑스에서는 영미권에서 수행된 관람
객 연구의 가치를 낮게 평가했다.

1982년에 장프랑수아 바르비에-부베(Jean-François Barbier-Bou-
vet)는 이러한 시각적 괴리 현상의 원인을 프랑스의 '사회학적 접근의
유사제국주의'에 기인한다고 지적했다.[9] 사실상 피에르 부르디외(Pierre
Bourdieu)와 알랑 다르벨(Alain Darbel)의 저술은 중요한 위치를 차지하
며, 나머지 저술들 또한 문화에 대한 계량사회학, 교육과 지식의 사회학,
표상사회학, 사회기호학 등의 기초가 되었다.[10] 하나 고트디에너(Hana
Gottesdiener)는 심리학의 흐름을 주도한 유일한 연구자로 인정받고 있
다. 1980년 하나가 도큐망타시옹 프랑세즈(Documentation française)에
발표한 「전시 평가(Évaluer l'exposition)」라는 논문은 1980년대의 프랑
스와 영어권 연구를 비교했다. 이 논문에 의하면, 프랑스에서 실행된 연
구는 무엇보다 전시 관람의 영향력과 총체적인 관람객 집단에 관심을
두었지만, 영어권에서 진행된 연구는 특정 장치에 집중했으며, 가족 관
람객이나 학교 단체관람객 등과 같이 관람객 계층을 구분했다.

그뿐만 아니라 프랑스와 영미권 연구는 연구 문제와 연구 방법에서

9   J.-F. Barbier-Bouvet, *Cahier Peuple et Culture n°2*: «Du bon (et du mauvais) usage
     de l'évaluation. Utilisation et évaluation de l'exposition», 1983. Cette livraison de la
     revue de Peuple et Culture est consacrée aux Actes du premier colloque consacrée à
     l'évaluation (8 et 9 nov. 1982) et dont les communicants ont été: P. Moulinier (Service
     des études et recherches du ministère de la Culture), M. Petit (Service des études et
     recherches du ministère de la Culture), H. Gottesdiener (laboratoire de psychologie de
     la culture, Paris X), N. Heinich (sociologue), J. Eidelman (laboratoire de sociologie de
     l'éducation, CNRS / Paris V) et M. Roger (UER des sciences de l'éducation, Paris V),
     M. Levasseur et E. Veron (SORGEM, Paris), M. Guillaume (Paris IX), T. Chaput (chargé
     d'étude, Centre de Création Industrielle, Centre Georges-Pompidou), P. Bernard (Gra-
     pus-conception d'exposition), A. Verger (enseignante, concepteur d'exposition). Deux
     autres Cahier Peuple et Culture paraissent également en 1983 consacrés à «L'écrit
     dans l'exposition» et à «L'exposition et son lieu». Ces publications sont éditées à
     l'initiative de Expo-média, association présidée par J. Davallon.

10   특히 비평사회학에 일치하는 베라 졸버그(V. Zolberg)의 미국 박물관 관람 빈도에 관한 연구에
     서 위에 언급된 샤론 맥도날드(S. MacDonald)와 고든 파이프(G. Fyfe)의 저서가 보여주듯이
     이 프랑스 학파가 미국이나 영국에 파급력이 없지 않다는 점에 유의해야 한다.

도 상이성이 내재했다. 영미권에서는 설문지와 테스트를 사용해서 지식이나 학습 내용, 관람객의 기대와 선호에 중점을 두었다. 반면에 프랑스는 관람객의 활동과 이해 방식에 초점을 맞추고, 인터뷰에 기반을 둔 설문조사 방법이 사용되었다. 또한 프랑스의 경우, 계량적 접근방식을 사용한 '프랑스인의 문화활동' 같은 관람객사회학은 영미권의 연구 문헌에서 입증된 것을 재검증했으며, 관람객과 관람 전략의 분석 및 전시 방법의 분석에 집중하는 경향을 보였다.[11]

1990~2000년 사이에는 사회학, 언어학, 기호학, 심리학, 역사학, 경제학 등 인문학과 사회과학에서 새로운 연구 영역이 등장했다. 장 다발롱(Jean Davallon)의 분석에 의하면, 이러한 연구 영역은 '전시가 관람객에게 미치는 영향력'만큼이나 '관람객이 전시에 미치는 영향력'에도 관심을 기울였다.[12] 또한 대학뿐만 아니라 프랑스 국립과학연구원(CNRS: Centre National de la Recherche Scientifique)에서도 그 정당성을 입증했다. 1989년에 국립과학연구원의 인문사회과학부가 시작한 '박물관학(Muséologie)' 프로그램, 1990~93년까지 프랑스박물관관리청의 협력으로 교육부의 박물관 부서가 기획한 REMUS 프로그램, 문화통신부의 평가전망과와 프랑스박물관관리청의 관람객 부서가 기획한 프로젝트가 진행되었다. 이러한 프로그램이나 프로젝트는 지금까지 파악되지 않은 전체적인 연구 영역을 구조화하는 데 상당한 영향력을 미치고 있다.

학술지 창간[예를 들어 『관람객과 박물관(Publics & Musées)』,[13] 『박물관-인간(Musées-Homme)』, 총서 창간(리옹 대학 출판부에서 출간한 『박물관학(Muséologies)』], 기관의 정보센터 설립[예를 들어 박물관협력정보사무소(Ocim),[14] 프랑스박물관관리청, 문화유산학교; 파리과

---

11   D. et E. Jacobi, «Le panneau dans l'exposition scientifique», *L'objet expose le lieu*, Ex-po-média, 1986; J. Davallon (dir.), *Claquemurer pour ainsi dire tout l'univers. La mise en exposition*, Paris, Éditions du Centre de création industrielle, Centre Georges-Pom-pidou, 1986.

12   J. Davallon, *L'Exposition à l'œuvre. Stratégies de communication et médiation symbo-lique*, Paris / Montréal, L'Harmattan, 2000.

13   1992년 5월에 처음으로 발행된 『관람객과 박물관』(리옹 대학 간행물)은 2003년 6월부터 『문화와 박물관[Culture & Musées]』으로 전환되었다.

14   이러한 관점에서 자료센터이자 전문잡지 출판사, 평생교육 기획자로서의 박물관학협력정보사무소(Ocim)의 역할은 매우 중요한 의미를 지닌다.

학박물관의 연구미디어텍센터 등], 세미나 조직(조직사회학센터의 "박물관, 문화유산, 그리고 문화적 변환"), 또한 국제 및 국내 학회의 다양한 심포지엄 개최(그중에서도 프랑스와 퀘벡의 협력이 특별한 의미를 지님)[15] 등은 박물관학과 관련된 연구가 활발하게 진행된다는 사실을 표면적으로 입증해주었다. 기획 측면에서 볼 때, 연구소 일부나 전체가 공식적으로 박물관학에 대한 연구를 시작했고,[16] 변화, 수용, 조정 같은 새로운 패러다임이나 정보통신과학 같은 일부 학술 영역이 재정립되는 성과를 거두고 있다. 이와 함께 'ArcMc'나 'Option Culture'같은 민간 연구 기관들이 '문화 마케팅'에 착수했다.

(2) 새로운 전문직의 출현

새로운 연구 영역이 가시화됨에 따라 박물관의 현대화와 전문화라는 맥락에서 정규 교육 과정이 증가했다. 이는 앙드레 데발레(André Desvallées)가 새로운 '박물관 과학(sciences du musée)'과 함께 프로그램 기획 및 평가에 대한 새로운 요구가 내재한 행정과 경영, 조정 등의 특정 전문직을 소개한 이후 이러한 직능을 수행할 수 있는 전문인력의 양성이 이루어졌다. 이러한 교육 과정이 다른 나라에서는 어떠한 위치를 차지하고 있으며, 어떠한 기능을 담당하고 있는지를 다룬 1995년 출간된 해외 연구는 프랑스에서 박물관학이 어떠한 방식으로 학술적 지위를 가진 전공 분야로 발전했는지,[17] 그리고 지금까지 파리의 전문학교들이 독점한 분야를 어떻게 대학들이 쟁취하게 되었는지를 설명해주었다.

50개의 교육 과정 목록 가운데 1991~96년 사이에 새로 탄생한 교육 과정은 22개였는데, 이러한 교육 과정은 대부분 파리 지역에 편중되었다. 4개 가운데 3개는 대학의 학부에 설치되었고, 나머지는 박물관계[에콜 드 루브르, 문화유산학교, 국립예술품복원교육학교(Ifroa)], 미술계

---

15 해당 건과 관련하여 기획된 학회 중 프랑스-캐나다 공동 심포지엄을 사례로 들 수 있는데, 1부는 1994년 12월 8일부터 9일까지 퀘벡문명박물관에서 진행되었고, 2부는 1995년 3월 23일부터 24일까지 파리의 퐁피두센터에서 진행되었다.

16 이 연구들은 종합적으로 기관의 역사와 정책, 사회적·형식적 활동, 커뮤니케이션 담화와 전략 분석, 전시 관람객과 수용이라는 4개의 축을 중심으로 진행되었다.

17 J.-P. Cordier, «Les formations muséales en France», in M. Allard, B. Lefebvre (dir.), *La Formation en muséologie et en éducation muséale à travers le monde*, Sainte-Foy / Québec, Éditions Multimondes, 2001, pp. 15-38.

(에콜 데 보자르)와 관련된 교육기관이나 대학부속연구소(IUT와 IUP)에 분산 개설되었다. 복원과 보존, 커뮤니케이션과 교육, 박물관 행정과 경영을 포함한 문화 관광공학 등의 교육 과정은 세 가지 영역에 비중을 두었다. 하지만 특정 전문직이 요구하는 폭넓은 전문지식과 역량을 반증하듯 몇몇 교과 과정은 복수 전공으로 운영되었다.

이와 동시에 1992년부터 박물관이 의무적으로 문화과학적 프로젝트를 기획하면서 보존과 전시 사이에 놓여 있던 긴장감이 완화되었다. 대학 간 체결된 협약에 따라(예컨대 디종 대학-생테티엔 대학-파리 대학) 1993년에는 국립자연사박물관(MNHN)이 최초로 '일반 박물관학(Muséologie générale)'을 DEA 과정으로 개설했다.[18] DEA 과정뿐만 아니라 이후에 개설된 과정에서도 문화기관에서의 인턴십은 필수 요건에 포함되었다. 예를 들어 석사 과정인 '문화 매개(Médiation culturelle)' 과정, 에콜 드 루브르의 '박물관학' 과정, DESS 과정인 '문화 프로젝트의 기획과 실행(Conception et mise en œuvre de projets culturels)' 등은 인턴십을 요구했으며, 이러한 교과목은 종종 관람객 연구에 참여할 기회를 제공해주었다.[19]

박물관과 관람객 간의 복잡한 관계성에 대한 연구가 실행 및 활용됨에 따라 관람객 연구를 수행하는 전문직에 대한 수요 또한 상대적으로 높아졌으며, 이에 2000년 고용시장에는 다수의 젊은 전문가가 등장했다. 이와 함께 2002년 박물관법(Loi Musées de 2002)에 힘입어 관람객과 관련된 부서가 증가함에 따라 매개와 문화활동을 위해, 그리고 관람 빈도 분석을 위해 다수의 젊은 인력이 채용되었다. 연구직을 선택한 일부 전문인력은 연구소와 박물관 간의 협력 하에 진행된 연구 업무를 담당하거나 당시 확장이 활발하게 진행된 문화 마케팅 분야로 진출했다.[20]

18 1993년부터 1994년까지 '일반 박물관학' DEA 과정의 첫 입학자는 총 22명이었으며, 이 가운데 일부는 현재 박물관의 관람객 연구 부서를 맡고 있다.

19 *Chroniques de l'AFAA* n°30: Musées et expositions. Métiers et formations (dir. E. Caillet, M. Van Praët), 2001.

20 J.-M. Tobelem, *Le Nouvel Âge des musées. Les institutions culturelles au défi de la gestion*, Paris, Armand Colin, Coll., «Sociétales», 2005.

2) 2000~2005년 박물관 관람객 연구의 기술사회학

우리는 2000년 초부터 2006년 상반기까지의 연구 결과를 기초 자료로 수집했다. 약 700개의 문헌 자료는 250여 개의 박물관이나 문화유산기관과 관련되어 있었다.[21] 이들 박물관이나 문화유산기관은 대부분 하나 또는 다수의 연구에서 다루어졌다. 몇몇 경우 이들 기관은 국가적·지역적·도시 차원에서 이루어지는 연구(예: 파리와 리옹의 모든 박물관) 또는 기관의 특정 연구에 포함되었다(예: 국립박물관, 국립유적지, 에코박물관, 현대미술센터 등).

(1) 성과와 관계자의 논리

아래의 [그림 0-1]에서 보는 바와 같이 해당 매개변수 내에서 박물관 범주에 대한 연구는 다수의 과학관이 1980년대 초부터 착수한 관람객 연구의 방향을 유지하고 있었다. 하지만 관람객 연구에 미술관(미술관과 근현대미술관), 역사박물관, 문화유적지가 동참하면서 이들 박물관은 과학관의 수치를 추월했다. 한편 사회문명박물관(Musée de Sociétés et Civilisations)은 관람객 연구에 다소 소극적인 태도를 유지하고 있었다. 박물관 범주에 대한 연구는 지리, 법규, 주제 등을 기준으로 박물관을 분류했는데, 한 박물관이 여러 범주에 걸쳐 분류되는 경우도 발생했다. 여기서 한 가지 유념해야 할 사실은 50여 개 정도의 연구 문헌에는 앞서 언급한 것처럼 여러 범주에 걸쳐 중복 분류된 박물관에 대한 내용도 포함되어 있다는 것이다. 이러한 문제에 대한 대표적인 사례로는 대형 박물관에 해당하는 루브르박물관(Musée du Louvre)과 과학산업박물관(CSI: Cité de Science et de L'industrie)을 들 수 있는데, 중복 분류에 대한 문제점으로 인해 이 두 박물관이 연구 목록의 1/3을 차지했다.

특히 2001년 이후의 감소와 2004년과 2005년의 재상승을 고려해보면, 연구 문헌에 대한 연도별 분포 그래프는 박물관과 전시의 관람 빈도와 평행을 이루고 있다.

---

21 2002년부터 2003년까지 프랑스박물관관리청에서 진행한 프랑스 박물관 관람객 부서에 대한 조사는 350여 개의 기관이 관람객 연구 관련 활동을 하고 있다는 사실을 확인해주었다. 하지만 이러한 조사 가운데 대부분은 매표소의 매출액을 활용하는 데 그쳤다. 이에 2000~2005년에 진행된 조사에는 다른 연구와 함께 진행되지 않는 한 매표소의 매출액 같은 정량적 데이터는 제외되었다.

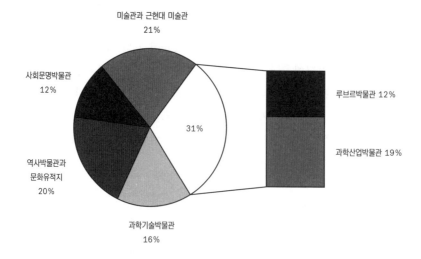

[그림 0-1] 박물관 범주에 따른 관람객 연구의 분포도

연구 결과는 '보고서'로서의 적합성으로 분류되었는데, 약 60.0%의 연구 결과가 이 범주에 속했다. 10년 전과 달리 연구 결과는 체계적인 방식으로 출간되었으며, 1/4 정도는 단행본, 단행본의 장이나 논문으로 구

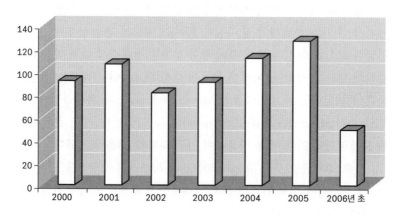

[그림 0-2] 연구문헌의 연도별 분포 그래프(수)

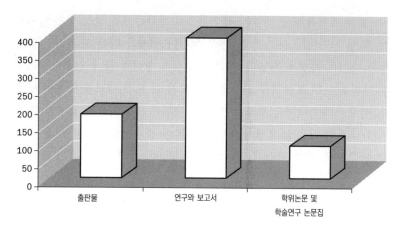

[그림 0-3] 문헌의 유형(수)

성되었다. 일부 출판 총서는 전체 또는 일부가 문화, 박물관, 박물관학에 헌정되었는데, 총서 관련 대표적인 출판사로는 라르마탕(L'Harmattan), 페위에프(PUF), 도큐망타시옹 프랑세즈, 아르망 콜랑과 나탕(Armand Colin & Nathan) 등을 들 수 있다. 박물관에 대한 주제를 전문적으로 다루는 학술지는 『문화와 박물관[Culture & Musées. 이전에는 '관람객 과 박물관(Publics et Musées)'이라는 명칭으로 발행되었음]』밖에 없었 지만, 예컨대 『공간(Espaces)』, 『미디어 변형(Médiamorphoses)』, 『그 라디바(Gradhiva)』, 『레조(Réseaux)』, 『프랑스민족학(Éthnologie fran- çaise)』 등 다수의 인문사회과학 학술지는 정기적으로 박물관과 관련된 주제를 다루었다.[22] 박물관 전문인력을 위한 학술지로는 『박물관학 협력 정보사무소의 서신(La Lettre de l'Ocim)』이 있으며, 『프랑스의 박물관 과 공공소장품(Musées et collections publiques de France)』은 관람객 연 구의 확산에 크게 기여했다. 학위 인증과 관련된 대학 출판물(석사, 논문, 연구지도 자격 부여)은 새로운 전공의 발전을 도모하기 위해 세 번째 유 형의 연구 결과의 확산을 지원했다.

22 정기간행물 『공간(Espaces)』은 "관광과 여가의 발전을 위한 전략적 정보"에 할애되어 있다. 『미디어 변형(Médiamorphoses)』과 『레조(Réseaux)』는 언론정보학에 대한 잡지들이다. 잡지 『그라디바, 인류학과 박물관학(Gradhiva, anthropologie et muséologie)』은 2005년에 캐브 랑리박물관(Musée du quai Branly)에 의해 재출간되었고, 프랑스 민족학(Ethnologie fran- çaise)은 국립과학연구소(CNRS)와 프랑스박물관관리청(DMF)과의 협력을 통해 프랑스민족학 협회(Société d'Ethnologie française)에 의해 출판되었다.

이
책
에

대
하
여

25

보급 매체와 연구 범주가 필수적으로 상관관계를 갖는 것은 아니지만, 특정 기관이나 사건 또는 특정 장치나 매체를 다룬 한시적인 연구들은 제약적 특성을 지녔다. 따라서 누적적 방식의 국제적이며 광범위한 영역을 다룬 포괄적인 연구들은 규모가 큰 보급 경로를 활용해야 했다. 정량적 측면에서 검토해보면, 정보 수집과 정보의 최신성에 대한 문제가 내재해 있는 보고서가 지나치게 많이 출간되었다는 사실을 주지할 수 있는데, 이는 관람객에 대한 지식 활용이 제약적이라는 것을 의미한다.

하지만 이러한 지식의 상대적 공공화는 연구자에 대한 정보를 참조할 수 있는 상황, 목적, 활용과 관련되어 있다. 우리는 앞에서 연구 문헌의 출판 시스템이 어떻게 구성되었는지, 그리고 초기 출판사의 네트워크에 대해 살펴보았다. 그렇다면 현재의 상황은 어떠한가? 먼저 첫 번째 그룹에 해당하는 연구소를 살펴보면, 이 그룹에는 현재 30여 개의 연구소가 포함되어 있으며, 그 가운데 이미 탄탄한 기반을 확보하고 있는 일부 연구소는 문화공학 분야의 일반 연구나 특수 연구를 맡고 있다. 제휴또는 부설 연구소의 형태로 운영되고 있는 연구소에는 사회과학 분야의 젊은 학위 취득자들이 활동하고 있다. 두 번째 그룹은 연구자, 교수, 학생으로 구성되어 있다. 이 그룹에는 파리, 릴, 그르노블, 아비뇽, 리옹 등 프랑스 전역에 있는 10여 개의 연구소와 학술논문을 지원해주기 위해 기초 연구를 중점적으로 실행하는 30여 개의 대학연구소(대학, 학부 UFR, 학과), 그리고 박물관과 문화유산에 대한 교육을 담당하는 4개의 전문학교와 학회가 포함되어 있다.

세 번째 그룹은 박물관과 감독기관의 담당 부서다. 박물관의 담당 부서는 관람객 연구를 전적으로 또는 부분적으로 맡아서 운영하고 있으며, 대학과 전문학교 학생들에게 인턴 기회를 제공하면서 다른 영역에서 활동하고 있는 관계자와의 가교 역할을 담당하고 있다. 이러한 구조는 파리의 대형 박물관[루브르박물관, 퐁피두센터, 과학산업박물관,

국립박물관, 기메박물관(Musée Guimet)]과 지역박물관[리옹의 콩플루앙스박물관(Musée des Confluences)]뿐만 아니라 소규모 박물관에서도 흔히 발견된다. 일부 부서는 기관의 재정비 프로그램을 위해 조직되었으며, 지역공동체의 상호 서비스를 위해 이례적으로 조직된 경우도 종종 있다. 이외에 정부기관이나 정부 부처 간, 국, 청, 관리기구[프랑스관광연구소(Odit-France) 같은 경우]는 정기적으로 실행하는 설문 캠페인(연구전망통계과의 활동이 가장 대표적임)이나 특정 행사에 대한 평가를 통해 수집된 프랑스 내 모든 박물관에 대한 자료를 제공하고 있다.

연구소의 경우, 연구 결과에 대해 비공개 원칙을 고수하고 있지만(특히 이러한 연구 결과는 종종 기밀유지조항으로 보호되는 경우가 많음), 학계에서는 이러한 연구소의 태도에 대해 연구 결과의 출판이 정당한 활동이라는 점을 강하게 주장한다. 연구 결과의 배포를 맡고 있는 기관 담당자들은 프랑스박물관관리청이 기획 및 출판하는 학회보고서(Actes des journées d'études)' 사례처럼, 기본적으로 전문가에게 제공하거나 도큐망타시옹 프랑세즈를 통해 대중에게 연구 결과를 배포하고 있다.

(2) 연구의 초점

아래의 [표 0-1]에서 보는 바와 같이, 연구는 사전 연구 그리고/또는 전망 연구(17.0%), 관람객과 관람객 구성에 관한 연구(25.0%), 평가 작업 연구 그리고 소장품과 전시 수용에 관한 연구(40.0%), 마지막으로 총결산, 종합 평가, 연구 결과의 개념화(18.0%) 등 네 가지 유형으로 구분된다. 두 번째 분류 기준은 연구의 특성이다: 수용지표를 도출하면서 박물관 프로젝트의 기획 및 개발에 도움 주기(관람 빈도, 이미지, 유인력), 실제 관람객과 관람 만족도 파악하기, 관람 동기의 촉진 요인에 중점을 두며 관람 과정 이해하기, 일련의 결과에 대한 시사점 도출 및 의미 생성하기.

[표 0-1] 연구 범주(단위: %)

전망 연구	17.0
잠재 빈도	9.0
이미지와 유인력	8.0
관람객 연구	25 .0
관람 빈도(국가 설문조사)	3.0
관람 빈도와 만족도(박물관 설문조사)	22.0
평가와 수용 연구	40.0
표상, 동기 그리고 기대	8.0
평가와 관람 경험	32.0
종합 평가와 이론화	18.0
연구 종합 평가	12.0
연구와 개념화	6.0
합계	100.0

　　자료 수집 방법의 경우,[23] 두 가지 방법을 병행하는 경향이 강했지만, 정량적 방법보다는 정성적 방법에 대한 의존도가 훨씬 높았다. 이와 함께 박물관이나 문화유산 관련 프로젝트를 정의하는 데 기반이 되는 조사 방법이 개발되었다. 시장조사방법론에 기초를 둔 이러한 연구 방법은 프랑스에서 1990년대에 일시적으로 발전하다가 정체된 사전 연구와는 무관하다.[24] 이러한 연구 방법이 과학관의 전유물은 아니지만, 특정 전시와 매체 기획을 위해 잠재 관람객을 대상으로 실행된 연구 사례는 거의 없었다.

　　연구 범주 가운데 가장 높은 비율을 차지한 것은 관람 경험의 영향력이었다. 이러한 연구는 두 가지로 구분되는데, 하나는 박물관이 수립한 목표를 고려해서 관람객에 대한 지식을 강조하는 '평가 연구(études d'évaluation)'이며, 다른 하나는 관람객의 경험과 느낌에 초점을 맞추는 것, 다시 말해 관람객의 기대에 대한 박물관의 영향력을 규정하는 '수용 연구(études de réception)'이다. 일반적으로 이러한 연구에는 연구 제목

23　경험론적 접근과 반대로 우리가 '전문가 평가(évaluation d'expert)'라고 지칭하는 방법은 전체의 2.0% 미만을 차지한다.

24　J. Eidelman, M. Van Praët (dir.), *La Muséologie des sciences et ses publics. Regards croisés sur la grande galerie du Museum d'histoire naturelle*, Paris, Puf, Coll., «Éducation et formation», 2000.

에 상술한 단어 가운데 하나가 사용된다. 첫 번째 단어는 교육적 관점에서 박물관이나 전시에서 자주 언급되는 반면(기본적으로 과학기술적 관점이지만 이에 국한된 것은 아님), 두 번째 단어는 미술관이나 사회박물관에서 주로 사용되는데, 예를 들어 방명록에 관한 연구도 이 범주에 포함된다. 하지만 미술관 측면에서, 특히 관람보조장치에 대한 연구에서는 '지식의 평가 작업'이라는 관점이 강조되었다. 예컨대, 현대미술전시에서 사용된 텍스트의 효과성에 대한 측정은 지식의 평가 작업에 해당한다.

분류 체계와는 상관없이 약 300개의 연구는 접근 방법과 전시 매개장치의 영향력을 다루었다. 8개 가운데 1개는 기관의 정보통신전략과 요금 정책을 다루는 연구였고, 3/4 이상의 연구는 관람과 작품 해석을 다루었다. 몇몇 연구는 다중심적(multipolaire) 매개장치로써 전시에 접근했고, 전시 시나리오 스크립트와 영상적 요소, 수용이나 전시해설자, 신정보통신(NTIC), 음향 요소 같은 특정 미디어를 연구 대상으로 삼기도 했다. 주변의 문화활동(학교를 대상으로 하거나 예를 들어 운영이나 이벤트 유형에 관한 것)에 관한 연구는 1/10 정도를 차지했다.

대다수 연구와 조사가 관람객에게 집중되었다면, 관람객 계층이나 관람 조건, 상황과 맥락에 관한 연구도 보편적인 연구주제에 해당했다. 이에 따라 국내 관람객과 해외 관광객, 학교 단체관람객과 아동에서 청소년에 이르는 어린이 관람객, 장애인 관람객(시각, 청각 혹은 지체부자유 등)에 초점을 맞추는 연구도 등장했다. 가족 관람객에 대한 연구의 경우, 사회적 상호작용에 대한 기록화 작업이 이루어졌다. '박물관 친구들(Les amis de musées)'은 좀처럼 다루어지지 않은 연구주제에 해당했으며, 관람객에 대한 연구 가운데 1/10은 잠재 관람객, 특히 관람 빈도가 낮은 관람객이나 비관람객을 다루었다. 이외에 문화 접근성의 민주화와 문화 접근에 대한 장애요인 등의 행동철학이나 문화 관광시장에서의 박물관 마케팅에 대한 연구도 포함되었다.

3) 박물관에 의한 연구의 수용과 활용

연구 결과에 대한 포괄적인 이해가 필요하거나 다양성에 대해 이해 및 해석하고자 하는 경우에는 기존과는 다른 분류 방식이 사용되었다. 이와 같은 분류는 박물관 분야에 내재한 문제이면서 전략적 도구를 사용하려는 박물관 전문인력, 문화공학이라는 용어를 새로운 방식으로 재구성하려는 민간 분야의 종사자들, 또는 동기와 이론적 효율성을 탐구하는 학계에서 제기하는 내재적인 문제와 긴장감이 반영된 것이다. 관람객에 대한 다양한 시각을 제시하는 이 책은 박물관 전문인력과 연구 분야 전문가에 의해 집필되었다. 이에 이 부분은 저자들이 박물관 연구와 조사의 활용에 대해 성취한 분석과 그들 간에 이루어진 심도 있는 대화로 구성되었다.

(1) 관람객 연구의 활용

첫 번째 연구주제는 관람객 구성과 관련되었다. 앞서 언급한 바와 같이 프랑스에서는 계량사회학이 관람객에 대한 주요 접근방식으로 오랫동안 사용되어왔다. 현재 요금 정책 수립을 위해 매표 수치를 집계하는 경우, 계량경제학과 통계사회학적 방법이 병용되고 있는데, 관람 만족도와 기대, 관람객의 문화적 거리감을 측정하기 위해, 그리고 관람객에 대한 사회인구통계학적 분석에도 동일한 접근방식이 사용되었다. 관람객 수, 구성, 만족도에 대한 접근은 관람 빈도와 '관람객-이용자(visiteur-usager)'의 고객 충성도를 증대시키기 위해 수립된 관람객 개발 정책의 전망적 목표에 대한 모델화 작업에 긍정적인 영향을 미쳤다. 이러한 변화는 박물관과 문화유산의 공급 증가와 다양화, 문화민주화의 공공 정책에 대한 평가, 경영 마인드의 확산, 일반화된 만족도 지표와 정성적 접근 방법 등의 상황적 요인에 영향을 받았다. 따라서 관람객 연구를 활용할 때는 특정 범위나 기간에 해당하는 연구를 우선적으로 검토하는 것이 바람직하다.

프랑스박물관관리청은 관람객 연구의 활용에서 주도적인 역할을 담당해오고 있다. 전환점이 된 1980~90년 이후 프랑스박물관관리청이 관람객에 대한 지식을 산출 및 확산하는 방법에 주력하면서 주요 박물관을 통해 국가적 차원에서 관람 빈도를 확대 및 다양화하는 전략을 수립하는 데 관람객에 대한 지식을 재활용하는 방법을 구조화했다. 이 과정에서 중요한 역할을 담당한 기구는 관람객상설관찰소였는데, 이 기구는 1990년대 초반부터 10여 년간 100여 개 박물관의 관람 빈도 현황을 분석했으며,[25] 국가 차원에서 전시 수용에 관한 연구와 조사를 실행했다.[26] 생활환경연구관찰연구센터는 프랑스박물관관리청의 요청에 따라 '2005년 초반 박물관의 이미지와 관람 빈도'에 관한 연구를 실행했는데, 이 연구는 평가 도구로서의 특성을 지녔다. 관람 빈도는 어떠한 방식으로 발전하고 있는가? 현재 프랑스 인구 가운데 어떤 사람들이 실제로 관람에 참여하고 있는가? 프로파일의 관점에서 그들은 어떤 특성을 갖고 있는가? 이 세 가지 질문이 문서로 작성되고 연구 범위에 포함되었다.

프랑스박물관관리청은 추진력 있는 활동을 전개함과 동시에 관람객의 관심을 구체화하는 작업을 수행했다.[27] 프랑스박물관관리청은 루브르박물관과 과학산업박물관을 포함, 특정 박물관이나 특정 범주에 속한 박물관이 오랫동안 고민해오던 문제를 해결했다. 루브르박물관의 경우, 오래전부터 여러 곳에 관람객 유입과 관람객 구성에 관한 자료가 산재해 있었고[클로드 푸르토(Claude Fourteau)가 이에 대한 연대기적 설명을 제공해줄 것임],[28] 수집된 자료의 정리와 체계화가 필요했다[상설

25 E. Lehalle, L.Mironer, *Musées et visiteurs. Un observatoire permanent des publics*, *Ministère* de la Culture et de la Communication (DMF), 1993; L. Mironer (en coll. Avec P. Aumasson et C. Fourteau), *Cent Musées à la rencontre du public*, Castebany, France Édition, 2001.

26 기획 전시 관람객과 전시 수용에 관한 조사가 많이 존재하는 이유는 바로 관람객상설관찰소의 관람 빈도 현황에 대한 분석 덕분이다.

27 이러한 관점에서 보면, 교육부는 제2의 문화부 역할을 수행했다고 할 수 있으며, 과학기술박물관과 관련된 활동에서도 프랑스박물관관리청보다 더 많은 활동을 전개했다(Cf. La Muséologie des sciences et des techniques. Actes du colloque des 12 et 13 décembre 1991, Ocim, 1993; Musées et recherches. Actes du colloque, Paris, les 29, 30 novembre et 1er décembre 1993, Ocim, 1995).

28 C. Fourteau, «La gratuité au bois dormant... Cinq ans de gratuité du dimanche au Louvre. 1996-2000», in O. Donnat, S. Octobre (dir.), *Les Publics des équipements*

관람객관찰소의 유치 이후 2004년부터는 루브르관람객지표 연구센터(Baromètre des Publics du Louvre)로 교체되었음].

과학박물관 영역에서는 1970년대 중반 파리의 '발견의 전당(Palais de la découverte)'에 의해 처음으로 평가 작업이 시작되었는데, 과학산업박물관이 평가 작업을 진행했을 때 제기된 문제점은 박물관 문화에서 상징적인 의미를 갖게 되었다. 루브르박물관과 과학산업박물관은 누적된 정보와 자료를 기반으로 결과를 도출했으며, 그 결과가 관람객 정책에 반영되었다. 이 과정에서 사용된 두 가지 방법이 이 책에 소개되었다. 안 크레브스(Anne Krebs)와 브루노 마레스카(Bruno Maresca)는 관람 빈도에 관한 연구를 종합해서 루브르박물관의 관람객 성장에 대한 설명적 지표를 유형화했다. 에마르 드 망장(Aymard de Mengin)과 마리-클레르 아비브(Marie-Claire Habib)는 과학과 기술에 관한 주요 관심과 문화 변용의 형태에 대한 총체적인 평가 작업이 과학산업박물관에서 새로운 전시를 준비하는 데 어떠한 방식으로 재활용되었는지를 제시해주었다.

이 두 가지 사례는 관람객에 대한 도구화된 지식이 왜, 그리고 어떻게 문화의 방향성과 전략 수립에 필수적으로 요구되는 도구인지를 이해하는 데 도움을 준다. 하지만 중요도가 낮은 박물관이나 인적 자원과 재원이 부족한 박물관의 경우, 현실적으로 그러한 연구를 실행하는 것이 가능한가? 최근 지역 차원에서 상호협력적 서비스를 제공하는 경향이 점차 두드러지고 있지만, 실제로 관람객 연구 부서가 설치된 박물관은 매우 적다. 이러한 상황으로 인해 현재는 전문성을 갖춘 연구기관 또는 연구소에 의뢰하거나 지역 기반의 대학 교육 자원을 이용하는 박물관이 점점 증가하고 있다. 하지만 과연 박물관은 그런 연구를 의뢰할 준비나 의지가 충분한가? 더 나아가 박물관은 연구 방법과 연구 결과의 활용 방법을 이해하고 있는가? 실비 옥토브르(Sylvie Octobre)가 일컫는 '연구의 자세(posture d'étude)'는 연구에 대해 비판적이고 성찰적인 태도를

culturels. Méthodes et résultats d'enquête, Paris, La Documentation française, coll. «Les travaux de DEP», 2001; C. Fourteau, C. Bourdillat (dir.), *Les Institutions culturelles au plus près du public*, Paris, La Documentation française, coll. «Louvre, conférences et colloques», 2002.

의미하는데, 이러한 연구에 대한 역량을 갖기 위해서는 실제로 연구 문화에 대한 충분한 숙지가 요구된다.

앞으로 4개 장에 걸쳐 연구용역제안서, 연구 용역업체의 선정, 연구 결과의 재활용 방법 등에 관한 내용이 전개되는데, 연구 방법 및 연구 결과 관점에서 이 내용은 자원의 활용과 공동 협력을 이해하는 데 도움이 될 것이다.

(2) 문화 관광: 도시, 유적지, 박물관

관람객에 대한 연구 문헌이 다루는 주제 가운데 하나는 박물관과 기념물, 그리고 박물관과 문화유적지 간의 경계에 대한 다공성(多孔性)이다. 관람객이 이러한 장소를 방문하는 것은 현실과 직접적으로 연관된 것은 아니지만, 적어도 자신의 경력에 도움이 되기 때문이다.[29] 전문인력에게 중요한 것은 관람 장소에 대한 이론적 범주화나 박물관 영역의 독자성을 유지하는 것보다 관점과 협의된 행동, 그리고 전문성의 이전(移轉)이다. 따라서 관람객 연구의 두 번째 연구주제는 지역 개발과 지역 문화 관광에 대한 논리와 연관되어 있다.

일반적으로 이와 같은 연구는 박물관의 설립이나 개축 프로젝트와 연계되어 프로젝트의 실현 가능성, 지역 활성화에 대한 기여도, 문화유산 환경을 구성하는 요소들과 함께 발생시키는 시너지 효과를 분석한다. 실제 관람객과 잠재 관람객의 사회인구학적 프로파일, 그리고 관람객의 의견과 기대에 대한 관심은 사회학, 경제학, 정치학, 경제계획학, 도시계획과 인문지리학이 결합된 행동과학의 복합적 문제를 안고 있다. 박물관 담당자와 문화유적지 담당자 간의 교류를 통해 역량이 확산된다는 관점에서 세 가지 사례 연구는 중요한 의미를 지닌다.

이러한 연구는 아를시의 고대 유적지[다니엘 자코비와 파브리스 드니즈(Daniel Jacobi & Fabrice Denise)], 샤토 드 포 국립박물관(Musée national de château de Pau)[세실 라투르와 필리프 지메(Cécile Latour

---

29 J. Eideman, J.-P. Cordier, M. Letrait, «Catégories muséales et identités des visiteurs,», in O.Donnat (dir.), *Regards croisés sur les pratiques culturelles*, Paris, La Documentation française, coll. «Questions de culture», 2003, pp. 189-205.

& Philippe Gimet)], 문화유산관리국 산하 박물관들[크리스토프 코롤 (Christophe Korol)]을 대상으로 이루어졌다. 앞의 두 사례에서는 한 도시의 정체된 문화활동을 활성화시킨다는 맥락에서 박물관과 지역의 문화유산과가 아비뇽 대학교의 문화소통연구소(Laboratoire Culture et Communication de l'université d'Avignon et des Pays de Vaucluse)와 르 트루아지엠 폴(Le Troisième Pôle)과의 협력을 통해 관람객 개발에 대한 전략이 수립되었다. 마지막 사례의 경우, 프랑스 관람객과 해외 관람객을 위한 전시 매개장치를 개선하기 위해 문화부 담당자가 플랑 성스 컨설팅 연구소(Plein Sens)에 의뢰한 연구이다. 상술한 세 가지 연구는 최근까지 개별적 논리에 따라 움직였던 박물관 담당자와 문화유적지 담당자 간의 협력을 이끌어냈을 뿐만 아니라, 북유럽이나 북남미의 해석센터(Centres d'interprétation du nord de l'Europe et de l'Amérique)로부터 형성된 문화유산의 경영에 대한 개념을 제시해주었다.

(3) 관람객과 비관람객, 청소년 관람객

관람객 연구 분야에서 급성장하고 있는 세 번째 연구주제는 가족 관람객, 청소년 관람객, 혹은 특별한 지원이 필요한 관람객에 관한 것이다. 그동안 박물관은 관람객에게 제품과 서비스를 효과적으로 제공하기 위해 필요한 관람객의 시장세분화에 대한 필요성을 인정하지 않았을 뿐만 아니라 관람 소비에 대해 단순하게 접근 및 분석하고, 그 결과를 수동적으로 수용했다. 하지만 실무 및 이론 측면에서 이러한 박물관의 태도는 다음과 같은 몇 가지 문제점을 야기했다.

① 이론적 문제점: 환원주의적 접근법과 전체주의적 접근법 가운에 어떤 방법으로 관람객에게 접근해서 그들을 이해해야 하는가? 관람객은 태생적인 것인가, 아니면 후천적으로 형성되는 것인가? 박물관을 통한 문화사회화는 어떠한 방식으로 이루어지며, 가정과 학교에서 이루어

지는 1차 사회화와 또래집단, 대학이나 직장에서 이루어지는 2차 사회화를 통해 획득되는 것은 무엇인가? 동반 관람객 간에는 어떠한 상호작용이 발생하는가? 또래집단과 세대 간에 형성되는 관계의 본질은 무엇인가? 학문적·애호가적·교양적 측면의 각기 다른 문화활동은 어떤 상호관계에 놓여 있는가? 박물관은 예술과 문화에 대한 취향을 형성하는 데 어떤 역할을 담당하는가?

② 실천적 의문점: 특수성이나 특정성은 어떠한 방식을 통해 일반성이나 전체성으로 전환될 수 있는가? 어떠한 방식으로 사례를 활용해서 다양한 특성을 지닌 모든 관람객에게 도움을 제공할 수 있을까? 박물관은 어떠한 방식으로 관람객의 정기적인 방문을 유도할 수 있을까? 다극적인 상황, 기대, 활용을 좀 더 심도 있게 고려하기 위해 박물관은 어떤 유형의 박물관기술학적 장치와 문화활동을 개발해야 하는가? 국립자연사박물관에서 안 종슈리(Anne Jonchery)와 미셸 방 프라에(Michel Van Praët)는 가족 관람객을 위한 공간을 만드는 이유에 대해 질문을 던졌다.

스트라스부르(Strasbourg)에서는 아녜스 갈리코(Agnès Galico)와 크리스틴 라멜(Christine Laemmel)이 시각장애를 갖고 있는 청소년 관람객과 장애가 없는 청소년 관람객의 박물관에 대한 접근성을 향상시키기 위한 목적으로 연구를 진행했다. 이 두 연구자는 시각장애를 갖고 있지 않는 아동 관람객을 연구 진행 과정에 참여시켰으며, 이로 인해 발생한 독특한 경험을 분석했다.

한편 하나 고트디에너와 장크리스토프 빌라트(Jean-Christophe Vilatte)는 현대 미술에 대한 취향을 결정짓는 요인을 이해하기 위해 인문학부 학생들을 대상으로 연구를 실행했다. 이 연구는 문화활동의 사회화에 대한 외부 장치와 박물관 내부의 전시 매개장치 간의 긴장감과 조정에 관한 설명을 제공해주었다. 긴장감이 배제된 친화적 분위기에서 이루어지는 동반 관람의 의미를 분석해보면, 내부와 외부 모두에서 조정이 이루어질 수 있었다. 프랑수아 드 싱리(François de Singly)의 말을 인용해보면, 조정이 이루어지기 위해 관람객에게 가장 필요한 것은 편안함이었다.

(4) 수용 연구 및 문화 전략의 도구

관람객 연구의 네 번째 연구주제는 전시를 전시 매개장치와 동일시하는 의견과 관람 경험에 관한 것인데, 이는 가장 일반적인 주제에 해당한다. 우리는 앞부분에서 어떤 연구는 '평가 연구(études d'évaluation)'라고 부르는 반면, 어떤 연구는 장클로드 파스롱(Jean-Claude Passeron)[30]이 사용한 용어를 빌려서 '수용 연구(études de réception)'라고 칭한다는 설명을 제공했다.

장클로드 파스롱은 수용을 단지 작품과 관람객과의 대면으로만 국한하지 않았다. 연구 영역에서 항상 큰 비중을 차지했던 전자는 점차 후자로 교체되었다. 이러한 경향은 연구의 초점이 관람객의 기준에 상응하는 전시에 대한 기대 성과로부터 점차 수용 과정의 원칙인 전시와 관람객 사이의 성찰적 합의로 이동한 것을 반증해주었다. 이와 같은 관점의 변화는 박물관이 관람 경험의 본질과 관람객이 갖고 있는 관람 경험에 대한 의미에 대해 관심을 가지게 되었다는 것을 의미하며, 동시에 연구 문제와 연구자의 태도 변화가 박물관에 의해 비교적 쉽게 재활용될 수 있다는 사실을 제시해준다.

이와 같은 사실은 마리-실비 폴리(Marie-Sylvie Poli)와 다니엘 우바르(Danièle Houbart)[2005년 그르노블미술관(Musée des Beaux-arts de Grenoble)이 개최한 〈이탈리아 미술과 메타피지카(L'art italien et la metafisica)〉에 관해], 마리-클라르테 오닐(Marie-Clarté O'Neill)[2000~2004년 그랑팔레국립미술관(Grand Palais)이 개최한 네 가지 전시에 관해], 나탈리 캉디토와 델핀 미에주(Nathalie Candito & Del-

---

30   J.-C. Passeron, *Le Raisonnement sociologique. L'espace non-poppérien du raisonnement naturel*, Paris, Nathan, 1991.

phine Miège)[2003~2004년 리옹박물관(Muséum de Lyon)이 개최한 두 가지 전시에 관해], 마리-피에르 베라와 에마뉘엘 파리(Marie-Pierre Béra & Emmanuel Paris)[유대교예술역사박물관(MAHJ: Musée d'art et d'histoire du Judaïsme)에서의 방명록 역할]의 네 가지 사례 연구를 통해 매우 명확해졌다. 몇몇 연구자는 관찰을 통해 관람객이 전시 매개 장치를 이해하는 방식을 연구했으며, 관람 행태 및 관람객의 의견도 분석했다. 또한 몇몇 연구자는 사회적·상징적 상호작용의 관점에서 관람객의 해석을 면밀히 분석했는데, 이 과정에서 상이한 담론과 경험에서 형성되는 정체성 구축에 대한 원칙이 재발견되었다.

(5) 참여박물관학: 전시 기획에 관람객 참여시키기

정체성과 관련된 주제 영역은 '참여박물관학(muséologies participatives)'의 원칙, 즉 박물관의 활동이나 전시 기획에 관람객을 참여시키는 원칙에 초점을 맞춘 마지막 연구주제에서 더욱 명료해졌다. 공동체 중심의 에코박물관에 대한 주요 개념이 부활하면서[31] 문화적 소수 계층을 소장품에 대한 문서화와 해석에 참여시킨 북유럽과 북남미 박물관의 경험에서 도출된 시사점이 몇몇 사전 평가와 형성 평가의 연구 결과에서 발견되었다.[32]

참여박물관학의 행동철학은 문화사회화와 수용에 관한 연구를 기반으로 했다. 집합적 그리고 개인적 정체성의 구축 과정에 관한 지식은 다원적 특성이 내재한 박물관과 함께 다원적 특성을 지닌 문화사회화 과정을 경험한 관람객에 의해 이용되었다. 또한 문화의 공동 구축에 대한 원칙은 박물관을 '접촉 지대(zone de contact)'[33]로 간주해서 적용되었으며, 관람객위원회의 설립을 포함하는 포괄적 박물관학 형태로 구현되었다.

프랑스의 몇몇 박물관은 고유한 방식으로 관람객을 박물관에 참여시켰다. 예컨대, 국립이민역사박물관(Cité nationale de l'histoire de

---

31 *Publics & Musées* n°17-18: L'écomuséologie: rêve ou réalité (dir. A. Desvallées), 2000.

32 *Culture & Musées* n°6: Nouveaux musées de sociétés et de civilisations (dir. J. Eidelman), 2005.

33 J. Clifford, «Museum as Contact Zones», *Routes. Travel and Translation in the late 20th Century*, Cambridge, Harvard University Press, 1997.

l'immigration)의 경우, 협회의 네트워크를 이용했다.[34] 반면 재정비 중이던 인간박물관(Musée de l'Homme)의 경우에는 관람객위원회가 설립되어 1년 동안 박물관에 정기적으로 자문을 제공했다. 일례로 세브린 드사장(Séverine Dessajan)은 과학산업박물관에서 관람객위원회의 설립을 뒷받침해준 실험에 대한 분석 내용을 제공해줄 것이다. 한편 세르주 쇼미에(Serge Chaumier)와 조엘 르 마렉(Joëlle Le Marec)은 공동체적 경향과는 무관하지만, 목표 관람객 집단이나 대표성을 지닌 관람객 집단의 정체성에 대해 재귀 연구를 실행한 박물관 사례를 다룰 것이다. 이러한 다양한 환기 덕분에 전문가적 특성을 지닌 관람객의 모습, 더 나아가 스스로를 '문화화(mise-en-culture)'하는 예술가적 특성을 지닌 관람객의 모습에 대해 수많은 질문이 제기되었다.

[그림 0-4] 국립이민역사박물관
출처: http://www.histoire-immigration.fr/
agenda/2012-09/le-palais-de-la-porte-doree-de-l-
exposition-coloniale-la-cite-nationale-de-l-histoire

[그림 0-5] 인간박물관
출처: https://en.parisinfo.com/paris-museum-monument
/71191/Museum-national-d-Histoire-naturelle-Musee-
de-l-Homme

4) 활용과 실행의 규정에 대해

생활환경연구관찰연구센터의 연구에 의하면, 2005년 기준 프랑스인 3명 가운데 2명은 박물관 관람 경험을 즐겁다고 표현했다. 이러한 연구 결과는 관람객과 관람객의 관계성, 그리고 그 관계성의 발전과 일치하는 네

---

34 T. Compère-Morel, «L'association des communautés à leur représentation à la Cité nationale de l'histoire de l'immigration», Journées d'études Utiliser les études de publics dans une politique d'établissement. Méthodes, résultats et préconisations, École du Louvre, 1-2 juin, 2005.

가지 주요 변화에 대한 요구를 고려해보면 이해할 수 있다.[35] 이러한 변화 가운데 첫 번째는 문화활동의 경제이다. 1980년대 후반부터 박물관과 전시장의 관람객 수가 급증했고, 박물관에 대해 친근감을 갖는 프랑스 인구가 높은 비율로 증가함에 따라 관람의 일상화가 구현되었다. 학생 집단을 제외하고, 현재 거의 2명 가운데 1명은 매년 적어도 한 번은 박물관이나 문화기관을 방문했다. 두 번째 변화는 관람객만큼이나 박물관도 다양해졌다는 것이다. 관람객이라는 단어, 그리고 관람객의 삶의 이야기 또한 복수형으로 표현되어야 한다. 그 이유는 사람은 관람객으로 태어나는 것이 아니라 자신의 역할과 지위에 따라 일생 동안 다양한 형태의 관람객이 되기 때문이다. 또한 관람객은 직업을 자유롭게 선택할 수 있다.

앙토니 지당스(Anthony Giddens)가 언급한 바와 같이 직업은 개인의 실용주의와 '사회생활의 지속적 흐름을 제어하는' 능력을 대변한다.[36] 박물관과 문화유산에 대한 관람 경험이 이미 더 이상 교양문화의 기준에 부합하는 유일한 활동은 아니었지만, 박물관에 대한 친근감의 확산과 관람 형태의 성장은 거의 일치했다. 관람 경험의 본질이 바로 세 번째 변화이다. 관람은 사회적 상호작용이며, 관람 상황과 관람 방법은 문화사회화의 다양한 양식을 보여준다. 결과적으로 그러한 것들이 마지막 단계에서 변화되며, 이질성 원칙에 의한 활동의 의미와 일관성의 관점에서 본다면, 관람은 프랑수아 두베(François Dubet)의 '사회적 경험(une expérience sociale)'[37]과 동일한 의미라고 할 수 있다. 관람객의 기대, 태도, 전시 매개장치와 체계에 대한 전망은 박물관이 관람객의 정체성을 끊임없이 성찰하고 있다는 사실을 반증해준다.

관람객의 변화는 박물관의 변화에서 비롯된다. 관람객은 경험을 활용함으로써 변화를 거듭하고 있다. 동시에 박물관 전문인력은 연구를 활용하여 박물관 스스로 평가 작업을 수행할 수 있게 되었다. 결과적으

35 J. Eidelman, *Musées et publics: la double métamorphose. Socialisation et individua-lisation de la culture*, Université Paris Descartes, Faculté des sciences humaines et sociales-Sorbonne, 2005, p. 298.

36 A. Giddens, *La Construction de la societé. Éléments de la théorie de la structuration*, Paris, Puf, 1987.

37 F. Dubet, *Sociologie de l'expérience*, Paris, Seuil, 1994.

이 책에 대하여

로, 관람객 연구는 양적으로 증가했으며, 현 시점에서 필요한 것은 다양한 연구에 적용될 수 있는 '일관성 원칙'이다.

(1) 관람객 연구: 메타 전시 매개장치부터 조정 체계까지

관람객 연구는 정책과 전략, 박물관과 관람객, 전시물과 관람객 간의 메타 전시 매개장치를 구성하는가? 이에 대해서는 다음과 같은 다양한 현상의 결합으로 설명할 수 있다: 문화유산과 '권리 소유자(ayant droits)'[38] 간 조정기구로서 박물관 조직의 특성, 관람객 경영과 비영리적 특성을 지닌 공익사업이라는 이중적 개념의 발전 그리고 현대사회의 자율적 활동으로서 지식 경영에 대한 필요성 증대,[39] 박물관 영역을 경쟁 시장으로 구조화하는 현대성이 문화 형태와 확산에 미치는 영향력.[40] 문화유산의 정체성뿐만 아니라 정치적·경제적 가치가 높게 평가되고 강조된 것은 '문화 관광사업'의 핵심적인 원동력이 바로 문화유산이기 때문이다.[41]

박물관이 공급하는 작품, 소장품, 기념물 같은 자산적 성격을 띠는 유형적 상품, 그리고 대여, 전시 개최, 관람 지원 같은 서비스 형태의 무형적 상품은 특정 범주에 속하는 상품으로서 지속적으로 증가 추세를

38 D. Poulot, *Patrimoine et musée. L'institution de la culture*, Paris, Hachette, coll. «Carré», 2001; M. Rautenberg, *La Rupture patrimoniale*, Paris, À la Croisée, coll. «Ambiances, Ambiance», 2003.

39 지식이 자본의 가치 형성과 축적의 관건이라 여기는 '인지적 자본주의(capitalisme cognitif)' 아래 지식경제와 학식경제 또는 비물질경제의 개념에 대해 진행된 토론을 참고하기 바란다. [C. Vercellone, *Sommes-nous sortis du capitalisme industriel?*, Paris, La Dispute, 2003; Y. Moulier Boutang, *Le Capitalisme cognitif. La nouvelle grande transformation*, Paris, Éditions Amsterdam, coll. «Multitude / Idées», 2007].

40 J.-P. Warnier, La Mondialisation de la culture, Paris, La Découverte, coll. «Repères» (3e édition) 2006. L'évolution subséquente des musées vers un modèle de gestion entrepreneuriale est aujourd'hui bien décrite: D. Bayart et P.-J. Benghozi, *Le Tournant commercial des musées en France et à l'étranger*, Paris, La Documentation française, 1993; G. Selbach, *Les Musées d'art américains: une industrie culturelle*, Paris, L'Harmattan, 2000; Tobelem, op. cit.

41 E. Hobsbawm, T. Ranger (dir.), *The invention of tradition*, Cambridge, Cambridge University Press, 1992; D. Dimitrievic (dir.), Fabrication des traditions. Invention de modernité, Paris, MSH, 2004; S. Cousin, *L'Identité au miroir du tourisme. Usages et enjeux des politiques du tourisme culturel*, thèse de doctorat EHESS, 2000; C. Origet du Cluzeau, Le Tourisme culturel, Paris, Puf, 2005.

보였다. '경제 자율성'이라는 개념을 박물관에 적용해보면,[42] 불투명하고 불확실한 다수의 '조정 체계'가 존재하는 시장 환경에서는 제품의 가격보다는 질적 경쟁이 이루어지고 있었다. 이러한 관점에서 보면 가치, 합법성, 취향의 체계를 구축하는 조정자와 상호조정자에 대한 정보는 매우 중요하다. 이에 관람객 연구는 조정과 '소비자의 선택 도구'[43]에 대한 지식, 문화민주화나 문화상품화[44] 개념에서 출발한 박물관 성과를 증대시킬 뿐만 아니라 성과에 대한 평가를 활성화시키는 데 유의미한 영향력으로 작용하고 있다.

(2) 만족도: 관람객 연구에 대한 새로운 패러다임

2002년 1월 5일 제정된 프랑스 박물관에 관한 법(Loi du 5 Janvier 2002)과 제정 법률에 관한 기관법[45]의 영향력, 그리고 공식적 또는 암묵적 '성과'에 관한 요구는 연구의 전망과 절차를 한층 조화롭게 만들었다. 국가적 차원에서 관람객의 만족지표에 대한 목록 구축을 목표로 진행된 연구[46]가 그 사례에 해당한다. 목표와 마찬가지로 접근 방법도 관람 상황 및 이용과 관련된 활동과 업무의 체계로서 박물관과 관람객의 관계를 고려하는 데 영향을 미쳤다.

하지만 만족도 측정을 위해 실제로 개발된 설문조사 방법과 절차는 개선이 필요했다. 예를 들면, 관람객이 박물관의 고객이나 이용자로 인식되는 경우가 많았고, 또한 몇몇 경우에는 관람 당사자나 관계자로 인식되었다. 전자의 경우, 지방관광위원회의 정성적 연구 방법처럼 관람

42 L. Karpik, *L'Économie des singularités*, Paris, Gallimard, coll. «Bibliothèque des sciences humaines», 2007.

43 F. Cochoy, *Une sociologie du packaging ou l'âne de Buridan face au marché*, Paris, Puf, coll. «Sciences sociales et sociétés», 2002.

44 I. Kopytoff, «The cultural biography of things: commoditization as process», in A. Appadurai (dir.), *The social life of things. Commodities in cultural perspective*, Cambridge, Cambridge University Press, 1986.

45 재정법에 관련된 조직법률

46 프랑스박물관관리청과 사회관계연구소의 협약 하에 진행된 이 연구는 프랑스박물관관리청의 주도하에 모인 국내 관할권을 가진 박물관 책임자들과 문화부의 다양한 부서 책임자들의 견해와 만족도에 대한 문헌 분석, 박물관 관람객과의 토론으로 구성되었다. 일부 연구 결과는 2007년 4월 27일 파리의 루브르박물관에서 열린 학회 "나눔: '박물관은 좋다'(Partages: 'Le musée, ça fait du bien')"에서 공개되었다.

의 인간공학적 측면과 편안함에 관심을 두었기 때문에 기능적 문제가
발생했다. 관람의 문화적 효과를 강조한 후자는 특히 학습적 측면에서
의 문화적 효과를 고려하는 경우, 일부 전시 매개장치의 사용이 제한되
었다.

[표 0-2] 박물관 만족도에 대한 평가 영역

기능 영역	문화 영역
안내	장소에 대한 관심
서비스	소장품에 대한 관심
편의	관점에 대한 관심
요금	매개
방향 안내	무대기술
관리유지	경험의 발생
관람객-이용자	관람객-관계자

역설적이지만, 우리는 유적지와 그 환경, 훌륭한 소장품, 전시 주제
에만 관심을 가졌을 뿐 관람 행동과 관람의 개별성에 의미를 부여하는
작업에는 전혀 관심을 두지 않았다. 또한 경험에 대한 관람객의 해석뿐
만 아니라 해석과 관람 방식 및 가치의 다양성을 연계시키거나 그러한
해석을 관람 동기 및 기대와 관련짓는 연구에는 관심이 없었다. 상술한
요인들이 만족에 대한 주요 평가 기준으로 사용되고 있지만, 이들 요인
은 관람객의 참여를 유도하는 박물관의 관점과는 상치된다.

박물관 관람은 독서, 산책, 여행을 비롯한 다양한 여가 활동 가운데
하나다. 몇 가지 관람 상황을 열거해보면, 친구와 함께 점심시간 동안 박
물관을 방문할 수 있고, 노사협의회 활동의 일환으로 관람에 참여할 수
있으며, 학교 단체관람에 부모가 동반 관람객으로 참여할 수도 있다. 장
소 측면에서 보면, 박물관은 거주지역, 출장지, 해외여행 장소 등 어느
곳에나 존재한다. 하루 종일 박물관에서 머물 수도 있고, 20분에서 2시
간 동안 관람할 수 있다. 또한 전시실은 한산할 수도 있고, 수많은 관람

객으로 인해 혼잡할 수 있다. 관람을 모델화할 때 가장 도전적인 문제는 관람 상황-관람 장소-관람 효과의 연속성이다. 그 이유는 박물관 관람이 개별성과 가변성이 내재한 사회적 시공간에 대한 총체적 경험이기 때문이다.

우리가 관람 경험에 대한 문제를 조금이라도 심각하게 받아들이고 비판적 관점에서 접근하면서, 한편으로는 '만족'이라는 단어를 강조하면서 만족도 측정에 압박을 가하는 것은 만족도 평가가 궁극적으로 박물관과 박물관 관계자의 표상 체계를 구축할 수 있기 때문이다. 만족도 평가에 대해 고민하는 것은 관람에 대한 다양한 시간과 시각을 고려하는 것임과 동시에 현대 박물관의 사명에 대한 가치 체제[47]를 검토하는 작업이기도 하다. 관람객의 행복, 분노, 후회의 원인을 이해한다는 것은 결과적으로 관람객의 의사결정에 대한 논리에 내재하고 있는 '일관성 원칙'을 발견하는 것이다. 우리는 이러한 원칙에 도달하기 위해 문화의 개인화와 사회화 과정에 관심을 두고, 인류학적 관점에서 박물관 경험을 평가할 것을 권유한다. 이러한 방식으로 접근하면, 관람객이 관람 경험을 회상할 때 사용하는 세 가지 주요 판단 기준과 희미해진 기억을 상기시키는 데 도움이 될 수 있다.

먼저, 관람객에게는 지각과 감성의 세계가 있다. 이 세계는 감성적 관점에서 감각에 접근하며, 미적 감성도 여기에 포함된다. 그다음으로는 경험적 지식의 세계가 있다. 이 세계는 지식과 편안함에 속하는 것들이 포함되는데, 지식 습득의 전체적인 구조에서 관념적 방향과 지리적 방향 간의 일관성 원칙이 확장된다. 따라서 이 세계는 인지적이고 기능적 세계이며, 안내데스크부터 해석보조장치에 이르는 전시 매개장치의 영향력이 가장 현저하게 나타난다. 마지막으로 가치론적 세계가 있는데, 이 세계는 가치, 미학과 시민정신, 참여와 성찰, 정체성과 정치, 개인과 단체, 자신 그리고 타인과의 관계가 포함되어 있다.

수용 연구가 우리에게 제공해주는 것처럼 긍정적인 극과 부정적인

---

47   N. Heinich, «L'art contemporain exposé aux rejets: contribution à une sociologie des valeurs», *Hermès*, n°20, 1996; *Ce que l'art fait à la sociologie*, Paris, Minuit, coll. «Paradoxe», 1998, p. 90.

극을 갖고 있는 세계와 기억은 배타적인 관계가 아니라 상호교류하면서 균형을 이룬다. 하지만 세계와 기억은 관람객이 가지고 있는 기대의 범위에 의해서만 설명될 수 있다. 관람객은 자신이 예상하는 기대뿐만 아니라 기대 그 이상으로 경이로운 것을 경험하며, 기대가 충족되기를 원한다. 따라서 지각과 감성의 세계는 긍정적인 극에서는 행복, 충만과 평온으로, 이에 대립하는 부정적인 극에서는 분노, 실망, 낙담으로 변화된다. 경험적 지식의 세계는 한편으로는 경이, 풍요, 자극, 다른 한편으로는 피로, 나태, 지루로 양극화된다.

마지막으로 가치론적 세계의 긍정적인 극에는 자신감, 환대, 시민정신이 있고, 부정적인 극에는 굴욕, 소외감, 시민정신 결여가 놓여 있다. 따라서 박물관을 나설 때 어깨에서 짐 하나를 내려놓는 듯한 느낌을 갖게 되고,[48] 다른 방식으로 관람해보고 싶은 욕구를 갖게 되며, 스스로에 대해 긍정적으로 평가하게 된다. 하지만 후회와 좌절, 피로와 정신적 우울, 혹은 모멸감 같은 부정적인 감정을 느낄 가능성도 배제할 수 없다. 특히 비관람객이나 관람 빈도가 매우 낮은 관람객이 관람에 대해 실망을 느끼게 되면 관람 경험을 왜곡하거나 이에 대해 부정적인 생각을 갖게 된다.

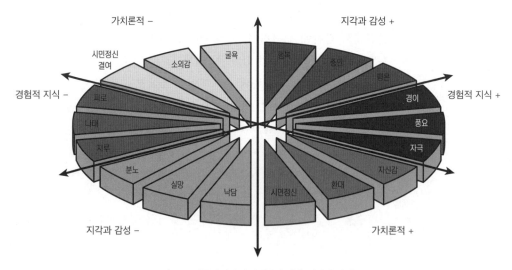

[그림 0-6] 박물관 관람의 가치론적 세계, 지각과 감성

48   M. L. Anderson «Metrics of success in art museum» [http://www.getty.edu/leadership/compleat_leader/downloads/metrics.pdf].

5) 결론

인문사회과학 분야의 연구자는 박물관 전문인력이 직업적 정체성에 관해 스스로에게 질문을 던지고, 관람객에게 더 큰 관심을 기울이면서 자신의 직업을 제고하고 있다는 사실에 대해 관심을 기울이지 않았다. 박물관 활동의 분석에 현장 관계자의 목소리가 더 많이 반영될수록 박물관은 비학술적 연구 대상으로 인식되었다. 연구자들은 박물관을 학술적 영역으로 인정받기 위해 '냉담한 비평가(critique distancié)' 같은 객관적 태도를 취할 수밖에 없었고, 이로 인해 복잡한 사회 현상을 이해하는 데 필요한 성찰적 태도를 갖추지 못했다. 더욱이 학술 영역은 경직된 경계선으로 구분되었고, 그러한 영역을 지배하는 특정 패러다임과 직면해야 했다.

카트린 발레(Catherine Ballé)의 '변화'에 대한 개념[49]은 피에르미셸 망제(Pierre-Michel Menger)가 '침전과 재활성화만 이루어지는 시기'라고 표현한 표상과 오랫동안 갈등관계에 놓여 있었다.[50] 박물관과 전시에 참여하는 관람객 수는 급증했는가? 이 질문에 대해 긍정적인 답변을 기대하는 것은 단지 모호함이 내재하는 시각적 환상일 뿐이다. 새로운 유형의 박물관이 설립되었는가? 몇몇 소수의 미술관이 개관했다. 관람 상황과 규모는 변화했는가? 실제로는 엘리트 지향적인 소비행동만 지속되었다.

우리는 사회관계를 분석할 때 기초가 되는 사회 상징적 매개와 관계자의 지향성에 대한 관심을 유도하기 위해 재생산에 대한 순환적 논리를 포기했다. 그뿐만 아니라 다양한 학문 영역에 박물관 연구를 포함하여 문제점을 찾으려고 시도했지만, 결과적으로는 '정통성'을 기반으로 학계의 주류였던 기존의 연구 분야로부터 상당한 괴리감을 경험했다. 하지만 바로 이러한 괴리감이 박물관 연구를 성공의 길로 이끌었다. 학술 영역 이외에 가능성 있는 연구 분야는 무엇인가? 다수의 사람들이 분별력 없는 생각이라고 말할 수도 있겠지만, 이러한 질문은 우리가 사회

---

49 *Culture & Musées* n°2: Musées, changement et organisation (dir. C. Ballé), 2003.

50 J.-Y. Grenier, C.Grignon, P.-M. Menger (dir.), *Le Modèle et le Récit*, Paris, MSH, 2001.

적 수요와 조화를 이룰 수 있는 연구 방법에 대해 새로운 아이디어를 갖
고 있다는 것을 의미한다.

1부
관람객 연구의 활용

1장   서론

코린 게즈(Corinne Guez)

국립고고학박물관(Musée d'Archéologie nationale)은 2004년부터 관람객 연구를 진행했으며, 박물관의 이미지를 향상시키기 위해 현재까지 현대적 창조에 대한 개방적인 문화 정책 개발에 노력을 기울이고 있다. 저자는 국립고고학박물관의 사무총장으로서 다음과 같은 네 가지 연구에 대해 관심을 가져왔다. 첫 번째 연구는 2004년 말 프랑스박물관관리청에서 생활환경연구관찰연구센터에 의뢰한 설문조사 결과를 기초로 했다. 이 연구는 총괄적 관점으로 박물관에 접근했으며, 프랑스인의 박물관 관람 동기를 면밀히 분석하면서 그들의 문화생활과 관련된 몇 가지 의문점을 규명했다.

[그림 1-1] 국립고고학박물관과 전시실

출처: https://en.wikipedia.org/wiki/
National_Archaeological_Museum_(France)

출처: http://www.guide-tourisme-france.com/VISITER/
musee-archeologie-nationale--saint-germain-
laye-36397.htm

두 번째 연구는 2005년 생활환경연구관찰연구센터가 루브르박물관을 대상으로 진행한 관람 빈도와 유동성에 관한 계량경제학적 연구 결과를 기초로 했다. 기존의 연구와 비교해보면, 이 연구는 관람객 개발의 전략에 대한 방향성을 제시해주는 도구로서의 차별성을 갖고 있다. 세 번째 연구는 과학산업박물관(CSI)의 평가전망 부서(DEP)가 진행한 연구인데, 실제 관람객과 잠재 관람객을 대상으로 실행된 일련의 연구를 종합적으로 구성했다. 이 연구의 핵심은 전시 기획을 위해 전시 내용과 방법에 관한 관람객의 기대를 파악하는 것이었다.

마지막 연구는 좀 더 정교한 방법론을 사용했으며, 연구를 주도하고 그 성과를 활용하는 박물관의 역량에 대한 문제를 다루었다. 따라서 우리는 전체 관람객 가운데 외국인 관람객 비율이 높은 박물관과 프랑스인 관람객이 대부분을 차지하는 박물관이라는 본질적 특성이 다른 두 곳의 박물관을 대상으로 이들 박물관이 관람 만족을 향상시키기 위해 각각 어떠한 방법으로 관람객의 기대를 측정했는지 탐색했다. 관람객 연구를 활용한다는 것은 문화 정책을 구상하기 위해 이러한 연구가 어떤 방식으로 문화 부서에 전달되는지를 질문하는 것과 동일한 의미를 지닌다. 관람객 연구는 박물관의 문화활동에 어떠한 영향력을 미치는가? 이러한 연구의 구체적인 결과는 무엇인가? 이러한 연구는 업무와 개발의 도구로 활용될 수 있는가?

자클린 에델망(Jacqueline Eidelman)

멜라니 루스탕(Mélanie Roustan)

레지 비고(Régis Bigot)와 베르나데트 골드스탕(Bernadette Goldstein)
이 연구 결과에 대한 분석을 맡았던 「2005년 초 프랑스 박물관의 관람
빈도와 이미지」에 관한 연구는 국가, 지방공공단체, 민간 기업, 그리고
박물관을 사랑하는 사람들로 구성된 사회관계자가 25년간의 박물관 활
동과 프랑스 국민이 갖고 있는 박물관에 대한 표상과 발전 추이를 제시
해주었다. 이 연구의 경우, '박물관'이라는 용어의 정의에 관한 문제가
발생할 수 있었고, 그 의미에 대한 합의를 도출하기 위한 심도 있는 논
의가 필요했으며, 더 나아가 박물관과 관련된 태도를 설명하고 이해하
기 위한 지표의 선택 측면에서도 문제가 제기될 수 있었다.

　　하지만 이 연구에서는 생활환경연구관찰연구센터의 연구 자료를
준거 틀로 사용했으며, 관람객 정책의 기준과 지표의 구축을 목표로 하
는 특정 기간 그리고 동일한 범주에 속하는 루브르박물관과 과학산업
박물관의 연구를 통합시켰다. 루브르박물관의 경우, 관람객 증가를 설
명해주는 지표의 측정에 대한 연구가 포함되었다. 프랑스에서 관람객
수가 가장 많은 루브르박물관의 연구 방법은 정략적이며 실용적인 특
성을 띤다. 이러한 연구는 연간 변동치를 정교하게 계량화할 뿐만 아니
라 매개변수화한다. 그렇다면 내인성 요인(루브르박물관의 전시, 관람
요금정책)과 외인성 요인(국제지정학적 맥락, 경제동향, 계절, 기후 등)
의 영향력은 무엇인가? 안 크레브스와 브루노 마레스카가 진행한 「루
브르박물관의 유료 관람 빈도에 대한 모델화: 회고와 전망에 대한 접근
(La modélisation de la fréquentation payante du Louvre: une approche
rétrospective et prospective)」에 의하면, 계량경제학적 모델은 귀납과 예
측이라는 두 가지 목적뿐만 아니라 예비 연구를 위해서도 사용되었다.
안 크레브스와 브루노 마레스카는 이 계량경제학적 모델을 '박물관 정

책과 관람객 정책의 의사결정에 대한 보조 도구'라고 결론지었다.

이 글에서는 수집된 자료를 여러 가지 방식으로 사용한 과학산업박물관 평가전망 부서의 광범위한 다수의 연구가 다각적 해석의 사례로 제시되었다. 개관 전부터 전시 평가에 주력했던 과학산업박물관은 프랑스에서 전시 평가의 확산에 주도적인 역할을 담당했다. 전시 기획에 대한 연구(사전 평가와 형성 평가)이든 또는 영향력과 수용의 연구(종합평가, 재조정 평가)이든, 이러한 평가 연구는 다양한 대중의 취향에 맞춰 과학적 연구 결과를 박물관학의 영역으로 전환시켰다.

「과학산업박물관 관람객의 기대 성장과 미래 전시에 대한 연구의 활용」을 비롯하여 에마르 드 망장과 마리-클레르 아비브의 연구 사례는 프랑스에서 관람률이 가장 높은 과학문화센터의 관람객과 관람 방식에 대한 정량적 접근 방법과 정성적 접근 방법 간 절충된 형태의 연구 방법을 제시해주었다. 또한 2~7세 아동과 교사, 그리고 다양한 성인 관람객이 정기적으로 설문조사에 참여했다. 이 조사는 관람객의 취향과 호기심, 지식, 의문점과 기대, 전시 공간의 이용, 재방문 의지, 미래사회에 대한 공개 토론에 참여하기 위한 재방문 등에 관한 질문으로 구성되었다. 최근에 진행된 연구들은 '관람 행태와 욕구', '전시 기획의 의도와 계획' 같은 단계적 적용을 통해 그간 습득한 목표와 방법에 관한 전문성을 입증했다.

루브르박물관과 과학산업박물관의 사례와 함께 고려해볼 수 있는 것은 연구 활동의 지속성과 활용을 담보해줄 수 있으며, 박물관의 기능에 통합될 수 있는 구조를 갖춘 상설 관람객 연구기관의 설립이다. 그다음으로 연구 활동의 범위에 대해 살펴보면, 과학산업박물관과 루브르박물관의 경우, 오래전부터 관람객 연구 부서와 전문인력을 보유해왔지만, 일부 특정 연구는 외부 연구기관을 통해 진행되었다. 하지만 규모나 예산이 적은 박물관의 경우, 이러한 연구 사례로부터 어떤 시사점을 얻을 수 있을까?

규모와 자원을 고려하지 않고 스스로 그러한 연구를 실행할 수 있거나 다른 박물관과의 상호 협력을 통해 연구를 실행할 수 있는 박물관은 거의 없다. 대부분 박물관은 연구비를 마련할 수 있다. 그렇다면 실비 옥토브르의 용어를 재사용하기 위해 '연구 자세를 구축'할 수 있어야 할까? 다시 말하자면, 연구 문제, 대상, 목표, 결과 유형에 대한 정확성, 결과 활용 등을 구성할 수 있는 능력을 개발해야 하는가? 문화통신부의 연구전망통계과는 「대중과 관람객 알기(Connaître les populations et les publics)」라는 글을 통해 관람객에 대한 지식의 활용과 이에 대한 방법론에 관한 문제는 박물관의 관람객 정책과 결코 분리될 수 없음을 명확히 밝혔다.

2005년 초 프랑스 박물관 관람 방식과 박물관 이미지에 대한 연구

베르나데트 골드스탕(Bernadette Goldstein)
레지 비고(Régis Bigot)

30여 년 전부터 네 차례에 걸쳐 실행된 '프랑스인의 문화활동(Pratiques culturelles des Français. 1973; 1981; 1988; 1997)'[1]에 대한 설문조사는 프랑스인과 예술 및 문화의 관계성, 그리고 이에 대한 수용 방식에 대한 풍부한 정보를 제공해주었다. 조사 결과에 의하면, 30~40년 동안 문화 공급이 양적으로 현저하게 증가했고, 질적 측면에서는 내용이 훨씬 더 풍부하고 다양해졌으며, 또한 지역 간 균형을 이루었다. 2006년 기준으로 문화 행사, 대규모 기획 전시, 그리고 새로운 박물관 설립에 대한 대중의 '열광(engouement)' 현상이 매우 현저하게 나타났다.

1) 관람객에 관한 설문조사: 지식의 활용

1990년대 들어 몇몇 박물관에서 관람객에 대한 설문조사와 관찰[2] 등의 정량적·정성적 방법으로 연구가 실행되었다. 이러한 연구는 주로 관람객 프로파일, 출신지, 처음으로 방문한 관람객과 충성도가 높은 관람객의 관람 빈도, 전시기술, 안내데스크, 관람 보조장치에 대한 관람객의 만족 등에 대한 정보를 제공해주었다. 전시 수용에 대한 연구는 특히 관람객의 '문화 수용 방식(registres de réception)'[3] 등 관람객에 대해 풍부한 정보를 제공했다. 관람에 대한 관람객의 심리적 거리감은 일관된 특성으로 제시되었으며, 문화기관의 활동과 관람 행태의 변화에도 특정

1   O. Donnat, *Les Pratiques culturelles des Français, Enquête 1988-1989*, Paris, La Do-
    cumentation française, DEP / Ministère de la Culture et de la Communication, 1990.
2   L. Mironer, (avec la coll. de P. Aumasson et C. Fourteau), *Cent Museés à la rencontre
    du public, Castebany*, France Édition, 2001.
3   J. Eidelman, «Catégories de musées, de visiteurs et de visites», in O. Donnat, P. Tolila
    (dir.), *Les publics de la culture*, Paris, Presses de Sciences Po, 2003, pp. 279-284.

양태가 나타났다. '자신을 정통적 문화 범주에 속한다고 생각하는 사람은 타 박물관보다는 자신의 문화 역량을 확인 및 재확인할 수 있는 박물관을 더욱 자주 방문했다.[4]

1. 2005년의 박물관 이용 현황

박물관에 대한 프랑스인의 행동이나 태도의 변화를 평가하기 위해 프랑스박물관관리청은 생활환경연구관찰연구센터에 '2005년 초반의 박물관의 이미지와 관람 빈도(Image et fréquentation des musées au début 2005)'에 관한 설문조사를 의뢰했다. 이 조사는 '프랑스인의 삶의 조건과 욕구(Conditions de vie et aspirations des Français)'라는 좀 더 광범위한 주제를 다룬 일련의 설문조사 중 일부에 해당한다.

이 새로운 연구는 일반적으로 자주 제기되는 다음과 같은 유형의 질문을 재조명하는 데 목적을 두었다: 박물관 관람 현황은 어떻게 변화하고 있는가? 프랑스 인구 가운데 어떤 계층이 박물관을 이용하고 있는가? 박물관 이용 계층은 어떤 프로파일을 갖고 있는가? 또한 이 연구는 관람객과 비관람객의 박물관에 대한 태도를 다루었으며, 잠재 관람객의 박물관 접근에 대한 장애 요인을 파악하고, 그들의 행태를 분석하고, 관람에 대한 욕구·동기·즐거움의 개념에 대한 문제 제기를 시도했다.

1) 선언적 설문조사의 한계점

선언적 방식의 설문조사는 실제 관람에 대한 설문조사 결과와 일치하지 않았다. 이러한 조사는 '설문조사 참여자 자신의 사회적 이미지의 역할에 따라 과다 또는 과소하게 그 가치를 평가 및 판단하기 때문에 실제 문화활동과 불일치했다'.[5] 또한 관람 빈도에 대한 상대적인 결과는 프랑스인의 문화생활에 대한 참여와 문화유산 및 문화에 대한 관심의 일부 이미지만 보여주므로 박물관 관람 빈도와 문화생활에 대한 참여 빈도는

4   Ibid.

5   J. Eidelman, J.-P. Cordier, M. Letrait, «Catégories muséales et identités des visiteurs», in O. Donnat (dir.), *Regards croisés sur les pratiques culturelles*, Paris, La Documentation française, coll. «Questions de culture», 2003, pp. 189-205.

구분되었다.

2) 설문지

이 글은 2005년 초에 생활환경연구관찰연구센터의 설문조사인 '프랑스인의 삶의 조건과 욕구(Conditions de vie et aspirations des Français)'에 프랑스박물관관리청이 포함시킨 문항에 대한 주요 결과를 보여준다. 정확한 내용은 상세 보고서[6]에서 확인할 수 있지만, 설문조사 문항은 프랑스인과 박물관의 관계성을 세 가지 보완적인 방법으로 분석했다. 각각의 항목은 몇 가지 질문으로 구성되었다. 첫 번째 항목은 프랑스인의 박물관 관람 행태에 대한 평가였다: 최근 1년간 박물관을 방문했는가? 혼자 방문했는가, 아니면 배우자, 친구, 가족과 동행했는가? 주중에 방문했는가, 휴가 기간이나 공휴일에 방문했는가? 거주지역 근처의 박물관, 프랑스 국내 박물관, 해외 박물관 중 어디를 방문했는가? 등의 질문이 포함되었다. 두 번째 항목은 프랑스인의 박물관에 대한 태도에 관한 것이었다. 박물관을 관람하지 않는 이유는 무엇인가? 관람료가 너무 비싸다고 생각하는가? 개관 시간은 적절한가? 박물관 관람 시 최대 소비 비용은 얼마인가? 등. 마지막 항목은 프랑스인의 박물관에 대한 이미지에 관한 것이었다. 박물관은 관람객을 따뜻하게 환대해주는 장소인가? 아니면 일부 특정 엘리트 계층을 위한 장소인가? 박물관은 지루한 장소인가? 박물관 관람은 즐거움을 제공하는 장소인가? 박물관은 사회를 이해하는 데 도움을 주는가?

3) 표본 할당 설문조사

2004년 12월부터 2005년 1월까지 표본 할당 추출 방식으로 선택된 18세 이상의 2,000명을 대상으로 설문조사가 실행되었다. 일반 인구를 대상으로 진행한 조사 이후에 진행된 지역별, 인구밀집도별, 연령별, 성별, PSC 등의 표본 할당은 18세 이상의 전체 인구에 대한 대표성을 부여하

6   D. Alibert, R. Bigot, G. Hatchuel, Fréquentation et images des musées au début 2005, Paris, Crédoc, coll. «Rapports de recherche», n°240, juin 2005.

기 위해 최종 수정이 이루어졌다.

2. 관람 현황

설문조사가 실행된 시기를 기준으로 최근 1년간 프랑스인 3명 가운데 1명이 박물관을 관람했다. 문화통신부의 설문조사 결과를 검토해보면, 이 수치는 지난 15년간 비교적 안정적으로 유지되었다.

1) 관람 빈도

다른 문화활동에 비해 박물관 관람(33.0%)은 중간 수준에 머물렀다. 영화보다는 관람 빈도(최근 1년간 설문 응답자의 56.0%가 영화 관람을 했음)가 매우 낮았다. 또한 공연과 콘서트 관람(38.0%)에는 약간 못 미치는 수치였지만, 연극 관람(17.0%)보다는 관람 빈도가 2배 이상 높았다. 박물관 관람객은 문화·경제적으로 부유한 계층에 속했는데, 예컨대 고등교육 이상 학위 소지자, 고소득자, 고위직 계층에 속한 관람객은 평균치보다 관람 빈도가 높았다.

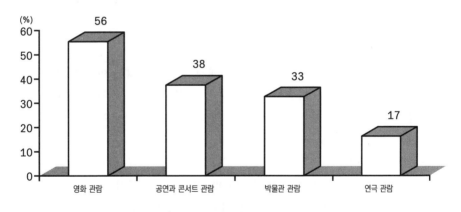

[그림 1-2] 최근 12개월간 극장, 음악 공연, 영화관 혹은 박물관을 관람한 비율

출처: 생활환경연구관찰연구센터 설문조사,
'프랑스인의 삶의 조건과 욕구(Conditions de vie et aspirations des Français, 2005)'

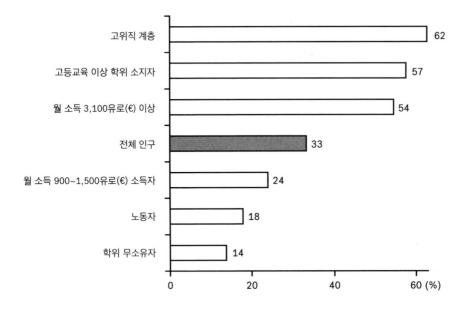

[그림 1-3] 최근 1년간 박물관을 방문한 개인의 비율
(박물관 관람객은 주로 문화경제적으로 상위계층에 속함)

출처: 생활환경연구관찰연구센터 설문조사, '프랑스인의 삶의 조건과 욕구
(Conditions de vie et aspirations des Français, 2005)'

2) 비관람 이유

생활환경연구관찰연구센터가 비관람객에게 방문하지 않는 이유를 질
문했을 때 다음과 같은 답변이 제시되었다. '너무 비싸다', '시간적 여유
가 없다', '개관 시간이 편리하지 않다' 등의 반응을 기대했으나, 실제
답변은 매우 간단하고 진솔했다. 예컨대, 응답자의 43.0%(전체 인구의
29.0%)는 '흥미를 전혀 느끼지 못해서'라고 대답했다. 두 번째 답변인
'박물관이 멀다'라고 말한 응답자는 16.0%밖에 되지 않았다. 이런 질문
에는 으레 '핑계' 요인이 많은 편인데, 이와 같은 답변은 의외였다.

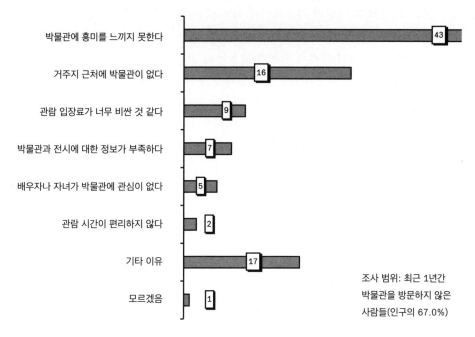

박물관에 흥미를 느끼지 못한다 `43`

거주지 근처에 박물관이 없다 `16`

관람 입장료가 너무 비싼 것 같다 `9`

박물관과 전시에 대한 정보가 부족하다 `7`

배우자나 자녀가 박물관에 관심이 없다 `5`

관람 시간이 편리하지 않다 `2`

기타 이유 `17`

모르겠음 `1`

조사 범위: 최근 1년간
박물관을 방문하지 않은
사람들(인구의 67.0%)

[그림 1-4] 다음 항목 가운데 당신이 최근 박물관을 방문하지 않은 주된 이유는 무엇입니까?
(프랑스인의 1/3이 박물관에 대해 흥미를 느끼지 못함)

출처: 생활환경연구관찰연구센터 설문조사, '프랑스인의 삶의 조건과 욕구
(Conditions de vie et aspirations des Français, 2005)'

3) 관람 방식

최근 1년간 박물관을 방문한 관람객 가운데 66.0%는 두 번 이상 방문했으며, 평균 관람 수는 3회였다. 2004년 1년 동안 10회 이상 방문했다고 답변한 응답자는 전체 인구의 2.0%에 불과했다. 이러한 사실은 박물관 관람이 보편적인 문화활동은 아니라는 것을 의미한다. 박물관 관람은 일반적으로 주말(35.0%)이나 휴가(34.0%), 공휴일(2.0%)과 같이 휴무기간 동안에 이루어졌다. 박물관 관람은 시간적 여유가 있을 때 계획을 세워 이루어지는 문화활동으로 인식되고 있었다.

응답자의 50.0% 이상이 거주지역이 아닌 타 지역의 박물관을 관람했다는 사실은 주지할 만하며, 해외 박물관을 관람한 응답자는 12.0%에 머물렀다. 전국 대비 파리에 위치한 박물관의 관람 비율은 31.0%를 차지했다. 파리시 인구가 200만 명으로 전체 인구의 3.0%밖에 되지 않는다는 사실을 고려해볼 때 이는 매우 특이한 현상이며, 파리에서 보존되고 있는 문화유산의 특별한 매력을 반증해주었다. 동반 관람객 측면에서 검토한 결과, 혼자 박물관을 방문하는 경우는 매우 드물었다. 86.0% 정도의 설문조사 참여자는 배우자, 자녀, 친구, 가족과 함께 박물관을 방문했다. 또한 44.0%의 참여자는 기획 전시를 보기 위해 박물관을 방문했는데, 이 수치는 상설 전시에 비해 이벤트적 특성을 지닌 특정 전시가 관람객에게 높은 유인력을 발휘했다는 것을 의미한다.

4) 유인력이 높은 박물관 유형

프랑스인에게 유인력이 높은 박물관은 미술관(19.0%), 역사-선사-고고학박물관(19.0%), 자연사박물관(18.0%) 순으로 나타났다. 과학기술박물관(10.0%), 자동차, 장난감, 의상 등 특정 주제 영역을 다루는 전문 박물관(10.0%), 전통민속미술관과 가내수공업박물관(8.0%)이 그 뒤를 이었다. 근현대미술관(5.0%)과 특정 인물 박물관(2.0%)이 최하위에 머물렀다. '관람 빈도가 높은 관람객(les habitués)'의 경우, 다른 유형에 비해 미술관에 대한 선호도가 매우 높았다. 마지막으로 프랑스인은 자동차나 장난감 같은 특정 주제 영역의 전문 박물관(25.0%)보다는 아동교육에 유익한 자연사박물관(44.0%)을 선호했다. 역사-선사박물관(13.0%)에도 다소 관심을 갖기는 했지만, 타 유형의 박물관에 대한 아동 집단의 인지도는 낮았다.

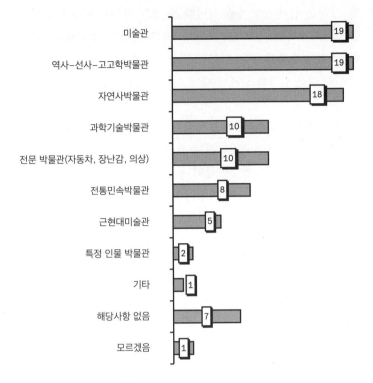

미술관   19

역사–선사–고고학박물관   19

자연사박물관   18

과학기술박물관   10

전문 박물관(자동차, 장난감, 의상)   10

전통민속박물관   8

근현대미술관   5

특정 인물 박물관   2

기타   1

해당사항 없음   7

모르겠음   1

[그림 1-5] 박물관 가운데 가장 흥미로운 것
[박물관 유형에 따른 유인력(단위: %)]

출처: 생활환경연구관찰연구센터 설문조사, '프랑스인의 삶의 조건과 욕구
(Conditions de vie et aspirations des Français, 2005)'

5) 가격 문제

모집단의 62.0%는 박물관 입장료가 너무 비싸다고 생각했다. 그렇다면 '적정 가격'은 얼마일까? 모든 사회인구 통계집단에서 적어도 53.0%의 응답자는 박물관 입장료가 너무 비싸다고 응답했다. 관람의 지루함과 즐거움, 쾌적한 환경 등 박물관에 대한 반응은 달랐지만, 입장료에 대한 평가는 동일했다. 프랑스인에게 입장료의 최고 가격이 10유로 정도라

면, 그것은 단지 상한가를 의미할 뿐 모든 사람이 방문을 위해 그 금액을 지급하겠다는 이야기는 아니다. 최근 1년을 기준으로 비관람객 가운데 6.0%가 주중에 무료 입장이 가능하다면 박물관 관람을 고려하겠다고 밝힌 것은 입장료 문제에 대해 시사하는 바가 크다.

6) 도시인구와 농촌인구 간 박물관 관람 빈도율의 유사성

생활환경연구관찰연구센터의 조사 결과에 의하면, 인구밀집지역에 해당하는 도시 지역의 인구만큼이나 농촌 지역 인구의 관람 빈도도 높게 나타났다. 2,000명 이하의 지방자치단체 인구의 관람 빈도율은 31.0%였으며, 근교를 포함한 파리 지역인 일 드 프랑스를 제외한 10만 명 이상 도시인구의 관람 빈도율은 34.0%였다. 한편 일 드 프랑스 지역 인구의 관람 빈도율은 45.0%였는데, 이는 전국 평균율을 훨씬 상회하는 수치였다.

하지만 우리가 분석한 결과에 의하면, 이러한 결과는 파리시와 근교에 고위 계층-고등교육 이상 학위 소지자-고소득자의 비율이 다른 지역에 비해 높았기 때문이다. 이러한 관점에서 보면, 파리 지역의 높은 관람 빈도율은 지역적 특성이 아니라 인구구조학적 특성에 기인했다. 물론 파리 시내의 거주자로 그 범위를 제한했더라면 조사 결과가 다르게 나왔을 수도 있다. 최근 1년간 이 지역의 인구 가운데 71.0%가 박물관을 방문했는데, 이 경우에는 교육 수준, 사회 계층, 소득 수준과는 별개로 거주지상의 특성이 주요 영향력으로 작용한 것으로 해석되었다.

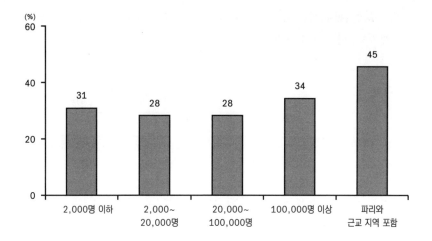

[그림 1-6] 거주지 인구밀도 대비 최근 1년간 박물관 관람률

출처: 생활환경연구관찰연구센터 설문조사, '프랑스인의 삶의 조건과 욕구
(Conditions de vie et aspirations des Français, 2005)'

3. 박물관 이미지: 흥미롭지만 따뜻하게 환대해주지 않는 장소

박물관에 대한 이미지는 매우 복잡하다. 출구조사에서 참여자의 89.0%
는 무엇인가를 배운 것 같은 경험이었다고 답변했다. 더욱이 63.0%의
참여자는 관람이 사회에 대한 이해를 증진시켰다고 말했다. 관람에 익
숙하지 않은 관람객을 포함한 모집단 전체가 이러한 느낌에 대해 공감
했다.

1) 관람의 즐거움

프랑스인의 67.0%는 관람이 '매우 즐거운 경험'이라고 답변했을 뿐만
아니라 72.0%는 박물관이 지루한 장소라는 의견에 대해 동의하지 않
았다. 모집단의 3/4 이상은 박물관이 특정 엘리트 집단을 위한 장소라
는 의견에 수긍하지 않았다. 또한 과반수(50.0%) 이상의 참여자는 박물
관이 아동에게 재미와 즐거움을 준다고 생각했다. 정기적으로 박물관

을 방문하는 관람객은 당연히 이와 같은 여러 가지 의견에 전적으로 공감했겠지만, 심지어 비관람객도 이러한 느낌에 대해서는 동일한 반응을 보였다.

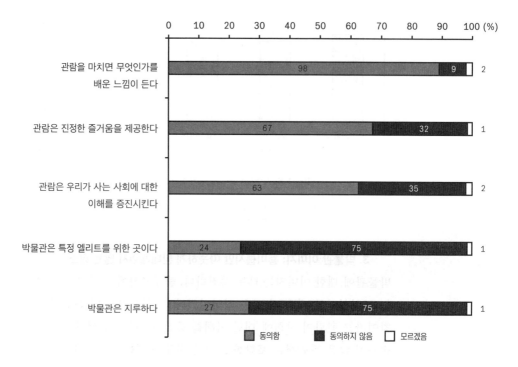

[그림 1-7] 다음 의견에 동의하십니까? 혹은 동의하지 않습니까?
(3명 가운데 2명은 관람이 매우 즐겁다고 답변함)

출처: 생활환경연구관찰연구센터 설문조사, '프랑스인의 삶의 조건과 욕구
(Conditions de vie et aspirations des Français, 2005)'

2) 이용자 편의와 학습에 대한 기대감

우리는 통계 결과에서 제시된 몇 가지 부정적인 측면에 대해 주목할 필요가 있다. 과반수(52.0%) 이상의 참여자는 충분한 설명이 제공되지 않

은 상태에서 박물관을 혼자 돌아다니는 듯한 느낌이 들었다고 답변했다. 대부분 참여자는 박물관이 자신들에게 문화적 보물을 감추고 있다는 생각이 들 정도로 좌절감을 느꼈다고 토로했다. 비판적인 의견 하나를 더 추가해보면, 프랑스인의 과반수(50.0%) 정도는 박물관이 관람객을 따뜻하게 환대해주지 않았다고 생각했다.

반면에 참여자 대부분은 박물관이 관람객을 배려해서 소파, 의자, 카페테리아, 출입 통로 등과 같은 편의시설을 적절하게 제공해주었다고 생각했다. 이러한 관점에서 보면, 박물관에서 편안함이 느껴지지 않는 이유는 물리적 시설의 부족으로 야기된 문제가 아니라 인간의 존재감이 충분하게 느껴지지 않기 때문이었다. 관람객의 바람은 박물관을 혼자 돌아다니는 듯한 느낌이 들지 않도록 박물관 전문인력이 관람객과 동행하면서 안내 서비스나 따뜻한 관심을 기울여주는 것이었다.

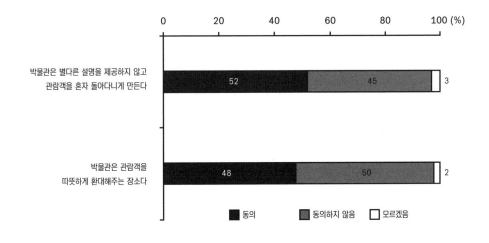

[그림 1-8] 다음 의견에 동의하십니까? 혹은 동의하지 않습니까?
(박물관은 관람객이 혼자서 돌아다니는 차가운 장소임)

출처: 생활환경연구관찰연구센터 설문조사, '프랑스인의 삶의 조건과 욕구
(Conditions de vie et aspirations des Français, 2005)'

3) 전시와 소장품에 대한 불충분한 설명

프랑스인의 과반수 이상(56.0%)은 전시와 소장품에 대해 지금보다 더 많은 정보가 제공된다면 박물관을 자주 방문하겠다는 의지를 밝혔다. 관람객 개발이라는 관점에서 보면, 전시 내용에 대한 홍보 부족뿐만 아니라 홍보 자체도 종종 비효율적이라는 의견이 지배적이었다. '과도한 매체 홍보'가 사용되는 영화 개봉과 비교해보면, 실제로 전시에 대한 '홍보'의 가시성은 매우 낮다고 할 수 있다.

관람 시간은 본질적으로 문제의 소지가 없어 보였다. 모집단의 64.0%는 향후 개관 시간이 탄력적으로 조정되는 경우에도 관람 의지가 없었다. 모집단 가운데 72.0%는 개관 시간의 적절성에 대해 긍정적으로 평가했다. 하지만 관람 빈도에 대한 개관 시간의 영향력을 높이 평가한 참여자 가운데 54.0%는 '야간 개장(nocturnes)'에 대해 긍정적인 반응을 보였다. 여가가 증가한다는 전제하에 프랑스인의 관람 빈도에 대한 반응은 이분화되었다. 49.0%는 관람 빈도가 증가할 것이라고 응답한 반면, 50.0%는 현재의 관람 습관을 그대로 유지할 것이라고 답변했다. 예컨대, 대학생, 고위직 계층, 고등교육 학위 이상 소지자, 근교를 포함한 파리시 거주자, 비정기 관람객, 정기 관람객은 여가의 증가와 함께 관람 빈도도 상대적으로 증가할 것이라고 답변한 반면, 노령 계층, 학위 무소유자, 저임금 계층은 현재의 관람 빈도를 그대로 유지할 것이라고 응답했다.

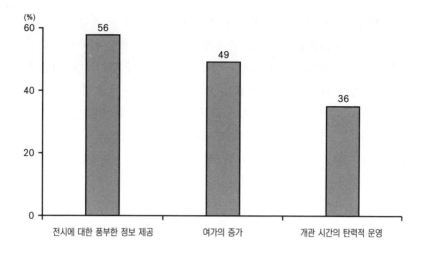

[그림 1-9] 위 내용은 박물관을 더 자주 관람하겠다고 응답한 비율임
(56.0%의 인구는 전시에 대한 정보가 더 많이 제공된다면 더 자주 박물관을 관람하겠다고 답변함)

출처: 생활환경연구관찰연구센터 설문조사, '프랑스인의 삶의 조건과 욕구
(Conditions de vie et aspirations des Français, 2005)

4) 대표성을 지닌 표본에 대한 유형학

생활환경연구관찰연구센터는 관람객 증가에 대한 가능성을 진단하기 위해 대표성을 지닌 표본에 관한 관람객 유형학을 개발했다. 참여자들의 태도에 대한 첫 번째 설명적 영역은 '즐거움'에 대한 개념이다. 다른 요소로는 '정보'와 '학습 부족'이 포함되었다. 프랑스 국민의 34.0%를 대표하는 '열정적 유형(les passionnés)'은 박물관에 대해 강한 유인력을 느꼈고, 관람이 주는 즐거움을 인지했는데, 이러한 유형에는 고등교육 학위 소지자와 고소득자가 평균 이상 분포되어 있었다. 또한 이 유형에 속한 관람객은 박물관이 관람객을 따뜻하게 환대해주는 장소이고, 엘리트 계층에게만 독점되어 있는 장소가 아니며, 무엇인가를 항상 배울 수 있는 장소라고 생각하며 박물관에 대해 깊은 관심을 갖고 있었다.

프랑스 국민의 20.0%는 '학습을 기대하는 아마추어 유형(amateurs en attente de pédagogie)'으로 분류되었다. 이러한 유형에 속하는 관람객은 관람이 즐겁고, 사회에 대한 이해를 증진시킬 수 있는 기회이며, 관람이 엘리트에게만 국한되지 않은 문화 여가 활동이라고 생각했다. 하지만 이들은 관람 시 충분한 설명 없이 혼자서 전시를 관람했다고 말했다. 더욱이 이러한 유형에 속하는 관람객은 입장료 인하에 민감할 뿐 아니라 소장품과 전시 내용에 대한 정보가 좀 더 풍부하게 제공된다면 더욱 자주 박물관을 관람할 수 있다는 확고한 의지를 갖고 있었다. 고등교육 학위 소지자가 높은 비율을 차지하는 이러한 유형에는 비정기 관람객이 포함되었으며, 관람 빈도의 증가를 비교적 쉽게 유도할 수 있었다.

'거리감 있는 유형(distants)'과 '비판적 유형(critiques)'이라는 두 가지 유형의 관람객 집단은 관람 유도 가능성이 낮은 관람객에 해당한다. 피고용인과 학위 무소유자의 비율이 높은 이 두 가지 유형의 관람객 집단의 비율을 합치면 인구의 33.0%를 차지했다. 이러한 유형에 속하는 관람객은 박물관이 지루한 장소이며, 따뜻하게 환대해주는 장소가 아니라고 여겼다. 더욱이 '거리감 있는 유형'은 박물관이 특정 엘리트 계층을 위해 존재한다고 생각했다. 하지만 '전시와 소장품에 대해 더욱 풍부한 정보'를 제공받을 수 있다면, 이들의 과반수 정도는 관람에 대해 더 많은 관심을 가질 가능성이 내재해 있었다. 박물관의 민주화라는 관점에서 보면, 이러한 유형의 관람객은 관람 유도 가능성이 있는 잠재 관람객에 해당한다. 이들에게 '더욱 풍부한 정보를 제공하는 방법'은 무료 입장만큼 실질적인 관람 유도 효과를 발휘할 것이다.

마지막으로 프랑스 국민의 13.0% 정도는 '기피자 유형(réfractaires)'에 속했는데, 이러한 유형에는 젊은 계층과 학위 무소유자, 노동자가 평균보다 높은 비율을 차지했다. 이러한 유형에 속하는 사람들은 비관람객적인 특성을 지녔는데, 박물관이 특정 엘리트 계층만을 위한 장소이며, 박물관의 학습이나 사회에 대한 이해 증진이라는 역할에 대해 부정적인 입장을 취했다. 이들 가운데 36.0%는 전시와 소장품에 대한 정보 욕구를 갖고 있었으며, 이들을 박물관으로 유도하기 위해서는 박물관 전문인력의 헌신적인 노력이 요구된다.

4. 조사 결과 및 시사점에 대한 시각

"박물관 관람은 프랑스인의 문화활동 가운데 가장 보편적인 것으로 자리매김했다. 그 이유는 국민 10명 가운데 7명(70.0%)이 생애 한 번 이상의 관람 경험을 갖고 있기 때문이다. [……] 지난 20년 동안 박물관 경험에 대한 익숙함은 프랑스인 사이에서 축적되고 있다." 하지만 박물관 관람은 아직도 '활성화'나 '보편적'인 상태에 도달하지 못했다.[7] 사실 연간 3회 이상 박물관을 관람한 프랑스인은 매우 드물다. 프랑스 국민 가운데 특히 젊은 계층이나 대학생 사이에서는 일생 동안 박물관을 한 번밖에 경험하지 않았다는 의견이 지배적이었다.

1) 관람 빈도 증가와 박물관에 대한 상대적 안정성

올리비에 도나(Olivier Donnat)가 「문화활동에 대한 고찰(Regards croisés sur les pratiques culturelles)」[8]에서 기술한 바와 같이, 이번 설문조사 결과에서도 문화활동 영역 전반에 걸쳐 '누적의 법칙(loi du cumul)'이 적용되고 있다는 사실이 확인되었다. 관람 활동은 누적적 특성을 지녔으며, 문화활동은 상호 연관되었다. 관람객은 동시에 연극이나 콘서트 관람 같은 공연예술이나 문화유산 활동에도 참여했다. 경제 자본(capital économique)보다는 문화 자본(capital culturel)의 관람 가능성에 대한 영향력이 높은 것으로 나타났다.

문화활동의 우선순위를 나열해보면, 38.0%의 관람 빈도율을 나타내는 음악 활동(공연 및 콘서트)이 박물관 관람 빈도율보다 다소 우위를 보였다. 오늘날 프랑스인의 문화에서 음악은 박물관 경험보다 더욱

---

7   S. Octobre, «Pratiques muséales des Français», Regards sur l'actualité, 2001, n°269, pp. 42-53.

8   Donnat, Regards croisés..., op.cit.

중요한 위치에 놓여 있었고, 록 콘서트나 대중음악의 경우처럼 프랑스 대중은 음악을 정통적이며 용인된 표현 방식으로 이해했다. "지난 1년 간 박물관을 관람했습니까?"라는 질문에서 '박물관'이라는 단어는 박물관 문화활동의 풍부함을 적절히 설명해주지 못했다. 참여자는 다양한 문화활동 장소에 대한 변별력이 없었기 때문에, 예컨대 샤토박물관(musée-château)이나 샤토에서 열리는 문화 행사처럼 전시실을 박물관에 포함시키지 않은 채 관람 빈도수를 계산했고, 이로 인해 관람 빈도수가 낮게 산출되었다. 따라서 이 설문조사에서는 박물관에 대한 참여자의 기존 이미지와 표상만 수치에 반영되었을 뿐 문화유산센터(pôle patrimonial)[9]나 테마파크의 전시 공간[10]과 같이 새로운 유형이나 형태의 박물관은 포함되지 않았다. 1987년에 파스롱(J. C. Passeron)이 언급한 바[11]와 같이 관람 경험에 대한 조사 결과를 검토해보면, 관람 빈도에 대한 주요 분석 결과에 대해 '항상 같은(toujours-pareil)' 느낌이 지배적이지만, 그럼에도 몇 가지 발전적 양상은 언급될 필요가 있다.

(1) 관람 방식: 논리

박물관 관람은 종종 휴가라는 관점에서 파리 지역, 프랑스 내 지역, 해외여행에 대한 관광 논리에 의해 이루어졌다. 최근의 박물관 관람에서 둘 중 하나는 거주지역 밖에서 이루어졌지만, 거주지의 인구 밀집도와 관람 가능성은 상관관계가 없는 것으로 나타났다. 실제로 시골 지역의 관람 빈도율은 파리를 제외한 대도시의 관람 빈도율과 매우 유사했다. 이러한 현상은 새로운 인구가 시골 지역으로 유입됨에 따라 현대 문화 향유계층인 중산층의 지배로 발생한 사회적 변화라 할 수 있다.

시골 지역의 관람 빈도율(31.0%)과 인구 10만 명 이상 도시 지역의 관람 빈도율(34.0%)의 편차는 크지 않았다. 하지만 전국 평균(33.0%)에 비해 근교를 포함한 파리 지역인 일 드 프랑스 지역의 관람 빈도율은 45.0%였는데, 이 수치는 이 지역 문화활동의 중요성과 새로운 유형의

---

9   S. Octobre, Les Loisirs culturels des 6-14 ans, Paris, La Documentation française, coll. «Questions de culture», 2004.

10   Eidelman, «Catégories de musées...», op.cit.

11   J. C. Passeron, «Attention aux excès de vitesse: le "nouveau" comme concept sociologique», Esprit n°4: Le nouvel âge du sport, avril 1987, pp. 129-134.

문화 소비 양상을 보여주었다. 2004년 프랑스 박물관에 대한 설문조사에 의하면, 이와 같은 높은 관람 빈도율은 지역적으로 볼 때 특히 일 드 프랑스(Île-de-France) 지역, 프로방스 알프스 코트다쥐르(Paca) 지역, 론 알프스(Rhône-Alpes) 지역에 집중되어 나타났다.[12]

(2) 박물관 유형에 대한 선호도

프랑스인의 박물관 유형에 대한 선호도에서 역사박물관(19.0%)과 미술관(19.0%)은 동일한 수준에 머물렀다. 물론 일부 박물관의 경우에는 다면적 특성을 지녔지만, 미술관과 역사박물관에만 박물관의 개념을 적용하는 것은 민족지학박물관이나 과학박물관의 역량이나 잠재력을 과소평가하는 것이다. 1993년 프랑스인 가운데 15세 이상[13]의 2,000명을 대상으로 실시된 박물관 관람 빈도와 이미지에 대한 설문조사 결과를 기초로 한 '미래의 역사박물관(Des musées d'histoire pour l'avenir)'에서 올리비에 부키야르(Oliver Bouquillard)[14]가 기술한 바와 같이, 대부분 관람객에게 박물관은 개념적으로 미술관이나 역사박물관을 의미했다. 미술과 역사에 대한 선호로 인해 미술과 전통 민속을 연관 짓는 경우는 거의 없었지만, 선사는 미술-역사와 연결되었다. 그다음으로 연결될 수 있는 영역은 과학과 기술, 민족지학과 전문박물관이었다. 이러한 관점에서 보면, 기존의 박물관 유형을 사용하기보다는 '선호하는 주제 공간(espace de préférences thématiques)'[15]이라는 개념을 적용시켜 박물관 선호도에 대한 문항을 재작성해야 했다.

12 Ministère de la Culture et de la Communication / DDAI / DEPS, Les notes statistiques du DEPS n°17: Les musées de France en 2003. Résultats de l'enquête 2004, mai 2006.

13 O. Bouquillard, «Peut-on vraiment classer les musées par discipline? Les modes d'intérêt thématique du public: le cas des musées d'histoire», in M.-H. Joly, T. Compere-Morel (dir.), Des musées d'histoire pour l'avenir. Actes du colloque de l'Historial de la Grande Guerre (Péronne, 1996), Paris, Noêsis, 1998, pp. 143-150.

14 1993년 프랑스 여론조사기관(Institut français de Démoscopie)이 15세 이상의 프랑스인 2,000명을 대상으로 진행한 박물관 관람 빈도와 이미지에 대한 설문조사

15 Bouquillard, «Peut-on vraiment classer les musées…», op.cit.; Eidelman, «Catégories de musées…», op.cit.

(3) 관람객의 사회인구통계적 특성의 발전

'문화활동 현황'에 대한 설문조사와 관람객상설관찰소에서 나온 결과에 의하면, 박물관의 유형에 따라 약간의 변동치는 있었지만, 관람객의 남녀 성비는 거의 균형을 이루었다. 60~69세 노령계층의 경우, 41.0% 정도는 최근 1년 동안 높은 관람 빈도율을 보였다. '베이비 부머(baby-boomers)'의 문화적 투자가 '파피 부머(papy-boomers)'의 문화활동을 설명해주었다. 60세 이상의 노령 계층은 새로운 행태와 기대를 보여주는 관람객 계층을 대표했다. 프랑스 사회의 인구 고령화 현상은 관람 행태에 상당한 영향을 미쳤다. 18~25세와 25~39세 연령층의 연간 관람 빈도율은 각각 34.0%와 29.0%에 머물렀고, 가족 내 아동의 유무, 이혼 등 가족 상황에 따라 관람 빈도율은 낮아졌다.

2) 안정적이지만 복잡하며, 모순적인 특성을 지닌 박물관 이미지

박물관 이미지에 관한 유형학은 즐거움이라는 개념에 연관되어 있다. 박물관에 가면 즐거움을 느끼는 관람객도 있지만, 그렇지 않은 관람객도 있다. "자신에게 즐거움을 주기 위해, 남에게 즐거움을 주기 위한 목적으로 박물관에 가는 것이 관람 욕구의 첫 번째 조건이다."[16] 여기에서의 즐거움은 소장품과 전시에 대한 설명과 사용자 친화적 환경에서 비롯된다. 조사 결과에 의하면, 박물관은 관람객에게 흥미로운 곳이기는 하지만, 별로 따뜻하지 않은 장소였다. 25세 이하, 학위 무소유자의 경우, 무엇보다 전시물에 대해 충분하게 설명이 제공되지 않는 것은 즐거움과 사용자 친화적 환경의 장애 요소라고 지적하는 비율이 높았다. 다음과 같은 관점에서 이러한 태도에 접근해볼 수 있다.

(1) 가격에 민감한 젊은 계층에 대한 목표

가격 할인과 정기적인 무료 입장 등은 새로운 관람객 개발을 유도하는데 효과적이다. 참여자 3명 중 2명은 가격 할인과 무료 입장에 민감한

16 Eidelman, «Catégories de musées…», op.cit.

반응을 보였다. '관람 빈도가 높은 관람객(les habitués)'에 대한 영향력 이외에도 이러한 방법은 18~24세 연령층에서 58.0%, 25~34세 연령층에서 53.0%의 잠재 관람객을 개발하는 데 도움을 주었다.

(2) 사용자 친화적 환경과 전시 매개장치의 필요성

전시 매개, 정보학습적 노력, 만남의 장소 등에 대한 필요성은 다섯 가지 유형의 관람객 집단에서 공통적으로 발견되었다. 미숙하고 비효율적인 전시홍보는 관람객을 개발하기에 턱없이 부족했다. 설문조사는 비판적 집단을 포함한 모든 젊은 계층의 경우, 즐거움의 주요 요인이 사용자 친화적 환경과 전시 매개장치이며, 또한 이를 통해 젊은 계층의 관람객에게 다가갈 수 있다는 사실을 제시해주었다.

하지만 "아동의 경우에는 전시물과의 교류를 통해 관심을 이끌어내는 것만으로는 부족하기 때문에 아동의 학습 방식이나 예술가와 관람객을 연결하는 전시 매개장치에 대한 심도 있는 연구가 절실히 필요했다."[17] 예를 들면, 퀘벡문명박물관(Musée de la Civilisation du Québec)에서는 성인뿐만 아니라 특히 아동의 연령과 교과 과정에 적합한 관람 시나리오를 제공해주었다.[18] 박물관학 연구자 아네트 비엘(Annette Viel)이 제시한 '박물관의 다의성(la polysemie du musée)'이라는 개념[19]은 해석을 통해 전시물의 의미를 증대시키는 것인데, 이러한 관점에서 보면 박물관은 '전시물의 박물관학'이라기보다는 '경험의 박물관학'을 지향한다.

관람객은 단지 미적인 장소라는 이유만으로 박물관을 방문하는 것이 아니다. 관람객은 상설 소장품보다는 관람객과 조정자의 역할을 맡은 기획 전시에 대한 경험을 공유하기 위해 박물관을 방문한다. 구전, 문서, 시청각 등 다양한 형태의 전시 매개장치는 박물관의 필수적인 요소다. 생활환경연구관찰연구센터의 조사 결과는 그동안 실행된 관람객 상설관찰소의 연구와 다수의 정성적 연구를 통해 드러난 사실, 즉 관람

17　O. Donnat, «Comment penser le rapport à la culture», Problèmes politiques et sociaux, n°910: Le renouveau des musées, mars 2005, pp. 35-38.

18　Ibid.

19　A. Viel, «L'objet dans tout ses états», in P.-A. Mariaux (dir.), L'Objet de la muséologie, Neuchâtel, Institut d'histoire de l'art et de muséologie, 2005.

객은 '이해 결핍을 충족시키려는' 욕구를 가지고 있고, 그 과정에서 행복감을 느끼게 된다는 사실을 확인시켜주었다. 또한 이 조사는 지식, 발견, 경험이라는 세 가지 적극적인 학습 방식에 대한 관람객의 기대를 조명해주었다. 바로 이러한 기대에 대한 요구가 박물관 문화에 대한 깊은 관심의 표명이다.

3장

루브르박물관의
유료 관람 빈도에 대한 모델화:
회고와 전망에 대한 접근

안 크레브스(Anne Krebs)
브루노 마레스카(Bruno Maresca)

관람 빈도는 문화기관의 건전성을 입증하기 위해 사용되는 대표적인 변수다. 재정 법률에 관한 기관법(Lolf)[20]과 성과 계약(Contrat de perfor-mance)처럼 그 중요성은 문화 정책의 기반이 되는 최근 경영학 모델에서 더욱 강조되고 있다. 관람 빈도의 산출과 분석 근거는 세 가지 중요한 관점에서 이루어진다. 조사와 예측의 질적 수준, 관람객 구성을 측정하고 그 발전을 설명할 능력, 그리고 공공 정책에 대한 평가 범주 내에서 이루어지는 관람객에 대한 문화 정책 활동의 성과다.

문화기관의 관람 빈도는 종종 대중의 문화기관에 대한 이용에 내재하고 있는 불확실성과 관련된 문제를 야기한다. 이러한 문제에는 문화기관의 발전 시점에서, 전시물과 전문인력에 부담을 주지 않는 건전한 상황에서 수용 가능한 관람객 수를 판단할 수 있는 문화기관의 능력, 관찰된 증가 추이가 지속될 수 있는지를 확증할 능력, 지정학적이나 경제적 충격으로 인한 관람객 수치의 현저한 하락을 미리 예측할 가능성 등이 포함된다. 다른 말로 표현하자면, 관람 빈도는 간단하고 사용 편의성이 높은 자료가 아니라 전망적 시나리오에 대한 분석, 예측, 구상을 가능케 하는 경영 도구다.

여러 가지 관점에서 볼 때, 루브르박물관은 비정형적이며 예외적인 사례에 해당한다. 예를 들어, 대담한 전시 개발 정책(전시기술학을 적용한 공간의 재정비, 지역별 활동, 이슬람 예술의 새로운 부서 설치, 랑스

20   재정법에 관련된 조직법률

루브르박물관 개관 등), 최고 강세를 보이고 있는 국제 관광에 부응하는 문화 정책과 지속적인 전시매체정책(기획 전시, 출판, 과학과 전시 매개 장치 부문의 국제적 파트너십 등) 등 루브르박물관은 다양한 정책을 구사해왔다. 루브르박물관은 연간 관람 빈도 측면에서 전 세계적으로 가장 많은 관람객이 방문하는 박물관이다.[21]

관람 빈도에 대한 증가를 예측하는 연구의 경우, 문화기관의 발전과 기관의 역량을 예측하기 위해 다음과 같은 전략적 질문이 제기되었다. 2015년 루브르박물관의 관람객 수는 어느 정도가 될 것인가? 브라질, 러시아, 인도, 중국 등의 신흥 관광 국가는 향후 10년간 루브르박물관의 관람 빈도 증가에 어떤 영향력을 미칠 것인가?

[그림 1-10] 루브르박물관 및 내부 전시실

교정값(valeur d'étalonnage)에 해당하는 관람 빈도 수치만을 사용해서 관람 빈도 증가를 예측해서는 안 된다. 그 이유는 루브르박물관의 문화적 성과와 국내외 유인력을 이해하는 데 필수적으로 요구되는 다른 요인도 고려해야 하기 때문이다. 관람 빈도는 경제적 효과를 나타내며

---

21   2005년에는 755만 명, 2006년에는 835만 명의 관람객이 방문하여 전년 대비 11.0%의 성장률을 보였다(출처: 2006년 루브르관람객지표 연구센터).

직접적 매출로 전환될 뿐만 아니라 고용, 전문인력과 자산의 안전, 직원의 업무 환경, 전시물에 대한 손상 등의 차원에서 사회와 조직에 영향을 미친다. 또한 관람 빈도의 수준은 관람 경험의 질적 수준, 안내데스크, 학습 효과, 만족도 등과 관련성이 있다. 무료 입장이나 대중성이 높은 기획 전시가 개최될 때는 '과잉 관람 빈도(hyper-fréquentation)' 상태에 놓이게 되는데, 이러한 상황에서는 '적시에' 적합한 경영 방법이 필요하다.

2005년 루브르박물관과 생활환경연구관찰연구센터가 실행한 연구의 목적은 관람 빈도율의 연간 변동치 분석에 대한 진단을 더욱 정교하게 하기 위해서였다. 전통적으로 문화 관람 빈도에 대한 분석에는 특정 종속 변인과 독립 변인이 사용된다. 대부분의 경우, 예컨대 매출과 성장 같은 객관적인 자료, 그리고 때로는 현장에 대한 느낌이 기록된 자료 같은 좀 더 주관적인 자료 수집을 통해 사후에 구성된다. 일반적으로 편차나 변화를 밝히기 위해 계절과 달력상 일정의 영향(휴가 기간 동안의 관광 성향 등), 문화활동의 영향(새로운 전시실과 대규모 기획 전시의 개관 등), 그리고 지정학이나 미디어 관련 영향(정치적 소요, 분쟁, 특별행사의 강력한 홍보 등) 등 세 가지 설명적 요인이 사용된다. 또한 가시적인 관람 빈도의 양적 변화와 관련된 것도 설명적 요인에 포함된다.

루브르박물관은 모델화 과정에서 중요도에 따라 설명적 요인을 분류할 수 있는 역량(설명적 요인에 의해 영향을 받을 수 있거나 영향을 받지 않는 관람객 범주를 구분할 가능성, 또한 예상치 못한 요인이나 이탈한 요인, 관람 빈도와 그 변인의 분석에 적용할 수 있는 새로운 변인이나 그간 거의 사용되지 않은 요인의 규명)에 대해 특별한 관심을 쏟았다.

루브르박물관은 1994년부터 3개월마다 지속적으로 관람객 조사를 실행하고 있다. 또한 루브르박물관이 2003년부터 3년마다 프랑스 정부와 '성과 계약(Contrat de performance)'을 체결함에 따라 정교하게 서

열화된 일련의 지표를 통해 자체적으로 수립한 목표와 방침에 대한 경영 목표를 연례보고서에 기술하고 있다. 계약 조건에 기술된 주요 지표에는 관람 빈도, 관람객의 프로파일, 관람 만족도 등이 포함되어 있다.

따라서 이 연구는 실용적이며 동시에 전략적 조건을 충족시켜야 했다. 루브르박물관은 지난 10여 년간의 관람객 특성에 관한 연구를 진행해오고 있다. 이처럼 장기간 지속적으로 관람객에 대한 정보를 축적하는 작업은 대규모의 타 문화기관에서는 흔히 볼 수 없는 대표적인 사례에 해당한다. 루브르박물관은 '성과 계약'으로 인해 장기 정책을 구사해야 할 상황에 직면해 있었다. 결과적으로 10년간의 연구 활동 경험과 성과 계약으로 인한 장기 정책에 대한 필요성이 계량경제학적 연구를 가능케 했다. 관람객 연구의 핵심은 루브르박물관이 프랑스를 대표하는 문화기관으로서 혁신적인 방법으로 관람 빈도에 대해 회고적·전망적 분석을 시도하는 것이었다.

1. 연구 목표

루브르박물관의 경영진을 위해 생활환경연구관찰연구센터가 실행한 모델화 작업의 첫 번째 목표는 관람 빈도를 구조적으로 분석하는 것이었다. 이 연구의 목적은 1994~2004년 사이에 연간 500~700만 명으로 증가한 관람 변동 수치에 대한 설명적 요인을 도출하기 위해서였다. 두 번째 목표는 설명적 변동 요인이 주요 변인이라는 가정하에 2006~2008년의 관람 빈도를 예측하는 것이었다. 마지막으로 이 모델화 작업에서는 특정 요인의 변화가 관람 빈도의 양적 변화에 미친 영향력을 규명하기 위해 일부 변인에 대한 실험이 시도되었다.

2. 모델 구축

모델화 작업은 다음과 같은 네 가지 연속적 단계를 거쳐 구축되었다.

① 관람에 관한 설명적 요인의 연구(구조적 분석)
② 설명적 요인의 선택과 모델의 지수 평가(평가)
③ 3년간의 관람 빈도 예측(예측)
④ 특정 변인의 관람 빈도에 대한 영향력 평가(변인)

1) 조사 영역의 선택

모델화 작업은 루브르박물관 상설 전시실의 월별 유료 입장객 수를 기준으로 이루어졌다.[22] 무료 입장객과 출입 카드를 소지하고 있는 정기회원은 조사 영역에서 제외되었다. 이러한 결정에는 두 가지 고려 사항이 영향을 미쳤다. 첫째, 입장권에 대한 모델화 작업의 근거로 사용될 수 있는 특정 기간에 대한 신뢰할 수 있는 월별 자료가 필요했다. 둘째, 정책적 유용성을 위해 직접적 매출을 발생시키는 관람 유입에 초점을 맞추기 위해서였다.

2) 설명을 위한 변인

모델화 작업을 위해 우선적으로 1994년부터 2005년까지의 연대별 자료와 이 기간 동안 정기 회원을 제외한 유료 관람객의 입장권 매출 수치, 그리고 루브르박물관의 관람객상설관찰소와 2004년부터 루브르관람객지표 연구센터(Baromètre des publics du Louvre)에서 실행한 관람객의 지리학적 자료를 통합했다.

계량경제학의 목적은 변인 간의 관계를 밝히고 설명하는 데 있다. 따라서 모델화의 첫 번째 작업은 관람 빈도에 영향을 미치는 설명적 변인을 결정하는 것이었다. 관람객의 지리적 특성에 따라 설명적 요인이 변화한다는 가정하에 출신 지역이 주요 변인으로 채택되었다. 이러한

1부 관람객 연구의 활용

22 2006년 루브르박물관 상설 전시에 대한 관람 빈도는 박물관 전체 관람 빈도의 91.0%를 차지했다.

전제는 월별 유료 입장객의 수치를 네 가지 지리적 범주에 따라 하위 집단으로 세분화하는 모델을 생성시켰다. 좀 더 구체적으로 설명하면, 이 모델화 과정에서는 네 가지 하위 집단별로 네 가지 관람 예측을 만들고, 이를 통합해서 루브르박물관의 전체 유료 관람객을 전망했다.

[표 1-1] 네 가지 설명적 변인

	하위 집단	출신 지역	설명적 변인
1	일 드 프랑스 지역 관람객	국내 유료 입장객	일 드 프랑스 지역 관람객 유료 입장 수치
2	기타 프랑스 지역 관람객		기타 프랑스 지역 관람객 유료 입장 수치
3	유럽 지역 관람객	국외 유료 입장객	유럽 지역 관람객 유료 입장 수치
4	기타 해외 관람객		기타 해외 관람객 유료 입장 수치

3) 설명적 변인

모델화의 두 번째 작업은 1994년부터 관찰을 실행해온 루브르박물관의 관람객 증감을 설명할 수 있는 변인을 목록으로 작성하는 것이었다. 이 광범위한 조사는 105개의 하위 변인을 포함한 여덟 가지 주제로 설명적 변인을 분류했다. 여덟 가지 주제에는 박물관의 업무·정책과 관련된 내인성 변인(예: 대중성이 가장 높았던 기획 전시, 입장료의 인상, 박물관 직원의 노사 분규)과 관광 및 여가 활동에 영향을 미치는 외인성 변인(휴가 일정, 가계 소비지수 같은 경제 지수, 환율의 변화, 정치적 변인이나 기후 변인)이 포함되었다. 루브르박물관은 모델화를 통해 각 변인의 영향력과 다른 변인과의 상관관계를 밝히고, 전체 변인의 관점에서 관람 빈도의 증감을 설명했다.

[표 1-2] 주제에 의해 분류된 설명적 변인의 초안

설명적 요인	자료 영역
입장료	일반 요금과 할인 요금(연속적 인상)
전시 공급 변인	새로운 전시실의 개관 기존 전시실의 폐관 파업(월별 파업일 수) 기획 전시(월별 전시일 수) 기타 행사
경제적 변인	유로화 대비 달러화와 엔화의 환율 변동 단기 경제 동향 지수
교통 지수	철도와 비행기의 파업(월별 파업일 수) 교통사고 빈도수 테러 경계령(월별 테러 경계령의 발효일 수)
소비자 행동 변인	지역적 변동 지수 수입 증감과 고용 지수(프랑스) 노동일 수(프랑스) 소비자 신뢰 지수(프랑스, 유럽, 미국) 지역 거주인과 외국인 유치 목적의 미디어 홍보 행사
정치적 맥락	외국인에 대한 무비자 입국 확대 외국인 방문 장애 요인[사회 불안정, 소요, 불매운동(보이콧) 등]
달력상의 일정	주말을 제외한 공휴일과 연휴 등(월별 공휴일 수) 휴가일 수(프랑스인, 유럽인)
기후 환경 변화	정상·비정상 기후 일조일과 강우일

4) 자료수집

모델 구축 및 활용을 위해 자료 형태에 대한 작업이 선행되었다. 첫 번째 단계에서는 매표 상황에 대한 조정이 이루어져야 하기 때문에 먼저 일반 요금의 매표 수치와 할인 요금의 매표 수치가 구분되었다. 두 번째 단계에서는 월별로 매표 수치를 구분해서 그 특성을 도출했다. 마지막으로는 계절별 수치 작업이 진행되었는데, 이때 세 가지 하위 집단(기타 프랑스 지역, 유럽, 기타 해외 관람객)이 계절별 주요 구성요소에 따라 구분되었다. 계절별 수치에 대한 작업은 시간적 변동 지수의 반복적 효과를 중립적 상태로 만들기 위해 계절별 분산 조정(CVS: Correction des Variations Saisonnières)을 기반으로 이루어졌다.

5) 연대별 계절 조정에 대한 자료

연대별 계절 조정에 대한 자료 분석은 루브르박물관이 1994년부터 측정한 관람 빈도의 변화 양상과 함께 네 가지로 분류된 관람객의 출신 지역별 관람 빈도 간의 편차를 나타냈다. 재정비 후 1998년에 재개관한 이집트 전시실의 영향력으로 파리 근교 지역 관람객의 관람 빈도가 현저하게 증가했고, 이후 안정세를 유지했다.

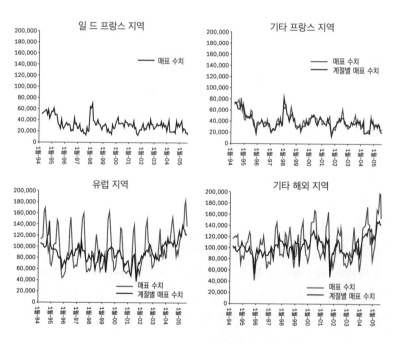

[그림 1-11] 1992~2005년 사이 관람객의 출신지에 따른 월별 유료 관람객 수치와
계절별 관람객 수치[23]

파리를 제외한 국내 지역 관람객의 관람 빈도는 2001년과 2004년 사이에 감소를 보였는데, 이는 세계적인 추세와 일치했다. 1994년과 2001년 사이에 약한 감소 추이를 보인 유럽 관람객의 관람 빈도는 2001년 이후 꾸준히 증가했다. 해외 관람객의 관람 빈도는 1994년부터 2001년 사이에 유동적인 상태를 보이다가 다시 증가했다. 연구 초기 단계에서 진행된 분석에 의하면, 2003년 이후 루브르박물관의 관람 빈도 증가에 영향을 미친 주요 요인은 해외 관람객의 방문이었다.

6) 예측 방법

네 가지 하위 집단에 대한 관람 빈도수는 간접적 방법에 해당하는 고전적인 최소제곱법에 의해 산출되었으며, 실제값과 예측값 간 편차의 제곱을 최소화하는 계수가 사용되었다. 이러한 유형의 모델화는 통계적으로 유의미한 설명적 변인(외인성)의 영향력을 결정하며, 내인성 변인(관람 빈도 통계)과 외인성 변인(거시경제학 변인)을 대수로 계산한다. 이 계수는 관람 빈도의 상대적 변화에 대한 외인성 요인의 상대적 영향력을 측정하는 통계적 탄력성으로 해석될 수 있다. 예측에 대한 산출 결과는 계절 조정이 이루어진 집단을 대상으로 계산되었으므로 계산의 마지막 단계에서 계절적 요인을 반영하여 수치를 재조정했다.

3. 결과

잠재적인 설명적 변인으로 수집된 자료 105개 가운데 중요도가 높은 18개가 네 가지 모델을 구축하는 데 사용되었다.

1) 루브르박물관 관람 빈도에 관한 설명적 변인

이 모델은 관람 빈도의 연간 변동에 대한 계절적 영향력을 보여준다. 일드 프랑스 지역을 제외한 프랑스 국내 관람객과 해외 관람객의 관람 빈도에는 겨울과 여름 사이에 심한 편차가 나타났다. 루브르박물관의 관람 빈도와 관람 빈도의 변동에 대한 첫 번째 설명적 변인은 가계에서 가용할 수 있는 소득과 소비, 화폐 유통을 통해 나타나는 가계의 구매력 변동이 반영된 경제 상황에 대한 변인이다. 프랑스인과 유럽인의 경우에는 가계 소비 지수, 미국의 경우에는 소비자 신뢰도 지수를 반영한 소득 여유분, 가계의 교통비, 유로화에 대한 달러화와 엔화의 환율 등 이러한 구매력 요인이 4개 집단에서 공통적으로 제시되었다.

두 번째 설명적 변인은 루브르박물관이 관람객에게 제공하는 것과 연관되어 있다. 예를 들면, 상설 전시실의 입장료 변동, 이집트 전시실의 재개관(긍정적 사건), 박물관 직원의 파업(부정적 사건), 일 드 프랑스 지역의 외국인 체류 기간과 루브르박물관을 방문하는 외국인 관람객 수치의 비율로 결정되는 외국인에 대한 루브르박물관의 유인력 지수 등이 포함되었다. 세 번째 설명적 변인은 일조일 수와 강우일 수, 프랑스의 지역별 휴가 일정 등 기후적 요인과 휴가 일정과 관련되었다. 마지막 설명적 변인은 프랑스의 교통 파업(1995년 12월), 뉴욕의 테러사건(2001년 9월), 테러 경계령의 경계수준 등과 같은 사회적 사건에 관한 것이다.

루브르박물관 관람 빈도의 비설명적인 요인은 통계적 관점에서는 무의미한 변인에 해당하며, 다음과 같은 사항이 포함된다.

① 경제 지수에는 상업 활동 지수, 파리 지역의 항공 교통 체증이나 프랑스와 유럽국가의 가계 신뢰 지수 등이 포함된다.

② 기획 전시의 개관 월수와 그 기간 내의 관람 빈도는 루브르박물관이 관람객에게 제공하는 것에 대한 지수다.

③ 사회적 사건에는 파리의 테러 사태(1995, 1996년), 마드리드 테러 사태(2004년) 그리고 월드컵 축구 대회(1998년) 등을 들 수 있다.

④ 마지막 달력상의 일정과 기후 측면에서는 월별 공휴일 수, 루브

르박물관 관람 빈도에 전혀 영향을 미치지 않은 2003년의 무더위 등이 포함된다.

모델화를 통해 밝혀진 한 가지 흥미로운 사실은 기획 전시가 관람객을 상설 전시실로 유입하는 데 유의미한 영향력으로 작용하지 않았다는 것이다. 오히려 파리 지역(그랑 파리 지역)에 체류할 때 반드시 방문해야 할 장소로서의 루브르박물관의 유인력이 결정적인 요인으로 영향을 미쳤다. 또한 계절적 영향력을 제외하면, 여행과 소비에 대한 성향이 관람 유입에 주요 영향력을 미친 요인으로 밝혀졌다.

[표 1-3] 수정 결과: 루브르박물관 관람 빈도의 설명적 변인

설명적 변인	일 드 프랑스 지역	기타 프랑스 지역	유럽 지역	기타 해외 지역
계절 조정	비적용	적용	적용	적용
가계 소비 지수(프랑스 2 모델은 프랑스 지수), 유럽 모델은 유로 존, 기타 해외 지역은 미국 소득의 여유*	2.12	1.02	1.45	0.14
예산 지수(교통비 항목)	−10.0	99.1	-	-
상대적인 루브르박물관의 유인력 [일 드 프랑스 지역 외국인 체류 기간(100일) 사이의 루브르박물관 방문]	-	n. s.	0.06	0.05
미국 소비자 신뢰 지수	-	-	-	0.01
달러화 환율(1유로 대비)	-	-	0.32	−0.53
엔화 환율(1유로 대비)				−0.0014
평균 입장료*	−0.66	−0.36	n. s.	n. s.
루브르박물관 파업 사태	−0.03	−0.03	−0.03	−0.02
테러 경계령 수준	−0.15	−0.15	n. s.	n. s.
일조일*	0.04	-	-	-
강우일*	0.12	-	-	-

설명적 변인	일 드 프랑스 지역	기타 프랑스 지역	유럽 지역	기타 해외 지역
휴가 존 A & B	0.004	-	-	-
휴가 존 C	− 0.007	-	-	-
2001년 9.11 테러 사태	− 2.01	1.31	− 1.18	− 1.12
이집트 전시실 재개관	0.86	0.61	n. s.	n. s.
1995년 12월 교통 파업	n. s.	n. s.	− 0.29	− 0.29
불변수(상수)	2.68	4.59	− 7.61	10.20
산출기간	09-95/ 03-04	09-95/ 03-04	07-95/ 03-04	07-95/ 03-04
해당 개월 수	103	103	105	105
결정 계수	0.50	0.64	0.66	0.72

*대수 변수 n. s.: 통계적으로 무의미한 계수

2) 네 가지 하위 집단 간 상이성

네 가지 관람객 하위 집단에서 공통으로 나타난 첫 번째 설명적 요인은 가계 소비였다. 두 번째로 9.11 테러 사건과 같이 세계적인 반향을 일으킨 사회적 사건이 근거리 관람객을 포함한 집단에서 공통적인 설명적 요인이었다. 반면 다음과 같이 관람객의 출신지에 따라 특징적이며 주목할 만한 설명적 요인이 등장했다.

(1) 근거리 관람객(일 드 프랑스 지역): 가계 소비, 입장료, 테러 경계령

프랑스 국내의 타 지역이나 해외 관람객 집단에 비해 근거리 관람객에게는 가계 소비 지수, 입장료, 9.11 테러 사건에 이은 연속된 불안심리 등의 영향력이 훨씬 크게 작용했다. 근거리 관람객의 관람 빈도는 소비 성향과 루브르박물관의 가격 정책에 의해 제한되었다.

(2) 프랑스 타 지역 관람객: 교통비, 테러 경계령, 영향력이 적은 입장료

교통비 지출은 관람 빈도에 매우 중요한 영향을 미쳤다. 그 이유는 프랑스인이 여행을 많이 할수록 파리에 올 가능성이 높아지고, 더 나아가 루브르박물관을 방문할 가능성도 상대적으로 증가하기 때문이다. 따라서 이러한 영향력에는 1995년의 교통 파업에 의한 반작용도 포함되었다. 반면 입장료 인상에 따른 부정적인 효과가 전혀 없었던 것은 아니지만, 근거리 파리 관람객과 비교하면 절반 정도밖에 안 되는 것으로 나타났다.

(3) 유럽 지역 관람객: 가계 소비 성향과 루브르박물관의 유인력

해외 타 지역 출신의 관람객에 비해 유럽 지역 관람객의 경우, 특히 소비 수준의 영향력이 크게 작용했다. 또한 입장료보다는 박물관의 유인력에 대한 지수가 더욱 중요한 요인으로 제시되었다. 한편 계절적 요인은 유럽인의 관람 빈도에 상당한 영향력을 미쳤다.

(4) 해외 타 지역 출신의 관람객: 유로화에 대한 달러화 환율과
    루브르박물관의 유인력

장거리에서 루브르박물관을 방문하는 외국인 관람객의 경우, 유로화에 대한 달러화의 환율이 영향력을 미쳤다. 환율이 더 유리한 상황일 때, 그리고 소비자 신뢰 지수가 높을 때 미국인 관람객의 수치가 훨씬 증가했으며, 유럽 관람객의 경우와 마찬가지로 입장료보다는 루브르박물관의 유인력에 대한 영향력이 더 크게 작용했다. 한편 세계적으로 중요한 사건에 의한 영향력은 크게 나타난 반면, 테러 경계령의 발효 조치는 외국인의 행동과 관람 빈도에 직접적인 영향을 미치지 않았다.

(5) 가격 탄력성과 루브르박물관의 유인력: 프랑스 관람객과 외국인

관람객의 관람 행태에 영향을 미치며, 그 특성이 구별되는 두 가지 변수 외국인 관람객의 경우에는 가격 탄력성의 부재가 관람 행동에 영향을 미치지 않았지만, 프랑스 타 지역에 비해 파리 지역 관람객의 가격에 대한 민감성이 높게 나타남에 따라 프랑스인의 관람 빈도에는 부정적인 영향을 미칠 것이라는 가설이 모델화를 통해 검증되었다. 특히 외국인 관람객의 경우, 루브르박물관의 유인력에 대한 영향력은 2003년 이후 유료 관람의 증가를 부분적으로 설명해주었다. 박물관에 대한 지리적 접근성에 따라 매우 다른 방식의 관람객 행동이 유도되었다. 또한 소비자 구매력 같은 경제 지수가 외국인의 프랑스 방문과 루브르박물관의 방문을 결정하는 데 주요 요인으로 작용했다. 반면에 파리 지역 관람객의 경우, 입장료 같은 금전적 고려 사항을 비롯하여 여가의 활용, 다양한 문화활동에 대한 선택 가능성이 관람에 대한 의사결정에 영향을 미쳤다.

3) 세 가지 관람 예측 시나리오: 루브르박물관의 관람 빈도 예측 모델
상술한 바와 같이 네 가지 범주의 관람객에 대한 각각의 관람 빈도를 예측하기 위해 네 가지 하위 집단이 사용되었다. 그다음으로 루브르박물관의 유료 입장에 대한 글로벌 예측을 도출하기 위해 하위 집단에 대한 예측 결과가 통합되었다. 2006~2008년에 대한 예측은 경향적 특성을 보이는 '중앙 시나리오(scénario central)', 비관적 관점의 '하향 시나리오(scénario bas)', 낙관적 관점의 '상향 시나리오(scénario haut)'라는 세 가지 시나리오가 개발되었다. 시나리오 개발을 위해 입장료는 현재 상태(8.50유로)로 유지했으며, 모델의 두 가지 매개변수에 대한 목표를 구체화하기 위해 변인이 수정되었다.

(1) 중앙 시나리오

'경향 시나리오(scénario tendanciel)'라고도 불리는 중앙 시나리오는 최근 수년간 관찰된 관람 추이가 지속적으로 유지될 것이라는 가설하에 개발되었다. 이 시나리오의 경우, 거시경제학과 관련된 활동의 규모에 대한 예측은 국립통계경제연구소(Insee)나 경제협력개발기구(OECD) 같은 기존의 통계에 기반을 두었으며, 공식적인 예측 데이터가 없을 때는 평균 성장률이 사용되었다.

몇 가지 가설을 통해 도출된 예상 성장은 연 4.0% 정도의 절제된 성장률이었다. 이 시나리오는 2008년 유·무료 관람객을 합쳐 연 700~800만 명의 관람객 수치를 예측했는데, 이 가운데 유료 관람객은 390만 명이었다. 이 시나리오에 의하면, 유료 관람객의 연간 증가 수치는 52만 7천 명이었다. 지역별 분포를 살펴보면, 일 드 프랑스 지역이 15.0%, 프랑스 타 지역이 19.0%, 37.0%가 유럽인, 30.0%가 기타 해외 지역의 관람객으로 예측 비율이 산출되었다.

(2) 하향 시나리오

이 시나리오는 모든 외인성 요인이 불리하게 작용할 것이라는 가설하에 개발된 관람 빈도에 대한 예측이므로 비관적 시나리오에 해당한다. 따라서 이 시나리오에는 매우 저조한 성장률과 루브르박물관의 정상적인 성장을 억제하는 외부 충격 요인이 포함되었다. 예를 들어, 거시경제학의 성장률은 중앙 시나리오의 가정보다 1점 낮게 책정되었다. 또한 루브르박물관의 유인력 지수는 가장 낮은 수준으로 산정되었고, 테러 경계령은 적색 수준으로, 박물관 파업은 2주 이상 지속된 것으로, 기상 조건은 매우 불리한 상황이 채택되었다. 하향 시나리오를 기반으로 산출된 2008년의 유료 관람객 수치는 300만 명으로 예측되었다. 2004년에 판매된 입장권 수치와 전체 관람객 수치의 비율로 산정된 2008년의 총 관람객 수치는 600만 명이었다.

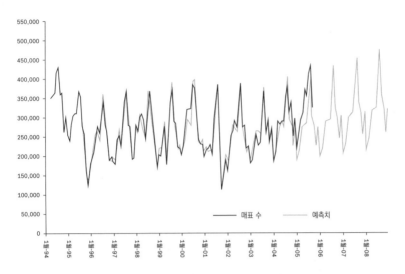

[그림 1-12] 중앙 시나리오: 관람 빈도율 예측

월 관람객 수 통계치와 예측치

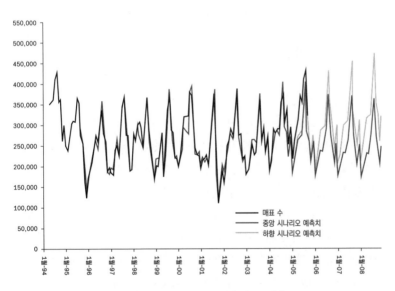

[그림 1-13] 하향 시나리오: 관람 빈도율 예측

월 입장객 수 통계치와 예측치 / 중앙 시나리오와 하향 시나리오 예측

(3) 상향 시나리오

이 시나리오는 모델화에 대한 낙관적 전망이며, 외인성 변인 가운데 박물관 방문에 가장 유리한 조건만 가설에 사용되었다. 거시경제학의 연성장지수는 중앙 시나리오 가정보다 1점 높게 책정되었다. 루브르박물관의 유인력 지수는 현 상황이 그대로 유지되며, 달러화와 엔화에 대한 유로화의 환율은 가장 낮게, 미국의 소비자 신뢰 지수는 지속적으로 상승하는 것으로 가정되었다. 가계 소비 수준은 높은 상태로 유지되었고, 일조 시간과 강우일 수는 지난 10년간 가장 유리한 상황이 채택되었다. 상향 시나리오에 의하면, 2008년의 총 관람객 수치는 900만 명으로 산출되었으며, 그 가운데 유료 관람객은 460만 명이었다. 연 성장률은 10% 정도로 예측되었고, 2006년에 실제로 초과한 총 관람객 수치인 800만 명[24]에 이어 2007~2008년에도 이러한 활발한 성장 추세가 지속될 것으로 전망되었다.

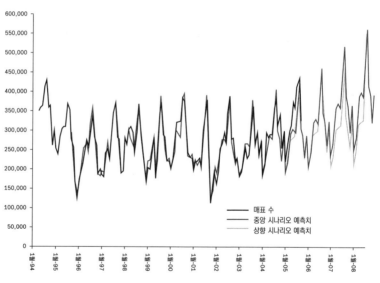

[그림 1-14] 상향 시나리오: 관람 빈도율 예측
월 입장객 수 통계치와 예측치 / 중앙 시나리오와 상향 시나리오 예측

24   출처: 2006년 루브르관람객지표 연구센터

4) 예측 모델의 변형

예측 모델은 정교화 작업을 거쳐 다섯 가지 변형된 형태로 개발되었는데, 이 과정에서 관람 빈도에 대한 설명적 변인 수를 감소시킨 조정에 대한 영향력이 평가되었다. 첫 번째 주요 변인은 박물관 활동에 직접적인 영향을 미칠 가능성이 있는 변인이다. 예를 들어, 몇 개월 동안 대규모 국내 관람객을 유치한 영향력 있는 박물관 행사와 상당히 큰 폭으로 인상한 입장료 때문에 발생한 관람객 감소 등이 이러한 변인에 해당한다. 한편 발생 근거가 없거나 발생 가능성이 낮아서 전통적 시나리오에는 포함되지 못한 외부 현상과 관련된 변인도 모델의 변형에 포함되었다. 예컨대, 테러 사태처럼 박물관 활동과는 전혀 관련성이 없는 외부에서 발생하는 급변 상황이 이러한 변인에 해당한다.

(1) 입장료를 10유로로 인상하는 경우

이 변형 모델은 관람 빈도에 대한 입장료 인상의 영향력을 측정했다. 일반 입장료는 10유로, 할인 입장료는 7유로라는 가정하에 계산된 이 변형 모델에서는 2008년에 65,000~70,000명의 유료 관람객이 감소했다. 이러한 감소 현상은 가격에 매우 민감한 프랑스 국내 관람객에서만 확인되었다. 근교를 포함한 파리 지역에서 연간 4만 명, 다른 지역에서는 연 3만 명의 감소가 예측되었다.

[표 1-4] 변형 모델: 입장료를 10유로로 인상할 경우

가정	연도			
	2005	2006	2007	2008
일반 요금	8.5	10.00	10.00	10.00
할인 요금	6.00	7.00	7.00	7.00
일반 요금을 지급한 관람객	96.0%	96.0%	96.0%	96.0%

전망(단위: 1,000명/년)

가정	연도			
	2005	2006	2007	2008
해당 시나리오 관람객 수치	3,338	3,547	3,708	3,873
변동 수치	3,338	3,483	3,641	3,803
편차	0	− 65	− 67	− 70
해당 시나리오 편차(단위: 1,000명/년)				
	2005	2006	2007	2008
일 드 프랑스 지역	0	− 36	− 38	− 40
기타 프랑스 지역	0	− 28	− 29	− 30
유럽	0	0	0	0
기타 해외 지역	0	0	0	0
합계	0	− 64	− 67	− 70
*자료는 반올림한 수치임.				

(2) 테러 사태의 영향력

이 변형 모델은 루브르박물관과는 직접적인 관련성이 없지만, 세계적 반향을 불러올 수 있는 테러 사건이 2007년에 발생한다는 가설하에 개발된 관람 빈도에 대한 예측이다. 지정학적 관람에서 이 모델은 테러 사태를 독립적 사건으로 간주했는데, 그 이유는 그러한 사건이 초래하는 심각한 결과에 대한 평가가 불가능했기 때문이다. 결과적으로 이와 같은 사건은 수개월에 걸쳐 유료 관람객 14만 4천 명의 감소를 발생시키고, 국내외 잠재 관람객의 방문에 영향을 미칠 것으로 예측되었다.

[표 1-5] 변형 모델: 테러 공격 2007년

가정	연도			
	2005	2006	2007	2008
테러 사태 발생 건수(9.11보다 영향력을 절반 정도로 축소)	0	0	1	0
전망(단위: 1,000명/년)				

가정	연도			
	2005	2006	2007	2008
해당 시나리오 관람객 수치	3,338	3,547	3,708	3,873
변동 수치	3,338	3,483	3,564	3,803
편차	0	− 64	− 144	0

해당 시나리오 편차(단위: 1,000명/년)

	2005	2006	2007	2008
일 드 프랑스 지역	0	− 36	− 27	0
기타 프랑스 지역	0	− 28	− 28	0
유럽	0	0	− 49	0
기타 해외 지역	0	0	− 40	0
합계	0	− 64	− 144	− 70

*자료는 반올림한 수치임.

(3) 루브르박물관의 유인력 강화

[표 1-6] 변형 모델: 루브르박물관의 점진적인 유인력 증가

가정	연도			
	2005	2006	2007	2008
루브르박물관의 유인력 지수	9.2	9.9	10.7	11.5

전망(단위: 1,000명/년)

	2005	2006	2007	2008
해당 시나리오 관람객 수치	3,338	3,547	3,708	3,873
변동 수치	3,338	3,659	3,895	4,152
편차	0	111	187	279

해당 시나리오 편차(단위: 1,000명/년)

	2005	2006	2007	2008
일 드 프랑스 지역	0	0	0	0
기타 프랑스 지역	0	0	0	0
유럽	29	65	110	164
기타 해외 지역	0	0	−40	0
합계	50	111	187	279

*자료는 반올림한 수치임.

이 변형 모델은 박물관의 상대적 유인력 지수의 급격한 상승을 가정해서 만들어졌다. 이 모델은 일 드 프랑스 지역에서 외국인 관광객 체류가 발생시키는 루브르박물관의 관람 빈도를 평가했다. 좀 더 구체적으로 설명하면, 일 드 프랑스 지역에서 100일 동안 외국인 관광객이 체류할 경우, 이 기간에 상응하는 관람 빈도의 증가율을 계산했다. 2004년 9.0%에 비해 2008년에는 11.5%로 증가했다. 주로 외국인 관람객의 증가로 제한된 이 변형 모델에서 연간 유료 관람객은 28만 명으로 추정되었으며, 외국인 관람객 가운데 유럽 지역 관람객은 16만 4천 명, 기타 해외 지역 관람객은 11만 6천 명을 차지했다.

4. 결론

해외 관람객의 관람 빈도에 대한 계절적 영향력, 전시기술학이 적용된 새로운 전시실의 개관이 국내 관람객의 관람 빈도에 미치는 영향력, 관람객 증감에 대한 기후적 요인의 영향력 등이 루브르박물관의 관람 빈도에 대한 실증적 분석 방법을 통해 입증되었다. 하지만 이 모델화 작업은 특히 관람객의 출신 지역에 따른 지리적 특성, 그리고 행동 범주의 중요성, 경제 지수와 소비 상황 간의 긴밀한 관계에 대한 설명적 요인을 명확히 규명하면서 연구에서 수립된 가설을 더욱 정교하고 풍부하게 만들었다.

　　루브르박물관 모델을 통해 첫 번째로 예측된 결론은 세계적인 상승 추세였다. 2003년 이후 강세를 나타낸 국제 관광에 힘입어 관람 빈도의 상승 추이는 안정적인 상태를 유지하고 있었다. 관람객의 출신 지역에 따른 하위 집단의 관람 빈도는 모두 상승했지만, 일 드 프랑스 지역과 지역별 국내 관람객의 경우에는 관람 빈도의 안정화로 인해 극소한 감소 현상을 보였다. 이 모델에는 앞서 언급한 관람 빈도의 상승 추이가 반영되었으며, 중앙 시나리오는 2006년부터 관람객 수치가 700만 명을 넘을 것으로 추정했다.

실질적으로 2006~2008년에는 중앙 시나리오의 예측보다 관람 빈도가 더욱 높게 나타났다. 상향 시나리오는 최근의 동향을 반영했으며, 그 결과 국제 관광에 대한 긍정적 지수와 함께 루브르 랑스(Louvre Lens)와 루브르 아부다비(Louvre Abu Dhabi)의 대규모 박물관 건립 프로젝트로 상승한 루브르박물관의 유인력이 한층 가시적으로 나타났다. 향후 관람 빈도와 유료 관람객 수치의 증가에 유의미한 영향력으로 작용할 수 있는 요인을 순차적으로 나열해보면, 루브르박물관의 유인력, 가계 소비 성향, 테러 경계령의 수준 등을 들 수 있다. 루브르박물관의 관람 억제 요인을 그 중요도에 따라 나열해보면 주요 테러 사태, 가계 소비 수준의 저하, 교통 파업 등이 포함되었다. 환경적 요인에 해당하는 이러한 요인은 개별적으로 또는 총체적으로 루브르박물관의 성장에 부정적인 영향을 미쳤다. 특히 국제적 명성, 문화 정책, 가격 정책을 통해 제시된 루브르박물관의 관람에 대한 특성을 이해하기 위해서는 도전적·지속적·논리적 특성을 갖춘 박물관 정책이 필수적으로 요구되었다.

회고와 전망에 대한 분석을 결합한 관람 빈도의 모델화는 실질적으로 박물관 정책과 관람객 정책에 대한 의사결정을 지원하는 도구가 되었다. 이 모델을 지속적으로 구현하는 것은 루브르박물관의 전략적 사고를 풍부하게 만들어줄 것이다. 관람 빈도에 대한 모델은 입장료, 박물관이 제공하는 제품과 서비스, 외부 사건의 영향력 등에 대한 운영적 가설을 실험해볼 수 있는 소중한 도구가 될 것이다. 또한 관람 빈도에 대한 글로벌 예측을 기반으로 수입, 관람객 유동성, 고용 수요 예측에 대한 결론을 이끌어낼 수 있으며, 더 나아가 관람객(특히 국내 관람객) 조정에 대한 논리를 이해하고, 관람객에 대한 환대와 전시 해석 매체에 대한 정책적 방향성을 제시하는 데 도움을 준다.

4장

과학산업박물관(CSI)의
향후 전시 기획을 위한
관람객 기대의 발전과 연구의 활용

마리-클레르 아비브(Marie-Claire Habib)

에마르 드 망장(Aymard de Mengin)

과학산업박물관의 경우, 상설 전시와 기획 전시를 기획하기 위해 박물관 산하의 평가전망 부서가 관람객을 대상으로 사전 연구를 실행했다. 이 연구의 목적은 관람객의 선입견 및 관심사와 조화를 이루는 동시에 전시와 박물관 프로젝트의 문화적·교육적 영향력을 증진시키는 데 있었다. 전시 수용 연구의 유의미한 결과에 대한 재해석은 전망 연구로 이어졌다. 이 글에서는 전시 공간의 재정비에 대한 관점에서 분석한 몇 가지 연구 사례를 다루고자 하는데, 이들 연구의 시사점은 특히 아동에게 적합한 과학박물관학의 발전과 밀접하게 관련되어 있다.

1) 소장품이 없는 현대 박물관에서의 관람객 연구에 대한 특성

과학산업박물관은 초기 단계부터 실험과 평가를 전담할 부서를 마련했으며, 이후 여론조사, 질적 설문조사, 관찰 등을 실행하기 위한 목적으로 관람객상설관찰소를 설치했다.[25] 일반적으로 박물관의 의사결정에 유용성을 제공하는 수용 연구는 특히 과학관처럼 전통적인 소장품에 의존하지 않는 박물관에서 더욱 유용하게 사용될 수 있다.[26] 과학산업박물관 같은 박물관의 경우, 전시 프로그램 선정에 대해 정당성을 부여하는 두 가지 방법은 과학자문위원회의 권한에 의존하거나 관람객의 기대를 해석하는 것이다. 유럽과 마찬가지로 북미의 과학센터에서 관람객 연구

---

25 과학산업박물관 관람객을 대상으로 진행된 연구의 주요 결과는 평가전망 부서에서 진행한 연구를 통합해서 출간한 저서에 요약되어 있다. A. de Mengin, M.-C. Habib (dir.), Les Visiteurs. Synthèse des études 1986-2004, pp. 7-8, Paris, CSI / DEP, 2005.

26 과학산업박물관의 경우, 뮌헨이나 워싱턴의 항공우주박물관 같은 과학 관련 박물관처럼 특정 전시에 한해 전시기술학적 도구로써 전통적인 소장품이 사용되는 경우도 있으나, 그 비중이 크지는 않다.

의 실행 빈도수가 높은 것도 이러한 이유 때문이다. 이러한 사실에서 출발해서 이 글은 최근 연구에서 강조되고 있는 관람객의 기대에 부응할 수 있는 네 가지 활동 영역을 조명하고자 한다.

① 아동전시실(Cité des enfants) 재정비의 일환으로 진행된 학교 외부에서 학생들과 공유할 수 있는 비공식적인 학습 활동의 개발[〈그림자와 빛, 아동의 손에 닿는 그림자(Ombres et lumière, l'ombre à la portée des enfants)〉 전시 평가 연구 및 아동전시실 관람객관찰소의 결과]

② 문화기관의 다양한 활동을 통해 학생들에게 세상을 보여주려는 교사들의 의지(현장학습에 대한 연구)

③ 문화적 접근을 통한 과학 현상 이해 증진{'색[Couleur(s)]' 전시에 대한 사전 연구}

④ 학습적 동기를 유발하거나 자기주도적 학습을 가능케 하는 전시에 대한 관람객의 기대 부응(관심 영역과 호기심에 대한 연구: 건강, 지속 가능한 발전)

[그림 1-15] 과학산업박물관

출처: https://viralrang.com/5-must-visit-paris-attractions-families

1. 비공식적 학습, 놀이와 학습 사이

1983년[27] 인벤토리움(Inventorium)에 대한 아이디어가 제안되었고, 과학산업박물관의 개관과 함께 관람객에게 영유아를 위한 과학 학습 공간이 제공되었다. 1992년 인벤토리움은 아동전시실로 발전했으며, 교육학 관련 전문가와 전시기획자가 아동전시실에 대한 정기적인 평가에 참여하고 있다. 또한 소규모 집단에 의해 신뢰도가 검증된 전시 매개장치와 전시물의 프로토타입에 대한 교육적 영향력을 측정하는 실험이 진행되었으며, 아동전시실의 재정비를 위해 영유아 전시에 참여한 관람객을 대상으로 설문조사가 진행되었다.

[그림 1-16] 과학산업박물관의 아동전시실

출처: http://www.voyagesetenfants.com/week-end-de-3-jours-a-paris-avec-des-enfants/paris-avec-des-enfants-la-cite-des-enfants

출처: http://www.cite-sciences.fr/fr/vous-etes/enseignants/votre-visite/cite-des-enfants

1) 아동의 독립성 증진시키기

〈그림자와 빛, 아동의 손에 닿는 그림자〉 전시[28]를 위한 연구는 주로 성인과 아동의 상호작용에 관심을 기울이며, 체계적이고 유희적인 학습에 용이한 환경 조성에 초점을 맞추었다. 이 연구는 가족이나 친분관계로 맺어진 집단의 구조 내에서 발생한 다양한 상황과 전시기술학적 장치의

27 M. Allain-Regnault, F. Soufflet, Un contact avec la science dès deux ans: proposition pour un espace petite enfance dans le futur Musée national des sciences, des techniques et des industries, Établissment public du parc de La Villette, 1983.

28 M.-C. Habib, C. Dauchez, L'ombre à la portée des enfants. Observations et entretiens auprès des visiteurs de l'exposition, CSI / DEP, 2006.

다양한 활용 방식이 관찰되었다. 또한 이 연구에서는 아동의 자립성을 존중하고, 아동이 활동의 주체가 될 수 있도록 유도했다. 하지만 몇몇 아동은 뒤로 물러서 있거나 위축되어 있었다. 아동은 자신의 관심을 끄는 장소와 자신의 기준에 맞는 전시물로 향했다. 이들은 또래 친구들과 섞여 있다가 자신의 관심을 끄는 활동이 생겼을 때 자신을 안심시켜주는 존재인 가족, 즉 부모를 찾았다. 아동과 동행한 관람객(부모)이 안내 지침서를 읽고, 아동의 활동을 지도하며, 놀이 참여가 가능하도록 도움을 주면, 아동은 그 상황을 이해했다. 아동이 자립적으로 활동할 수 있는 시점이 되면, 부모의 개입은 중단되었다.

[그림 1-17] 〈그림자와 빛, 아동의 손에 닿는 그림자〉 전시

출처: http://www.linternaute.com/paris/magazine/dossier/06/
activites-enfants-aout/3.shtml

출처: http://www.onfaitquoimaman.fr/2009/04/ombres-et-lumi%C3%A8re
-%C3%A0-la-cit%C3%A9-de-sciences-%C3%A0-partir-de-5-ans.html

프랑스 박물관 정책과 관람객

아동과 함께 박물관을 방문한 부모나 동반 관람객은 관람과 다양한 활동에 의미를 부여하고 싶어 했다. 세 살과 다섯 살 반의 두 자녀와 함께 박물관에 온 엄마는 "저는 제 아이가 꽤 어리다고 생각했는데 아니었어요. 혼자서도 잘해내고 만족해하더라고요. 아이가 더 많은 것을 보고 만지고 경험할 수 있게 했어요. …… 딸에게는 더 많은 것을 설명해주고 있고요"라고 말했다. 관람에 맞추어 진행된 설문조사에서 첫 번째로 표현된 관람 목적은 학교 이외의 장소에서 아이들과 의미 있는 시간을 갖기 위해서였다.

2) 새로운 전시 매개장치와 전시기술학의 혁신

아동전시실의 전시기술학적 경험은 특히 영유아 아동의 접근성을 향상시키기 위한 지속적인 관심과 배려로 특징지어질 수 있었다. 2007년 말로 예정된 2~7세를 대상으로 한 '신세대/새로운 세대' 아동전시실 개관을 위한 전시기술학과 전시구성요소에 대한 자문과 진단은 연령별 활동에 대한 관찰을 기반으로 했다.[29] 아동과 성인을 대상으로 한 전시기술학의 경우, 연구는 상호작용과 특히 협력과 개인적 주의집중이 교차 발생하는 사회성에 대한 것이었다. 관람객의 기대와 관련된 몇 가지 권장사항을 토대로 한 연구 결과는 전시기술학의 개선 방향을 제시해주었다.

① 유아기 때부터 과학과 기술에 대한 관심을 갖게 하기
② 아동이 일상생활과 유사한 구체적인 상황을 경험할 수 있는 세상과 직면하게 하기
③ 아동의 참여를 도모하고 그들의 관심을 유발하기
④ 성인이 아동의 학습에 대해 생각할 수 있도록 새로운 전시기술 방법 도입하기
⑤ 아동에게 필요한 활동 유형(전시물과 몸으로 접촉하기, 관찰, 상담, 실험 등)을 이해할 수 있도록 전시 매체 단위의 전시연출기술적 특

29   De Mengin, Habib, Les Visiteurs…, op. cit., pp. 49-56: «Les activités des enfants et leurs préférences».

성 구분하기

2005년 아동전시실 관람객관찰소[30]는 아동의 기호와 이들이 선호하는 주제를 분석하는 연구를 실행했다. 이 연구에서는 아동전시실이 재개관했을 때, 아동이 보고 싶어 하는 주제를 목록으로 작성했다. 아동의 관심 영역은 놀라울 만큼 폭넓었으며, 과학산업박물관은 무엇보다 이들의 열정을 반영해야 했다. 대부분 아동이 자연과 과학의 애호가이지만, 특히 '호기심이 많은' 아동은 특정 활동을 선호했다. 과학 전시의 기반이 되는 핸즈-온(hands-on) 전시물이건, 몰입적 효과를 발생시키는 전시연출기술(scénographique)을 사용하건 아동에게 과학 전시는 모험을 즐길 수 있는 장소였다.

여가 활동 차원에서 문화활동 개발은 박물관에 놀이와 학습을 연계하는 새로운 과제를 부여했다. 과학산업박물관의 아동을 위한 전시는 특히 이러한 발전과 조화를 이루며 기획되었다. 과학산업박물관 관람객에게 제공된 학습과 관련된 활동 방식의 독창성은 한편으로는 관람객 확대, 근거리 관람객을 위한 문화 여가 활동의 개발, 고객 충성도 증진 등의 관점에서 설명될 수 있다. 조기 교육에 관심이 높은 부모는 자녀의 변화에 맞춰 정기적으로 영유아 전시 공간을 방문한다. 관람 빈도가 높은 부모가 문화기관을 적극적으로 이용하는 이유는 자녀가 학습과 자립성이 형성되는 문화교육활동에 익숙해지기를 원하기 때문이라는 사실이 자녀를 동반한 부모에 대한 관찰을 통해 확인되었으며, 이들 부모는 박물관 관람을 아동의 사회화에 유익함을 제공하는 여가 활동으로 인식하고 있었다.

30 A. Suillerot, A. Gagnebien, M.-C. Habib, Observatoire de la Cité des enfants 2005, CSI/DEP, 2006.

2. 교사들은 학생들의 호기심을 개발하고, 그들에게 세상을 보여주려 한다

우리는 가족 관람에서 부모와 자녀 간의 관계와 관련된 문화교육적 역량을 증진시키는 방법에 대해 다수의 사전 연구를 실행했다. 또한 학생을 인솔한 교사의 중재로 이루어지는 학교 단체관람과 박물관의 교육적 효과에 대한 연구도 착수했다. 이러한 연구에서는 마케팅과 문화활동 등 학교 단체관람객에게 제공되는 프로그램과 서비스가 교사들의 기대에 부응할 수 있게 하기 위해 관련 부서가 모여서 미팅을 가졌다. 저자는 소피 티에방(Sophie Tiévant)과 함께 2005년 테러 경계령으로 인해 현장학습이 감소된 특정 기간을 중심으로 교사들의 관람 동기 변화를 이해하기 위한 연구를 진행했다.[31]

1) 현장학습의 교육적·문화적·학습적 목표

현장학습을 진행하는 교사는 외부로의 학교 개방과 외부 자원의 활용을 통해 현장학습의 목표를 성취할 수 있다고 확신했다. 박물관, 회사, 거리 등 현장학습의 장소는 매우 다양해졌고, 경험 유형에 따라 장소에 대한 선택도 달라졌다. 교육 워크숍이나 보물찾기처럼 학습 논리에 따라 관람 방식이 새롭게 변화했다. 교사들은 테러 경계령이 지속됨에 따라 학습 성과와 현장학습 간의 관계에 대해 무거운 책임감을 느꼈다.

교사에게 현장학습은 어떤 측면에서 유용한가? 현장학습은 학생과 교사를 학교라는 제한된 영역에서 도시의 공공장소로 이동시켰으므로 '학급'이라는 집단을 구체화시키고, 교사나 학생이 새로운 관점에서 서로를 바라볼 수 있는 기회를 제공했으며, 학교 외에도 다른 것들이 존재한다는 것을 보여주었다. '파리 시내에 나가기' 또는 '다른 동네 방문하기' 등에 대한 경험은 도심의 거리, 건물 또는 박물관이 공공재라는 인식과 함께 사회적 소속감을 갖게 한다. 또한 현장학습은 교사에게 공공장소에서의 행동뿐만 아니라 예절과 타인과의 관계에 대한 문제를 설명

31 S. Tiévant, La Cité et les sorties scolaires, CSI / DEP, 2005.

할 기회를 주었다. 현장학습의 학습적 목표는 학생에게 동기를 부여하는 데 있었다. 다시 말해, 현장학습은 '무언가를 하고 싶게 하고', '흥미를 유발하고', '기억에 남을 만한 경험'(극적이거나 감동적이거나 쉽게 할 수 없는 경험 등)을 얻을 기회였다.

2) 지식의 축적과 다양한 활동의 경험

이 연구는 교사의 관심에 한층 효과적으로 대응할 방법을 모색하기 위해 다양한 영역에서 활동하는 전문가들로 연구팀을 구성했다. 교사들의 관람 계획을 지원하고, 그들의 기대에 적절하게 대응할 수 있는 방법을 강구하기 위해 문화활동 매개자, 마케팅 담당자, 관람안내서와 예약서비스 담당자, 단체관람을 위해 교사들과 연락을 취하는 담당자 등이 연구에 참여했다. 가족과 함께 과학산업박물관을 자주 방문하는 몇몇 교사는 단체관람의 어려움으로 학생 관리를 지적했다. 이러한 문제를 해결하기 위해 학생 단체관람에 경험이 많은 교사들이 그들의 '모범 사례'를 공유해주었다.

첫 번째 미팅에서는 해결 방안이 도출되지 않았다. 상기 연구가 관람객의 제안에 대한 가치를 높여주고, 관람객을 문화기관의 활동에 적극적으로 참여시키며, 문화기관이 활력을 찾을 수 있도록 하기 위해 협력은 필수적인 요소였다. 모든 연구가 과학산업박물관의 자원으로 사용되지는 않지만, 실질적으로 연구의 영향력은 상당히 컸다. 특히 박물관의 교육적 영향력을 증진시키기 위해 지식의 축적은 반드시 필요했다. 몇몇 연구는 과학산업박물관을 방문한 교사의 주요 동기를 제시해 보여주었는데, 그 동기는 단순한 과학 교육을 넘어서서 특히 다양한 학습 방식을 실험적으로 시도해보고, 학생들 간의 상호작용을 촉진하며, 학생들에게 열린 세상을 보여주는 것이었다.[32]

---

32 De Mengin, Habib, Les Visiteurs…, op. cit., pp. 60-62.

3. '색[Couleur(s)]': 문화적 접근과 상호작용적 경험을 추구하는 관람객

과학산업박물관은 기존과는 차별화된 새로운 주제를 선정해서 특정 전시 프로젝트를 기획하기 위해 관람객에 대한 관찰과 인터뷰를 병행했지만 그것만으로는 충분하지 않았다. 사전 연구[33]는 무의식적 지식과 특정 주제와 관련된 표상에 의존하면서 관람객이 다양한 기대를 갖고 있다는 사실을 확인시켜주었다. 방법론적 측면에서 보면, 사전 연구는 특정 영역의 전문가나 박물관학의 연구자가 진행하는 창의력 개발 세션의 참여자들을 대상으로 반직접적 인터뷰나 회의 내용을 기초로 이루어졌다. 이러한 연구 방법이 사용된 이유는 전시에 대한 관람객의 기대에 전시기획자의 의도를 반영하기 위해서가 아니라 전시 프로그램의 준비 단계에서 개념을 구체화하기 위해서였다. 작가, 무대연출가, 전시기획자의 창의성이 투영된 설문조사는 전시기술학의 방향을 명확히 제시해주었으며, 다양한 계층의 관람객에 적합한 전시 매개장치를 개발하는 데 도움을 주었다.

1) 관람객은 프로젝트의 정의와 연결되어 있다: 전시 상상하기

색을 주제로 한 전시를 기획하기 위한 목적으로 관람객의 색에 대한 지식과 질문, 전시에 대한 기대 수준을 측정하기 위해 사전 연구의 하나로 관람객을 대상으로 한 탐색 인터뷰가 진행되었다. 첫 번째 사전 연구의 결과를 기반으로 과학산업박물관의 전시 규모나 전시 방식에 대한 영향력이 낮은 관람객을 조사하기 위해 박물관이 위치한 라빌레트(La Villette) 외부에서 심층 인터뷰[34]가 병행되었다. 이와 같은 사전 연구를 통해 호기심에 대한 결정 요인이 규명되었다.

인터뷰 참여자들은 전시를 상상해서 전시 주제를 구현하는 방법을 제안하도록 요청받았는데, 이들은 대부분 실용주의적인 태도를 갖고 있었다. 색은 시각과 관련된 문제이므로 색의 연출은 투명함과 동시에 불

---

33 과학산업박물관 산하의 평가전망 부서는 미래를 전망하기 위한 목적으로, 사전 연구의 일환으로 전시 주제 및 전시 방식에 대한 실험을 실행했다. 이 연구의 핵심은 생활과학, 건강, 지속 가능 에너지, '지구 관리하기'에 대한 관점, 또는 물질과 우주 등에서 제기되는 본질적인 질문을 중심으로 전시를 기획하는 것이었다.

34 이 심층 인터뷰의 표본은 과학산업박물관과 박물관 외부에서 인터뷰에 응한 25명으로 구성되었으며, 예술 분야와 관련성을 갖고 있는 일부 인터뷰 참여자들은 자신의 직업적 또는 개인적 경험을 사용해서 연구 내용을 풍부하게 만들어주었다.

투명한 현실을 반영해야 했다. 즐거움에 대한 욕구와 실험에 대한 욕구 간의 관계뿐만 아니라 지각의 우위와 조작의 우위 관계에서도 대립이 발생했다. 인터뷰 참여자들은 색에 대한 개념을 예술이나 예술적 활동과 즉각적으로 연결시켰다. 또한 이들은 예술가가 색을 사용하는 방법인 효과와 대비를 구현하는 기술에 대해 알고 싶어 했으며, 이에 대한 정보 욕구도 갖고 있었다. 이들에게 색은 무엇보다 '시각적 즐거움'을 유발하는 것이었다. 과학산업박물관의 색에 관한 전시는 시각적 자극뿐만 아니라 시각적 감동을 발생시키는 '사물'을 경험할 기회를 제공했다. 인터뷰 참여자들은 자연스럽게 예술과 과학의 경계에 놓인 전시의 의미를 이해했다. 인터뷰 참여자들의 제안을 기반으로 기획된 이 전시는 보편적 개념과 객관적 지식 간에 연결고리를 형성했다. 인터뷰 내용은 그후 텍스트 자료 분석 방법[35]을 통해 면밀히 검토되었다. 이 연구를 통해 상상과 기대에 대한 목록과 함께 주요 주제에 대한 목록도 작성되었다.

2) 과학적 현상에 대한 문화적 접근: 배움에 대한 의지와 경험에 대한 욕구

역사적이고 실험적인 몇 가지 접근 방법이 전시기술학 및 전시연출기술에 대한 개념과 결합됨에 따라 인터뷰 과정에서 미학적·고전적·현대적 특성을 지닌 전시에 대한 가능성이 예측되었다. 과학산업박물관 관람객이 원했던 것은 다양한 현상이나 지각과 관련된 색의 감각적 특성과 관능적 특성을 보여주는 물리적 실험이었다. 인터뷰 참여자들은 색에 관한 지식적 욕구뿐만 아니라 객관적 접근을 통한 색의 감각적이며 직관적 개념에 대한 재해석적 욕구도 충족되길 원했다. 이러한 관점에서 이상적인 전시란 색에 대한 지식 활용을 통해 지각을 자극하고 궁극적으로 시각 교육으로 발전하는 것이다. 다양한 학술 영역의 지식과 관련된 색에 관한 연구는 관람객의 흥미를 자아냈다. 지각과 무한성 같은 시각적·물리적 현상에 대한 이해가 부족했던 관람객에게 과학산업박물관은

35 인터뷰에서 사용된 어휘가 분석되는 과정에서 전시 기획에 필요하다고 판단된 어휘(부분, 단어, 상징, 동사)들이 채택되었다. 채택된 어휘는 명제와 표상으로 구분되었는데, 이러한 언어적 표현의 집합체는 다양한 관람객의 기대를 이해하고 그 기대의 범주를 설정하는 데 사용되었다. 또한 상술한 축어 자료는 의사결정권을 가진 사람이나 기관 또는 독자가 과학산업박물관의 사명을 이해하는 데 도움을 준다.

이러한 복잡한 지식을 현실적으로 적용할 수 있는 장소로 인식되었다. 이는 전시가 물리적 차원뿐만 아니라 의미론적 차원에서도 관람객이 이해할 수 있는 언어, 즉 명확한 개념을 사용해서 기획되어야 한다는 것을 의미한다.

한편 일부 인터뷰 참여자는 기본적인 지식과 혁신적인 연구를 기반으로 과학산업박물관이 '색'에 대한 현상을 '설명'하는 사명을 적절히 이행하지 못했다고 생각했다. 커뮤니케이션학과 DESS 과정에 재학 중인 22세의 안(Anne)은 "저는 빛에 관한 모든 역사를 알고 싶었어요. 분해, 적외선, 자외선 등이 색에 포함되는지는 잘 모르겠지만, 전 정말 하나도 이해하지 못했어요"라고 말했다. 인터뷰 참여자들은 색과 관련된 활동과 경험에 대한 해석을 기반으로 상호작용적이며 즐거움을 느끼면서 관람할 수 있는 전시 방식을 제안했다.

3) 색소에서 화소까지: 보이는 것과 보이지 않는 것

감정의 영역에 해당하는 색에 대한 경험은 미적 판단과 관련되어 있다. 사전 연구는 색의 관계성 관점에서 객관성과 주관성을 비교했다. 한편으로는 물리적 영역(법, 부호, 과학적 자료 등)과 연관된 현상으로 색을 정의했으며, 다른 한편으로는 미적 분야가 포함하는 주관적·문화적 관점(기호, 정서, 문화)에서 색에 접근했다. 인터뷰 참여자들은 언어 해석, 정신적 표상의 사회적 구성체계, 그리고 사건, 시기, 문명, 의식 등과 연관된 상징학에 특별한 관심을 가졌다. 이러한 인류학적 접근은 현대적 국면과 역사적 관점을 끌어들이며, 원료에서 추출된 자연색으로부터 색의 무한성에 도달하고, 특정 시기의 예술과 건축에 대한 편견과 취향의 변화를 반영하여 사물의 가치와 색의 기술적 역사를 '연구하려고' 했다. 이와 같은 주제는 광범위하며 보편적이다. 우리는 눈에 보이는 현상과 관련된 것도 알고 싶어 했지만, 보이지 않는, 숨겨진, 무의식적인 것으로부터 나오는 것도 알기를 원했다. 색은 물질적임과 동시에 비물질적인 특성을 갖고 있다. 만일 다양한 연령층과 전문가를 대상으로 '색[Couleur(s)]' 전시의 타당성에 대해 투표를 통해 하나의 주제만 선택되었다면, 모든 주제에 관심이 있던 인터뷰 참여자나 관람객은 적지 않게 실망했을 것이다.

관람객이 갖고 있는 다양한 기대는 예술적·고고학적·인류학적 접근을 결합시켰으며, 감각적 접근도 이에 합류했다. "색은 나아가는 것이다." 대부분의 인터뷰 참여자는 색의 기원을 알고 싶어 하거나 재발견하기를 원했다. 그들은 인간의 물리적이고 감각적인 과정을 통한 색의 발견에 대해 생각했을 뿐만 아니라 동일한 맥락에서 색의 제작 방법(예: '이런 파란색을 만들기' 위한, '조금 더 이런 식의 파란색으로 가기' 위한 방법)과 과정에 대해서도 알고 싶어 했으며, 색의 뉘앙스와 변화를 해석할 수 있기를 원했다. 따라서 맨 처음으로 시도된 실험은 때로 큰 즐거움을 주는 간단한 방식의 색 조합이었는데, 이 실험은 색의 분해와 증식, 그리고 색의 제어와 재현을 이해하기 위한 체험이었다. 색은 근현대적인 세계와 연결되어 있지만, 과거의 세계는 흑백으로 지각되었다. 하지만 사실적 표현을 위해 실제로 수백만의 화소가 필요할까? 무한한 색상의 이형은 현기증을 일으킨다.

4) 박물관학 혁신하기: 관람객의 기대에 대한 새로운 목록

물론 이러한 탐색 인터뷰만으로는 명확한 문제 제기가 불가능했다. 하지만 인터뷰 참여자들의 다양한 관심 분야와 그들이 제공한 실마리는 전략적 활동에 의해 과학박물관학을 혁신할 수 있는 '색[Couleur(s)]' 전시에 대한 개념을 구체화하는 데 도움이 되었다: 현장에 대한 전문 지식, 풍부한 경험, 관련 기업가와의 협력관계 맺기, 미술관이나 현대미술관과 협력하기, 관람객의 시각적·물리적 현상에 대한 이해를 지원하기 위해 응용 분야 소개하기, 멀티미디어 제작 구상, 상설 전시에 해당하는 〈이미지, 빛의 유희(Images, Jeux de lumière)〉 재정비하기, 예술과 과학의 관계에 대해 성찰하기 등.

인터뷰 과정에서 인터뷰 참여자들은 과학산업박물관에 대한 기대를 표현했을 뿐만 아니라 전시 프로젝트를 넘어 문화기관의 사명과 임무에 대한 새로운 의견도 제시했다. 과학산업박물관은 문화적 접근을 통해 과학적 현상을 '해석해야'[36] 했고, 시각적 즐거움과 실험에 따른 설명과 응용을 통해 '전시 주제를 흥미롭게 만들고' 전시 목적에 대한 이해를 증진시켜야 했다. '어떻게 만드는지 설명하기', '색이 어떻게 제작되는지 설명하기', '산업계에서의 색의 응용에 대해 설명하기'. 이에 대해 과학현상 이해와 경험, 예술작품, 그리고 혁신적인 연출에 대한 기대들이 뒤섞였다. 인터뷰 참여자들이 제안한 전시기술방법은 교육의 범주를 완전히 벗어났다. '색의 사용에 대한 편견 인식시키기', '정신구조에 대해 질문하기', '상상하기', '해석하기', '질문하기', '선입견 버리기', '고정관념 포기하기', '제어하기', '조정하기'. 따라서 알고, 배우고, 이해하고, 보고, 좋아하는 것 등과 같은 관람객의 고전적 기대를 고려함과 동시에 전통적인 것과 현대적인 것 사이에서 방향을 결정해야 했다. 결과적으로, 관람객에 의해 전시에 대한 기대가 재정의됨에 따라 과학박물관의 임무는 더욱 명확해졌다. '호기심 끌기', '참신하게 접근하기', '관심 끌기, 매혹하기', '다양한 방향 제시하기', '기초 지식을 소개하거나 설명하기', '보여주기, 다루게 하기', '이야기하기', '역사 연장하기'. 과학애호가와 함께 예술애호가를 대상으로, 잠재 관람객의 참여로 기획된 이 전시는 기존에 분리되어 있던 지식 영역을 연결해주었다. 이 전시는 이야기하고 보여주며, 고정관념을 문제로 다루며 새로운 가능성을 제시해주었다.

36 사체로 표기된 문장은 기대에 관련된 어휘에서 발췌한 것이다.

4. 관람 방식과 관람객 관심의 다양성 증가

문화기관의 모든 임무가 전시 하나만으로 실현될 수 있는가? 또는 감정, 관조, 유희, 질문, 지적 즐거움, 장치나 경험에 몰입하는 것과 같이 상이한 반응을 발생시키는 프로그램이 전시와 함께 제공된다면 실현될 수 있는가? 관람객을 대상으로 전시 평가를 진행한 회고 연구에 의하면, 전시가 특정 관람 태도를 형성한다. 이 연구는 주제를 다루는 방식이나 전시기술에 대한 선택이 관람객의 기호와 전시에 대한 기대와 일치했는지의 여부를 판단할 수 있게 해주었고, 그 결과 전시 관람 태도에 대해 다음과 같은 일곱 가지 예시를 도출할 수 있었다.[37]

① 생각하지 못한 이례적인 방식으로 일상적인 사물 재발견하기
② 새로운 기술 도입하기
③ 작가와 함께 사회적 문제 검토하기
④ 전시해설자로부터 설명 제공받기
⑤ 개인적으로 참여하기
⑥ 경험의 주체 되기
⑦ 역사적·문화적 맥락 이해하기

우리는 관찰을 통해 전시 관람 방식이 다양해지고 있다는 사실을 발견했다. 관람객은 전시에서 경이로움과 동시에 익숙함을 느끼기를 원했고, 교육적 배경, 개인적 맥락 그리고 직업적 전문성에 따라 자신들이 선호하는 특정 주제에 접근한다. 전국적인 규모의 설문조사 덕분에 관람객의 유형과 연령[38]에 따라 그들의 지식 개발에 대한 욕구가 동일하지 않다는 사실을 알 수 있었다. 박물관은 다양한 관람객이 과학에 접근할 수 있도록 다양한 박물관기술학적 방법을 적용해야 했다. 과학자들을 위한 자료로 참고 전시를 열고, 가족을 위한 유희적인 전시를 개최하는 것이 아니라 동반 형태에 따라 다양한 상황에 적합한 접근 방법을 찾

37   A. de Mengin, «Muséographie et publics», in O. Donnat, P. Totila (dir.), Le(s) Public(s) de la culture. Vol. II, Paris, Presses de Sciences Po, 2003, p. 285.

38   De Mengin, Habib, Les Visiteurs..., op. cit., pp. 76-77.

프랑스 박물관 정책과 관람객

고 관람객에게 모든 유형의 매개를 제공하는 것이 바로 그것이었다.

레지 비고와 베르나데트 골드스탕이 이 책에서 소개한 박물관의 이미지에 관한 연구는 '모든 박물관은 관람객을 환대해야 한다'는 점을 강조했는데("혼자 남겨진 느낌이에요", "박물관은 따뜻한 장소가 아니에요"), 특히 과학산업박물관에서는 이러한 현상이 더욱 심화되었다. 관람객 수용의 개선 관점에서 과학산업박물관의 관람객 부서에서 실행한 관람객의 기대와 표상에 관한 연구는 관람객을 더욱 따뜻하게 환대하기 위한 방법으로 더 나은 관람객 안내를 권장해주었으며, 이와 함께 목표 관람객과 잠재 관람객에 적합한 전시기술방법에 대한 고려 사항을 제시해주었다.

1) 공개 토론에 참여하기 위해 전시 관람하기

과학산업박물관의 향후 전시 주제에 해당하는 '건강과 지속 가능한 환경'에 대한 문제는 이러한 사회적 주제에 관심을 가진 관람객을 참여시켜 주제에 대해 토의하는 기회를 가졌다. 사전 설문조사에 참여한 관람객에 의하면, 관람은 다양한 시각을 제공하고, 관계성을 고찰하거나 비교하는 것을 가능하게 하고, 호기심을 자극하며, 스스로에게 질문을 던지고, 공개 토론의 참여를 유도했다.

2) 일상생활에 대한 익숙함부터 사회 전시까지

과학 분야에서 프랑스인의 첫 관심사는 의학과 생활과학이다. 2002년 과학산업박물관 산하의 평가전망 부서에서 15세 이상의 프랑스인을 대표하는 표본을 대상으로 진행한 설문조사[39]에서 확인된 바와 같이 의학과 생활과학에 대한 관심은 매우 폭넓게 분포되어 있었다. 특히 다양한 연령대의 여성들이 높은 관심을 가졌으며, 때로는 인문사회학적 관심과 연관되어 있었다.

과학산업박물관은 생활과학의 대중화를 다양한 방식으로 진행한

---

39   Ibid, pp. 73-78: «Les centres d'interêt scientifiques et techniques».

경험을 갖고 있었고, 20년 전부터 이러한 주제와 관련된 다수의 전시를 개최했다. 예를 들어, "삶의 도전(Les défis du vivant)"이라는 프로그램에 따라 2001년에는 〈진화한 인간(L'Homme transformé)〉, 〈인간과 유전자(L'Homme et les Gènes)〉, 〈뇌의 내면(Le Cerveau intime)〉을 개최했고, 2002년에는 건강 전시실(Cité de la santé)을 개관했다. 2008년 이후에 개최될 새로운 전시프로그램을 기획하기 위해 과학산업박물관의 운영자들은 관람객의 기대와 표상을 파악하기를 원했다.

기존의 연구를 기반으로 에바(Eva)와 다니엘 자코비(Daniel Jacobi)가 실행한 종합 연구[40]는 관람객의 관심과 관련된 특정 주제에 대한 타당성을 입증하는 데 목적을 두었다. 에바와 다니엘 자코비는 두 가지 관점에서 의학, 건강 그리고 사회가 왜 대중적인 주제인지를 설명해주었다. 첫 번째는 실제로 체험한 신체적 친밀감과의 관계이고, 두 번째는 고대부터 현대까지 모든 문명에서 건강·고통·죽음이라는 삼위일체를 지니고 있는 시간을 초월한 인류학적 문제다. 예를 들어, 우리의 대화는 "안녕, 잘 지내?"처럼 항상 건강과 좋은 몸 상태의 확인에서 시작된다. 질병과 이에 수반되는 고통 또한 대화에 자주 등장하는 주제이며, 이로 인해 더욱 친밀한 대화로 발전하게 된다. 질병과 고통 같은 신체적 체험담은 관심을 발생시키며 설명도 필요하다. 이와는 반대로, 이러한 대화는 체험과 감각의 필터를 통해 다듬어지고 해석된 학술적 담론으로 제약될 수 있다. 이러한 문제는 과학적 이해에 대한 첫 번째 장애 요인인 '상식'과 관련되어 있다.[41]

3) 과학산업박물관에 대한 시각

관람객은 연구에 대한 기대가 컸지만, 일반적으로 건강과 관련된 주제는 질병·고통·공포에 대한 경험을 상기시키기 때문에 이러한 주제에는 위험 요소가 내재해 있었다. 관람객은 전시를 관람하면서 걱정과 불안을 떨쳐버릴 수 있는가? 상술한 연구에 의하면, "과학의 대중화를 맡고

프랑스 박물관 정책과 관람객

---

40 E. et D. Jacobi, Les Publics et la thématique «Médecine, santé et société», CSI / DEP, 2006.

41 G. Bachelard, La formation de l'esprit scientifique, Paris, Vrin, 1987 [1938].

112

있는 언론은 의학적 사실(뉴스), 연구, 또는 혁신적인 의학적 신기술에만 관심이 높았고, 건강 분야의 인기 있는 잡지는 영양 섭취·건강·체력이라는 세 가지 문제에만 집중했다. 관람객이 과학산업박물관에 기대한 것은 전혀 다른 것이었다. 관람객은 과학산업박물관이 건강이나 몸 상태, 또는 고통과 치료 등의 문제를 포함한 질병, 전염병, 신체 기능의 이상과 관련된 주제 혹은 죽음에 대한 주제를 다룰 것이라고 기대했다".[42] 과학산업박물관에서 열린 대규모 전시처럼 박물관이 모든 관람객에게 주제에 접근하도록 하기 위해 각각의 관람객과 소통하는 듯한 방식으로 주제를 다룬 경우, 관람객은 심각하거나 무거운 주제라도 부담스러워하지 않았다. 관람객은 과학산업박물관이 해석과 토론의 공공장소인 동시에 지식을 보급하는 문화기관이기를 원했다. 또한 언론이나 의사보다 더 큰 도움을 줄 것이며, 시민, 환자 그리고 부모의 박물관 선택을 도와줄 것이라고 기대했다.

4) 관계 형성 및 관람객이 스스로 질문하도록 유도하기

질병의 예방이나 '만성화'(어떻게 질병과 함께 장수할 수 있을까?)를 예로 들면, 전시 커뮤니케이션 장치에 대한 문제를 제기하지 않을 수 없다. 의료비 지출 증가와 인구 노령화를 염려하는 정부의 공식 입장이나 의료기관의 입장을 수용하지 않고 어떻게 관람객과 소통할 수 있을까? 에바와 다니엘 자코비에 의하면, "미디어, 그리고 건강 관련 주요 언론의 조언 면에서도 의사와 환자 간의 관계 모델은 지배적이다. 이와 반대로, 새로운 관계자로서 환자 협회는 의학적·약학적 연구에 대한 필요성을 제기한다. 이 협회는 환자 입장에서 의학 지식에 의존하지 않으려는 열망과 이해하려는 열망을 동시에 갖고 있었다."[43] 박물관은 연구자, 의사, 환자 협회를 포함한 다양한 관계자뿐만 아니라 정부의 관점도 제시할 능력을 갖추고 있었다. 박물관은 환자 협회의 경험을 근거로 의학 연구 발전에 관한 정보나 현실적이고도 어려운 문제를 소홀히 다루지 않으면

1부 관람객 연구의 활용

42   Jacobi, Les Publics..., op. cit., note 16.

43   Ibid.

서 독창적인 방식으로 전시기술학의 담론을 펼칠 수 있었다.

전시는 생활과학에 관한 사전 설문조사를 통해 제시된 관람객의 주요 열망을 충족시켜줄 수 있었다. 이는 인간을 과학의 중심에 두고, 관람객 스스로 의문을 갖고 질문하도록 유도하는 것을 의미했다. 인터뷰 참여자들은 전시를 함께 기획하기 위해 소집되었으며, 다음과 같은 글을 남겼다. '관람객은 역할놀이에 참여할 수 있고, 전시의 주체가 될 수 있다.' 이 전시에는 '비교 및 평가하고 직접 만져볼' 수 있는, 예를 들어 '전통적인 식물과 유전자 변형 식물'을 비교하고 '상이성을 발견하고 생각해볼 수 있는' '작은 실험실'이 있을 것이다. 사물을 직접 보고 만져보면서 "관람객은 스스로에게 질문을 던질 수 있다. 그것이 바로 전시의 목적이다."[44]

5) 공개 토론에 참여하기: 이상과 현실

전시 개최 이전에 진행했던 사전 연구에서 관람객은 친화적인 분위기에서 풍부한 정보를 접할 수 있는 공개 토론에 대한 참여 의사를 밝혔다. 하지만 전시 관람 이후에 진행된 인터뷰에 의하면, 공개 토론이라기보다는 공적인 문제에 대해 친근한 사람끼리 모여 토의를 나누는 '사적 토론'과 같았다.

〈엑스플로라(Explora)〉 전시의 재정비와 신기술 전시실(Galerie de l'innovation)[45] 개관을 위해 진행한 연구에 의하면, 관람객은 과학산업박물관이 지속적인 발전에 대한 문제를 다루고, 미래사회에 대한 공개 토론에 참여할 기회를 제공해주기를 원했다. 과학은 이러한 문제를 더 명확하게 다루고, 해결 방안을 찾을 수 있도록 도움을 주어야 했다.

조엘 르 마렉은 6년 동안 과학산업박물관에서 진행된 사전 설문조사를 언급하면서 다음과 같이 설명했다. "현 시점에서 새로운 집단이나 기관이 환경 관련 주제에 대해 책임을 맡아야 하는데, 박물관은 이러한 책임을 담당할 수 있는 최적화된 수단이다." 만일 박물관이 환경과 관련

---

44 Ibid.

45 E. Ramos, H. Contini, Innovation et développement durable: le bien-être individuel à l'épreuve, CSI / DEP, en coll. avec le Cerlis (UMR 8070, CNRS-Paris Descartes), 2006.

된 주제에 대한 책임을 맡게 된다면, 박물관은 공공기관으로서 그 기능을 수행할 것이다. "이러한 경우, 미래에 대한 기대(어디를 향해 가는 것인가?)와 진실에 대한 기대가 표출된다. 다시 말하면, 사람들은 박물관이 전시를 통해 국가, 기업, 개인의 책임을 가시화하기를 기대한다."[46]

2003년 여름의 불볕더위가 가신 지 몇 달 후 개최된 〈정점(Climax)〉 전시를 방문한 관람객은 난방 온도를 낮추거나 자동차 이용을 자제하는 등 개인행동이 미치는 영향력에 대해 관심을 보였다. 또한 이들은 에너지 정책과 단체행동의 효과에 대해서도 질문했다. "다른 곳에서는 단편적인 지식만 얻을 수 있었는데, 이곳 박물관에서는 과학자들이 참여했어요. 토론도 이루어지고, 포럼의 취지가 굉장히 흥미로웠어요."

이러한 친화적인 방식의 의견 공유는 관람객의 호기심을 유발하는 토론이 진행되는 순간과 유희적 경험의 순간이 결합되지 않았다면 실현될 수 없었다. 〈생체 인식(Biométrie)〉 전시를 관람한 거의 모든 관람객은 안면 인식 기록 시스템의 성능에 대한 실험에 참여했으며, 자신의 얼굴을 확인하며 즐거워했다. 그리고 몇몇 관람객은 가족이나 친구와 함께 이러한 신기술의 유용성과 위험성에 대해 이야기했다. 과학산업박물관의 과학전시해설자는 다양한 상황에서 생체인식시스템의 유용성과 위험에 대해 관람객이 함께 토론할 수 있는 아틀리에를 만들었다. 또한 공개 토론에 참여한 관람객은 전시해설자의 도움으로 전시에서 공개 토론에 대한 구체적인 해석을 제공받았다.

5. 결론

연구가 진행되면서 다음과 같은 세 가지 주요 시사점이 도출되었다.

① 관심을 증대시키기 위해 연구 결과 수용하기: 관람객 연구에 대한 결론과 박물관의 활동(문화활동, 전시 기획, 전시 매체와 자료 센터,

---

46   J. Le Marec, «Le musée à l'épreuve des thèmes sciences et sociétés: les visiteurs en publics», Quaderni, n°46, hiver 2001-2002.

관람객 안내 등) 간의 상호작용만이 해결 방안을 제시하거나 발전을 도모할 수 있다.

② 관람객의 활동과 열망에 대한 이해가 전시 프로그램과 기획 의도를 적용하는 데 도움이 될 수 있도록 20년 동안 개최된 과학산업박물관의 전시와 행사에 대한 연구 축적하기

③ 관람객의 과학적 호기심, 표상 또는 문화활동에 대한 관람 경험의 영향력에 대해 연구하기: 관람객의 전시, 행사, 자원센터 수용에 대한 연구를 통해 도출된 시사점을 통합한 이와 같은 연구는 문화기관의 영향력에 대한 박물관의 관심을 도모하며, 관람의 총체적 의미에 대한 이해를 증진시킨다.

5장

대중과 관람객에 대한 지식

실비 옥토브르(Sylvie Octobre)

"현자는 진정한 답을 주는 사람이 아니라 진정한 질문을 던지는 사람이다."

– 클로드 레비스트로스(Claude Lévi-Strauss), 『날것과 익힌 것』, 1964

문화활동(입장료 변경, 개관 시간, 전시조직 등)의 정당화나 평가, 관람객 유입 관리의 개선, 문화 정책(예: 회원제) 조정을 위한 관람객 구조의 이해, 관람 장애 요인과 비관람객의 문화적 저항에 대한 원인 규명, 목표 관람객을 위한 운영 평가, 잠재 관람객 파악이나 관람 빈도 성장에 대한 예측 등과 같은 다양한 목적과 현실적으로 직면한 문제를 해결하기 위해 대중과 관람객에 대한 지식은 법규에서 매우 빈번하게 등장하고 있다. '지식'이라는 개념은 정치적·전략적·실용적 측면에서 중요한 의미를 내포하고 있다.[47] 따라서 박물관 영역에서의 변화는 성찰되어야 할 가치가 있고, 기대의 높고 낮음과 관계없이 그러한 문제에 대한 명백하거나 함축적인 기대는 표현되어야 한다.

연구 결과를 통합하거나 방법론적으로 비교할 때 장애물로 작용하는 연구의 활용에 대한 문제는 세 가지 방식으로 문화유산 분야에 관심을 갖는 연구 네트워크의 중심에 자리 잡고 있다. 첫 번째 방식은 연구 결과에 대한 활용이고, 두 번째 방식은 연구 방법의 활용이다. 세 번째 방식은 박물관 내부에서 연구 필요성에 대한 발의부터 조정에 이르기까지 연구 태도의 정립에 대한 활용인데, 여기서 연구 태도의 정립은 박물

---

47   S. Octobre, «Publics, pratiques et usages des musées», Politique et musées, Paris, L'Harmattan, 2002, coll. «Patrimoines et sources».

관 연구에 대한 기대와 입장을 명확하게 정의하는 것을 의미한다.

1. 연구 태도의 규모와 불안정성

18세기부터, 특히 국립박물관협회(RMN: Réunion des Musées Natio-
naux) 같은 경영기관을 통해 일부 박물관은 관람객의 박물관 이용에 관
한 자료를 수집 및 보존했다. 내용적 측면에서 수집된 자료는 다소 유사
했으며, 체계적인 정리가 필요한 상태였다.

1) 자료 수집에 대한 필요성

경영 목표에 따라 이루어졌던 자료 수집은 국립박물관이 유료화되는 시
점부터 공공 회계의 세부 규정에 따라 처음으로 관람객 유입에 대한 자
료가 집계되었다. 또한 이러한 자료 수집은 이념적 목표에 따라 이루어
졌다. 공공 예술 기관의 사용 현황을 파악하기 위해 국내 관람객과 해외
관람객을 구분하고, 또는 다양한 사회 계층의 공공 예술 기관에 대한 평
등한 접근이라는 목표를 구현하기 위해 관람 주간 분포에 대한 연구가
필요했다. 하지만 관람객에 대한 지식은 지적 태도를 지닌 다수의 관찰
자로 인해 장기간 신문에 실릴 정도로 직관적이고 인위적이었다. 이들
관찰자는 차례로 경제적(국내외 관광의 급증)·교육적(서민 계층의 평등
한 접근에 대한 목표)· 미학적[프루스트(Proust)에 의해 묘사된 "조그만
노란 성벽" 앞에서의 황홀한 느낌을 떠올릴 때]·이념적(관람객의 이상
적인 프로파일과 행동을 제시하는) 의견을 내세우면서 관람객 구성의
변화에 대해 해석했다.[48]

    20세기 후반 들어 문화기관의 관람 빈도나 문화활동에 대한 설문조
사는 다른 국가보다 특히 프랑스의 경우 '민주화'라는 목표와 관련되었
으며, 프랑스 문화부도 이러한 목표를 위해 만들어졌다.[49] 이후 문화에
할당된 연구비 증가, 7년마다 국가 차원에서 전국적 규모로 실시된 '프

48   J. Galard, *Visiteurs du Louvre, un florilège*, Paris, RMN / Seuil, 1993.

49   D. Poirrier (dir.), *La Naissance des politiques culturelles et les rencontres d'Avignon*,
    Paris, comité d'histoire du ministère de la Culture, 1997.

랑스인의 문화활동' 설문조사, 프랑스박물관관리청을 포함한 분야별 경영진 평가, 박물관 자체에서 실시한 설문조사의 증가, 그리고 대형 박물관의 통합 연구 서비스 출범이라는 상승 효과와 함께 연구가 양적으로 증가했다. 이러한 연구는 박물관의 과학적·문화적 프로젝트에 대한 계약적 사고를 증진시켰다. 이러한 연구는 박물관의 자율성이라는 관점에서 전략적 경영 도구였다. 또한 이러한 연구는 새로운 정책을 분류하고 정책 결과를 평가할 뿐만 아니라 내·외부적 변화의 결과를 예측하면서 정기적으로 박물관의 의사결정에 준거의 틀로 사용되었다.[50] 경영 성과를 위해 연구의 방향이 자주 바뀌기는 했지만, 이로 인해 '관람 빈도와 소비 방식의 구조에 대한 이해'라는 본질적인 연구의 목적이 상실되지는 않았다. '공공장소[51] 내의 문화유산 제공과 소유를 연결하는 사회학'에 대한 열망을 위해 향후 자주 다루게 될 연구 개요를 처음부터 제시해주었으며, 이와 함께 다수의 설문조사가 진행되었다. 퐁피두센터의 관람객에 대한 정량적 분석은 이러한 기초 연구의 사례에 해당한다. 이 분석은 정성적 분석에 해당하는 부르디외의 분석 방식[52]에 따라 관람객을 세분화하고, 관람객의 행동 방식과 행동 전략을 기술했다.[53]

'프랑스인의 문화활동'은 다양한 결과를 산출했는데, 이러한 결과의 출간에 따른 논쟁과 박물관에 대한 연구의 양적 증가는 문화기관[54]의 관람객 연구에 대한 중요성을 더욱 강조했다. 또한, 이러한 연구는 연구 태도에 내재하는 긴장 영역을 조명해주었다. 관람객 분석에 대한 긴장

50   O. Donnat et S. Octobre (dir.), *Les Publics des équipements culturels: méthodes et résultats*, Paris, La Documentation française, coll. «Travaux du DEPS», 2002 (téléchargeable sur www.culture.gouv.fr/deps).

51   J.-F. Barbier-Bouvet et M. Poulain, *Publics à l'oeuvre. Pratiques culturelles à la bibliothèque publique d'information du Centre Georges-Pompidou*, Paris BPI/ La Documentation française, 1986.

52   J.-F. Barbier-Bouvet, *Le Public du Centre Georges-Pompidou: données sociologiques, extraits de l'exposition Le Visiteur et son double, 10e anniversaire du Centre*, Paris, 1987; N. Heinich, *Enquête sur le public du Centre national d'art et de culture Georges Pompidou*, Paris, Centre Georges-Pompidou, 1986.

53   E. Véron, M. Levasseur, *Éthonographie de l'exposition: l'espace, le corps et le sens*, Paris, Bibliothèque publique d'information du Centre Georges-Pompidou, 1983.

54   O. Donnat, «Démocratisation culturelle, la fin d'un mythe», Esprit, 1991, n°170, pp. 65-79.

영역은 다수의 요인에 기인했다.

① 인간의 문화는 측량될 수 없다는 원칙에 대한 거부. 다시 말해, 작품과 프로그램의 예술성은 수치를 사용해서 평가될 수 있다. 이 점에 대해 목적을 두 가지로 구분하는 것은 중요한 의미를 지닌다. 첫 번째 목적은 통계조사, 집단화, 서열화(관계자의 통계와 기술로 문화적 상황 재구성하기)인 반면, 두 번째 목적은 종합적 방법이 아닌 '대표적' 방법[55]으로서 주제, 영역, 관람객의 범주에 대한 탐색을 강조하는 연구이며, 이 두 가지 목적은 배타적이거나 양립된다. 이에 반해 다음과 같은 요인도 작용한다.

② 문화가 소비 영역에 속하지 않는다거나, 문화를 인간의 보편성으로 가정하고 마케팅과 세분화에 대한 거부. 이러한 논제는 박물관의 일요일 무료 입장처럼 상징적 차원에서의 대책을 다루는 토의에서 자주 등장한다.[56]

③ 연구 문화의 발전을 가능케 하는 통합적 역량의 부족. 대부분 박물관은 절차의 분할성과 정확성에 초점을 맞추므로 이러한 특성으로 인해 방법론이 간과되는 경우가 많다(통합적 기능을 갖춘 대규모 박물관의 경우는 제외).

④ 연구를 통해 정치적 논거의 정당성이 발견될 수 있는 방식의 혼합. 만일 실증적 방법의 '객관적이고' '냉정한' 분석을 통해 이루어진 연구가 정책에 대한 의사결정을 뒷받침해준다면, 이러한 의사결정은 관념학과 확신, 즉 입장 표명에 해당한다.[57] 20세기 후반 문화 영역의 분업화 및 전문화와 함께 진단과 입장 표명 간의 편차는 더욱 커졌다. 만약 '1960년대에 대중 교육, 응용사회학, 현대적 관념학 등의 운동이 협력을

---

55   통계적 의미에 대한 관점에서, 이 표현이 대표성만을 지칭하는 것은 아니다.

56   C. Fourteau, C. Bourdillat, *Les Institutions culturelles au plus près du public*, Paris, La Documentation française, 2002.

57   막스 베버(Le Savant et le Politique, Paris, Plon, coll. «10 / 18», 1986)와 피에르 부르디외(Réponses, pour une anthropologie réflexive, Paris, Seuil, 1992)가 분석한 두 가지 태도의 대조와 대응, 그리고 또 다른 출판물인 『작업의 사회학(Sociologie du travail, n°1, vol. 41, janvier-mars 1999, pp. 65-88 et n°3, vol. 41, juillet-septembre 1999, pp. 295-327)』을 통해 사회학에서의 연구와 정치의 전형적인 구분을 재확인할 수 있다.

도모했더라면',[58] 다수의 사회학자가 문화적 입장을 옹호하는 운동가로 활동했기 때문에 전문적 역량만큼이나 박물관 자체의 필요성에 따라 연구 태도가 달라졌을 것이다. 부르디외의 비판사회학의 영향을 받은 불균형적 관점에서 접근한 분석 연구는 관람객 정책에 유의미한 영향력으로 작용했다.[59]

박물관이나 정부 부처에 소속된 사회학자가 밝혀낸 불균형에 대한 증거는 민주화에 대한 정치적 의지에 반향을 불러일으켰다. 한편 정부가 결정한 목표는 효율성이나 비효율성에 대한 검증이 요구되었다. 다른 한편으로, 지속적인 설문조사를 통해 사회학자가 검증한 사회적·지리적·문화적 격차는 문화 정책을 통한 정부의 개입을 촉구했다. 대부분 연구에서는 개연 관계에서 인과 관계로, 진단에서 의견으로 방향이 조정되었으며, 이러한 연구에서 확인된 통계적 편차는 반드시 충족되어야 할 사회적·교육적·경제적 장애물로 해석되었다.

2) 정보원의 활용 개선

이러한 설명 부족은 박물관 영역의 연구 발전에 상반될 뿐 아니라 두 가지 부정적인 결과를 초래할 수 있다. 연구의 양적 증가는 지식이 필요할 때 반드시 설문조사의 절차를 따라야 한다는 잘못된 생각을 갖게 했다. 이와 같은 생각은 사실과 달랐으며, 실질적으로 대다수 정보원(특히 행정적 정보원)의 활용도는 매우 낮았다. 정보의 가치가 좀 더 개선된 방법으로 분석되고 정보의 활용 수준이 향상된다면, 박물관 전문가의 연구에 유용하게 사용될 수 있었다.

관람객 연구에서 가장 흥미로운 정보원은 관람객에 대한 정량적 정보뿐만 아니라 요금에 따라 분류된 유료 관람객의 유입에 대한 정보를 제공하는 매표소이다.[60] 매표 운영에 대한 소프트웨어 개발은 박물관의

58 J. Jon, «Sciences sociales et éducation populaire: un vieux concubinage?», in G. Poujol (dir.), *L'Education populaire au tournant des années soixante. État, mouvements, sciences sociales*, Marly-le-Roi, Document de l'Injep, 1993.

59 C. Ballé, D. Poulot, *Les politiques de publics dans les pays européens*, Paris, CNRS, 1995.

60 이러한 정보원은 박물관 관람객에 대한 정량적 조사를 수정하기 위해 필수적으로 요구되는 자료이기도 하다.

전략적 문제에 따라 무료 입장권을 발매하거나(무료 관람객 수와 유입에 대한 정보를 얻기 위해), 예를 들어 할인 요금을 지급하는 관람객(예: 할인 요금이 적용되는 학생과 실업자)을 구분할 수 있는 조치가 수반된다. 동시에 사회통계학적 차원에서 정보 입력과 입장권 발매 시 관람객 유형화와 세분화와 관련된 최소한의 질문(성별, 연령대, 거주 지역 등의 인구통계학적 정보)을 포함시키는 방법을 사용할 수 있다.[61] 일반적으로 단체관람객은 일반 관람객과 분리하여 관리되는 특성을 지녔기 때문에 집계된 단체관람객에 대한 정보의 확보는 용이했으며, 덕분에 우리는 관람객 수와 프로파일에 대한 역동적이며 국제적인 시각을 가질 수 있었다.

또 다른 행정적 특성을 지닌 정보원으로는 회원 정보 파일이나 할인 요금이 적용되는 관람객의 정보 파일을 들 수 있다. 이러한 정보 파일의 경우, 파일 작성과 구성이 동시에 가능하다면(여기서도 마찬가지로 관람객이 입장할 때마다 파일에 최소한의 정보 입력으로) 정보 파일 분석을 통해 관람객 정책에 대한 질문에 답변을 제공할 수 있을 것이다. 할인 요금을 지급한 관람객은 할인 혜택의 대상자인가? 할인 혜택은 갱신되는가? 할인 요금을 지급한 관람객이 어떻게 회원이 되었는가? 등.

박물관 연구가 양적으로 증가함에 따라 방법론과 정형화된 문제 제기에 대한 문제가 발생했다. 만약 이러한 정형화 문제가 발전된 도구를 의미한다면, 이는 반복적으로 표준화된 형식을 사용함으로써 사전에 연구의 기대에 대한 고민이 없었다는 것을 의미한다. 지금부터 다루는 내용은 문제 제기에 대한 정확한 설명으로 표준화를 회피하는 것이다. 연구방법론에 대해서는 참고문헌을 이용하기를 권유한다.[62]

---

61 공연장에서 흔히 사용되는 이 방법은 최소한의 질문을 사용한 설문조사이므로 간단한 설문조사가 가능한 판매량을 가진 박물관에서만 이 방법을 고려해볼 수 있다.

62 F. de Singly, *L'Enquête et ses méthodes: le questionnaire*, Paris, Nathan, coll. «128», 1992; J.-C. Kaufman, *L'Entretien compréhensif*, Paris, Nathan, coll. «128», 1999; A.-M. Arborio et P. Fournier, *L'Enquête et ses méthodes: l'observation directe*, Paris, Nathan, coll. «128», 1999; N. Berthier, *Let Techniques d'enquête en sciences sociales*, Armand Colin, coll. «Cursus», 2006; R. Quivy, L. Van Campenhoudt, *Manuel de recherche en sciences sociales*, Paris, Dunod, 2006.

2. 박물관에서 연구에 대한 태도 정립하기

연구에 대한 태도는 질문, 목표, 목적의 단계적 구성과 기대 결과, 결과의 용도를 명확하게 정의하는 과정에서 더욱 정교해진다. 이와 관련해서 우리가 경험을 통해 얻은 몇 가지 시사점은 이러한 과정을 이해하는데 도움을 줄 것이다. 우선적으로 기존에 존재하는 객관적 사실을 검증하기 위해 연구를 실행하는 것이 아니라는 점에 유념해야 한다. 관찰을 통해 규명된 사실은 항상 우리가 기존에 가지고 있는 관점과 질문, 도구에 의존한다는 것이다.[63] 이와 마찬가지로 좋은 방법이 존재하는 것이 아니라 실제로는 문제, 지역, 인구, 관람객, 대중, 또는 문화적·과학적 명제에 적합한 몇 가지 장치만 존재한다. 따라서 연구 목적은 사전 단계에서 결정되어야 한다. 관람객의 이해에 대한 필요성, 요구의 본질, 그리고 방법론의 다양한 선택에 대한 필요성의 근거는 명확하게 제시되어야 한다. 연구 문제를 정의하는 과정은 다음과 같은 다섯 단계로 구성되어 있으며, 이들 단계는 상호 밀접하게 연결되어 있다.

1) 연구 태도의 구성 단계: 질문 제한하기

연구 영역은 정량적 또는 정성적으로 이해될 수 있는 방법으로 결정되어야 하는데, 이를 위해서는 광범위한 영역에서 좀 더 제한된 영역으로 문제 제기의 영역을 축소시켜야 한다. 박물관 관장이나 문화부 국장을 고민에 빠뜨리는 일반적이며 광범위한 특성을 지닌 질문은 실증적인 답변을 얻을 수 있는 구체적인 질문으로 변환되어야 한다. 예를 들어, '학생과 박물관' 같은 유형의 일반적인 문제는 "박물관을 관람하는 학생의 프로파일은 무엇인가?", "학생의 전공은 박물관 관람의 익숙함에 영향을 미치는가?", "기숙사에 사는 것이 박물관 관람에 대한 익숙함을 형성하는 데 영향을 미치는가?," "박물관의 학생회원제는 학생 집단의 문화 정책에 대한 만족도에 영향을 미치는가?", "박물관 관람에 대한 의사 결정은 어떻게 이루어지는가?", "아동 대상의 프로그램은 이들이 성인

63 P. Bourdieu, J.-C. Chamboredon, J.-C. Passeron, Le Métier de sociologue, Paris, Mouton, 1968.

1부
관람객 연구의 활용

이 되었을 때의 취향 형성에 영향을 미치는가?" 등과 같은 질문으로 구체화되어야 한다. 만일 구체적인 연구 문제를 사용하지 않는다면, 연구 영역 자체가 제한적이어야 한다. 연구를 진행하다 보면, 일차적 연구 목적('그 문제에 대한')보다 오히려 이차적 연구 목적에 대한 답변을 얻으려는 유혹에 쉽게 빠지게 된다. 이러한 유혹은 방법론의 오류, 지나치게 길고 복잡한 설문지나 인터뷰 가이드로 인해 초래되며, 연구의 주요 목적이라는 관점에서 보면 결과적으로 연구 결과의 질적 수준에 부정적인 영향을 미치게 된다. 연구의 활용은 연구 문제의 제기와 그 연구 문제를 좀 더 명확하게 다룬 연구 결과에 따라 결정된다. 물론 연구의 활용은 연구 책임자, 관람객 부서의 책임자, 관장 등과 같은 박물관의 다양한 관계자의 합의를 이끌어내는 연구 결과의 수용 절차를 통해서만 이루어질 수 있다.

2) '연구 대상' 규정하기

연구 대상은 다음과 같은 네 가지 유형으로 구분된다.

① 관람객(박물관 관람이나 전시 참여, 회원 가입이나 정기 회원 가입 등은 하나의 행위로 간주되어 집단으로 묶임): 관람객에 대한 연구가 가장 많이 실행된 연구에 해당한다. 예를 들면, 특정 전시에 참여한 관람객에 대한 연구, 특정 박물관의 정기 회원에 대한 연구, 특정 연구회나 강연 참가자에 대한 연구 등이 이러한 유형의 연구에 해당한다. 만일 이러한 연구가 정기적으로 반복되면서 장기간 실행된다면, 박물관이 제공하는 문화활동의 변화(개관 시간 변경, 입장료 변경, 새로운 전시관 개관 등)에 대한 효과의 측정이 가능해진다.

② 잠재 관람객(실질적 관람객과 몇 가지 측면에서 유사한 특성을 지님): 박물관 경영의 자율성, 박물관과 활동의 재정비에 힘입어 발전한

마케팅 문화는 잠재 관람객에 대한 다수의 연구에 영향을 미쳤다. 이러한 연구는 새로운 전시실의 개관이나 새로운 활동을 준비하는 데 사용되었다. 또한 이러한 연구는 관람객의 프로파일을 예측해서 특정 유형의 관람객에게 적합한 프로그램(내용, 전시 횟수, 가격 수준 등)을 개발하거나 관람객 네트워크를 형성하기 위해 사용되었다.

③ 비관람객: 기본적으로 관람에 관심이 없고, 전시가 제공하는 유익함을 경험한 적이 없으며, 관람객과 가장 상이한 특성을 지닌 집단이다. 일반적으로 비관람객을 대상으로 한 연구는 관람 장애 요인을 파악하기 위해 실행된다. 선택형 질문 문항으로 구성된 설문지를 사용하는 경우, 비관람객의 특성이 드러나지 않기 때문에 정량적 방법보다는 정성적 방법을 사용하는 것이 효과적이다. 정량적 측면에서 보면, 비관람객을 대상으로 한 연구는 앞서 언급한 두 가지 유형의 관람객에 대한 연구보다 훨씬 적은데, 그 이유는 박물관에 전혀 관심이 없는 사람에게 박물관에 관한 대화를 유도하거나 무관심한 이유를 묻는 것 자체가 매우 어려운 작업이기 때문이다.

④ 모집단: 일반적으로 관람객 집단 전체를 연구 대상으로 하는 것은 어려우므로 일정한 특성을 갖고 있는 표본을 추출한 모집단을 대상으로 정보를 수집하는 것이 바람직하다. 지역 연구의 경우, 대부분 국립통계경제연구소에서 제공하는 정보가 사용되고 있다.

3) 연구의 목적 설정하기

연구 목적 또한 몇 가지 유형으로 분류될 수 있다.

① 관람 빈도 수치와 유입에 대한 연구: 관람객 수는 어느 정도인가? 연별·월별·주별·일별·시간별 관람객 분포는 어떠한가? 관람 빈도는 계

절적 편차를 보이는가? 그러한 경우, 계절별 편차의 폭은 어느 정도인가? 예를 들어, 이러한 질문에 대한 답변은 프로그램 정책을 통해 감독기관부터 관람 지원 장치의 도입에 이르기까지 박물관 경영과 조직 구조에 매우 유용한 정보를 제공한다.

② 일반적으로 관람객 세분화와 함께 병행되는 관람객에 대한 기술사회학(sociographie)은 관람객의 사회인구통계학적 프로파일을 기술하면서, 특히 목표 관람객의 설정에 대한 적합성을 평가한다.

③ 수용에 대한 분석은 몇 가지 목적으로 사용될 수 있다. 전시나 박물관 활동에 집중된 분석은 형성 평가나 종합 평가처럼 설치 작업이나 전시 구현에 대한 정보를 제공한다.[64] 관람객에게 집중된 분석은 관람객의 다양성만큼 관람 경험의 다양성을 고려하면서 구체적인 소비 방식(예: 관람 빈도와 관람 시간,[65] 관람 여정과 코스,[66] 관람 중의 문화 소비, 관람의 사회적 맥락[67] 등)에 대한 이해를 증진시킨다. 이러한 연구를 기반으로 관람 유형과 표상을 도출해낼 수 있다.[68]

④ 정성적 방법으로 이루어지는 표상과 이미지에 대한 연구는 문화적 수혜자의 여부와는 관계없이 개인과 문화활동 간의 관계성, 문화기관에 대한 인식, 그리고 문화기관에 대한 의미를 이해하는 데 도움을 준다.[69]

64 S. Samson et B. Schiele, *L'Évaluation muséale: publics et expositions, bibliographie raisonnée*, Paris, Expo Media, 1989; B. Schiele, «L'invention simultanée du visiteur et de l'exposition», Publics & Musées, n°2, 1992, pp. 71-95. 과학산업박물관은 평가 능력을 탁월하게 발전시킨 박물관 가운데 하나에 해당한다.

65 J.-C. Passeron, E. Pedler, *Le Temps donné au tableau. Compte-rendu d'une enquête au musée Granet*, Paris, Documents Cercom / Imerec, 1991.

66 E. Véron, M. Levasseur, *Éthnographie de l'exposition...*, op. cit.

67 S. Debenedetti, «La convivialité de groupe dans les sorties culturelles: état de l'art et voies de recherche», Actes de l'association française de marketing, 14, 1998.

68 H. Gottesdiener, N. Godrèche, *Les Dimanches gratuits au musée du Louvre, enquête qualitative*, Paris, Musée du Louvre / Cerem, 1996; A. Gombault, Ch. Peter et al. (dir.), *La Gratuité des musées et des monuments côté publics. Représentations, projets d'usage et comportements des publics*, Paris, La Documentation française, coll. «Questions de culture», 2007.

69 J. Eidelman, J.-P. Cordier, M. Letrait, «Catégories muséales et identités des visiteurs»,

박물관에 대한 관람객의 생각이나 욕구에 대해 연구하는 경우, 상술한 접근 방법은 한 가지만 사용되는 것이 아니라 대부분 병용되고 있다. 예를 들어, 관람객이 박물관이 제공하는 전시나 프로그램에 만족하는지, 또는 특정 유형의 관람객(장애인, 어린이, 가족 등)을 대상으로 전시나 프로그램이 제공되고 있는지에 대한 질문은 수용에서부터 기술사회학의 문제까지 연결되어 있다. 더욱이 이러한 연구 내용은 관람객상설관찰소에서 사용하는 설문 내용이기도 하다.[70] 또한 이 책에서 안 크레브스와 브루노 마레스카가 기술한 것처럼 통계 결과와 매표소 자료를 연계함으로써 관람객 유입과 관련된 요인을 확장 및 재구성할 수 있다.

이러한 유형에 해당하는 연구들은 세 가지 주요 연구 방법을 제시해준다. 첫 번째 연구 방법은 관람객 세분화 연구의 전통을 따르고 있는데,[71] 거시적 관점에서 취향, 사용 가능한 정보, 활동에 영향을 미치는 사회적 네트워크 같은 역학 변수를 사용해서 상세히 분석하는 것이다. 연구 내용과 전달 방식 측면에서 이와 같은 연구는 취향이 평생에 걸쳐 형성 및 개발된다는 전제에서 출발한다. 과학산업박물관이 관심을 기울이고 있는 '과학적·기술적 호기심'의 형성이 일례에 해당한다. 평가전망부서는 '과학적·기술적 호기심'을 절차와 목표에 따라 여섯 가지로 구분했다. 이 범주 내에는 대인관계도 포함되었는데, 대인관계는 기대나 태도를 강화 또는 변화시키는 효과를 발휘하기 때문에 대인관계에 대한 관찰은 통계 기록에 국한되는 것이 아니라 인생의 여정 및 이야기와 통합 및 확장된다.[72]

두 번째 연구 방법은 동시에 발생하는 인지적 활동과 태도로 구성되는 유형학을 기반으로 문화활동을 분석하는 것이다.[73] 여러 가지 문화

in O. Donnat (dir.), *Regards croisés sur les pratiques culturelles*, Paris, La Documentation française, coll. «Questions de culture», 2003.

70 L. Mironer, (en coll. avec P. Aumasson et C. Fourteau), *Cent Musées à la rencontre du public*, Castebany, France Édition, 2001.

71 A. De Mengin, «La recherche d'une typologie des publics à la Cité des sciences», *Publics & Musées*, n°3, 1993, pp. 47-63.

72 A. De Mengin, M.-C. Habib, S. Chaumier, «Les trajectoires biographiques comme déterminants aux sciences et techniques», *Actes des 21e Journées internationales sur la communication, l'éducation et la culture scientifique et industrielle,* Paris, A. Giordan, J.-L. Martinand, D. Raichvarg éditeurs, 1999.

73 H. Gottesdiener, *Freins et motivations à la visite des musées d'art*, ministère de la

활동이 동시에 발생하는 것은 문화 영역에 복잡한 특성이 내재해 있다는 것을 의미한다. 문화적 상호의존성을 형성하는 취향의 공유에 대한 태도는 구성, 지속성, 변화 등의 방식에 대한 문제와 함께 정체성, 표상, 이해, 확산 형태, 능력 유형 등에 대한 문제를 제기한다. 애호가의 문화 활동은 문화기관의 관람과 어떤 관련성을 갖는가? 애호가의 어떤 문화 활동이 어떤 유형의 문화기관에 대한 관람과 교차되는가? 정보 보호 정책은 문화기관의 관람에 어떤 영향을 미치는가? 멀티미디어 문화는 문화기관의 관람에 어떤 영향을 미치는가?[74] 관람객을 위한 문화 서비스(관람, 연구회, 자료 등)의 기능은 무엇이며, 그러한 문화 서비스는 문화 활동에 어떤 영향을 미치는가? 만일 파생 상품이 있다면, 그러한 상품의 문화적 기능은 무엇인가?

세 번째 연구 방향은 용도와 관련되어 있으며, 실용적 방법과 상징적 방법뿐만 아니라 개인적 활용과 문화 전문가의 활용 간 편차에 대한 문제를 제기한다. 용도는 실제적 특성에 관한 문제를 제기하면서 단어의 일의성(一意性)을 제거한다. '관람객'이라는 단어 안에는 학구적인 여가 활동, 방황, 선택적 호기심, 오락적 외출, 교육을 목적으로 한 외출 등 다양한 방법이 포함되어 있는데, 이러한 다의성은 '활동 주체'에게 추천하는 사람, 동반자, 피동반자 같은 다양한 역할을 부여해준다. 이러한 구분은 관람객의 정체성과 활동 주체의 표상에 대한 정의에 영향력을 미친다.[75] 상술한 바와 같이, 관람객의 정체성은 구조적으로 다양한 방식의 활동을 통해 형성되기 때문에 사회적 관계, 상호작용, 수용 방법에 대한 분석이 요구된다. 따라서 박물관 관람 시 공식적 또는 비공식적 집단은 세대 간 결속력 강화에 긍정적인 영향을 미친다.[76]

Culture / DEPS, Paris, 1992.

74 B. Goldstein, J. Le Marec, R. Topalian, S. Pouts-Lajus, *Interactifs: fonction et usages dans les musées*, Paris, ministère de la Culture / DMF, Paris, 1996.

75 H. Gottesdiener, P. Vrignaud, *Image de soi et image de visiteurs* [étude en cours], ministère de la Culture et de la Communication –DEPS / laboratoire Culture et Communication – université d'Avignon et des Pays de Vaucluse, 2007.

76 J. Eidelman (dir.), *La Lettre de l'Ocim* n°55: L'espace muséal scientifique et ses publics, 1998, pp. 3-78.

4) 기대 정의하기

만일 연구 문화가 확산되었다면, 이는 박물관 경영에 대한 필요성이 증가하면서 숫자를 사용해서 표현하는 것이 지배적인 현상이 되었음을 의미한다. 또한 이러한 현상은 '진실'을 말하는 거울을 찾는 오늘날 같은 정보사회의 단면을 보여주는 숫자에 대한 숭배로 해석할 수 있다. 이러한 이유로 예기치 않게 자료의 변형(숫자만큼 말이 많은 것은 없으므로 방법론적으로 수치 산출 조건의 제어가 필요하다)이 발생하기도 하고, 정량적으로 산출된 정보에 대한 기대가 정성적으로 산출된 정보에 대한 기대보다 더 높게 나타난다. 정량적 자료의 경우, 수치의 크기에 따라 중요도가 결정되는 반면, 정성적 자료의 경우에는 상호작용이나 소비 형태에 대한 분석이 가능하다. 정량적 자료뿐만 아니라 정성적 자료의 산출이 가능한 경우도 있지만, 이러한 경우에는 자료의 산출 조건을 일치시키는 것이 용이하지 않다.

5) 연구 활용의 용도

설문조사의 절차를 진행할 때, 연구 필요성에 대한 문제 제기는 매우 중요한 의미를 지니는데, 그 이유는 연구가 사용될 용도로 인해 기관의 내·외부에서 연구 결과를 이해할 때 발생하는 어려움이나 방법론 적용의 필요성을 예측할 수 있기 때문이다. 관람객 유입에 대한 정보는 조직 경영에 필요한 요소이고, 관람 빈도에 대한 정보는 예산 운영에 필요하며, 관람객의 구조는 공공 지원을 통해 재정적 안정성을 도모하는 것과 관련된 정책을 정당화하기 위해 필요하다. 문화와 가격 측면에서 세분화는 제품 기획에 사용되는 문화 마케팅 부서의 도구다. 마지막으로, 수용 방식과 용도에 대한 이해는 문화적 명제와 문화적 명제에 대한 관람객의 이해 및 변화 사이의 일치, 즉 문화의 교육적 효과를 측정하는 도구로 사용된다. 이러한 도구는 박물관 경영을 지원하는 용도(경영 성과를 측정하는 자료), 박물관의 소비 구조에 대한 이해를 지원하는 용도(박물관이 제공하는 전시와 프로그램의 기획에 사용되는 자료), 협상을 지원하는 용도(높은 수치의 관람 빈도를 가진 후원 단체와의 지원금에 대한 협상에 사용되는 자료)로 구분된다. 이러한 용도는 회고적 차원과 전망적 차원에서 검토될 수 있다.

6) 연구 기간

연구를 실행할 때 마지막으로 고려해야 할 사항은 상술한 방법론의 선택과 연구 결과의 용도와 밀접하게 관련되어 있다. 관람객상설관찰소의 경우, 설문지 작성(실험 단계를 포함한)부터 관람객 유입을 확실하게 대표할 수 있는 특정 시기의 모집단이나 관람객의 대표 표본을 대상으로 한 설문조사의 실행(계절적 변인이나 행사와 관련된 변인을 포함하여), 그리고 통계 처리까지 일련의 연구 절차는 매우 오랜 시간이 소요된다. 예를 들어, 관람객이나 잠재 관람객의 프로파일에 대한 이해가 필요한 경우처럼 대규모 모집단을 대상으로 연구를 진행하거나 좀 더 정확한 결과가 요구되는 연구를 진행할 때의 연구 절차는 훨씬 오랜 시간이 요구된다. 이와는 반대로, 인터뷰나 관찰 같은 정성적 연구는 소규모 표본을 대상으로 단기간 심화 연구(예: 정기 회원과의 인터뷰를 통한 회원제도에 대한 분석) 형태로 진행될 수 있다.

　이미 주지하는 바와 같이, 연구 실행은 결코 간단하지 않은 작업이다. '연구 문화'나 '마케팅 문화'의 확산은 연구 실행을 너무 쉽게 생각하게 만들고, 젊은 대학생이나 훈련을 받지 않는 사람에게 연구 실행을 맡겨도 무방하다고 생각하게끔 만들었다. 하지만 그렇지 않다. 연구를 실행하기 위해서는 실제로 전문적인 기술과 능력이 요구된다. 또한 연구 영역에 내재하는 다양한 잠재적 문제는 혼란을 야기한다. 설문지를 사용하는 정량적 연구의 경우, 여론조사기관은 설문조사에 대해 상당한 전문성을 갖고 있다. 이들 기관은 규모와 경험뿐만 아니라 광범위한 지리적 범위를 대상으로 조사를 실행하기 때문에 비교적 단기간의 조사에서도 타당성과 신뢰 수준이 높은 결과를 기대할 수 있다. 예를 들어, 일부 여론조사기관은 두 곳의 박물관을 대상으로 특정 문제에 대한 연구를 진행하고 그 결과를 비교분석하거나 다른 지역의 박물관 관람객의 프로파일과 비교할 수 있는 지표[77]를 개발하기도 한다.

문화공학 분야의 기업은 종종 나름대로 자신이 속해 있는 분야나 지역의 문화적 네트워크에 대해 풍부한 지식을 갖고 있다. 이러한 기업의 연구 기간은 일반적으로 매우 짧으며, 운영 측면에서 결과도 신속하게 산출된다. 마지막으로 대학 연구소의 연구는 회고적 특성을 지니고 있다. 학술 연구에 해당하는 이러한 연구는 흥미로운 관점을 제시해주지만, 연구의 활용도가 낮은 경우도 있다. 연구 결과는 연구자가 연구 결과의 용도를 결정했거나, 영향력을 갖고 있거나(연구-효과), 또는 연구 배경이 실용적인 학문일 경우에 활용될 가능성이 높다.

3. 자주 제기되는 질문

연구 절차를 진행할 때 자주 제기되는 문제는 연구방법론에 관한 것이다. 이 글에서는 방법론의 세부 사항에 대해서는 다루지 않지만, 몇 가지 의문점에 대해서는 명확하게 정리하고자 한다.

1) 정량적 방법과 정성적 방법

'정량적'과 '정성적'이라는 두 단어는 상호 보완적인 특성과 양립적 특성을 동시에 갖고 있다. 이 두 단어는 어떻게 정의되는가? 정량적 방법은 외연적 특성(표본의 규모가 크고, 질문 영역이 광범위하며, 질문에 대한 답변이 응답자에게 미리 주어진다)에 비중을 두는 반면, 정성적 방법은 집약적(주제를 심도 있게 다루며, 인터뷰 참여자의 수는 적고, 서술형이나 반서술형 질문을 사용하며, 사전에 답변 문항이 제공되지 않는다) 특성이 강하다. 때로는 주관적 견해가 정량적으로 측정되기도 한

77 평판을 평가할 수 있는 지표처럼

다. 예를 들어, 관람객에게 매우 만족, 만족, 보통, 불만족, 매우 불만족의 형식으로 관람에 대한 의견을 물어볼 경우, 개별적 답변의 집합체는 '만족도'를 생성시킨다. 따라서 정량적 방법과 정성적 방법의 구분은 질문의 특성이 아니라 결과 산출 방법에 관한 것으로 이해해야 하며, 전자의 경우에는 선택형 설문지, 후자의 경우에는 인터뷰와 관찰이 대표적인 방법이다.

설문지에 대한 의존도가 높은 정량적 방법은 현상에 대한 연구, 비교, 변인 간의 관계에 대한 관찰을 가능케 한다. 이러한 방법은 절대적 중요성(예: 한 해 동안 거주 지역 내 박물관을 관람한 인구의 비율이나 박물관에 대해 긍정적 의견을 갖고 있는 프랑스인의 비율 등)과 상대적 중요성(관람객 유형학에서 각각의 범주가 차지하는 비율)을 측정한다. 예를 들어, 관람객 유형을 연령에 따라 분류한 경우에는 전체 관람객 가운데 15~25세 연령층 또는 60세 이상의 연령층이 차지하는 구성 비율을 알 수 있다. 또한 이 방법은 모집단, 관람객, 하위 모집단, 또는 목표 관람객을 기술하거나(관람객과 회원의 사회인구통계학적 특성에 대한 정보를 이러한 방법을 통해 수집할 수 있다), 변인 간 관계에 대한 가설을 검증하기 위해 사용된다(예: 관람 빈도가 연령에 따라 변하는지, 아니면 박물관에 대한 의견과 관람 행태에 일관성이 존재하는지를 확인할 수 있다).

하지만 정량적 방법은 세 가지 제약적 요소를 갖고 있다. 첫 번째, 설문조사의 타당성은 표본 구성 조건과 질문의 타당성과 연관되어 있다. 이 방법을 통해 수치가 산출된다는 것은 부분적으로 타당성이 결여된 결과도 존재할 수 있다는 가능성을 내포하기 때문에 연구 방법을 선택할 때 세심한 주의가 요구된다. 동일한 맥락에서 통계 수치가 정확성과 신뢰성을 보장해준다고 오해하는 경우가 종종 발생한다. 설문조사를 통해 산출된 결과는 확률적 계산을 통해 나온 수치일 뿐 결코 소수점 아래 세 자리까지의 결과를 정확하게 보여주지는 않는다. 두 번째로 설문조사를 통해 산출된 결과는 경미한 현상, 방금 출현하기 시작한 현상, 특이한 현상을 드러내지 못한다. 이러한 관점에서 정량적 방법은 문화 분야에서 이루어진 '혁신'을 드러내기에는 매우 부적절한 도구라 할 수 있다.

마지막으로 정량적 방법은 연구 활동의 문화적 가치에 대한 문제를 다룰 때도 부적합하다. 이는 정량적 방법이 미적 경험과 인지적 경험의 다양성을 조사할 수 없는, 그리고 구체성이 결여된(실행 과정에서 '확고' 하게 만들기 위해) 조잡한 범주를 사용하기 때문이다. 이러한 문제점은 부분적으로 서술형 질문의 사용으로 보완될 수 있지만, 서술형 질문 역시 답변이 길고 처리가 복잡하고 번거로우므로 사용이 제한된다.

설문지를 사용하는 정량적 분석은 가장 보편적인 방법으로써 문화 영역에 통계를 확산시켰다. 하지만 통계 수치에는 그 어떤 내재적 진실이 존재하지 않고, 해석 도구도 아니며, 목표에 가장 가까운 것을 선택해야 한다. 일반적으로 통계 수치에 사실을 설명할 능력을 부여하는 경우가 많은데, 예를 들어 '프랑스인의 문화활동'은 점차적으로 활동과 그 변화에 대한 사실을 제시했다는 긍정적인 평가를 얻었지만, 연구 결과는 대부분 그러한 사실의 구성 방법(통계 수치 추출 방식)에 대한 문제를 제기하지 않고 사용되었다.[78]

정성적 방법은 인터뷰나 관찰 등 다른 방식으로 접근한다. 인터뷰(간접적, 반직접적, 직접적)는 복잡한 현상이나 상황에 대한 통찰력을 제공해준다. 예를 들면, 인터뷰 참여자는 박물관에 대한 자신의 생각과 박물관이 제공하는 전시나 프로그램에 대한 문화 제공에 대한 인식을 표현할 수 있다. 또한 이러한 접근은 상황의 변화(재정비, 재개관 또는 전시실 개관 등)를 분석하고, 인터뷰 참여자의 개인적인 삶에서 발생한 사건과 문화활동을 연관시키기도 한다(태도의 변화, 문화활동의 발견과 포기 등). 관찰은 인간공학을 박물관에 적용하기 위해, 또는 관람 동선이나 작품과의 물리적 관계를 파악하기 위해 사용된다. 관찰의 경우에도

78   O. Donnat, «Les enquêtes de public et la question de la démocratisation», *Colloque Afcas: Recherche, Arts et Culture*, Montréal, 18-19 mai 1994, ministère de la Culture, Paris, 1996, pp. 9-21; O. Bouquillard, «La fréquentation des musées peut-elle indéfiniment?», *Musées et collections publiques de France*, n°214, 1997, pp. 73-75.

표본의 구성이나 설문조사 상황 등 부분적으로 정량적 방법과 유사한 몇 가지 제한적인 요소가 있다(기억에 대한 문제와 결과의 유효성 등).

정량적 방법과 정성적 방법은 논리적으로 연결되어 있다. 따라서 만일 박물관이 학생을 대상으로 프로그램에 대한 유인력을 이해하기 원한다면, 박물관에 온 학생 관람객만을 모집단으로 구성하는 것이 아니라 학생 전체를 대상으로 설문조사를 실시하는 것이 바람직하다(모집단이 박물관에 관심이 있는 학생으로만 구성되어 있으므로). 박물관에 대한 학생 집단의 기대와 관람 장애 요인을 파악하기 위해서는 인터뷰 방식의 설문조사에 착수할 수 있으며, 관람객이든 비관람객이든 관계없이 박물관에 관한 요구의 우선순위를 알아보기 위해 정량적 분석을 실행할 수도 있다. 이러한 방식으로 도출해낸 우선순위는 조사연도 1년 후 또는 그 이후의 관람객 정책에 대한 방향성을 제시해줄 것이다.

2) 표본 추출

"누구에게 질문하는가?"라는 질문은 앞서 기술한 문제와 간접적으로 관련되어 있다. 모집단이나 관람객 범위가 명확하게 정해져 있는 것이 아니라 오히려 그 범위가 모호하고 유동적인 경우가 많기 때문에 표본은 연구 문제가 정확하게 정의되었을 때만 추출될 수 있다.[79] 따라서 분석 대상인 모집단이나 관람객의 선정과 표본 추출은 연구 작업의 일부에 포함된다.

조사 기반을 정확히 알고 있을 경우, 통계적 관점에서 이상적인 대표 표본은 개인이 모두 동일한 확률을 가지고 준거 모집단에 포함되어 있다는 가정하에 무작위로 추출해서 획득된다. 이러한 이상적인 방법은 인구조사를 통해 조사의 기반이 확보된 국립통계경제연구소나 문화기관이 데이터 파일을 보유하고 있을 경우(예: 박물관 회원 목록 파일)에만 가능하다. 상술한 경우에는 무작위 추출을 실행하는데, 연구 표본의 크기(10명 가운데 1명, 100명 가운데 1명 등)에 따른 표본편차를 고려해

---

79 관람객은 공식적인 집단이 가진 그 어떤 특성도 가지고 있지 않다: 지속적이지도, 제한되어 있
    지도, 강제적이지도 않다. (의사가 된 것과는 반대로) 관람객은 누가 독자이고 누가 아닌지 정
    하는 사회적 정의 작업의 대상이 되지 않았다. 관람객은 어떠한 행위에 그의 존재를 빚고 있
    고, 이 행위의 반복에 그의 생존을 빚고 있다. L. Boltanski, P. Maldivier, *La Vulgarisation
    scientifique et son public*, Paris, Centre de sociologie européenne, 1977.

서 개인을 선정한다.[80]

한편 기준이 되는 데이터 파일이 없는 경우, 할당 표본 추출 방식을 사용한다. 이 방법은 특정 기준에 따라 준거 모집단의 축소된 모델을 만들기 위해 모집단의 구조를 이해하는 상태[예: 성별, 연령, 직업과 사회 직능별 범주(PCS)]에서 몇 가지 기준에 의해 무작위로 개인을 추출한다. 하지만 이러한 경우, 사회적으로 소집단에 속하는 사람들이 많지 않기 때문에 이들의 답변에 대해 특수 처리를 하기에는 충분하지 않을 수 있다. 반면에 계층을 이루는 표본은 집단마다 각기 다른 표본조사율을 적용함으로써 소수의 집단임에도 충분한 통계적 대표성이 부여될 수 있다. 비록 통계적으로 대표성을 지니지는 않지만, 예컨대 박물관 방명록 분석처럼 연구 대상의 가장 대표적인 특성을 지닌 개인의 표본을 수집해서 연구하는 방법도 있다.

표본의 '적정한' 크기는 무엇을 의미하는가? 이것도 자주 묻는 질문 가운데 하나이다. 아쉽게도 이 질문에 대해서는 그 어떤 명확한 답변도 제공할 수 없다. 설문지를 기반으로 하는 연구의 경우, 표본의 크기는 수집 정보의 정확도, 결과를 얻기 원하는 하위 집단의 크기, 모집단의 동질성 정도에 따라 결정된다. 따라서 관람객 가운데 대학생의 비율, 미술을 전공하는 대학생의 비율, 또는 미술을 전공하는 남학생의 비율을 측정하려고 할 때 필요한 표본의 크기는 점점 증가한다. 심층 인터뷰 방식으로 진행되는 연구의 경우, 인터뷰 항목 수는 20개를 초과하지 않는 것이 바람직하다. 이 경우에는 표본의 크기보다는 표본을 구성하는 개인에 대한 선정이 중요하다. 어떠한 경우라도 표본의 크기는 표본 추출 기술, 사용 가능한 방법, 연구 기간, 예산에 따라 좌우된다.

80 이 방법은 관람객관찰소 조사에서 자주 사용된다. 조사의 표본은 알지 못하지만, 관람객의 특성과 관계없이 관람객 분포가 불확실하고 각각의 관람객이 조사가 진행되는 시점에 박물관에 방문할 가능성이 동일하게 내재해 있다는 가정하에 조사가 진행된다. 이렇게 예측한 '발걸음'을 토대로 설문지를 배포한다. 관람 빈도의 시간, 주간 또는 계절에 따른 변동이 불확실한 관람객 분포가 가설과 상치되지 않는지에 대해 주의를 기울여서 확인해야 한다.

3) 비교

독자가 "우리 박물관에서 연구를 실행해야 하는가?", "어떠한 방식으로 이 연구를 진행할 것인가?" 등의 고민에 빠지기 전에 마지막으로 몇 가지 유의 사항을 언급하고자 한다. 예를 들어, 연구가 증가 및 축적됨에 따라 이 박물관이 저 박물관에 비해 관람객이 더 젊다거나, 이 박물관이 저 박물관에 비해 관람객이 더 많이 이용하고 있다는 등 시·공간적으로 타 박물관과 비교하게 되는 것은 매우 자연스러운 현상이다. 하지만 이러한 유혹은 극복해야 한다. 산출 방법을 확인하지 않은 상태에서 나란히 놓여 있는 두 개의 수치에 대한 차이점을 논하는 것은 무의미하다. 간단하면서도 '객관성'이 보장된 관람 빈도에 대한 자료를 사례로 들어보자. 어떤 박물관은 유료 관람 빈도에 대한 자료만을 제공하고, 어떤 박물관은 유료 관람과 무료 관람에 대한 추정치를 합친 수치를 제시한다. 또 어떤 박물관은 조사 자료의 확대 적용에 의한 총계를 제시하고, 어떤 박물관은 상설 전시와 기획 전시의 관람객을 합친 수치를 제시한다. 마지막으로 어떤 박물관은 학생 단체관람객은 포함시키지 않는다. 문화통신부의 연구전망통계과에서 프랑스 박물관에 대해 진행한 최근 연구는 얼마나 많은 자료가 폐기되어야 하는지를 확인해주었다.[81]

4. 결론

연구 태도를 구축하고 정립하기 위해 연구 결과를 활용하는 문제는 몇 가지 특성을 지닌다. 사회과학에서 요구하는 네 가지 측면에서의 연구 결과의 활용은 다음과 같다: 실증적 측면(기술), 설명적 측면(인과관계 원칙), 포괄적 측면(원인의 의미론적 해석)과 규범적 측면(윤리나 행동 규범에 대한 기여).

　　문화 접근의 불균형에 대한 비난과 수용 방식의 다양성에 대한 상세 설명의 축적을 동시에 극복하기 위해서는 연구 결과의 활용은 유기

81　*Les Musées de France en 2003. Résultats de l'enquête 2004*, Note statistique n°17, mai 2006 (téléchargeable sur www.culture.gouv.fr/deps).

프랑스 박물관 정책과 관람객

적으로 연계되어야 한다. 이러한 연계가 필요한 것은 사실이지만, 한편 야심 찬 생각이기도 하다. 그 이유는 이러한 연계는 이론적으로 다양한 과학 영역의 지원이 필요하고, 행동 지향적인 기관은 실질적으로 연구 태도가 다르기 때문이다.

2부
문화 관광:
도시, 유적지, 박물관

1장   서론

프랑수아 슈발(François Cheval)

오늘날 프랑스의 모든 박물관은 새로운 정치적 상황에 직면해 있다. 보수를 거친 유서 깊은 건축물과 새롭게 들어선 건축물은 프랑스의 풍부하고 다양한 소장품으로서 그 매력을 발산하고 있다. 이에 프랑스 정부는 보존 작업을 담당하는 전문인력 양성에 주력했으며, 이와 함께 복원 정책도 수립했다. 우여곡절이 있기는 했지만, 전통적인 방식의 소장품 취득은 문화유산의 가치를 한층 강화했다. 1980년대부터 박물관 전문인력의 전문화와 동시에 진행된 박물관의 현대화는 30년이 지난 지금까지도 문화 보급에 대한 요구에 적절히 부응하지 못하고 있다. 이로 인해 '현대성'과 '민주화'라는 두 단어를 나란히 놓는 것이 매우 비현실적인 것이 되어버렸다. 현대화라는 단어는 관람객 증가를 의미한다. 유감스럽게도 사람들은 재정비한 박물관의 문 앞에서 멈춰버렸다. 또한 서정적 환상과 주의설(主意說: 지성이 아닌 의지를 존재의 근본 원리 또는 실체로 보는 생각—역주)은 결국 사회학을 극복하는 데 실패했다.

　　1990년대 민주화의 부재를 측정한 몇몇 동료 연구자와 대학교수는 관람객 연구에 대한 방법론을 확립하고자 했다. 따라서 영미와 북유럽에 비해 프랑스의 경우에는 특정 계층이 관람에 참여하지 않는 이유에 대한 의문과 질문이 상당히 늦게 제기되었다. 비록 박물관 분야에서는 인정하지 않았지만, 관람객을 대표하는 계층은 고상한 취향과 전문 지식을 가진 사람들이었다. 이것이 바로 우리가 카탈로그 제작에 심혈을 기울이고, 문화와 예술작품 간 은밀한 합의를 이끌어내며, 관람 코스를 제공하는 이유였다.

아쉽게도 1990년대에 확인된 사실은 몇 가지 측면에서 지금과 매우 유사한 특성을 지녔다. 물론 관람객 연구가 증가한 것은 확실하지만, 이러한 유형의 연구는 과학문화 프로젝트(PSC)에서 다수가 실행되었다. 전시해설자는 박물관에서 더 이상 초라한 존재가 아니었다. 전시해설자는 관람객에게 박물관 내외의 고유한 상황을 전달하면서 박물관에서의 입지를 공고히 했다. 하지만 이들의 노력은 무시와 배타적 특성을 지닌 계급투쟁의 사회정치적 벽에 부딪혀 무너졌다. 결국, 박물관은 거대한 문화자본을 소유한 개인으로 구성된 소수의 관람객 집단을 위해 존재한다는 비난을 끊임없이 받았다. 관람 빈도가 실질적으로 증가한 것은 결국 이러한 소수의 관람객 집단이 관람을 많이 했기 때문이다. 이들 집단이 박물관을 꾸준하게 관람하는 것은 박물관이 그들의 문화적 욕구를 충족시켜준다는 것을 의미한다.

우리는 우리의 무능력으로 인해 그 어떤 영향도 미치지 못한 관람객 집단을 '비관람객(non-public)'이라는 유형으로 묶었고, 현장의 시각으로 박물관 소외 계층의 상이성을 분석했다. 감독에 대한 압력, 국가와의 계약 해지, 그리고 다른 문화활동과의 경쟁 등을 해결하는 것은 시급한 과제다. 문화 관광이라는 단어가 우리에게는 부적절한 것처럼 느껴지지만, 다양한 관람객과의 만남을 피할 수는 없다. 자유 시간의 경제이든 중년층의 여가 활동이든 궁극적으로 우리는 이러한 현실을 고려해야 한다.

자클린 에델망(Jacqueline Eidelman)

멜라니 루스탕(Mélanie Roustan)

다음의 세 가지 사례 연구는 역량 확산이 박물관과 문화유산 분야 관계자 간의 교류를 활성화시킨다는 측면에서 매우 중요한 의미를 지닌다. 아를(Arles)의 경우, 핵심적인 문제는 '고대 유적지 관람객과 고고학박물관 관람객의 순환 가능성' 혹은 '유적지 관람객을 박물관 관람에 참여하도록 유도하는 방법'을 모색하는 것이었다. 몇 년 동안 아를시의 문화유산 부서, 고대 아를과 프로방스박물관(Mapa: Musée de l'Arles et de la Provence Antiques)의 관람객 부서, 아비뇽 대학교의 문화소통연구소와 보클뤼즈 지방의 협력을 통해 프로방스 지역의 7개 고대 유적지 관람 빈도에 대한 정량적 연구, 박물관 기획 전시 프로그램의 영향력 측정, 도시의 문화유산을 상징하는 장소에서 관광객의 표본 조정 논리에 대한 종합적 접근이라는 세 가지 방향으로 연구가 진행되었다. 다니엘 자코비와 파브리스 드니즈(Fabrice Denise)가 분석한 '아를 고대 문화유산의 관람 빈도: 대중, 유적지 관람객, 박물관 관람객(La fréquentation du patrimoine antique à Arles: publics, visiteurs de monument et visiteurs de musée)'에 의하면, 박물관 관람객과 유적지 관람객의 특성은 상이하다. 소장품의 특성과는 관계없이, 현대식으로 건축된 박물관은 유적지가 지니는 고대성의 가치를 갖고 있지 않으므로 '관광객'이라는 단어 자체가 지니는 뉘앙스도 관람객과는 다르다. 또한 유적지에서는 감정 기반의 판단이 이루어지는 반면 박물관에서는 학습, 즉 인지적 판단이 이루어진다. 이러한 관점에서 보면, 유적지 관람과 박물관 관람은 연속적 관계에 놓여 있는 것이 아니라 '여정(trajet)'과 '코스(parcours)'로 명확하게 구분된다.

필리프 지메와 세실 라투르의 '샤토 드 포 국립박물관의 관광객 성장(Le développement des publics touristiques du musée national du

Château de Pau)'은 지방자치단체와의 협력을 통해 형성된 파트너십을 다루었다. 이 연구는 프랑스박물관관리청에 의뢰된 연구를 기초로, 과학문화 프로젝트를 통해 정의된 관람객 정책을 구현하기 위해 지역적 환경을 고려한 관람객 개발 조건에 초점을 맞추었다. 프랑스박물관관리청과 '포(Pau)'시의 연구 승인과 동시에 관광객 개발에 대한 연구 용역 제안 요청서가 프랑스관광연구소[1]와 함께 작성되었고, 연구 실행은 '르 트루아지엠 폴(Le Troisième Pôle은 Agence d'ingénierie culturelle, 즉 문화산업 프로젝트의 종합연구소를 지칭함―역주)'에 위탁되었다. 연구의 핵심은 도시 통합, 관광 통합, 문화 통합이라는 3개 팀으로 구성된 조직이었으며, 이들은 도시('포'시와 인구밀집지역), 주, 지역별로 주제와 관련된 협력 기관을 찾는 데 노력을 기울였다. 각각의 연구팀이 분석한 결과와 도출한 결론을 종합한 최종 보고서는 운영 계획의 수립과 함께 단기·중기·장기 '행동지침서'의 전략적 측면과 실용적 측면을 구분해주었다.

2004년 국립박물관센터(Centre des musées nationaux)는 플랑 성스 컨설팅 연구소에 국립문화재문화유적센터(Centre des monuments nationaux)가 편집한 '관람 기록에 대한 정성적 평가(Évaluation qualitative des documents de visite édités par le Centre des monuments nationaux)[크리스토프 코롤(Christophe Korol]'를 의뢰했다. 이는 국립박물관센터가 관리·감독하는 기관에서 리플릿 같은 관람 안내 책자의 가독성과 난이도에 관한 연구였다. 이 연구는 프랑스인과 외국인 관광객이 가장 많이 사용하는 해석 매체의 재정비를 위한 프로그램의 기초가 되었다. 연구를 의뢰한 기관과 위탁 기관은 두 가지 방법으로 조사를 진행했다. 첫 번째 방법의 경우, 200명의 관람객을 대상으로 6개의 유적지에서 다섯 가지 언어로 관찰과 인터뷰가 병행되었다.

이 과정에서 관람객은 관람할 때 사용한 해석 매체에 대한 경험을 글로 남겼다. 두 번째 방법은 관람객으로 하여금 관람 동선의 복잡성이

---

1   ODIT(관광에 대한 관찰, 개발 및 연구). 프랑스관광연구소는 관광 장관의 감독 하에 있는 공익 단체(GIP)다.

상이한 20여 종의 관람 안내 책자의 텍스트와 이미지 편집 방식을 분석하도록 했다. 이 연구에서는 표현 방식과 사용 관점에서 유적지의 지형적 방향성과 개념적 방향성에 대한 문제를 다루었지만, 관람 안내 책자의 기획자들에게 배포할 방법론에 대한 지침서를 형식화하는 작업도 중요했다. 이에 관람 방식과 관람객에 대한 지식을 통한 수용, 그리고 해석 매체에 대한 면밀한 분석을 통해 안내 책자의 제작 방법이 실용적으로 구성되었다.

아를 고대 유적 관람 현황: 유적지 관람객과 박물관 관람객

2장

다니엘 자코비(Daniel Jacobi)
파브리스 드니즈(Fabrice Denise)

1. 배경

아를시는 여러 가지 측면에서 유명한 관광 도시다. 고대 로마 시대의 수도로서, 그리고 현재 지방자치 구역으로서의 명성, 펠리브리주(félibrige: 1854년 프로방스어와 기타 남프랑스 사투리의 보존, 부흥을 위해 미스트랄 등 7인 작가로 결성된 문학 단체임—역주)로부터 이어진 전통 축제와 현대적 형태의 페스티발(사진, 라디오, 남부 음악, 고대 서사 영화 등), 고대와 중세시대 문화유산, 그림같이 좁은 길과 호텔의 고풍스러운 문 등 카마르그(자연환경)와 프로방스 지방은 박물관과 유적지의 수치와 밀도가 높을 뿐만 아니라 다양한 볼거리로 가득한 도시다.

1) 관광지로서의 아를

관광청 자료에 의하면, 약 200만 명의 관광객이 프로방스 지방이나 주변 지역을 여행하다가 아를을 방문한다.[2] 관광전문가들은 문화사가 깊은 타 도시처럼 관광객의 평균 체류 시간 증가를 위해 다채로운 문화활동을 풍부하게 제공하고 싶었다. 이러한 과다한 문화활동 가운데 관람률이 가장 높은 장소는 유적지였으며, 고대 유적지와 고고학적 유물에 대한 인지도가 가장 높았다. 이 지역에서는 기존에 여러 장소에 산재되어 있던 소장품을 한곳에 모아 박물관을 설립해야 한다는 생각이 강했다.

2) 아를의 고대 문화유산을 위한 박물관 단지 구축

아를의 고대 문화유산 발견에 중요한 역할을 맡은 아를 고대 박물관[현재는 고대 아를과 프로방스박물관(Mapa)으로 불리고 있음]은 앙리 시리아니(Henri Ciriani)에 의해 현대적 건물로 재탄생했다. 15세기 이후 아를에 산재해 있던 유물을 수집해서 1995년에 개관한 이 박물관은 지난 20년 동안 프랑스에서 설립된 고고학박물관 중 가장 영향력 있는 박물관에 해당한다.

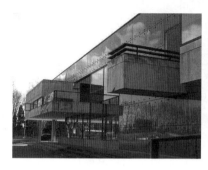

[그림 2-1] 아를 고대 박물관

박물관 기획자의 의도에 의하면, 이 박물관은 고대 도시의 관광적·문화적 발견을 보완 및 완성하기 위한 목적으로 설립되었다. 주제별로 유리진열장에 놓여 있는 조각과 다양한 소장품, 미니어처 형태의 전시물은 이 박물관을 고대 아를 문화유산에 대한 '해석의 중심지'로 만들었다. 고대 아를과 프로방스박물관은 아를시와 광장이나 원형경기장 같은 도시 주변의 유실되었거나, 또는 원형극장이나 고대 극장 같은 불완전한 상태로 남아 있는 유적지에 대한 이해와 함께 고대 문화유산의 가치를 한층 증진시켰다.

이 박물관은 명확한 교육적 사명을 가진 '박물관 단지(cite muséale)'

로서, 유적지 방문만으로는 발견할 수 없는 고대 아를의 청사진을 보여줄 뿐만 아니라 시내 관광이나 성벽, 모자이크 등 도심 내에 산재해 있는 유적지에 대한 풍부한 해석과 깊은 이해를 제공하기 위한 목적으로 설립되었다. 하지만 이러한 기획자의 의도와는 달리 기대했던 성과를 거두지 못했다. 수십만 명의 관광객과 방문객이 유입되는 아를시의 경우, 이들 모두가 유명한 유적지를 방문하지는 않았다. 아를시와 유적지의 관광객이 박물관을 관람하기도 했지만, 실질적으로 고대 유적지를 방문한 관광객이 항상 박물관을 관람한 것은 아니었다.

2. 연구 문제

이러한 기대와 실제 성과와의 편차는 어떻게 설명되어야 하는가? 아를시의 문화유산관리부, 고대 아를과 프로방스박물관의 관람객 부서, 아비뇽 대학교 문화소통연구소의 협력하에 박물관은 문화소통연구소에 평균 1년에 한 번 정도 개최되는 기획 전시의 관람 빈도에 대한 영향력을 측정하는 연구를 의뢰했다.[3] 프로방스 지방에 위치한 7개 고대 유적지의 관람 빈도에 대한 연구를 진행한 경험을 갖고 있는 문화소통연구소[4]는 박물관 관람객과 유적지 관람객의 특성이 동일하지 않다는 사실을 제시했다. 이에 대해 고대 아를과 프로방스박물관은 다음과 같은 연구 문제를 제기했다. 아를시의 방문객과 특히 고대 유적지의 유료 관람객은 왜 박물관을 방문하지 않는가?

1) 외곽에 위치한 박물관

박물관 운영자들은 상술한 관람 빈도에 대한 문제를 설명하기 위해 몇 가지 이유를 제시했다. 그 가운데 하나는 지리적 접근성에 관한 것이었다. 고대 아를과 프로방스박물관은 역사 중심지인 오투르(Hauture)의

3 이 연구는 아를 문화유산과, 부슈드론 도의회, 고대 아를과 프로방스박물관의 지원을 받았다. 저자들은 설문조사를 진행한 브루노 에르만(Bruno Herrmann), 제랄딘 미네(Géraldine Minet), 아들린 발사(Adeline Balsa)와 조사 자료를 분석한 에바 자코비에게 감사를 전한다.

4 D. Jacobi, E. Ethis et al., *La Fréquentation du patrimoine antique de la Région Paca pendant la saison 2000. Analyse des résultats de l'enquête conduite auprès de 6,000 visiteurs entre juillet et octobre dans sept monuments différents*, Marseille, Artec et région PACA, 2001.

148

경계를 넘어 고대 원형경기장의 발굴지 근처의 건축 부지로 사용된 장소에 설립되었다. 따라서 박물관은 고대 유적지가 집중되어 있는 아를시의 고고학적 중심지로부터 먼 곳에 위치해 있었을 뿐만 아니라 고속도로 진입로에 의해 분리됨에 따라 도시 상업 지역과의 지리적 접근성도 낮았다. 1980년대에 '문화의 중심지'로서의 사명을 갖고 있던 박물관은 관람객 수용 시설과 안내 시설을 적절히 갖추지 못한 채 저가형 주거 시설 근처의 황폐한 곳에 방치되어 있었다. 사람들로 붐비는 아를의 역사 유적지를 지나게 되면, 승용차를 이용하지 않는 관람객은 안내표지판도 없고, 안전하지도 않고, 겉으로 보기에 정비가 제대로 되지 않은 길을 걸어가야 했다. 박물관 입지로 부적합하며, 거주민도 없고, 원형경기장 발굴이 진행되던 그런 황무지에 박물관이 놓여 있었다.

6개의 유적지와 3개의 박물관을 관람할 수 있는 저가 입장권의 매출은 감소했다. 더욱이 시내 중심가에서 저가 입장권을 구입한 관광객 4명 중 1명조차 박물관을 방문하지 않았기 때문에 이러한 입장권 운영을 통해 박물관이 실질적으로 거둔 수익은 거의 없었다. 시내 중심가에서 박물관까지는 도보로 15~20분 정도 걸렸다. 주관적인 생각이지만, 저가 입장료가 물리적 거리감을 해결해주지는 못한 것 같았다. 이러한 사실로 인해 박물관은 문화소통연구소에 다음과 같은 질문을 전달했다. 어떤 부분의 설명이 외적 요인과 관련된 것인가? 박물관의 위치와 주변 환경 문제인가? 고대와 조화를 이루지 못한 박물관의 현대적 건물 때문인가? 이러한 문제는 박물관의 교통 접근성에서 비롯되는가? 인지도가 가장 높은 유적지의 해석센터라는 본질과 특성을 전달할 방법은 무엇인가? 유적지 관람객과 박물관 관람객 간 순환 구조를 만들어낼 방법은 무엇인가? 유적지 관람객을 박물관 관람객으로 전환시킬 수 있는 방법은 무엇인가?

2) 관람객 정책과 관련된 절차

상술한 문제는 관람객 부서가 설치된 2000년 이후 지속적으로 작업이 이루어진 관람객 정책 관점에서 2006년에 재검토되었다. 1995~2000년 에는 박물관이 재정적 문제로 인해 소장품 기반의 문화활동을 적절히 제공할 수 없었다(학생 관람객 제외). 이후 2000~2005년에는 '근접 관람객(박물관 근처 지역의 거주민)'에게 다양한 문화활동을 제공하기 위한 기획과 구조화 작업이 병행되었고, 이를 위해 정성적 설문조사와 정량적 설문조사가 실행되었다. 이러한 조사는 도시와 지방에서 박물관의 실질적인 유인성은 검증해주었지만, 목표 관람객 계층을 유도하는 데는 한계에 부딪혔다.

2006~2010년에는 '근접 관람객'을 유도하기 위한 노력을 지속적으로 유지하면서 몇 가지 목표와 함께 연구의 핵심에 관광 개념을 포함시켰다. 그러한 목표에는 전략적으로 아를 시내 박물관의 위치를 확고히 하고, 박물관 접근에 대한 개선·다양화·통제 방법이 포함되었다. 또한 박물관에 여가 활동이 가능한 공간을 만들고, 박물관을 특별한 장소로 인식하게 해서 근접 관람객을 박물관으로 유도하며, 다른 한편으로는 박물관과 아를시 고대 유적지 간 상호 연계 방안을 모색하는 것도 포함되었다. 관람객의 안전과 이동, 이동 수단, 조경 정비 등과 같은 여러 영역에 대한 발전 계획을 수립하기 위해 설문조사가 필요했다. 이러한 배경에서 고대 아를과 프로방스박물관은 아비뇽 대학교의 문화소통연구소에 연구를 의뢰하게 된 것이다.

3. 설문조사와 시사점

최근 몇 년에 걸쳐 진행된 연구 활동은 문화소통연구소가 아를시의 유적지와 박물관을 방문하는 관람객의 구성에 대한 연구를 가능케 했다.[5]

---

5 D. Jacobi, et al., *La Fréquentation du patrimoine antique à Arles: publics, visiteurs des monuments et visiteurs du musée. Rapport de l'enquête qualitative conduite au-près d'un échantillon aléatoire de visiteurs et promeneurs de la ville au cours de l'été 2005*, Arles, Mapa, 2005. Voir aussi: D. Jacobi, «La signalétique conceptuelle entre topologie et schématisation: le cas des parcours d'interprétation du patrimoine», colloque Indice, index, indexation, Université de Lille 3, 2006; D. Jacobi, «Dénommer une exposition, tester la signalétique et faciliter l'orientation des visiteurs», in J. Eidelman

1) 관광 빈도와 변동

아를시는 프랑스 남부에 있는 프로방스의 중앙에 위치한 작은 도시다. 예전부터 명성이 높았던 프로방스의 풍경과 유적지를 보기 위해 전 세계에서 수많은 관광객의 방문이 이어졌다. 아를시가 보유하고 있는 고대 유적지와 로마네스크 건축 양식의 작품(생트로핌 성당의 대문과 열주 회랑)이 유네스코 세계문화유산으로 지정되었다.[6] 문화유산의 관람 빈도에 관해서는 대략적인 자료만 확보되어 있었는데, 관광 빈도 추정이나 기초적인 확대 적용 수치 수준이었다. 한 가지 눈길을 끈 자료는 연간 변동 수치였는데, 관광 빈도의 증감은 해외 관광객의 유동이나 프랑스인의 국내 여행에 대한 영향력을 파악하게 해주었다. 프랑스인의 국내 여행은 2001년부터 감소한 해외 관광객의 관광 빈도를 상쇄해준 것으로 나타났다.[7]

지방자치단체에서 일부 관람객 집단(예: 학생 집단)에 허용한 무료 입장의 수치가 누락되기는 했지만, 매표소에서 집계한 통계자료만은 신뢰할 수 있었다. 아를시의 경우, 원형극장의 연간 관람객은 약 35만 명이었다. 하지만 원형극장과 매우 근접해 있는 고대 극장, 온천장, 공동묘지 등의 관람 빈도는 현저하게 낮았다. 두 번째로 관람 빈도가 높은 유적지는 원형극장 관람객의 절반이 방문하는 로마 양식으로 건축된 생트로핌 성당이었다. 하지만 이 성당의 아름다운 문 앞에서 얼마나 많은 사람들이 경관을 둘러보거나 사진을 찍는지를 파악하는 것은 불가능했다.

한편 거대한 현대 건축물인 고대 아를과 프로방스박물관의 연간 관람객은 8만 명에 불과했다. 상술한 바와 같이, 이러한 관람객 수치는 기획 전시 정책의 개선을 통해 이룬 성과였다. 앞서 강조한 바와 같이 고대 아를과 프로방스박물관은 소장품의 보존과 상설 전시의 개최뿐만 아니라 아를시와 유적지의 관람을 지원해주는 해석의 중심지로서의 사명을 다하기 위해 설립되었다.[8] 시내 관광이나 고대 유적지로 향하는 관광

---

et M. Van Praët (dir.), *La muséologie des sciences et ses publics*, Paris, Puf, 2000, pp. 123-144.

6   로마와 중세시대 건물의 세계문화유산 등재는 1981년에 이루어졌다.

7   2001년 이전에는 아를의 관광객 2명 중 1명이 외국인일 정도로 외국인 관광객의 비율이 높았으나, 현재는 20.0% 수준에 머물고 있다.

8   르코르뷔지에(Le Corbusier)의 제자였던 앙리 시리아니가 세운 이 커다란 박물관은 아를시의 남쪽, 즉 역사 지구 외곽에 고속도로로 분리되어 위치해 있다.

객 대부분은 고대 유적지의 발굴이 진행될 때 공개된 고고학적 문화유산을 접할 기회가 없었다. 관광객은 해석 지원이 이루어지지 않는 한 고고학자가 복원한 고대 유적지의 유물이나 박물관이 제공하는 과학적 정보를 이해할 수 없었다.[9]

2) 인터뷰를 통한 정성적 설문조사

통계자료가 제시하는 유적지의 관람객 수치와 박물관 관람객 수치 간의 커다란 편차를 이해하고 해석할 방법은 무엇인가? 관광숙박시설이 생각하는 관람 활동, 문화유산의 가치, 아를시 관광객의 활동 간에는 명확한 괴리가 존재했다. 아를시 관광객과 유적지 관람객은 여행의 풍부함을 위해 문화적으로 최적화된 경험을 얻을 수 있는 박물관을 무슨 이유로 방문하지 않는가?

우리는 무료 관람객과 유료 관람객을 대상으로 아를시의 여러 장소에서 진행된 반직접적 인터뷰를 통해 실제적인 관람 방식에 대해 더욱 잘 이해하게 되었다. 무작위로 추출된 37명의 관람객 표본을 대상으로 동일한 인터뷰 가이드가 사용되었다. 비수기와 성수기의 관람 일시에 따라 인터뷰 참여자가 구분되었으며, 관람객 표본에는 소수의 외국인 관람객과 아를시 거주민이 포함되었다. 인터뷰는 관람 전후에 고대 아를과 프로방스박물관의 로비, 로마 유적지 가운데 가장 크고 보존이 잘된 원형경기장 출구, 그리고 마지막으로 시청 광장에서 오전 또는 오후에 진행되었다. 시청은 생트로핌 성당의 문 앞에 위치해 있었는데, 이곳은 오벨리스크가 세워진 분수대(정확하게는 로마 원형경기장의 경계) 주위로 도시의 많은 관광객이 머무르면서 휴식을 취하는 매력적인 장소다. 인터뷰 후에는 인터뷰 참여자의 사회적 특성을 파악하기 위해 간단한 사회인구통계학적 설문조사가 이어졌다.

분석을 위해 인터뷰 내용은 녹취된 후 문서로 작성되었다. 우리는 연구 문제에 대한 답변을 도출하기 위해 이 문서를 검토했다. 계획 없이

---

9 고대 아를과 프로방스박물관은 원형극장, 유명한 배다리 및 고대 극장을 포함한 총 17개의 모형을 전시하고 있다. 이러한 모형 전시물은 모든 관람객의 사랑을 받고 있다.

자유롭게 아를시를 관광했지만, 계획을 세워 아를시나 프로방스를 방문한 관광객은 문화활동에 참여할 욕구를 갖고 있는가? 최소한 하나의 유적지를 방문한 관람객과 여러 곳을 방문한 관람객 간에는 어떤 차이가 있는가? 고대 아를과 프로방스박물관의 관람객은 고대 중심지를 관광하거나 적어도 고대 유적지 하나 이상을 방문한 관람객과 어떤 차별성을 갖는가? 예컨대, 유적지나 박물관을 방문하지 않은 사람을 '도시를 방문했다'고 인정할 수 있는가?

3) '유서 깊은 석조 건축물'

아를시에 대한 대부분 관람객의 느낌은 조화를 이루며 감동을 주는 '유서 깊은 석조물'의 집합체였다.[10] 인터뷰 참여자와의 대화에서 자주 등장하는 '유서 깊은 석조물'이라는 표현은 아를시의 그림 같은 좁은 길을 따라 움직이는 관람객의 도시에 대한 인상을 매우 훌륭하게 제시해주었다. 도시 내 건물 외관은 유사성이 강해서 그 위치를 서로 바꾸어놓아도 문제가 없을 듯 보였다. 벽토를 바른 건물, 독특한 호텔, 장식된 상인방이나 기둥, 홍예문 모양의 장식, 웅장한 성문, 성곽의 잔해, 창살이 있는 창문, 또는 고대 유적지의 잔해는 일종의 일관되고 연속적인 장식을 보여주었다.

피상적으로 관찰된 아를시의 풍경은 건축 양식이나 건축사에 대한 현학적 담론을 잊게 만들었다. 부연하자면, 아를시를 산책하면서 직관적으로 도시를 둘러보는 동안 2,000년간 지속된 건축사, 예술 양식, 화려한 현학적 지식은 떠오르지 않았다. 관람객은 마치 엽서에나 등장할 것 같은 아를시의 진부한 관광 이미지에 동화되어 있었다. 관람객이 실제 건축물과 기념품 가게의 창문에 비치는 건축물의 이미지를 혼동하는 것처럼 관람객은 아를시를 묘사하면서 '꽃이 핀 창문들', '어두운 골목길', '꽃으로 장식된 창문들', '형형색색의 외관들' 등과 같이 차가운 회색 도시와는 다소 어울리지 않는 표현을 사용했다.

10   여기서 우리는 아를시 관광객을 대상으로 진행된 설문조사 내용 분석에서 가장 의미 있었던 결과를 다룬다.

4. 길을 잃어버리는 것에 대한 두려움: 여정(trajet) vs. 코스(parcours)

아를시 방문에 대한 이야기를 나눌 때, 인터뷰 참여자 대부분은 지도를 보며 아를시를 방문할 때 이용한 경로를 설명하는 데 큰 어려움을 겪었다. 설령 인터뷰 참여자가 별다른 어려움 없이 출발지와 첫 번째 도착지를 찾은 경우에도 그 이후의 경로에 대해서는 정확하게 기억하지 못했다. 인터뷰 참여자가 가장 많이 선택한 '여정'은 3시간 이하의 도시 투어였는데, 이 시간 동안 유적지 관람과 쇼핑이 병행되었다. 몇몇 관람객은 이러한 방식으로 시간을 보내고 난 후 곧바로 주차장으로 돌아왔다.

거의 모든 관광객이 자동차나 버스를 이용했으므로 도심으로의 진입은 대형 무료 주차장이 위치한 북쪽을 통해 이루어졌다. 구시가지의 성벽을 지나게 되면 로마 원형경기장의 웅장한 모습이 보이는데, 관광객은 지도나 도로표지판을 보지 않고 곧바로 원형경기장으로 향했다. 유적지 관람과는 상관없이 관광객을 따라가다 보면 생트로핌 성당과 훌륭한 조각상이 즐비하게 놓여 있는 시청 광장에 도착하게 된다. 관광객은 이곳에서 남은 일정을 결정하거나 다른 장소로 이동할 생각을 하면서 머물렀다.

관광객은 자신들이 지나온 도로명을 기억하지 못했을 뿐만 아니라, 지도에서 자신들이 지나온 경로를 찾는 데 어려움을 겪었다. 그들은 유적지('극장'을 '원형극장'으로)의 이름, 특히 성당(라마조르와 생트로핌) 이름을 혼동했다. 관람객이 유일하게 기억한 길이나 광장의 이름은 주차장 근처의 출발지였다. 관람객이 주차장 이름이나 위치를 기억하는 데 지나치게 신경을 쓴 것은 고대 중심지의 골목길에서 길을 잃고 헤맬 것을 두려워했기 때문이다. 아를시에서의 체류 시간이 짧았던 이유는 이곳에서의 체류가 님(30km), 레보드프로방스(25km), 카마르그(45km), 퐁뒤가르(50km) 등 하루 정도 걸리는 여정의 일부였기 때문이다.

아를시 관광객 대부분은 사전에 계획을 세우지 않은 여정을 선택했다. 반면에 '코스'를 정해 목표와 계획을 준비한 관광객은 소수에 지나지 않았는데,[11] 이들은 안내 책자나 인터넷 검색 결과의 출력물에 형광펜으로 이동경로를 표시했다. 이 소수의 관광객은 박물관을 이미 관람했거나 방문할 계획을 갖고 있었는데, 이들은 승용차를 이용해서 고대 아를과 프로방스박물관으로 (이동했거나 또는) 이동하려고 했다. 이들의 머릿속에는 일종의 코스가 그려져 있었고, 선택한 유적지나 장소를 연결하기 위해 한 공간에서 다른 공간으로 '건너뛰며 이동했다'.

1) 문화와 쇼핑

대다수 관광객의 여정은 3시간 이하의 짧은 시간 동안 이루어졌으며, 문화활동과 쇼핑을 병행했다. 관광 안내소가 배포하는 정보, 호텔이나 캠핑장에 비치된 안내 책자, 각 도시의 표지판에 쓰여 있는 관광 코스, 그리고 저가 입장권도 관광객 대부분을 반나절 이상 도시에 체류시키지 못했다. 더욱이 관광객은 구시가지를 일주하는 짧은 시간 동안 가족이나 친구와 함께 음료수, 음식, 아이스크림 등을 사 먹거나 상점의 진열장에 놓인 의류, 지방 특산품, 엽서, 도자기로 만든 작은 장식품 등을 구경했다. 이들이 쇼핑에 할애한 시간은 유적지 관람 시간과 거의 비슷했다. 상술한 바와 같이 관광객은 쇼핑을 문화활동에 포함시켰다. 도시를 거닐다가 유서 깊은 건물 외관을 촬영하기도 했고, 프로방스풍의 옷감을 파는 상점이나 크리스티앙 라크루아(Christian Lacroix)의 쇼윈도 앞에서 서로의 취향에 관해 이야기를 나누기도 했다.

2) 교육기관으로서의 박물관

박물관을 방문하지 않거나 그럴 의사가 없는 비관람객도 박물관 관람은 교육적으로 가치 있고 수준 높은 활동으로 생각했다. 종교적 관련성이 없거나 종교적 특성을 갖고 있는 유적지에 대한 접근과 박물관의 이미지는 명확하게 구분되었다. 설문조사 결과를 살펴보면, 도시를 둘러보며 한두 곳의 유적지를 방문한 관광객과 고대 아를과 프로방스박물관

---

11 S. Bitgood, «Problems in Visitor Orientation and Circulation», in S. Bitgood, J. T. Roper, A. Benefield (dir.), Visitors Studies 1988, Jacksonville University, 1988, pp. 155-170.

을 관람한 관람객은 본질적으로 그 특성이 달랐다. 전자의 경우, 박물관 관람은 너무 어려운 것인 데 반해, 후자는 오히려 문화적·교육적 특성을 지닌 또 다른 유형의 여행으로 간주했다.

더욱이 박물관은 시내에서 멀리 떨어진 곳에 위치해 있었기 때문에 우연히 지나가다가 볼 수도 없었고, 관광객은 박물관의 매력적인 외관을 발견할 기회를 갖지 못했다. 박물관은 명확한 특성뿐만 아니라 ['리겔(Riegl)' 식 관점에서 보면][12] 유적지처럼 유서 깊은 가치도 갖고 있지 않았다. 또한 박물관 건물의 현대성은 관광객에게 거부감을 불러일으켰다. 다시 말해, 관광객은 박물관 건물을 고대의 역사적 가치를 지닌 문화유산과 다르다고 생각했다. 박물관의 소장품이나 전시에 대해 관광객의 관심을 이끌어내기 위해서는 고대 유적지에서의 관람 경험보다 더 큰 감동을 느끼게 해줄 수 있는 전시해설자와 전시 해석 매체가 절대적으로 필요했다.

3) 유적지의 유인력

유적지 관람 경험과 박물관 관람 경험의 차이점을 좀 더 상세히 분석하는 것은 의미 있는 작업이다. 유적지가 그 주위를 둘러싸고 있는 도시적 배경으로부터 벗어나는 순간, 관람객은 유적지의 권위와 힘을 느낀다. 이러한 유적지에 내재한 유인력은 무엇에서 기인하는가? 이는 논외의 문제일 뿐만 아니라 명백한 사실이므로 설문조사자가 참여자에게 다시 질문한다고 해도 정확한 답변을 얻기는 어렵다. 설문 참여자에 의하면, 유적지는 도시지리학적 입지에 적합했고, 도시 관광에서 자주 언급되는 훌륭하고 고유한 장소였다. 유적지의 입지 조건이 적절하지 않을 경우, 안내 책자나 팸플릿을 통해 전달되는 명성도 유적지의 가치를 증진시켰다.

몇몇 도시 관광객의 설명에 의하면, 문화유산이라는 개념은 본질적으로 감각적이기보다는 정신적 의미가 내포되어 있었다. 관람객에게 유

---

12 A. Riegl, Le Culte moderne des monuments. Son essence et sa genèse, Paris, Seuil, 1984.

적지는 역사의 장구함과 함께 리겔이 명명한 '가치'[13]가 녹아 있었다. 이러한 유적지에 대한 의미는 현재의 시간을 살고 있는 관람객이 지나간 시간에 자신을 투영하려는 바람처럼 유적지 관람에 대한 순수한 기대의 표현에 불과하다. 그러나 유적지의 본질은 유적지에 대한 정보를 기억하는 것만큼 중요하지는 않다. 유적지가 문화유산에 대한 개념에 유일하게 기여한 것이 있다면 대중의 기억 속에 문화유산에 대한 개념을 형성시킨 것이다. 유적지는 위엄 있는 존재로서 보편적 가치의 시스템 구축에 대한 상징적인 역할을 충분히 이행하고 있다.

4) 박물관과 전문적 지식을 갖고 있는 관람객

반대로, 전시 매체나 소장품 같은 박물관기술학적 내용에 대한 의견이나 선호를 표현하는 능력은 박물관 관람이 유적지 관람보다는 훨씬 지적이고 정교한 방법을 요구한다는 것을 의미한다. 인터뷰에 참여한 고대 아를과 프로방스박물관의 관람객은 전시물에 대한 시각적·관념적 선호를 열거할 때와 유적지에 대한 감성에 대해 이야기할 때, 동일한 어투를 사용하거나 동일한 의견을 제시하지 않았다. 예컨대, 유적지에 대해 이야기할 때는 감성과 포괄적인 의견이 지배적인 반면 박물관에 대해 이야기할 때는 주로 소장품의 특성과 전시의 건축학적 형태, 전시의 주제, 연대기별 구분 등에 대한 심층 분석이 이루어졌다.

이러한 차이점은 완전성, 보존 상태, 진정성만으로 충분한 유적지와 달리 박물관의 경우에는 의미 생성에 대한 책임이 부여된다. 전자는 미적 속성에 해당하는 힘이나 아름다움, 후자는 교육적 속성에 해당하는 과학과 지식에 대한 기대를 갖게 한다. 박물관은 문화적·과학적 학습과 연결되어 있다. 이는 관람객을 비공식적인 교육기관으로 인정한다는 것을 의미한다. 유적지가 관람 활동 같은 '행위'와 관련된 감성적 공간에 해당한다면, 박물관은 학습적이고 교육적 목표를 가진 자발적이며 가치 있는 문화 수용 방법에 가깝다고 할 수 있다. 이러한 관점에서 보면,

13   Ibid.

박물관은 '박물관'이므로 관람객을 세분화하고 선택하는 것으로 해석될 수 있다.[14]

5. 유료 입장 유적지의 관광적 성공과 관람 빈도

우리는 고전적인 예측 방법보다 좀 더 정확한 사회학적 방법으로, 유적지 일부가 유네스코 세계문화유산으로 지정된 예술과 역사의 도시를 대상으로 관광객 수와 그들의 특성을 연구하면서 관광객이라는 개념을 더욱더 정교하게 표현할 수 있게 되었다.[15]

1) 문화 관광 또는 개념적 방향: 도시 관광객, 유적지 관람객, 박물관 관람객의 특성

도시 관광객의 특성은 유료 입장료를 지급하는 두 곳의 유적지 관람객과 전혀 달랐다. 유적지와 박물관의 관람객은 나머지 모집단과도 확실히 다른 특성을 지녔다. 박물관 관람객의 경우에도 상이한 특성을 갖고 있었다. 예컨대, 그들은 교양 수준이나 교육 수준이 높았고, 더 많은 정보를 갖고 있었으며, 사전에 관람 활동을 미리 계획했다. 또한 다른 유형의 관람객 만족도에 비해 박물관 관람객의 만족도는 현저히 낮았다. 한 설문 참여자는 유적지의 부적절한 보존 상태도 문제였지만, 유적지가 공연장으로 사용되는 것을 보고 충격을 받았다고 말했다. 또한 설문 참여자들은 형편없는 외관의 안내표지판을 비롯하여 프랑스어로만 표기된 점에 대해서도 불만을 토로했다. 사전에 자료를 준비한 도시 관광객만이 지도에서 자신의 위치를 확인할 수 있었다. 이 소수의 관광객만이 관람할 것을 선택하고, 이동 경로에 적합한 교통수단을 준비하는 '관람 활동의 개념화'를 증명해주었다(이들은 도보나 승용차로 박물관으로 이동했다).

---

14 프랑스 박물관 관람객의 사회학적 특징에 대해서는 다음을 참고하기 바란다: L. Mironer, (en coll. avec P. Aumasson et C. Fourteau), *Cent Musées à la rencontre du public*, Castebany, France Édition, 2001.

15 '관광객'이라는 단어는 문화 관광(학술적 문화의 의미로)에서도 다소 부정적인 뜻을 내포한다. 이에 대해서는 다음을 참고하기 바란다. Y. Michaud, in «Le tourisme, culture ou divertissement?», cf. entretien retranscrit: «Il ne faut pas oublier que le touriste, c'est toujours l'autre», *Le Monde*, 12 août 2005, p. 18.

2) 교육기관으로 인식되는 박물관

인터뷰 내용의 분석 결과는 상반된 양상을 나타냈다. 박물관의 존재는 관람객에게 인식되었으며, 관람할 생각이 없거나 하지 않은 비관람객 또는 도시의 거주민도 박물관에 대해 긍정적인 반응을 보였다. 하지만 도시 관광객은 박물관이 자신들에게 적합한 장소가 아니라고 판단했으며, 유명한 유적지에 대한 호기심으로 그 장소를 방문했을 뿐 박물관에 대한 호기심은 아니라고 생각했다. 현학적이거나 어려워서가 아니라 박물관은 우선 교육적인 기관으로 인식되었기 때문에 관광객이 갖고 있던 도시 관광의 이미지나 기대와는 일치하지 않았다. 또한 박물관은 잡지나 엽서를 통해 배포되는 '프로방스 지방색'이라는 일종의 상투적인 여과 장치를 통해 '유서 깊은 석조물'에 대해 형성된 관광객의 도시에 대한 선입견과도 일치하지 않았다.

3) 도시를 관광하고 유적지를 방문하는 관광객 가운데 관람 활동을 미리 계획하는 박물관 관람객은 존재하는가?

박물관 관람객 수를 7만 명에서 10만 명으로 증가시킬 수 있는 방법은 무엇인가? 먼저 관광객 유입 증가와 유적지 관람 빈도 간 상관관계가 있다는 사실을 주지해야 한다. 고대 아를과 프로방스박물관의 관람 빈도는 새로운 기획 전시로 인해 증가했으므로, 이러한 상관관계를 입증하는 데 성공하지 못했다. 고전적 계산 방법보다 좀 더 정확한 사회학적 방법으로 도시 관광객을 조사한 결과, 유적지와 박물관의 관람객은 나머지 모집단과 현저하게 다른 특성을 갖고 있다는 사실이 밝혀졌다. 또한 박물관 관람객과 유적지 관람객의 특성도 달랐다. 따라서 고대 유적지와 해석의 중심지로서의 박물관 사이에서 어떤 시너지 효과가 발생할 수 있는지를 진단하는 것은 매우 어려운 작업이다. 적극적인 홍보 활동, 안내표지판의 지속적인 개선, 도심부터 외곽의 고대 아를과 프로방스박물관을 연결하는 셔틀버스 운영 등은 분명히 현 상황을 개선하는 데 도움이 될 것이다. 하지만 특히 관광 성수기 동안 유입되는 도시 관광객을 박물관으로 유도하는 방법을 찾는 것은 여전히 난제다. 한 가지 분명한 사실은 박물관 관람이 관광 행위에 포함되어 있지 않다는 것이다. 여기서 '행위'는 관광객의 여행 이야기에 등장하는 무의식적인 표현을 의미한다. 예를 들면 이런 것이다. "아를에서는 원형경기장이랑 수도원을 사진으로 찍었어."

3장

샤토 드 포 국립박물관 (Musée national du château de Pau)의 관람객 개발

필리프 지메(Philippe Gimet)
세실 라투르(Cécile Latour)

'포'시 한가운데 22헥타르의 토지 위에 세워진 이 성은 보르도와 툴루즈, 그리고 사라고스와 같은 거리에 있는 베아른(Béarn) 지방에 위치한다. 성과 성에 살고 있는 거주민, 지방까지도 역사적으로 중세시대부터 스페인과 밀접한 관계를 가지고 있다. 1553년에 탄생한 앙리 드 나바르(Henri de Navarre)는 차후 앙리 4세(Henri Ⅳ)가 될 예정이었다. 따라서 이 성은 미래의 앙리 4세를 추모하기 위해 사전에 건립되었는데, 르네상스, 개신교의 등장, 16세기 정치와 종교적 투쟁을 연상시킨다. 소장품은 19세기 초반의 낭만주의 양식의 장식물로 구성되었으며, 루이 필리프(Louis-Philippe)를 위해 기획되고 전시되었다. 소장품 안에는 다양한 종류의 벽지와 벽포가 포함되었는데, 이 가운데 일부는 12세기와 17세기 고블랑 공방에서 만든 가장 뛰어난 작품에 해당한다. 관람객은 궁정 같은 공간에서 소장품을 관람했고, 1945년부터는 앙리 4세 그리고 16세기 역사와 관련된 회화, 조각, 소묘, 판화 등의 예술작품도 소장품에 포함되었다. 행정적 측면에서 보면, 샤토 드 포 국립박물관은 박물관에서 발생하는 모든 영리적 활동(입장료, 박물관 후원금 등)을 위해 프랑스박물관관리청의 관할과 국립박물관협회에 속하는 국립기관에 해당한다.

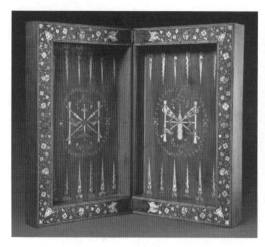

[그림 2-2] 샤토 드 포 국립박물관 소장품

출처: http://www.proantic.com/magazine/musee-national-domaine-chateau-de-pau

1. 재정비 시기의 '샤토 드 포' 국립박물관

약 15년 전부터 '샤토 드 포'와 부속 공원에 대한 대대적인 보수공사가
진행되어왔다. 지붕 전체와 앞뜰의 외관 공사가 완료되었고, 현재 내부
공간을 확장하기 위해 건물의 정면 공사가 진행 중이다. 이와 함께 건물
외부에 박물관 부서를 설치하고, 성안의 전시 공간을 증가시키고 재편
성하기 위해 근처에 위치한 건물도 정비 계획에 포함되었다. 이 기획안
은 과학문화 기획을 기반으로 작성되었으며, 2000년에 관리부서가 제안
한 것이다. 또한 이 기획안은 박물관과 박물관 활동에 대한 종합적인 평
가와 박물관을 구성하고 있는 모든 영역(건물, 소장품, 연구, 관람객 정
책, 지역사회로의 통합)에 대한 중장기 평가와 개발 정책의 근간이 되
었다.

　　22헥타르 규모의 공원에 둘러싸여 있는 소규모(5,000m²의 전체 면
적 중 거의 2,000m²가 관람객에게 개방되어 있다) 유적지인 샤토 드 포
국립박물관은 도시의 중심에 위치하고 있다. 공사 시작 이전인 1980년

대의 연간 관람객 수치는 15만 명 정도였고, 공사 이후에는 8~10만 명 사이에 머물고 있다. 최근 몇 년 동안에는 공사로 인해 감소한 관람객 수치를 회복시키고, 과학문화 기획 안에 정의된 관람객 정책을 실행하기 위해 박물관이 르 트루아지엠 폴에 도움을 요청했다.

[그림 2-3] 샤토 드 포 국립박물관과 전시실

2. 연구 의뢰의 배경

계약서에는 다음과 같은 세 가지 필수 조건이 명시되었다.

① 프랑스인 관광객과 외국인 관광객에 대한 '관람객 수용' 차원에서 '샤토 드 포' 국립박물관의 과학문화 기획 실행하기: 6년 전부터 샤토 드 포 박물관은 관람객 부서를 설치하는 작업에 심혈을 기울였다. 또한 2000년에는 교육부가 배정한 국립학교 교사와 함께 교육 부서를 만들었고, 2002년에는 조직 개편을 통해 관광센터를 설치했다. 2004년에는 관람객 수용 방법에 대한 연구와 변화를 도모하기 위해 다양한 워크숍이 운영되었다. 이때가 바로 공사로 인해 감소한 관광객 수를 규명하기 위해, 그리고 업무의 전문성을 발전시키기 위해, 부서별 업무 방향을 제시

및 조정하기 위해 전문가의 자문이 필요한 시기였다.

② 피레네-아틀랑틱 지방, 좀 더 확대하면 아키텐 지방의 문화 관광 관점에서 박물관의 입지를 재정의하기 위해 10년 동안 박물관의 관람 환경 이해하기: 관광을 통한 경제 활성화를 추진하기 위해 수년 전부터 박물관 주변 환경에서 구조적인 변화가 일어났다. 먼저 컨벤션센터가 설립되었고, 2003년에는 '포'시와 지역 공동체 간에 샤토 드 포를 포함한 개발 전략과 마케팅 정책을 입안하는 계약이 체결되었다. 이어서 관광 활동에 대한 장애 요인을 제거하기 위해 베아른과 페이 바스크(Pays Basque) 지방의 관광 부서를 통합하여 관광부서위원회가 창설되었고, 이와 함께 '포'시의 호텔 재정비 작업도 진행되었다. 또한 저가 항공사가 포 공항에 입점한 이후 타 항공사들도 운항을 개시함에 따라 관광 부문 구조에 변화가 나타났다. 따라서 이러한 다양한 변화에 대해 박물관이 적절하게 대응할 수 있도록 종합 대책 방안을 강구해야 했다.

③ 관람객의 기대를 파악하고 적절한 방안을 모색하기 위해 관람객의 변화 이해하기: 10년 동안 관람객의 특성과 기대는 상당히 큰 폭으로 변화를 거듭했다. 지역에서 제공하는 문화활동도 다양해졌고, 박물관 주변 환경에서는 경쟁관계가 형성되었다. 현재는 그 수가 상당히 감소했지만, 당시에는 루르드(Lourdes) 성지로 다수의 단체관람객 방문이 이어졌다. 관람객 가운데 높은 비율을 차지한 노년층 관람객은 이전에 비해 그 수가 훨씬 감소했다. 이러한 사실로부터 어떤 결론을 도출해야 하는가? 어떠한 방식으로 변화에 대응하며, 관람객 홍보의 방향성은 어떠한 방식으로 재설정해야 하는가?

상술한 세 가지 이유로 박물관 경영진은 프랑스박물관관리청에 관광 관람객 개발에 대한 연구를 의뢰했으며, 그 결과를 제공받게 되었다.

이 연구는 프랑스관광연구소와의 협력하에 진행되었다. 포시는 논의를 거쳐 연구비 지원과 함께 운영위원회에 합류하는 방식으로 이 연구에 참여했다. 따라서 수년 전부터 박물관의 지역 단체에 대한 활동의 연장 선상에서 연구의 시작 단계부터 완벽한 공동 협력관계가 형성되었다.

3. 연구방법론

지역 발전 취지에서 프랑스관광연구소와 프랑스박물관관리청은 르 트루아지엠 폴에 지역적 환경을 고려한 샤토 드 포 국립박물관의 관람객 개발 조건에 대한 연구를 의뢰했다. 이 연구의 목적은 포시의 관람 빈도를 증가시킴으로써 박물관이 그 혜택을 얻을 수 있게 하고, 샤토 드 포를 지역의 주요 관광 장소로 만드는 것이었다. 연구 취지의 표명과 계약서에는 전통적인 관광 마케팅 방법과 관람객 연구를 결합시킨 내용이 담겼다. 르 트루아지엠 폴은 지역과 문화공학을 기반으로 앞서 언급한 요소를 교차시키는 다학제적 연구 방법을 채택했는데, 이러한 방법은 구조적 측면에서 성의 구성요소나 환경구조와 관련된 것이었다. 따라서 다양한 관점에서 관람객 개발에 대한 논리가 개발되었다. 관람 내용과 관람 과정부터 외부 홍보에 이르기까지, 그리고 지역 관계자와의 관계 상황부터 조직적·행정적 기능에 걸친 내용 또한 포함되었다. 이러한 관점에서 상기 연구에 사용된 연구방법론은 르 트루아지엠 폴의 특성을 대변했다고 할 수 있다.

연구 취지의 핵심은 샤토 드 포를 문화 관광의 중심으로 만들고, 박물관과 지역 기관의 협력관계를 구축하기 위한 관람객 개발에 대한 진단과 실질적인 권장 사항을 개발하는 데 있었다. 이는 지역 개발과 협력이라는 논리 안에서 연구-진단-감사의 개념으로, 또한 포시와 베아른의 지역 주민에 의한 박물관 혁신과 문화 마케팅의 논리로서 이해되었다. 이 연구에는 석사과정 학생들이 참여했으며, 프로젝트 운영을 위해 르 트루아지엠 폴에서 담당자가 파견되었다. 연구를 통해 박물관 관람 빈도의 감소를 초래한 내·외적 요인이 진단되었다. 유인력의 결정 요인이 규명되었고, 관람객 수용시설을 비롯하여 박물관과 지역의 장·단점, 박물관 주변 환경의 기회와 위협 요인 등을 다룬 스왓 분석(SWOT analysis)이 이루어졌다. 이러한 과정을 통해 도시적 통합, 관광과 협력적 통합, 문화적 통합 등 샤토 드 포 국립박물관이 직면한 세 가지 주요 문제점이 도출되었다. 이러한 문제점은 포시의 시장, 지방자치단체의 도시개발팀, 지방의회, 지방관광위원회, 국립박물관협회 등이 포함된 3개의 워크 그룹이 진행한 토의의 주제로 채택되었다.

4. 연구 결과에 대한 해석

연구 시작 단계에서 지난 10년 동안 수집된 박물관 관람에 대한 자료 분석이 관람 빈도의 변동을 이해하는 데 필수 요소라고 생각했다. 하지만 르 트루아지엠 폴의 예상대로 박물관 관람에 대한 자료의 연대기적 해석은 연구의 주요 요소가 아니었다. 이에 성수기가 끝난 후 실행된 관람객에 대한 설문조사 결과의 경우에는 상대적 해석 방법이 필요했다. 이와는 반대로, 일정 시점의 관람객(관광객이건 아니건 간에) 수용 조건에 대한 '기술'은 조직화와 전시에 대한 주된 개선사항을 확인해주었다. 박물관이 주변 환경에 통합될 수 있는 조건에 대한 심층 분석에 기반을 둔 연구방법론의 주요 관심은 '도시적 통합', '관광과 협력적 통합', '문화적 통합'이라는 세 가지 워크 그룹의 구성에 있었다. 이 세 가지 워크 그룹은 주제별로 지역('포'시와 지방자치제), 도·지역 단위의 협력기관을 한자리에 모았다. 이 연구의 분석과 세 가지 워크 그룹의 결론을 종합한 내용은 향후 수년간의 구체적인 운영 계획을 정의하는 데 도움을 주었는데, 이러한 운영 계획은 전략적 측면(혹은 박물관의 '정책'이라 할 수 있음)과 단기·중기·장기적으로 사용할 수 있는 행동지침으로 구성된 운영적 측면을 명확하게 구분했다.

1) 전략적 측면

워크 그룹이 조직됨에 따라 관련 국가기관[프랑스박물관관리청, 국립 박물관협회, 건축물문화유산청(Direction de l'architecture et du patri-moine), 지역역사유적지보존청(CRMH: Conservation régionale des monuments historiques)]과 지방자치단체의 행정·문화·관광 등의 몇몇 분과가 처음으로 함께 공식적인 미팅을 했다. 이는 또한 샤토 드 포 국립 박물관이 과학문화 기획안을 상세하게 설명하고, 특정한 협력관계 형성 에 대한 이유를 밝히는 첫 번째 기회이기도 했다. 첫 미팅에서 양측이 보 여준 관심을 반영해서 협력기관 모두 단기·중기·장기 계획을 상호 조정 하고 극대화할 수 있는 공식적인 정기 미팅에 대한 필요성에 공감했다.

이러한 과정을 거쳐 샤토 드 포 국립박물관에 지도개발위원회가 설 치되었다. 위원회는 협력관계의 범주 안에서 박물관의 문화 정책을 입 안 및 배포하고, 가치 증진과 관련된 모든 활동을 연구하며, 이를 지원 하는 역할을 담당했다. 위원회는 지역과 지방 범위 내에서의 발전 가능 성에 집중된 문화 정책적 정의의 일부에 포함되었으며, 여러 관계자와 의 문화 기획 협력뿐만 아니라 정부와 지자체가 정의한 공동 활동, 그리 고 프랑스박물관관리청이 정의한 박물관의 목표에 대한 이해를 증진시 켰다. 이외에도 위원회는 아키텐 지방의 드락(Drac)에 설립된 문화센터 와 협력기관 간 정보를 연계할 수 있는 관계를 확보했다. 위원회는 연구 와 자문 기관으로서 확대된 관람객의 방향으로 문화유산의 가치를 개발 및 증진시키기 위해 선출된 위원들뿐만 아니라 지역사회의 문화기관과 문화통신부 장관의 요청을 수용해야 할 책임을 맡게 되었다.

2) 운영적 측면

전략적 측면은 운영적 측면으로 보완되었다. 운영적 측면에서는 실현
가능성을 중심으로 단기·중기·장기적으로 적용할 수 있는 행동지침이
마련되었다. 이 행동지침은 박물관이 특정 시점에 보유하고 있는 인적
자원과 재원을 고려해서 어떤 자원을 활용하고 발전시킬지를 제안해주
었다. 지방과 도의 홍보 정책 통합, 시내의 주차장과 유적지 안내표지판
같은 관람객의 안내시설, 그리고 요금 조정과 관광 상품의 기획이나 공
급의 다양화에 관련된 협력 업체의 기대와 같이 행동지침은 박물관이
일상적으로 경험하고 있는 구체적인 문제를 규명한 워크 그룹의 결론을
근거로 작성되었다. 연구 진행 과정에서 지적된 몇 가지 문제는 르 트루
아지엠 폴의 제안과 협력기관에 의해 점진적으로 해결되었다.

5. 샤토 드 포 국립박물관의 새로운 도약

저자는 르 트루아지엠 폴이 연구 진행 과정에서 경험한 몇 가지 문제에
대해 언급할 필요가 있다고 생각한다. 샤토 드 포의 관광 환경에 대한
연구를 담당한 부서가 부딪힌 첫 번째 문제는 국립박물관, 특히 성곽 형
태의 박물관 건축물이 지니고 있는 문화유산기관의 특성을 극복하는 것
이었다. 오랜 행정 역사를 갖고 있는 박물관의 운영 상황에 대한 변화를
정확하게 이해하기 위해서는 방대한 자료수집과 분석이 필요했다. 두
번째 문제는 관광 개발에 관한 주제와 사전에 프랑스박물관리청이 승
인한 과학문화 기획의 방향에 대한 주제를 최대한 명확하게 구분하는
것이었다. 한마디로 말하자면, 박물관의 과학문화 기획을 재작성하는
것이 아니라 진행 방향을 제안하면서 '부족한 부분을 보완하는' 작업이
필요했다. 마지막은 예산에 관한 문제였는데, 이 문제는 국립 기관의 활
동 범위 축소와 관련된 문제였다.

　연구의 영향력이 상당히 컸으므로 문제점에 대해 장황하게 부연 설

명할 필요는 없다고 생각한다. 따라서 이 연구는 단기·중기·장기 운영 계획을 통해 전략의 도출과 실행을 가능하게 했으며, 박물관의 내적 역동성을 활성화시켰고, 워크 그룹을 통해 경영 부서에 방향성을 제시해 주었다. 또한 몇 가지 관람객 유형에 대한 수용 방법 연구를 통해 관람객의 기대에 대한 정확한 정보를 제공해주었다. 이러한 정보의 적용에 힘입어 2006년 '박물관의 밤(Nuit des musées)'과 '문화유산의 날(Journées du patrimoine)'에 수상 기회를 갖게 되었다. 하지만 무엇보다 이 연구는 협력관계의 출범과 재구성을 원칙으로 문화 관광적 발전에 새로운 추진력을 제공했으며, 샤토 드 포 국립박물관이 새롭게 도약할 발판을 마련했다.

프랑스 국립문화재문화유적센터의 관람 안내 책자에 대한 정성적 평가

4장

크리스토프 코롤(Christophe Korol)

프랑스 국립문화재문화유적센터(CMN: Centre des Monuments Nationaux)는 전국에서 대중에게 공개된 100여 개 유적지의 관리 및 지도를 담당하고 있다. 이들 유적지에는 연간 800만 명의 관람객이 방문하고 있다. 국립문화재문화유적센터의 경영진이나 유적지의 책임자는 대부분 관람객이 가이드 없이 유적지를 관람하거나 관람 장소에 대한 정보를 갖고 있지 않기 때문에 모든 관람객이 유적지와 유적지의 역사를 이해하는 데 필요한 매체를 사용할 수 있어야 한다고 생각했다.

[그림 2-4] 국립문화재문화유적센터

출처: http://pro.visitparisregion.com/en/Paris-Region-Services/promotion/Promotion-Actions-Calendar/
Show-Case-Paris-Region2/Exhibitors-catalog/French-national-monuments

1. 전시 해석 매체 수단으로서의 관람 안내 책자

오래전부터 관람 안내 책자는 유적지의 가이드와 함께하는 동반 관람뿐만 아니라 관람 경로에 대한 안내표지판이나 오디오 가이드 등의 전시 매개와 함께 중요한 역할을 했다. 이러한 전시 매개 간에는 상관성이 내재했다. 관람 안내 책자와 안내표지판은 국립 유적지에서 가장 많이 사용되고 있는 전시 매개 수단에 해당한다. 일반적으로 눈에 잘 띄고 자세한 정보가 담긴 안내표지판이 관람 경로에 있을 경우, 접이식 안내 책자인 리플릿은 큰 도움을 주지 못한다. 원칙적으로 박물관은 관람 안내 책자를 무료로 제공하는데, 외국인 관람객의 높은 비중(평균 50.0%)을 고려해서 다양한 언어의 번역본이 사용된다.[16]

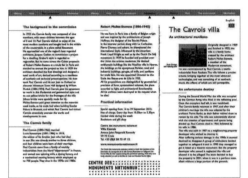
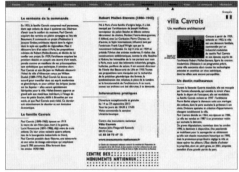

[그림 2-5] 국립문화재문화유적센터의 영어 버전 리플릿과 프랑스어 버전 리플릿

출처: http://villacavrois.blogspot.kr/2000/12/documents-du-centre-des-monuments.html

여론조사 결과를 근거로 외국인 관람객의 국적별 비율이 정확하게 파악되었고, 리플릿에 대한 재고 관리가 이루어졌으며, 번역본의 수도 점차 증가했다. 2005년 말부터 3년마다 80개 안내 책자의 제작이나 번역을 목표로 한 관람 안내 책자에 대한 개정 프로그램이 운영되었다. 2006년에 개정된 28개의 리플릿은 400만 부 정도가 발간되었다. 2007년

16 일반적으로 관람 안내 책자는 6~8개 정도의 언어로 번역되지만, 가끔 10개의 언어가 사용되는 경우도 있다. 설문조사에 의하면, 관람 안내 책자가 8개 언어로 번역되었을 때, 관람객의 욕구를 95.0% 정도 충족시켰으며, 관람객의 외국어 구사 능력은 관람 안내 책자의 거의 완벽한 이론적 숙달을 전제로 했다. 이에 대한 이론적인 근거로 한편으로는 관람 안내 책자(리플릿)에 대한 수요가 관람객 전체를 고려하지 않았고, 다른 한편으로는 관람 안내 책자(리플릿)의 접근성이 항상 보장되지 않았기 때문이다.

과 2008년에도 이 작업은 지속되었으며, 이 시기에 제작된 리플릿은 6페이지로 구성되었고, 세 번 접히며, 여섯 가지 언어로 번역되었다. 5만 부를 기준으로 했을 경우, 리플릿 출간에 대략 8천 유로 정도가 소요되므로 이 작업은 막대한 비용이 요구되는 중요한 작업이라 할 수 있다.

2. 관람 안내 책자에 대한 평가 연구

관람 안내 책자의 개정 작업에 앞서 프랑스 국립문화재문화유적센터는 프랑스 관람객과 외국인 관람객의 기존 관람 안내 책자에 대한 인식을 파악하기 위해 가독성과 난이도에 대한 분석을 실행했다. 이 분석은 리플릿이 어떤 측면에서 관람객의 기대와 요구에 부응하고 있는지를 확인하는 작업이었다.

① 용도: 리플릿은 관람하는 동안 계속 사용되었는가, 아니면 특정 장소나 특정 순간에만 사용되었는가?
② 배포 방법과 장소
③ 관람 지원 역할: 리플릿은 유적지에서 길이나 방향을 찾는 데 도움이 되었는가?
④ 가독성: 글씨체, 크기, 대조, 행간, 유인력, 간편함
⑤ 다음과 같은 정보를 이해하고 기억하게 만드는 능력
　- 유적지가 가지고 있는 문화적 의미의 정확성(역사, 건축, 인물
　　……)
　- 유적지의 강점에 대한 직접적 접근성
　- 정보의 우선순위: 내용 영역, 제목, 행간 휴지
　- 난이도: 문장의 수준, 길이, 어휘, 글과 그림의 적합성
⑥ 타 관람 지원 매체와의 보완성 및/혹은 경쟁관계
⑦ 역사적 배경에 대한 정보 습득의 관심

⑧ 읽는 즐거움을 발생시키는 능력

위에 기술된 기준은 전반적인 권고 사항을 제안하기 위해 분석표에서 상세히 설명했다. 권고 사항은 작성자와 그래픽 디자이너뿐만 아니라 국립문화재문화유적센터의 책임자와 해당 기관의 행정관에 이르는 모든 관련 전문가에게 전달되기 위해 작성되었다. 2004년에 실행된 이 연구는 이듬해에 진행된 관람 안내 책자의 편집 및 그래픽 작업의 수정을 용이하게 해주었다. 플랑 성스 컨설팅 연구소는 두 가지 방법으로 정성적 연구를 진행했다. 첫 번째 방법은 유적지에서 리플릿의 사용 현황을 관찰하고, 설문조사를 실행하는 것이었다. 이 설문조사는 프랑스 국립문화재문화유적센터가 관리하는 6개의 유적지에서 200명의 관람객을 대상으로 진행되었고, 이와 함께 5개의 언어를 사용해서 인터뷰가 이루어졌다. 두 번째 방법은 복잡함이 내재한 다양한 관람 경로에 관한 20여 종의 관람 안내 책자를 대상으로 글 내용과 그래픽의 편집 방식에 대한 분석이 이루어졌다.

3. 연구의 주요 결과

설문조사에 의하면, 유적지에 관한 정보를 제공하는 관람 안내 책자를 사용할 의도를 갖고 있는 관람객은 이러한 관람 안내 책자에 관람 목적(유적지, 유적지의 역사와 특징은 무엇인가?), '놓치지 않고' 반드시 보아야 하는 것, 그리고 지도/경로와 관람 방법 등 세 가지 정보가 담겨 있다고 생각했다. 대부분 관람 안내 책자는 이러한 정보를 담고 있었고, 관람 안내 책자에 대한 평가는 전반적으로 긍정적이었다. 관람객은 관람 안내 책자가 경이로운 행복감을 느끼게 해준다고 생각했다. 만일 관람 안내 책자가 없었다면, 특히 프랑스어를 이해하지 못하는 외국인 관람객의 경우에는 그 어떤 도움도 받지 못했을 것이다.

교육적 특성을 지닌 리플릿은 한 언어에 한 색상을 사용함으로써 형식의 간결함과 함께 진정성과 신뢰감을 주었다. 이러한 느낌은 관람객이 프랑스 문화와 역사의 살아 숨 쉬는 매력적인 장소를 방문한다는 의식을 강화시켰다. 반면 관람 안내 책자는 관람객의 가치를 증진시켰고, 정보 습득을 통해 스스로 고양되는 느낌을 갖게 해주었다. 결과적으로, 관람객은 리플릿을 통해 한 번도 들어보지 못한 이름이나 사건을 접하게 되는 것을 당연하게 생각했다.

관람객은 관람 안내 책자에 두 가지 의도가 내재되어 있다는 것을 알고 있었다. 첫 번째로는 역사적·지리적 배경, 건축이나 기타 영역에 관한 특성 등 관람 장소에 대한 기본적인 지식을 제공하는 지적 활동과 관련된 것이었다. 두 번째 의도는 관람 지원에 대한 역할인데, 이 역할은 특정 공간에서 관람객이 자신의 위치를 확인하고, 가장 핵심적인 요소에 집중하도록 유도하는 것이었다.

분석을 통해 다양한 관람 안내 책자에서 동일한 구조적 원칙이 발견되었는데, 이러한 원칙은 가독성 문제에 대한 단서가 되었다. 우선적으로 고려해야 할 사항은 제목과 인용구를 강조하는 방법과 함께 문장의 법칙(주어-동사-보어)을 준수하는 텍스트에 대한 지적·문맥적 작업이었다. 이와 같은 전통적 문화유산에 대한 정보 전달 방식은 장소를 이해하는 데 유용하지만, 실제로 유적지를 관람할 때는 '실용-실천적' 접근에 대한 장애 요소로 작용한다. 관람 효과를 고려한다면, 정보 전달 방식은 간단한 원칙을 따르는 것이 좋다. "관람객의 시선은 그들의 시야 앞에 놓인 공간에서 본문으로 이동해야 한다. 그 반대가 되어서는 안 된다." 관람객은 자신이 유적지 안에서 설명이 필요한 공간에 있다는 것을 알고 있으므로 이러한 사실이 관람 안내 책자에 반영되어야 한다. 따라서 유적지에서 관람객이 가장 간단하게 자신의 위치를 확인할 수 있도록 이와 관련된 내용은 관람 안내 책자의 맨 앞부분에 배치되는 것이 효과적이다.

유적지의 지도나 도면 같은 공간에 대한 그래픽을 구현하는 경우, 그림의 가독성이 문장의 가독성보다 높게 판단되면, 본문에서 불필요한 일부 텍스트는 삭제되어야 한다. 관람 안내 책자에 대한 분석 결과에 의하면, 지도나 도면의 가독성은 확실히 낮았다. 전체적으로 지나치게 많은 시각 정보가 작은 그림 안에 담겨 있어서 이해하기가 쉽지 않았고, 일부 텍스트 정보는 불필요했다. 대부분의 경우, 관람 안내 책자를 펼치게 되면 한 면에는 관람 지원("안내를 따라가세요")에 대한 내용이 기술되어 있는 반면, 다른 면에는 좀 더 개념적인 내용이 실려 있었는데, 이 두 면의 편집 방식은 동일했다. 따라서 개정판에서는 두 면의 편집 방식을 차별화하기로 결정되었다.

[그림 2-6] 기존의 관람 안내 책자와 최근에 출간된 관람 안내 책자
출처: https://www.reverberestudio.com/work/centre-des-monuments-nationaux

4. 관람 안내 책자 제작을 위한 주제 목록

일반적인 구조에서 기획된 관람 안내 책자는 관람객의 기대에 따라 매우 다양한 유형의 정보를 제공할 수 있다. 플랑 성스 컨설팅 연구소는 연구를 통해 역사 유적지와 관련된 정보와 관람 안내 책자가 제공할 수

있는 정보의 분류 항목을 제안해주었다. 이 목록은 완벽하게 기술되지 않았을 뿐만 아니라 관람 안내 책자에 반드시 필요한 모든 항목이 기술되지도 않았다. 이러한 유형의 정보는 유적지별로 상이했다. 따라서 "어떤 정보를 줄 것인가?"가 아닌 "어떤 질문에 답변할 것인가?"라는 관점에서 아래의 목록을 검토해야 한다. 이 목록은 관람객의 기대와 질문을 통해 작성된 것이다.

1) 문화

① 거시적 맥락에서의 역사

② 일상과 관련된 역사(그 시대 사람들은 어떻게 생활했는가?)

③ 건축, 양식의 변화

④ 기술(몽생미셸 수도원은 어떠한 방식으로 건축되었는가?)

⑤ 경제(건축비를 지급한 사람은 누구인가?)

2) 시각적으로는 주목할 만한 가치가 있지만 인지도가 낮은 것

① 예를 들어, 팡테옹(Panthéon)에 있는 푸코의 진자(프랑스의 과학자 레옹 푸코가 지구의 자전을 증명하기 위해 고안해낸 장치―역주)는 주목할 만한 가치는 있지만, 리플릿에는 언급되지 않았다. 그 이유는 무엇인가?

② 개선문의 과거 모습을 재현한 회화 작품에는 말 네 필이 나란히 끄는 2륜 마차가 있었는데, 현재는 왜 그 마차가 없는가?

3) 미적 가치

① 아름다운 것

② 그림의 소재가 될 만한 아름다움

③ 인상적인 것

4) 사회

① 당시 유적지는 어떤 의미를 지녔는가?

② 오늘날 유적지는 어떤 의미를 갖고 있는가?

③ 현재 유적지는 어떤 용도로 사용되고 있는가?

5) 환경

① 지리적 배경

② 전경

③ 명성과 가치

④ 유적지 근접 지역과의 네트워크

6) 일화

일화는 세 가지 범주로 구분될 수 있다.

① 대표성이나 전형적인 일화: 역사적 문화를 풍요롭게 하는 방법

② 독특한 세부 사항: 역사적 사건이나 시기를 설명하지 않고도 유적지에 대해 특별한 가치를 부여할 수 있음

③ 인상적이거나 재미있는 이야기: 재미있지만, 유적지의 '문화적' 지식과는 관련 없는 이야기

7) 신화와 꿈

미스터리, 유령, 시적인 감상이 내재된 것 등. 관람 안내 책자는 개념상 이러한 차원의 이야기를 잘 다루지 않지만, 관람객은 실제로 이러한 이야기를 기대한다.

5. 관람 안내 책자를 기획하기 위한 방법론적 지침서

연구의 마지막 부분인 권장 사항은 관람 안내 책자의 기획자에게 배포되는 방법론적 지침서의 형태로 작성되었다. 플랑 성스 컨설팅 연구소는 이 지침서에 따라 첫 작업으로 앙제성(Château d'Angers)에서 사용된 리플릿 수정을 맡게 되었다. 새로운 리플릿과 기존의 리플릿[생드니(Saint-Denis)의 바실리스크 성당]을 비교해보면, 어떤 내용이 수정되었는지 쉽게 식별할 수 있다.[17] 기존에 사용된 리플릿과 비교해 수정되거나 추가된 주요 내용은 다음과 같다. 제목이 삽입되었고, 내용을 한눈에 알아볼 수 있도록 3~4개의 영역으로 나누어진 새로운 구조로 구성되었다. 상술한 '공간에서 본문으로'의 원칙에 따라 관람 지원에 대한 내용이 전면적으로 새로이 기술되었다. 마찬가지로 기존의 리플릿에는 수록되지 않은 관람 조건에 관한 실용적인 정보도 추가되었다. 요약본 형식이 아니라 앞서 소개한 정보의 분류 목록과 관람객과의 인터뷰를 통해 도출된 주제를 담았다. 마지막으로, 가독성이 낮았던 전문 용어 목록은 본문의 참조와 함께 마지막 페이지에 실렸다. 현재까지 관람 안내 책자에 대한 개정 작업은 상당 부분 진행되었으며, 현장에서의 피드백도 긍정적으로 나타났다. 유적지에서 근무하는 전문인력은 관람 여정에 대한 분석에 참여했고, 사실을 근거로 분석된 내용이 수정 과정에 반영되었다. 이에 따라 리플릿의 완성도는 한층 높아졌으며, 유적지도 '부가적인' 혜택을 얻게 되었다.

프랑스 박물관 정책과 관람객

---

17 다음 페이지 참고.

3부
관람에 대한 젊은 계층의
의사결정

1장

서론

실비 옥토브르(Sylvie Octobre)

박물관 문화 정책의 관건은 "관람객이 될 것인가, 말 것인가?"라는 하나의 질문으로 요약된다. 그 이유는 매개 활동과 교육 활동을 넘어 문화와 문화적 장소, 그리고 젊은 계층이나 노년 계층의 사람들, 경제적·사회적·문화적으로 풍부한 사람부터 그렇지 못한 사람에 이르기까지 이들 모두 자유로운 선택을 할 수 있기 때문이다. '관람객이 되는 것'이라는 문구는 끊임없는 논의 과정이 필요한 관람객 정체성의 형성 과정을 상기시킨다. '관람객'이거나 '관람객이 되는 것'은 이전 경험과 현재 경험, 그리고 이전 경험에 대한 판단을 멈추고 성과에 대한 평가를 뒤로 미룰 수 있는 능력에 좌우된다.[1] 이러한 정체성의 형성 과정을 분석하는 것은 세 가지 접근을 전제로 한다. 첫 번째 접근은 예컨대 최초의 경험처럼 경험의 출발점을 연구하는 것이다. 두 번째 접근은 관람 경험의 감성적이며 구체적인 현실에 관심을 갖는 것이다. 마지막으로, 관람객의 '계획', 즉 실제 관람객이나 잠재 관람객이 박물관에 자신을 투영하는 방법에 관심을 가진다. 이러한 질문은 연구자의 관심사만 반영하는 것이 아니라 정치적인 함의도 포함되어 있는데, 이는 질문에 대한 답변이 목표를 뒷받침해주고 활동의 방향을 결정하기 때문이다.

예술에 대해 정치적 사유 방식으로 접근하기 시작한 이후, 박물관은 예술작품에 대한 대중 교육의 기능을 갖춘 도구가 되었다.[2] '관람객 교육'의 관점에서 보면, 작품 감상 방법을 학습하는 이유는 단순히 지식 교육만을 위해서가 아니라 감성 고양을 위한 이유도 포함된다. 하지만 감성을 보편적인 것으로, 모두에게 적용될 수 있는 것으로, 또는 불가피

---

1   N. Heinich, *L'Art contemporain, exposé aux rejets. Étude de cas*, Nîmes, Jacqueline Chambon, 1998.

2   D. Poulot, *Une histoire des musées de France*, Paris, La Découverte, coll. «L'espace de l'histoire», 2005; Ch. Georgel (dir.), La Jeunesse des musées, Paris, RMN, 1994.

한 것으로 생각해서는 안 된다. 왜냐하면 예술작품은 사회적으로 그 우수성을 인정받은 이유를 이해하지 못하는 사람들에게 좌절감만 안겨줄 뿐 그 어떤 것도 명백하게 제시하지 않기 때문이다. 예술사가의 답변도 이 문제에 대해서는 별로 도움이 되지 않는다. 적어도 대중이 이해하지 못하는 이러한 이유에 대해 개인적인 판단이 멈춰 있지 않는 한 세상의 모든 이유는 가치가 없다. 이러한 관점에서 박물관과 연구자가 관람객에 대한 교육에 대해 관심을 갖게 되었다. 관람객에 대한 교육은 박물관의 법규와 사상을 이해하는 지적인 활동[3]뿐만 아니라 관람객의 존재 방식이나 관람 행태와 관련된 육체적인 활동을 포함한다.[4]

　문화사회화가 이루어지는 첫 번째 장소는 가정이다. 가족의 행동, 특히 부모의 행동은 아동 행동의 모델이 되며, 교육적 명령은 아동의 행동지침이 되며, 부모의 사고방식은 아동의 사회관을 결정하는 데 영향을 미친다. 이러한 사회화 과정은 문화적으로 효과가 있는 것으로 알려져 있는 의식적 교육과 단계적 주입으로 이루어진다. 몇 년 전에 국립통계경제연구소가 진행한 설문조사는 부모의 영향을 받은 아동이 성년이 되었을 때 문화적 배경을 결정하는 데 얼마나 큰 영향력을 미치는지를 보여주었다.[5] 주로 세대 교류(échanges descendants) 관점에서 분석된 이러한 전승의 영향력은 젊은 세대부터 노년 세대까지 다양한 형태로 나타난다. 이러한 세대 교류 현상은 정보통신기술을 사용하는 태도에서만 발견되는 것이 아니다. 젊은 세대는 정보통신기술에 쉽게 적응하는 반면, 노년 세대에게 이 기술은 늘 '새로운' 것이다. 안 종슈리와 미셸 방프라에가 '가족과 함께 박물관 관람하기: 작품과의 교류를 최적화하기(Sortie en famille au musée: optimiser les négociations à l'œuvre)'에서 설명한 것과 같이 전시실, 전시 담론, 상호작용 장치 등 좀 더 '전통적인' 박물관 전시 공간에서도 이러한 연령별 특성이 발견된다.

　프랑스의 경우, 문화는 지도·교육과 긴밀하고 오랜 관계를 유지해

3　P. Bourdieu, A. Darbel, *L'Amour de l'art. Les musées d'art européens et leur public*, Paris, Minuit, 1969.

4　E. Véron, M. Levasseur, *Éthnographie de l'exposition. L'espace, le corps et le sens*, Paris, Centre Georges-Pompidou, 1983.

5　Ch. Tavan, «Les pratiques culturelles: le rôle des habitudes prises dans l'enfance», *Insee Première*, n°833, février 2003; O. Donnat, «Transmettre une passion culturelle», *Développement culturel*, n°143, février 2004.

오고 있다. 예술에 대해 관심을 갖게 하는 것은 주로 교육으로 간주되었고(예술 교육의 개념),[6] 이러한 교육 활동은 유년기와 청소년기에 충분히 이루어지고 있다. 예술에 대해 관심을 유도하는 것은 모든 아동을 '평등하게' 수용하는 학교에 의존하고 있다. 모든 학생에게 제공되는 기본적인 예술 교육, 학급별로 이루어지는 예술·문화 프로젝트 수업(PAC), 학생의 자발적인 참여로 이루어지는 비교과 워크숍이 학교에서의 문화예술 활동의 세 축을 구성한다.[7]

박물관의 사회화는 계층적 특성을 지닌다. 영화관을 제외한 모든 문화기관을 관람할 경우, 청소년의 주된 동반자가 학교와 가족이라고 가정한다면, 이러한 제도적인 문화 외출 가운데에서도 박물관은 특수성을 갖고 있다.[8] 실제로 박물관은 부모의 관심을 유도하는 것보다는 학교의 관심을 유도함으로써 혜택을 가장 많이 얻는 문화기관이다(6~14세 연령층의 3/4이 학교 단체관람으로 박물관을 방문했고, 60.0%는 고성 관람, 50.0%는 공연 관람, 30.0% 이하는 도서관을 방문했다). 도서관과 달리 청소년이 혼자 박물관을 관람하는 경우는 매우 드물다. 더욱이 친구들과 함께 박물관을 관람하는 경우도 매우 적은 편이다. 예를 들어, 박물관 관람 빈도는 청소년 동반 관람이 가장 높은 영화관보다 두 배 이상 낮고, 도서관 방문보다 거의 두 배 정도 낮다. 마지막으로 박물관 관람은 고성 관람과 거의 동일한 수준이지만, 영화 관람과는 상이한 양상을 나타내며, 6~14세 연령층의 참여가 낮은 문화활동이다. 따라서 청소년 관람 빈도의 관점에서 보면, 박물관은 한편으로는 문화유산(고성)과, 또 한편으로는 다른 문화기관(도서관, 공연장, 영화관), 그리고 '청소년'의 대표적인 외출(영화관)과는 다른 특성을 지닌다.

부모의 교육열과 학교의 현장학습 차원에서 이루어지는 박물관 관람은 청소년과 박물관 간의 친밀함을 증가시켜주었다. 현재 박물관 관

6   앵글로색슨계에 중요한 '평생 교육(Life long learning)'에 대한 개념은 우리가 생각하는 평생학습(la formation permanente) 개념으로 단순화되지 않았다.

7   *Le fonctionnement des dispositifs de l'action artistique et culturelle*, *Les dossiers*, ministère de l'Éducation nationale, de l'Enseignement supérieur et de la Recherche, n° 174, juillet 2006.

8   6~14세 연령층에 관련된 통계정보는 다음의 문헌에서 발췌했다. S. Octobre, *Les Loisirs culturels des 6-14 ans*, Paris, La Documentation française, coll. «Questions de culture», 2004.

람 경험을 갖고 있는 대중의 수치는 이전 세대에 비해 훨씬 증가했으며, 이러한 확산 현상은 지속되고 있다. 이러한 관람 활동의 확산 현상은 문화활동에 대한 사회계층적 규칙의 적용뿐만 아니라 학교의 영향력 확장에 기인한다. 박물관에 대해 높은 친밀함을 갖고 있는 청소년은 좋은 환경에서 성장했으며, 현재까지 관람에 대한 사회학적 장애 요인도 밝혀졌다. 이러한 주장은 비록 사회 계층의 지속 가능성에 대한 확신은 없지만, 문화적 근접성을 갖춘 계층이 재생산된다는 견해를 인정하게 만든다. 부르디외 이후 비판사회학적 관점에 해당하는 이러한 관점은 문화 기관의 활동에 대해 거의 연구를 하지 않았거나 이러한 활동의 중요성을 간과했으며, 이러한 활동이 사회화의 주역이라는 사실을 드러내지 않았다. 그 이유가 이해되기는 하지만, 프랑스박물관관리청에 속한 박물관의 다양한 관람객, 관람객 수, 관람 방식에 대한 청사진을 얻는 것은 어려워 보인다. 박물관의 지리적 분산, 규모, 내용, 명성의 변화, 관람객 유인력 등의 차이가 이러한 작업의 장애 요인으로 작용한다.[9] 사회 결정론의 작용에 영향을 미칠 수 있는 활동과 경험에 대한 전반적인 평가 없이 박물관 접근에 대한 물질적·경제적·상징적 장애 요인을 해소하기 위해 마련된 활동을 '목표 관람객'에게 제안하면서 관람객에 대한 '지식 보고서(état des savoirs)'를 작성하는 것은 불가능할 것이다. 따라서 기존의 사례에서 일반적 특성을 찾기 위해서는 암초 같은 순수한 궤변을 피해야 한다. 이것이 아녜스 갈리코와 크리스틴 라멜이 문화 전문가의 관점에서 '목표 관람객'의 표상에 대한 흔한 선입견을 없애기 위해 '닫힌 눈꺼풀, 열린 눈. 젊은 관람객의 수용이 모든 관람객에게 도움이 될 때(Paupières closes, yeux ouverts. Quand l'accueil d'un jeune public bénéficie à tous les visiteurs)'로 우리를 초대한 이유다.

상술한 접근 방법은 주로 박물관에 대한 접근을 방해하는 장애 요인, 그리고 이를 해결하기 위한 노력을 설명하는 데 집중한다. 하지만 '관람객이 된다'는 것은 박물관에 가는 행동만을 의미하지는 않는다. 심지어

9   *Les Musées de France en 2003*, Note statistique n°17, DEPS, mai 2006.

재방문해야 한다. 따라서 이러한 문제는 박물관 접근의 장애 요인에 대한 파악에서 취향의 문제로 이동하게 된다. 어떤 측면에서도 역학관계가 성립되지 않는 관람 빈도와 취향의 관계는 작품과 관람객을 만나게 하는 문화적 제도와 관람 활동을 확산시키려는 노력의 중심에 놓여 있다. 따라서 이러한 관계에 대한 검토는 본질적으로 매우 중요한 의미를 지닌다. 6~14세 연령층에 대한 자료는 답변 그 이상의 것을 제공해준다. 관람 빈도와 취향의 관계는 그 어떤 측면에서도 역학적이거나 일반적이지 않다. 청소년은 박물관을 인정하기보다는 인식하고 있고, 지나친 표현일 수도 있겠지만 청소년 관람객의 '거부감'은 연령이 높아질수록 점차 현저하게 나타났다.[10] 반복적인 지도 관람은 아동에게 개인적 결정권을 거의 허용하지 않았으며, 아동은 성장하면서 이러한 제약적 틀에서 벗어나 '성인의 활동' 가운데 일부 활동을 포기하면서 독립성을 요구한다. 따라서 초등학교 졸업 무렵의 박물관에 대한 '본능적 욕망'은 중학교 졸업 시에는 '포화' 상태에 이르게 된다.

더욱이 사회학적 이론은 취향과 취향의 표현 방법에 대해 완전한 이해를 제공하지 않는다. 사회결정론은 다른 요인에 대한 가능성을 고려하게 한다. 하나 고트디에너와 장크리스토프 빌라트의 '근현대미술관의 관람 빈도에 대한 주요 결정 요인: 대학생을 대상으로 한 설문조사(Les principaux déterminants de la fréquentation des musées d'art moderne et contemporain: une enquête auprès d'étudiants)'는 젊은 계층의 취향 형성에 작용하는 사회학적 접근과 심리학적인 접근 결정 요인의 비중을 구분하면서 이 두 가지 접근의 결합을 시도했다. 학교와 가정의 제약이 완화되고, 개인의 태도와 취향이 명확해지는 나이에 갖는 예술에 대한 호기심은 어떻게 형성되는가? 박물관에 대한 호기심은 어떻게 형성되는가? 문화기관을 한 번도 방문하지 않았을 경우에도 예술에 대한 취향은 존재하는가? 우리가 검토한 바와 같이 관람 빈도에 대한 사회적 장애 요인은 비교적 잘 알려진 반면, 예술적 취향의 심리학적 구성요소에 대

---

10 Cf. S. Octobre, «Les 6-14 ans et les équipements culturels: des pratiques encadrées à la construction des goûts», *Revue de l'OFCE, n°86*, juillet 2003.

해서는 실험 이외의 방법으로는 연구가 실행되지 않았으며, 문화기관의 관람에 대한 문제를 다룬 연구는 전혀 없었다.

이러한 관점은 젊은 세대의 문화계, 더 나아가 미래의 문화계에서 특히 박물관을 포함한 문화기관의 위치를 더욱 잘 평가할 수 있게 한다. 그 이유는 문화활동에 대한 사회 계층의 규칙이 항상 검증된다거나, 예술 그리고/또는 박물관에 대한 취향 개발에 개인적 특성이 적합하다고 말하는 것은 지금까지 문화 제도의 중심에 놓여 있던 문화기관의 입지를 지속적으로 보장해주지 않기 때문이다. 이에 문화 정책의 입지뿐만 아니라 실행 방법도 재검토되었다. 학교의 예술 교육이 관심을 유도하는 데 가장 좋은 방법인가? 이러한 예술에 대한 관심을 유도하는 데 어떤 환경이 성과를 거두며, 실제로 관람객의 교육에 참여하게 하는가? 개인과 문화기관, 더 나아가 개인과 문화의 관계는 향후 어떠한 방식으로 발전하는가?

앞서 언급한 마지막 질문은 청소년과 박물관의 관계가 어떻게 변화해왔는지를 면밀하게 관찰하기 위한 장기적인 조사 방법을 필요로 한다. 2002년부터 연구전망통계과는 초등학교 고학년부터 고등학교까지 취학 중인 아동 및 청소년을 대상으로 진행한 문화 영역 변화에 대한 연구 프로젝트에서 이러한 방법을 사용했다. 이 관찰은 2008~2009년에 마무리되었다.

관람객의 프로파일, 기대, 정체성을 이해하는 문제는 문화기관의 정책에서 핵심을 차지하고 있다. 이는 문화 영역, 더 크게는 여가 활동 영역에서 문화기관이 차지하는 위치를 이해하고, 또한 역으로 문화기관의 활동을 통해 대중이 가지고 있는 이미지에 어떻게 영향을 미치는지를 이해하기 위한 것이다. 이러한 문제를 좀 더 이해하기 위해 한편으로는 문화재 '시장'의 인플레이션에 직면하는 문화기관의 '위기'에 관한 담론, 다른 한편으로는 청소년기, 가족의 영향과 그 가치에 대한 '위기' 담론을 지나칠 수도 있을 것이다.

2장

가족과 함께 박물관 관람하기: 전시물과의 교류 최적화하기

안 종슈리(Anne Jonchery)

미셸 방 프라에(Michel Van Praët)

1987년부터 시작된 동물학박물관(Galerie de zoologie)의 진화대전시실(Grande Galerie de l'évolution)로의 재정비 계획은 박물관 설립 시기부터 실행한 관람객 연구에 대한 경험을 활용해서 과학산업박물관의 주제와 전시기술을 구분하는 데 목적을 두었다.[11]

1. 자연사박물관(Muséum national d'histoire naturelle)의 관람객 연구: 전시 기획 지원부터 관람 동기에 대한 이해까지

자연사박물관에서 진행한 연구는 기획을 앞둔 전시 주제의 사회적 표상에 대한 탐구[12]와 식물원(Jardin des Plantes)을 방문하는 관람객의 특성에 대한 문제를 다루었다. 박물관은 일반 대중을 위해 전시를 기획했지만, 설문조사 결과에 의하면 관람객 중에는 고학력자가 많았고, 2/3 이상이 연인이나 아동을 동반한 가족 단위의 관람객이었다.[13]

---

11   Établissement public du parc de la Villette, *Les Études du musée national des Sciences, des techniques et des industries, vol. 5: Janus, bilan des réactions des visiteurs*, Paris, 1983.

12   M. Van Praët, «La non-acquisition des notions des temps et d'espèce, deux entraves à l'enseignement de la théorie de l'évolution», *Actes des XIe Journées internationals sur l'éducation scientifique*, 1989, pp. 357-362.

13   1980년대 중반에 진행된 초기 연구들은 이 두 가지 유형으로 구분되지 않았으며, 이와 관련된 가족 관람의 최저 수준 또한 제공되지 않았다. 그럼에도 두 가지 유형의 관람객에 대한 누적 수치는 혼자 방문한 관람객 또는 그룹으로 방문한 관람객이 아닌 경우의 관람에 대한 주요 특성을 제시해주었다. 일부 기획 전시의 경우, 혼자 박물관을 방문한 관람객 수는 30.0% 정도였으며, 자연사박물관의 상설 전시에서는 25.0%를 차지했다. 학생들이 차지하는 비율도 이와 동일한 수준이었다(M. Van Praët, M. Missud, «Behavior of the French public towards the Natural History Museum», *Visitor Behavior*, vol. 5, n°2, 1990, p. 8).

이러한 관점에서 보면, 자연사박물관의 관람객은 파리 지역 주요 박물관의 관람객과 매우 유사한 특성을 가졌다. 이와 같은 사실로 인해 박물관 재정비를 맡은 부서는 전시 기획을 재고하게 되었고, 외부 전문가가 연구 프로그램[14] 개발에 합류했다.

이 연구는 진화대전시실 신설과 동시에 진행되었고,[15] 관람객상설관찰소 설치와 함께 연장되었으며, 이후 지속적으로 진행되었다. 1987~1994년에 진행된 모든 연구는 예시(豫示) 전시의 실행, 전시기술의 '시험적' 운용, 1991~1992년에 진행된 관람객 활동에 대한 이론적이며 실용적 연구 등으로 그 정점에 도달하게 되었다.[16] 평가 프로그램은 전시 기획을 지원하는 도구로서 현재도 진행되고 있지만, 진화대전시실 개관 이후에는 연구 방향을 제도적으로 관람객의 기대, 만족, 변화로 재조정했다.[17] 이에 따라 1994년부터 증가한 '자유 관람객(en visite libre)'과 1999년 9월부터 정체된 '학교 단체관람'은 가족 관람객에 더욱 집중하는 계기를 마련해주었다.[18]

가족 관람객에 대한 박물관의 관심은 매우 늦게 태동했다. 북미의 경우, 관람객 연구는 20세기 초에 시작되었는데, 초반에는 개인 관람

14   J. Eidelman, M. Van Praët, «Études, thèses et travaux réalisés à propos de la Grande Galerie de l'évolution», in J. Eidelman, M. Van Praët (dir.), La Muséologie des sciences et ses publics, Paris, Puf, 2000, pp. 335-337.

15   박물관 재정비는 1988년의 대규모 재정비 프로그램에 포함되었고, 대전시실은 1994년 6월에 개관했다.

16   평가 프로그램 내에서 모델에 대한 평가나 독립된 공간에 대한 평가가 전시 개념을 부분적으로 반영하는 경우에는 반드시 사전에 전시물의 프로토타입을 제작해야 했다. 전시는 전시 기획자의 의도로 생성된 틀에 따라 배열된 공간적이며 3차원적 미디어로 여겨졌으며, 관람객 각자의 속도에 맞추어 동반 관람객이나 전시물과의 상호작용이 이루어졌다[M. Van Praët, «Connaître ses visiteurs, démarche douloureuse ou aide à la création des expositions», in B. Pellegrini (dir.), Sciences au musée, sciences nomades, Genève, Georg éd., 2003, pp. 199-214].

17   C. Fromont, M. Van Praët, «Structuration des publics de la Grand Galerie de l'Évolution», La lettre de l'Ocim, 48, 1996, p. 1620; J. Eidelman, F. Lafon, C. Fromont-Colin, «Publics en évolution», in J. Eidelman, M. Van Praët (dir.), La Muséologie des sciences et ses publics, op. cit., pp. 95-121.

18   A. Jonchery, Quand la famille vient au musée: des pratiques de visites aux logiques culturelles, thèse de doctorat en muséologie, sous la dir. de M. Van Praët, Muséum national d'histoire naturelle, 2005.

[그림 3-1] 자연사박물관의 진화대전시실

출처: http://www.mnhn.fr/fr/visitez/lieux/grande-galerie-evolution

객에, 그 이후에는 학교 단체관람에 집중했다.[19] 이 시기에 동반 관람객에 대한 연구가 실행되지 않은 것은 이념적 이유만큼 방법론적 이유도[20] 컸기 때문이다. 교육과 시민을 우선적으로 고려했기 때문에 오랜 시간을 가족 관람보다는 학교 단체관람에 대한 연구에 주력했다. 사회성의 도구로서 박물관 관람에 대한 관심[21]은 1970년대부터 밀워키공공박물관(Milwaukee Public Museum)과 워싱턴 D. C.의 스미스소니언연구소(Smithsonian Institution) 등 북미 박물관에 이어 1980년대 영국과 프랑스를 비롯한 유럽의 박물관들이 관심을 가진 문제의 확산과 일치했다. 이후 전시에 대한 가족 행태와 학습 방법은 각각 독자적인 연구주제로 발전했다.

연구 자료에서 '가족 관람'에 대한 다양한 정의가 등장했고, '가족 관람객'이라는 단어도 다양한 상황을 다루었다. 때로는 홀로 방문하지

---

19 D. Samson, B. Schiele, «L'évaluation: perspectives historiques 1900-1970», in B. Schiele (dir.), Faire voir faire savoir. La muséologie scientifique au présent, Québec, Musée de la Civilisation, 1989, pp. 107-127.

20 혼자 방문한 관람객이나 학교 단체 관람객처럼 집단 형태로 방문한 관람객의 행태를 분석하는 것이 전시물이나 동반 관람객 간의 복잡한 상호작용을 나누는 가족이나 연인 같은 소규모 집단의 행태를 분석하는 것보다 쉽다.

21 M. Niquette, La Sociabilité au musée: un point d'ancrage pour l'évaluation des stratégies communicationnelles de la diffusion des sciences, thèse de doctorat en communication, sous la dir. de B. Schiele, Université du Québec à Montréal, 1994.

않는 관람객 전체를 '가족 관람객'이라고 지칭하기도 했고, 때로는 성인과 아동으로 구성된 집단을 '가족 관람객'이라고 일컫기도 했다. 결과적으로 가족 관람객에 대한 예측은 불분명했고, 각 연구마다 편차도 컸다. 루시앙 미로네(Lucien Mironer)는 100개 프랑스 박물관의 관람객 연구를 통해 "성인 관람객 가운데 15세 이하의 아동[22]을 동반한 관람객 비율이 22.0%를 차지한다"고 밝혔다. 좀 더 자세히 알아보면, 이러한 방식의 관람은 자연사박물관을 포함한 과학기술박물관의 경우에는 47.0~48.0%, 파리 지역 미술관의 경우에는 5.0~18.0%, 지방미술관의 경우에는 7.0~24.0%를 차지했다.[23]

오늘날 관람의 상당 부분을 차지하고 있는 가족 관람은 단순한 부수적인 현상인가? 가족 관람객에 대한 구분과 그 연구와 관련된 효과 이외에도 여기서는 가족 관람객의 관람 빈도 증가는 주요 동향이라는 가설을 인정하고 있다. 예를 들어, 진화대전시실의 개관 이후 아동을 동반한 성인의 관람률은 지속적인 성장 추이를 보였다.

[표 3-1] 진화대전시실의 관람객 증감 추이(1995~2001)

연도	1995	1996	1997	1998	1999	2000	2001
혼자 방문한 관람객(%)	25.0	25.0	24.0	23.0	19.0	15.0	16.0
성인 관람객(%)	46.0	44.0	45.0	41.0	45.0	38.0	34.0
아동을 동반한 성인 관람객(%)	29.0	31.0	31.0	36.0	36.0	47.0	50.0
합계(%)	100.0	100.0	100.0	100.0	100.0	100.0	100.0

자료: 라퐁(Lafon), 2001[24]

가족 관람객의 관람 빈도가 증가한 원인은 무엇인가? 1960년대부터 가족을 둘러싼 변화는 현대사회의 발전을 반영하고 있다.[25] 이러한 관점에서 우선적으로 가족 관람객에 대한 청사진을 통해 가족의 현대적 형태와 특성을 규명해야 한다. 그다음으로 가족 관람은 어떻게 이루어지

22 L. Mironer, «Cent musées à la rencontre du public: les chemins de la rencontre», Publics & Musées, n°15, janv-juin 1999, p. 138.

23 L. Mironer (en coll. avec P. Aumasson et C. Fourteau), Cent musées à la rencontre du public, Castebany, France Édition, 2001.

24 F. Lafon, Les Visiteurs de l'exposition permanente, MNHN / Observatoire permanent des publics, Direction de la Grand Galerie de l'évolution, 2001.

25 F. de Singly, Sociologie de la famille contemporaine, Paris, Nathan, «coll. 128», 1993.

는지, 다시 말해 관람 동기, 그 맥락과 의미는 무엇인지를 설명해야 한다. 마지막으로 이러한 일련의 요인이 어떤 방법으로 박물관 문화 정책의 방향을 결정하는 데 사용되는지 논의해야 한다.

2. 가족 관람객: 연구방법론, 프로파일, 실태

'가족 관람객'에 대한 개념적 의미는 상이했으며, 심지어 일부 박물관은 이 범주에 속하는 관람객에 대한 자료를 전혀 갖고 있지 않았다. 이에 소장품을 중심으로 전시를 구성하지만[26] 소장품 측면에서는 매우 다른 특성을 지닌 파리에 위치한 자연사박물관[27]의 고생물학·비교해부학전시실, 오르세미술관(Musée d'Orsay),[28] 국립해양박물관(Musée national de la Marine)[29]을 대상으로 설문조사 방법을 개발했다.

[그림 3-2] 자연사박물관 고생물학·비교해부학전시실

출처: http://www.mnhn.fr/fr/visitez/lieux/galerie-paleontologie-anatomie-comparee

26 A. Jonchery, Quand la famille vient au musée…, op.cit.

27 아동을 동반한 관람객의 비율은 63.0%였다(Cf. F. Lafon, Étude d'audience des Galeries de paléontologie et d'anatomie comparée, MNHN / Observatoire permanent des publics, Direction de la diffusion et de la communication, 2005).

28 아동을 동반한 관람객의 비율은 5.0%였다(Cf. L. Mironer, Cent Musées…, op.cit.).

29 해당 박물관에 대한 자료가 존재하지 않음.

[그림 3-3] 국립해양박물관

　　설문조사는 가족 관람객에 대한 정의를 고려하여 적어도 성인 1명
과 아동 1명의 가족관계를 이루고 있는 집단 관람객을 대상으로 했다.
가족 관람객에 대한 이 조건은 다양한 혈연관계와 집단 규모의 변수가
허용되는 구조 내에서 아동 동반을 가족 관람객과 연결했다. 각 박물관
에 대한 가족 관람 빈도의 프로파일과 관람에 대한 특성을 파악하기 위
해 세 곳의 박물관에서 총 350개의 가족 집단에 대한 조사가 이루어졌다.
동시에 자연사박물관의 가족 관람객 집단의 관람 동기, 기대 그리고 방
식을 수용하기 위해 40개의 반직접적 인터뷰를 통한 정성적 설문조사가
진행되었다. 정량적인 방식의 자료 분석을 통해 이들 박물관의 공통된
성향이 확인되었으며, 정성적 설문조사를 통해 자연사박물관의 특성이
도출되었다.

1) 파리에 위치한 두 곳의 박물관과 비교해본 자연사박물관 관람객의 형태와 프로파일

전반적으로 연구 대상인 세 곳의 박물관(자연사박물관, 오르세미술관, 국립해양박물관)의 가족 관람객 형태는 동일한 특성을 지녔다. '가족'은 소규모 집단 형태로 박물관을 방문했다. 2~4명으로 구성된 집단이 83.0%, 성인 1명과 아동 1명 이상의 집단이 53.0%, 아동 1명과 성인 1명 이상의 집단이 46.0%를 차지했다(표 3-2/그림 3-7 참조). 조사 대상의 가족 집단 가운데 3/4은 부모-자식 간의 친족관계였는데, 이러한 관계가 가장 높은 비율을 차지했다. 조부모와 손자/손녀로 구성된 집단은 전체의 10.0%, 숙부/숙모와 조카로 구성된 집단은 6.0%를 차지했다. 마지막으로 친척으로 구성된 집단은 모집단의 9.0%를 차지했다. 이와 같은 집단의 구성 방식은 대가족 형태가 아닌 부부 중심 가족 형태의 침체와 '친밀한' 사회성에 대한 추구를 동시에 반영한 것으로 이해할 수 있다.

[그림 3-4] 국립해양박물관의 어린이 관람객

출처: https://en.parisinfo.com/what-to-do-in-paris/info/guides/family-outings-in-paris/for-inquiring-minds-cultural-activities-in-paris/family-museum-visits

부모-자식으로 구성된 집단에서 부모가 함께 방문한 경우는 43.0%, 어머니만 방문한 경우는 38.0%, 아버지만 방문한 경우는 19.0%였다.

이러한 결과는 종종 부모 중 1명과 아동 1명과 같이 나누어진 형태로 여가 활동을 하는 현대 가족의 관계 상황을 보여준다. 어머니와 함께 방문한 경우가 압도적으로 많았는데, 이는 전통적으로 어머니에게 부여된 교육적 역할을 의미함과 동시에 문화활동의 여성화와 연관된다.[30] 박물관을 방문한 아동 중에는 남아의 비율이 높았다. 조사 대상이었던 611명 중 아동의 성비는 남아 56.0%, 여아 44.0%를 차지했다. 이러한 성비의 차이는 아동을 1명만 포함한 가족 방문의 경우에 더욱 현저하게 나타난 (남아 67.0%, 여아 33.0%) 반면, 2명 이상의 아동을 동반한 가족 관람의 경우에는 성비가 균일했다.

[그림 3-5] 오르세미술관과 가족 관람객

출처: http://www.parisinsidersguide.com/musee-d-orsay.html

30   O. Donnat, «La féminisation des pratiques culturelles», Développement culturel, n°147, 2005.

[그림 3-6] 오르세미술관의 어린이 투어 프로그램

출처: https://www.contexttravel.com/cities/paris/tours/musee-dorsay-for-families-tour

한 가지 흥미로운 사실은 박물관에 따라 성비에 편차가 있다는 것이다. 오르세미술관의 경우, 사회적 표상 속에서 여성적 양식과 예술적 문화 간의 영향력으로 여아의 비율이 높았다. 또한 오르세미술관의 경우, 부모와 함께 방문한 가족 관람객이 매우 높은 비율을 차지했다(부모를 모두 동반한 가족 관람객은 57.0%, 부모 중 한 명만 동반한 경우는 43.0%였다). 반면 국립해양박물관의 경우, 부모를 모두 동반한 가족의 비율이 가장 낮았고(25.0%), 부모를 한 명만 동반하는 경우에는 아버지보다는 어머니 관람객의 비율이 높았으며, 여아보다는 남아의 비율이 훨씬 높았다.

고생물학·비교해부학전시실의 경우, 조부모·숙부·숙모를 포함한 집단이 30.0%를 차지했으며, 이와 함께 다양한 형태의 가족 집단이 방문했다. 따라서 과학박물관과 역사박물관은 좀 더 다양한 유형의 가족 집단(완전한 형태의 가족은 적은 반면 다양한 형태의 가족이 많았다)과 현대 가족의 특성을 지닌 가족 집단으로 구분되었다. 1966년 피에르 부르디외와 연구자들이 정의한 바와 같이,[31] 미술관은 박물관 관람객의 전통적 이미지[32]를 유지하고 있었고, 이와 같은 결과는 관람의 변화에 대한 연구에서 박물관의 다양성에 대한 의미가 지니는 중요성을 제시해주

31 다른 두 박물관의 가족 관람객이 특별히 서민층에 속하는 것은 아니지만, 오르세미술관의 가족 관람객은 학위 수준이나 부모의 사회계층에서 가장 엘리트주의적이었다(Cf. A. Jonchery, Quand la famille vient au musée…, op. cit.).

32 P. Bourdieu, A. Darbel, avec D. Schnapper, L'Amour de l'art. Les musées d'art euro-péen et leur public. Paris, Minuit, 1966.

었다.

[표 3-2] 파리 지역에 위치한 자연사박물관, 오르세미술관, 국립해양박물관을 방문한
350개 가족 관람객 집단의 성인과 아동의 비율

아동 수	성인 수			합계
	성인 1명	성인 2명	성인 3명 이상	
아동 1명	28.0%	17.0%	1.0%	46.0%
아동 2명	21.0%	17.0%	1.0%	40.0%
아동 3명 이상	4.0%	8.0%	2.0%	14.0%
합계	53.0%	42.0%	5.0%	100.0%

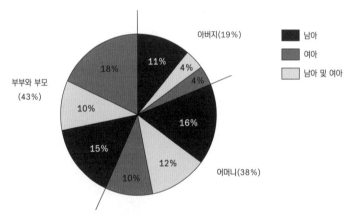

[그림 3-7] 파리 지역에 위치한 자연사박물관, 오르세미술관, 국립해양박물관을 방문한
가족 관람객 집단의 부모와 아동의 구성 비율

2) 자연사박물관의 사회성과 가족 친화성

인터뷰 결과에 의하면, 가족 관람은 다양한 관람 동기를 결합시켰다. 관람은 자체적으로 다의적 행위인 동시에 교육적 행위다. 박물관은 지식과 깨달음, 그리고 세계로 열린 장소다. 기쁨과 즐거움을 목적으로 한

관람 행위는 아동의 바람과 호기심에 부응한다. 하지만 이와는 반대로, 관람은 의사결정이나 실행 과정에서 부모로서의 입지와 개인의 정체성을 반영하는 성인의 취향과 종종 관련되었다. 하지만 가족이 함께하며 공유하고 싶은 바람이 명확해지는 가족 친화성의 도모는 가족 관람의 동기에 항상 포함되어 있다. 이러한 가족 친화성과 공유에 대한 동기는 고생물학·비교해부학전시실의 가족 관람객 집단에서 반복적으로 나타났다. '만일 자연사박물관을 방문하지 않았다면, 그 시간에는 무엇을 했을까?'라는 질문에 대해 10가족 가운데 9가족은 가족과 함께 시간을 보낼 수 있는 다른 가족 활동에 대한 이야기를 해주었다.

'사회적' 관람 동기 가운데 가장 중요한 것은 가족과 함께 시간을 보낸다는 것이다. 한 아버지 관람객[36세, 중견간부, 대학원 졸업, 아내·딸(6세)·아들(4세)과 함께 관람]은 관람에 대해 다음과 같이 설명했다. "박물관에 오는 것은 가족과 함께 가능한 한 많은 시간을 보내기 위해서입니다. 아내와 제가 직장인이라서 늘 바쁘고, 스트레스도 심한 편이에요. 아이뿐만 아니라 저희 부부에게도 이런 시간이 필요했던 것 같아요." 일상생활의 리듬, 사회적·직업적 시간의 조정 등은 특히 이러한 가족 간의 친화성에 대한 기대를 설명해주었다. 가족과 함께 보낼 수 있는 시간이 점차 감소함에 따라 삶의 질을 향상시킬 계기가 필요했다. 가족 관람객은 박물관과 전시 공간을 이러한 '함께함(être ensemble)'이 가능한 공간으로 인식했다.

관람의 유일한 동기에 해당하는 친화성은 종종 대다수 가족에게 전시 기반의 경험 공유와 대화라는 개념과 연관되어 있다. 중견간부인 남편(36세), 세 자녀(2/6/9세)와 함께 관람하러 온 젊은 엄마는 이러한 사실을 입증해주었다. "박물관을 방문하는 이유는 가족과 함께 영화를 관람하는 것과 같은 이유입니다. 함께 시간을 보내고, 새로운 것을 접하고, 그것에 대해 이야기를 나누기 위해서죠." 아이들과 함께하지 않았다면, 박물관에 오지 않았을 것이라고 표현한 어머니 관람객은 공유에 대한 동기의 중요성을 매우 강조했는데, 그 이유는 "아이들 없이 박물관에 오는 것은 재미가 없기 때문"이었다. 가족에게 박물관 관람은 전시 관람을 통해 얻은 경험에 대해 이야기를 나눌 수 있는 기회를 제공했다. 가족과 잘 지낸다는 것은 함께 이야기할 수 있다는 것을 의미하며,[33] 가족 관람객은 이러한 관점에서 박물관에 접근했다.

관람객이 박물관에서 발견하는 이러한 공유와 가족의 사회성은 몇 가지 목적과 유익함을 연결해준다. 박물관에서 보낸 시간 이상으로 관람 경험은 관람 후에도 가족의 결속력 강화에 영향을 미친다. 다시 말해, 집으로 돌아가는 길에 나누는 대화는 가족관계를 연결해주고 결속력을 활성화시킨다.

(아버지) "함께 나눌 수 있다는 것, '아! 거기 같이 갔었지?'라고 말할 수 있다는 것이 좋은 겁니다."
(조사자) "나누는 것이네요……."
(아버지) "네, 나누는 것이죠. 무언가를 함께하게 되면 경험도 쌓이고, 가족 간의 관계도 돈독해지죠."
[남성, 34세, 중견간부, 학사학위 소지자, 딸(6세)과 함께 박물관 방문]

이러한 방식으로 이루어지는 교류는 가족의 정체성을 재확인하는 기회를 제공했다. 동일한 맥락에서 박물관 관람은 가족의 기억과 추억으로 저장되었다. 때로는 부모의 어린 시절에 자신의 부모와 함께 같은 박물관을 관람한 경험을 갖고 있는 경우도 있었다. 예를 들어 아들, 자매, 조카와 함께 고생물학전시실을 방문한 어머니 관람객의 경우, 고생물학전시실에 대한 어린 시절의 추억을 떠올리면서 아이들도 그러한 기억을 갖기 원했다. 이 어머니 관람객은 아이들과 자신의 개인적인 기억 속의 경험을 공유하고, 그 경험이 집단의 기억으로 간직되기 원했다.

33   F. de Singly, «La famille individualiste face aux pratiques culturelles», in O. Donnat et P. Tolila (dir.), Le(s) public(s) de la culture, Paris, Presses de Sciences Po, 2003, pp. 43-59.

(조사자) "왜 가족과 함께 이 박물관을 관람하기로 하셨나요?"

(어머니) "왜냐하면 무언가를 함께하기로 했기 때문입니다. 그리고 제가 어렸을 때 이 박물관을 방문했고, 어렴풋하지만 너무 좋은 추억으로 남아 있으며, 매료되었던 기억이 떠오르네요. 그래서 그 일부를 다시 찾아보려고 왔습니다."

(조사자) "그러니까 가족과 다시 오신 것은······"

(어머니) "네, 아이들과 무엇인가를 더 많이 공유하고 싶어서예요."

[여성, 44세, 전문직, 학사학위 소지자, 아들(12세)·자매, 조카(8/12세)와 함께 방문]

이러한 관점에서 보면, 가족 관람은 가족의 추억을 재사회화하는 동시에 재조정하는 기회를 제공한다.[34] 관람은 간접적인 방식으로 타인의 입장을 이해할 수 있게 해준다. 새로운 환경에 놓인 아이는 집에서처럼 행동하지 않는다. 가족 관람의 경우, 부모에게 전시는 아이가 새로운 것을 더 깊이 접하고 관심 분야를 넓히게 해주는 탐험 도구이다. 따라서 이러한 상호 관찰의 유익함은 관람의 시공간을 넘어 가족관계에서 나타난다. 이것이 아들과 함께 고생물학전시실을 방문한 어머니 관람객의 관람 목적이었다.

(어머니) "우리의 관계 밖에 놓여 있는, 즉 정서적인 관계에 놓여 있지 않은 사물이나 영역을 통해 생각과 정서를 나누면서 우리에 대해 더욱 잘 알게 되었고, 서로가 무엇을 좋아하는지를 알게 되었으며, 더 나아가 그러한 이해를 공유하게 되었어요."

[여성, 35세, 무직, 석사학위 소지자, 아들(8세)과 함께 방문]

34   J.-P. Cordier, S. Serre, «Interactions familiales au musée: approches sociologiques et psycho-cognitives», in J. Eidelman, M. Van Praët (dir.), *La Muséologie des sciences...*, op. cit., pp. 259-279.

[그림 3-8] 자연사박물관의 가족 관람객

출처: https://en.parisinfo.com/paris-museum-monument/71549/Gale-rie-des-Enfants-Museum-national-d-Histoire-naturelle

3) 전시 관람 시 아동에 대한 부모의 태도

가족의 관람 동기 가운데 가족 친화성과 연관된 것으로는 교육적 동기를 들 수 있다. 하지만 관람할 때, 부모는 전시 내용과 그들의 자녀에 대해 다양한 태도를 보였다.[35] 첫 번째 경우는 부모가 '동반자-보조자' 역할을 하는 경우였다. 이러한 경우, 아동은 전시와 직접적인 관계를 맺으면서 독립적으로 학습했다. 부모는 거리를 두고 지켜보다가 질문에 대한 답변이 필요할 때만 자녀에게 접근했다. 따라서 아동과 전시가 직접적인 상호작용을 주고받을 수 있도록 아동과 박물관과의 만남에서 부모는 배제되었다.[36] 다음의 대화는 이러한 상황을 설명해준다.

---

35 부모가 취하는 태도는 다양한 전략을 보여주는데, 이는 세풀베다(Sepulveda)가 분석한 교사들의 태도와 관련성이 있다(L. Sepulveda-Koptcke, *Les Enseignants et l'Exposition scientifique: une étude de l'appropriation pédagogique des expositions et du rôle de médiateur de l'enseignant pendant la visite scolaire*, thèse de doctorat en muséologie, sous la dir. de M. Van Praët, Muséum national d'histoire naturelle, 1998). 이러한 태도는 힐케(Hilke)와 디어킹(Dierking)의 가족 간 학습 과정과도 연관되어 있다(D. D. Hilke, «Strategies for Family Learning in Museums», Visitor Studies – 1988: Theory, Research and Practice, Jacksonville, Center of Social Design, 1988, pp. 120-134; L. D. Dierking, «The Family Museum Experience: Implications from Research», *Journal of Museum Education*, vol. 14, n°12, 1989, pp. 9-11).

36 오르세미술관과 국립해양박물관의 경우, 문화매개자 프로그램을 통해 부모와 자녀의 거리 두기를 지원하고 있다. 이러한 경우, 아동은 부모 대신 문화매개자로부터 도움을 받아 관람할 수 있다.

(아버지) "아이가 전시를 이해하려면 어느 정도의 나이가 되어야 하며, 혼자서도 읽어보려는 노력을 해야 한다고 생각해요. 왜냐하면, 부모가 몇십 분 동안 일일이 다 읽어주면 진도를 나갈 수 없고, 전시를 제대로 볼 수 없잖아요. 그래서 일단 자기가 직접 고르고, 본 것들에 대해 이해가 안 가는 부분이 있을 때 질문을 하게 했어요. [……] 박물관을 혼자 관람할 수 있어야 하는데, 설명이 많으니까 일단 그런 설명을 읽을 줄 알아야 하겠죠. 하지만 모르는 단어가 있으면, 우리는 언제든지 아이를 도와줄 거예요."
[남성, 38세, 중견간부, 학사학위 소지자(고등학교 졸업 후 2년의 고등교육), 아내·아들(6/10세)과 함께 방문]

아동과 전시 사이에 부모가 '매개자-시연자' 역할을 하는 경우도 종종 있었다. 이러한 경우에는 대화에서 전달하는 역할의 비중이 지배적이었다. 몇몇 부모의 경우, 미술관보다는 과학박물관에서 교육자나 매개자의 역할을 훨씬 용이하게 수행했다.

(아버지) "우리 아이는 고생물학전시실에 전시된 동물의 골격 같은 것을 무척 좋아해요. 벌써 세 번이나 갔을 정도로 정말 좋아해요."
(조사자) "아이가 매번 다른 호기심을 갖고 있었나요?"
(아버지) "척추 뼈의 수를 세어본다든가, 동물의 발이 어떻게 진화하는지를 설명한다든가, 이런 것들을 많이 하죠."
(조사자) "미술관에는 자주 가시지 않나요?"
(아버지) "네. 그런 셈이에요. …… 물론 과학박물관이 더 쉬운 것은 아니지만, 제가 뭔가를 더 많이 해줄 수 있거든요."
[남성, 39세, 교수, 석사학위 소지자(고등학교 졸업 후 5년의 고등교육), 아들(7세)과 함께 방문]

몇몇 경우에는 교육에 대한 부모와 자녀의 관계가 바뀔 때도 있었다. 이는 학교가 주관한 관람이나, 어떤 주제 또는 소장품에 대한 개인적인 호기심으로 인해 아이가 부모보다 탁월한 능력을 갖게 된 경우이다. 이러한 경우, 아이가 매개자 역할을 맡았다. 부모 입장에서는 이러한 경우가 이례적이기는 해도 부모로서 보람을 느끼게 해주므로 이러한 관계를 기꺼이 수용했다.

(어머니) "아이가 엄청 좋아해서요. 게다가 아이가 저를 가르쳐준다니까요."
(조사자) "아이가 공룡에 대해 많이 알고 있나 봐요?"
(어머니) "물론이죠! 또한 함께 배우기도 한답니다."
[여성, 31세, 노동자, 학위 없음, 딸(5세)과 함께 방문]

마지막 상황은 공동 교육의 형태였는데, 이러한 경우에는 부모와 아이가 협력하면서 해석했다. 이러한 유형의 태도를 가진 부모는 주로 시각에 대한 차이를 강조했다. 고생물학전시실에서 만난 아버지 관람객은 딸과 나눈 대화와 관람의 교육적·정서적·사회적 유익함을 상세히 설명했다.

(아버지) "아이들과 박물관에 오게 되면 박물관을 전혀 다른 각도에서 보게 됩니다. 왜냐하면, 아이들은 새로운 시각을 가지고 있기 때문이죠. 아이들은 우리가 전혀 볼 수 없었던 것에 대해 질문을 해요! 이 대벽화를 사례로 들 수 있겠는데요[벽에 걸린 코르몽(Cormont)의 벽화를 가리킨다]. 제 딸의 눈에는 다른 것이 보일 겁니다. 매우 작고 세밀한 것일 수도 있고, 일화적일 수도 있고, 매우 다른 것이에요. 저는 오히려 역사가의 관점을 가지고 있는데 말이죠. 저는 이런 것들이 모두 매우 도움이 된다고 생각합니다."

[남성, 37세, 중견간부, 딸(5세)·아들(2세)과 함께 방문]

앞서 기술한 입장은 가족 관람 시 부모의 행동과 동기, 교육적 맥락의 다양성을 보여준다. 과학 전시를 더욱 적절히 구현하고, 이전에 방문했던 가족이 박물관을 재방문해서 새로운 전시를 관람할 수 있도록, 그리고 부모와 아동이 각각 다른 역할을 수행하며 전시를 통해 즐거움을 얻을 수 있도록 다양한 장치를 제공해야 한다.

4) 가족적 맥락의 중요성

몇몇 가족 관람객의 경우, 성인은 박물관 관람에 대한 경험이 거의 없었으며, 가족과 동행할 경우에만 관람이 이루어졌다. 이러한 상황은 고생물학·비교해부학전시실에서 이루어진 40개의 인터뷰 가운데 4개의 사례에서 현저하게 나타났다. 이에 대한 두 가지 논리는 다음과 같다.

첫 번째 경우, 부모가 박물관에 대해 관심은 있었지만, 관심이 관람으로 연계되지는 않았다. 부모로서의 입지와 자녀들의 존재가 관람을 촉발하는 계기가 되었다. 따라서 아내와 두 아들과 함께 자연사박물관을 방문한 아버지 관람객은 관람 이유와 가족적 맥락이 제공하는 '기회'에 대한 기대를 동시에 설명해주었다.

(조사자) "아이들 없이도 혼자 이 박물관을 방문하셨을까요?"
(어머니) "아니요, 지금까지 그랬던 적은 없었어요. 당신은 어때?"
(아버지) "네, 저는 이번에도 방문했고, 그랬을 것 같아요. 오래전부터 박물관 근처에서 일하고 있거든요. 이 근처를 자주 지나가긴 했는데 한 번도 기회를 갖지 못했어요. [……]"
(조사자) "그럼 혼자 방문하셨다면, 개인적인 관심 때문이었겠죠?"
(아버지) "네."

(조사자) "특히 전공 때문인가요?"

(아버지) "네, 전공이요. 왜냐하면, 저는 농업에 관련된 전공을 해서 박물관에서 볼 수 있는 소소한 것들을 다루었어요. 개인적이라기보다는 흥미를 느끼는 것들이죠. 그렇지만 방문할 기회가 정말 있었을지는 모르겠네요. 아이들이 더 클 때까지 기다렸으니까요."

[남성, 38세, 기업 대표, 아내·두 아들(6/10세)과 함께 방문]

박물관에 대한 성인의 초기 태도는 오랜 기간 지속되어온 박물관과의 거리감과 박물관에 대한 접근에 부정적인 영향을 미치는 사회적 지위와 관련된 문화적 소심함과 밀접한 관련성이 있었으며, 가족적 맥락은 이러한 장애 극복의 촉매제로 작용했다. 한편 성인이 아동의 동반자 역할에만 집중하는 경우도 있었는데, 이러한 경우에는 성인 스스로 부모의 역할을 적절히 하고 있다고 생각했다. 또한 이러한 경우, 성인은 개인적 바람이나 유익함을 추구하지 않았으며, 가족 관람은 전적으로 아동 위주로 이루어졌다. 이러한 태도는 박물관이 자신을 위한 장소가 아니라고 생각하는 성인에게서 종종 발견되었다. 딸과 함께 방문한 고생물학·비교해부학전시실 외에 그 어떤 박물관도 방문한 경험이 없는 어머니 관람객은 다음과 같이 말했다.

(조사자) "어렸을 때도 다른 박물관을 방문하지 않으셨나요?"

(어머니) "한 번도 방문하지 않았어요. 딸아이를 갖고부터 점차 관심을 갖기 시작했는데요. 그전에는 정말 전혀 관심이 없었어요."

(조사자) "정말 따님을 위해 방문하신 거군요."

(어머니) "네, 아이가 배울 수 있도록 [……]"

(조사자) "따님 없이 혼자서도 이 박물관을 방문하셨을까요?"

(어머니) "솔직히 말씀드려서 아이 때문에 박물관에 관심을 갖게 된 것이라서 혼자서는 여기에 오지 않았을 거예요. 혼자 오는 건 딸애

랑 오는 거랑 다르니까 올 것 같지 않네요."
[여성, 31세, 노동자, 학위 없음, 딸(5세)과 함께 방문]

관람 경험이 없는 성인이 포함된 가족 관람객의 경우, 가족적 맥락의 중요성은 더욱 명백하게 드러났다. 부모로서의 정체성은 박물관에 대한 접근과 관람 지원에 대한 역할을 안정적으로 이행하게 해준다. 박물관은 전시 내용이 가족의 전체적인 관람 계획과 조화를 이룰 수 있도록 특별히 주의를 기울여야 한다. 전시 내용을 이해하는 데 어려움이 발생한다든지, 특히 아동의 질문에 성인이 적절하게 답변하지 못하거나 의견을 제대로 나누지 못하게 되면, 향후 재관람에 대한 계획은 무산될 수 있다. 잠시 동안이라도 가족 관람객이 불안정한 상태에 놓이게 된다면, 전시 관람이 형성하는 구성 과정에 대해 혼란스러움을 느낄 수 있다.

가족은 자녀의 나이, 가족의 발전 주기 등의 맥락과 시기, 그리고 방문 대상인 박물관에 따라 각기 다른 관람 동기를 갖게 되는데, 이는 관람 경험을 변화시키고 더욱 풍부하게 한다. 가족 활동에 대한 분석은 가족 관람이 학습 및 구축되는 것이며, 가족 친화성과 공유 과정을 통해 박물관 또한 가족의 형성에 참여한다는 사실을 제시해주었다.

3. 박물관의 정책 수립을 위해 가족 관람 행태에 대한 지식 활용하기

진화대전시실은 1994년 개관해서 13년 동안 운영된 이후 지식의 발전과 사회의 새로운 문제,[37] 그리고 관람 활동의 변화 등의 조정에 대해 고민했다. 자연사박물관의 경우, 3~13세 아동을 동반한 가족이 대부분을 차지했다. 특히 부모가 '종의 다양성과 멸종'이라는 주제에 대해 별다른 어려움 없이 10세 이하의 아이와 공유한 가족의 경우, 전시 주제와 관계없이 아이가 고학년이 되면 관람에 대해 부담을 느끼는 것처럼 보였다. 프로그램 기획은 관람 활동을 좀 더 용이하게 하기 위해, 더 나아가 박

---

37   지구의 진화와 동식물의 대대적 멸종에 대한 미발표 주제는 전시실 개관에 대한 사회적 관심을 이끌어내는 데 일조했다. 그때부터 이러한 주제들은 사회적인 문제로 다루어졌으며, 언론을 통해 확산되었다. 따라서 생물학적 진화와 인간에 대한 주제에 대한 기본 요소는 현재의 질문에 답하고 미래의 질문에 대해 미리 예측 및 대비할 수 있도록 쇄신되어야 한다.

물관에 익숙하지 않은 관람객에게 도움을 주기 위해 동반 아동의 질문과 기대에 대한 성인의 불안감을 완화시키는 데 초점이 맞추어졌다(아동의 연령, 성인의 지위와 가족 내에서의 입지와 상관없이).[38]

[그림 3-9] 자연사박물관의 진화대전시실

출처: https://en.parisinfo.com/paris-museum-monument/83427/Grande-Gale-rie-de-l-Evolution-Museum-national-d-Histoire-naturelle

　　과학박물관학 관점에서 두 가지 문제점이 제기되었다. 대다수 미술관은 문화 정책의 활성화와는 관계없이 관람 빈도의 다양성에 대한 이해가 낮은 편이지만, 과연 과학박물관은 박물관 활동을 시작하는 장소로 적합한가? 내용과 인간공학적 측면에서, 특히 집단 관람객의 활동에서 편안한 공간은 중요한 요소인가? 박물관 활동은 관람객의 사회적 소속과는 관계없이, 그리고 그 사회적 소속이 관람에 미치는 영향력과는 상관없이 우리가 관심을 가지는 가족이라는 틀 안에서 개인의 관람을 통해 구성되고,[39] 결과적으로 자클린 에델망(Jacqueline Eidelman)이 언급한 '관람객의 경력'[40]에 다양성을 부여한다.

38　또한 우리는 특히 재혼을 통해 재구성된 가정이 증가하고 있는 일 드 프랑스 지역의 경우, 이 새 가정에서 아동들의 나이 차이가 크게 날 때는 위험 감수나 공생의 부재로 발생하는 느낌에 매우 예민한 가족 관람객이 된다는 가설을 세웠다.

39　자연사박물관 관람객관찰소의 설문조사는 이러한 관점에서 진화대전시실의 첫 관람이 보통 특정 전시실을 선별하여 관람하는 두 번째 관람과 다른 관람 코스를 따른다는 것을 보여주었다. 일부 성인 관람객은 가족과의 관람 전 혼자 또는 성인끼리 먼저 첫 관람을 시도하는 것을 선호하는 것으로 드러났다.

40　J. Eidelman, *Musées et publics: la double métamorphose. Socialisation et individua-lisation de la culture*, Habilitation à diriger des recherches en sociologie, Université

이러한 문제에 답변하기 위해 기획 전시와 병행하는 진화대전시실의 상설 전시 공간에 대한 부분적인 재정비 계획에서는 연구에서 확인된 가족 친화성과 교육에 대한 기대를 반영함에 따라 10세 아이를 동반한 가족 관람객을 위해 특별 공간을 마련했다. 이러한 목적으로 현재 10세 이하의 아동이 이용하는 탐험실이 포함된 공간에 박물관학적 개념과 인간공학을 적용해서 7~13세 아동을 위한 '가족을 동반한 아이들(enfants en famille)'의 공간으로 전환시켰다.[41] 전반적으로 적용된 박물관학적 개념은 오픈 스페이스(open space) 같은 최근 유행하는 전시 기술을 사용하지 않고, 전시 내용과 전시 방식의 차별화를 통해 관람객 간 질문의 공유 가능성을 증진시켜며 공간적 친화성을 강화했다.

[그림 3-10] 어린이 전시실

출처: http://www.mnhn.fr/fr/visitez/lieux/galerie-enfants
출처: http://faceagroup.com/references/domaines/culture-et-evenement/creation-dun-espace-dexposi-
tion-pour-enfants-dans-la-grande-galerie-de-levolution

동일한 주제에 대해 다양성과 연계성을 동시에 갖고 있는 전시물

Paris Descartes, Paris, 2005; «Catégories de musées, de visiteurs et de visites», in O. Donnat et P. Tolila, *Le(s) Public(s) de la culture*, op. cit., pp. 279-284.

41 학기 중에 방문하는 집단에 맞게 설계되었음에도 불구하고.

출처: https://galexlafee.com/2015/09/17/balade-au-musee-le-mu-
seum-national-dhistoire-naturelle

개발에 대한 박물관학적 원칙[42]은 가장 효과적인 방법 가운데 하나에 해당한다. 이 방법은 적어도 과학적 문화와 상반되는 두 가지 목적을 모두 전시에서 성취할 수 있는 방법 중 하나다. 아동의 자율성을 촉진함과 동시에 가족 관람객에 의해 개발된 공공 교육 전략을 지원해주었다. 전시물에 대한 박물관학적 원칙에서 각각의 전시물은 전시물 그 자체로 충분히 기능을 수행할 수 있도록 제작되었다. 모든 주제 영역에서 1개의 전시물만은 아동을 위해 개발되었고, 나머지 전시물은 성인과 노년 계층을 목표로 했다. 전시물의 중복성, 연속성, 특정 유인력은 동일한 문제에 대한 가족 구성원 간의 상호작용을 촉진했다.[43] 가족 구성원은 흩어졌다가 다시 모여서 각자의 느낌에 대해 대화를 나누었다. 특히 상호작용성을 지닌 멀티미디어 형태의 전시물인 경우, 전시물의 내용이 아니라 전시물의 사용 방법에 대해 아이가 매개자로서 성인에게 알려줌으로

---

42   M. Van Praët, «Connaître ses visiteurs...», op. cit., p. 208.

43   M. Niquette, *La Sociabilité au musée...*, op. cit.

[그림 3-11] 국립자연사박물관 가족 관람객이 핸즈-온 전시물을 작동하는 모습

출처: https://www.tourbytransit.com/paris/things-to-do/museum-national-d-histoire-naturelle

써 결과적으로 가족 구성원의 지위가 바뀌었다.[44]

16세기부터 시작된 과학박물관의 변화, 수장 공간과 전시 공간의 분리와 함께 이루어진 19세기 전시의 발명, 20세기까지 전시 방법의 변화는 주로 과학의 역사에 의해 주도되었다. 현대 상황에서는 과학박물관에서 과학 전시의 자율성 강화가 주요 특성으로 나타났고, 소장품 간의 인접성으로 인해 전시 공간을 독점한 박물관은 20세기에 들어서면서 타 전시 공간과의 차별성을 지니지 못한 장소가 되었다.

그 후로 과학 단체는 전시와 문화 정책 관리의 전문인력과 발언권에 대해 협상해야 하는 의무를 부여받았다. 이러한 절차는 박물관 설립이나 전시 제작과 관련된 관계자의 역할을 좀 더 복잡하게 만들었다. 더욱이 과학 전시에서 가장 큰 비중을 차지하는 관람객 범주인 가족 관람객의 변화를 고려해야 했으므로 이러한 상황은 더욱 복잡해질 수밖에 없었다. 특성상 박물관과 과학전시센터에는 가족 관람객에 대한 전문가가 없었기 때문에 다양한 전문가와 함께 전시 기획에 대해 논의해야 한다. 관람 빈도에서 큰 비중을 차지하는 가족 관람객은 관람 활동에 대한 발견의 주요 방식, 부모에게는 재발견의 방식을 제시한다. 가족 관람이

---

44 M. Van Praët, «Visiteurs et multimédias, essai de compréhension des relations au sein d'une exposition», *Fourth International Conference on Hypermedia and Interactivity in Museums*, Paris, Archives and Museum Informatics éd., 1997, pp. 25-35.

진행되는 동안 작품과의 협상에 대한 정교한 지식은 박물관이 모든 관
람객을 위해 개발하는 수용과 입문에 대한 접근방식과 가치를 증진시킬
수 있다.

3장

닫힌 눈꺼풀, 열린 눈.
아동 관람객 수용이 모든 관람객에게
도움이 될 때

아녜스 갈리코(Agnès Galico)
크리스틴 라멜(Christine Laemmel)

시각장애를 갖고 있는 아동 관람객의 수용은 모두의 목적에 부합한다. 시각장애 아동을 위해 관람 내용과 편의를 제공하는 것은 모든 관람객에게 도움이 된다. 특별한 지원이 필요한 관람객(이하 특수 관람객)을 위해 기획되는 전시는 많은 사람이 박물관을 방문할 수 있도록 독창적인 접근방식을 사용한다. 우리의 경험에 의하면, 형성 연구는 이러한 방식의 전시 기획에 필요한 정보를 제공한다. 1980년대에 일부 박물관은 장애 관람객의 수용에 대한 문제를 재고했고, 기존의 기준을 조사했으며, 전시 공간에 대한 접근을 허용했다. 10년 뒤, 프랑스박물관관리청은 특수 관람객을 위한 문화 기획과 관련된 지원과 정보를 제공하는 특수 관람객 분과를 창설했다.

시각장애인을 위해 박물관이 마련한 해결책은 다양했다. 교육 트렁크(교육을 위해 도구를 넣은 트렁크—역주)나 점자로 된 안내 책자 같은 도구를 제공했고, 때로는 전시에 부조를 사용한 관람 동선이 포함되기도 했으며, 촉각을 사용해서 관람하는 특수 전시실을 마련하기도 했다. 1995년부터 파리의 자연사박물관은 촉각을 사용해서 전시를 관람하는 전시실을 마련했으며, 이를 위해 선별적으로 박제 표본을 사용했다.

특수 장치나 도구의 활용에 대한 필요성이 제기되었고, 이러한 장치와 도구의 개발이 지속적으로 진행되었지만, 여전히 충분하지 않은 상태였다. 또한 장애 아동의 문화활동에 대한 정보도 부족했다.[45] 그러

---

45 장애에 대한 보완 정보는 다음의 문헌을 참고하기 바란다. P. Mormiche, «Le handicap se conjugue au pluriel», *Insee Première*, n°742, octobre 2000, p. 4; Observatoire régional de la santé des Pays de la Loire, «Première partie: de la malvoyance au handicap visuel», *Les Besoins de prise en charge de la malvoyance des personnes adultes et âgées dans le Grand-Ouest*, 1995, pp. 9-21.

[그림 3-12] 자연사박물관이 사용한 박제 표본과 촉각 전시물

출처: http://www.mnhn.fr/en/blind-partially-sighted-visitors

나 장애 아동이 이동성과 자율성으로 인한 문제를 안고 있다는 것은 충분히 예상 가능했다. 문제는 박물관에 대한 접근이었다. 어떠한 방법으로 박물관을 방문할 것인가? 아동 관람객 가운데 절반 정도는 학교 단체 관람으로 방문했다.[46] 결국 학교에서 아동 관람객을 유도해야 했다. 하지만 모든 장애 아동이 학교를 다닌 것은 아니었으며, 장애 아동 교육자와 박물관 간의 관계는 일반 교사와의 관계보다 거리감이 깊었다. 그렇다면 아동 잠재 관람객에 대해 좀 더 알 수 있는 방법은 무엇인가? 이 질문에 대한 답변은 박물관 외부에서 이들을 만나서 혁신적인 형태의 관람을 제시하는 것이었다.

2000년에 우리는 스트라스부르의 동물학박물관에서 〈나는 만지고, 너는 보고, 우리는 동물을 발견한다(Je touche, tu vois, nous découvrons les animaux)〉라는 전시를 준비했다. 이 전시는 척추동물 분류 법칙을 주제로, 척추동물문(門)의 커다란 강(綱)의 차이점과 공통점을 구분했으며, 8~12세의 시각장애 아동을 대상으로 유희, 색상, 음악, 향기를 사용해서 다감각적인 접근을 시도했다. 우리는 전시 기획 과정의 초기 단계부터 시각장애 아동을 전시의 주체로 만들어서 전시를 함께 구성하는 방법을 선택했다. 세르주 쇼미에에 의하면, "관람객의 이용을 염두에 두고 기획한 전시이므로 그들에게 전시를 보라고 제안하기는 쉬울 것이

46 젊은 계층의 문화활동에 대해서는 국립통계경제연구소(Insee)의 보고서를 참고하기 바란다.
Portrait social, les jeunes, Paris, Insee, coll. «Contours et Caractères», 2000, p. 174.

[그림 3-13] 시각장애인을 위해 제작된 모나리자 부조 전시물

출처: http://www.giaa.org/IMG/html/QSLD24.html

[그림 3-14] 스트라스부르의 동물학박물관과
〈나는 만지고, 너는 보고, 우리는 동물을 발견한다〉 전시

출처: https://fr.wikipedia.org/wiki/Mus%C3%A9e_zoologique_de_la_ville_de_Strasbourg
출처: http://www.1jour1actu.com/culture/touchetouche_avec_les_btes

다."[47] 시각장애 관람객을 위한 전시 기획에서는 촉각적 방법의 사용이 전제되는데, 일반 관람객도 이러한 접근 방법을 매력적인 것으로 생각했다. 하지만 시각장애인에 대해 더 많이 알면 알수록 촉각적 접근이 얼마나 오랜 시간이 필요하며 어려운 작업인지를 깨닫게 되었다. 이에 청

47 S. Chaumier, «Les méthodes de l'évaluation muséale. Quelques repères au sujet des formes et des techniques», La Lettre de l'Ocim, n°65, septembre-octobre 1999, p. 14.

각적 접근 방법에 더 높은 가치와 비중이 실리면서 더욱 혁신적인 접근 방법들이 시도되었다. 그 이유는 "일반적으로 의미를 구체적으로 표현할 때, 메시지 구성을 위한 의미의 관계가 전시기술의 제안보다 훨씬 중요했기 때문이다".[48]

1. 시각장애 아동을 위한 전시의 특성

궁극적으로 모든 관람객의 관심을 이끌어낼 수 있는 전시 방법을 사용하기 위해 특정 범주의 관람객에 대한 접근을 기반으로 각각의 관람객 범주에 대한 지식은 수정 및 보완된다. 즉, "일부 관람객의 편의를 개선하는 것이 모든 관람객의 편의를 개선한다".[49]

1) 빛과 색

잔류성 시각을 최대한도로 사용하는 시각장애 아동뿐만 아니라 성인에게도 색과 빛은 매우 중요한 의미를 지닌다. 시각장애인은 정상인에 비해 빛에 대해 더욱 민감하며, 더 많은 광량을 필요로 한다. 따라서 조명에 대해 최대한의 신경을 기울이는 이유는 시각장애인에 대해 예의와 배려를 갖추는 것과 동일한 맥락으로 이해할 수 있다. 이것이 조명을 적절히 사용해서 전시를 기획해야 하는 또 다른 이유다.

2) 음향 환경

익숙한 노래나 음악을 전시에 사용하거나, 동물을 주제로 한 과학 전시에서 전시물과 동물 소리를 결합하면 관람객의 관심을 쉽게 유도할 수 있다. 모든 것이 낯선 사물로 채워진 전시에서 익숙한 멜로디가 들리면, 아동은 편안함을 느끼게 된다. 노래의 반복구는 해석하는 데 어려움이 없고 별다른 주의를 기울이지 않아도 되므로 아동은 사물을 식별하는 활동에 자유롭게 참여하게 된다. 또한 아동은 헤드폰이나 스피커, 혹은

48 J. Le Marec, «Évaluation, marketing et muséologie», Publics & Musées, n°11-12, 1997, pp. 182-183.

49 A. Galico, Ch. Laemmel, Évaluation d'une exposition multisensorielle pour les enfants voyants et non-voyants, Strasbourg, Musée zoologique de la Ville de Strasbourg et de l'Université Louis-Pasteur, août 2003, p. 54.

기타 유희적 장치에서 흘러나오는 메시지를 매우 중요하게 생각한다.

3) 촉각

일반적으로 다감각적 접근 가운데 가장 많이 사용되는 것은 촉각적 요소이며, 촉각은 시각장애 관람객을 수용하는 데 반드시 필요한 조건이다. 이러한 조건은 모든 관람객의 관심을 유도하는 강한 관람 동기와 관련되는 동시에 만족의 근원이기도 하다. 하지만 촉각은 즐거움과 거부감을 동시에 발생시키는 양면성을 갖고 있다. 이러한 감각의 재발견은 두려움, 혐오감, 촉각적 경험에 대한 즐거움, 다른 방식으로 세상을 발견하고 배우는 것에 대한 즐거움 같은 상반된 감정을 동시에 발생시킨다. 형태 인식에 어려움을 안고 있는 시각장애 아동에게 촉각은 매우 실용적인 도구다. 고도의 집중력이 요구되는 촉각적 활동은 지식의 이해와 습득과 관련되어 있다. 아동은 촉각이 무감각하므로 유희적이거나 감각적 차원에서 촉각을 사용하지 못한다. 하지만 사물에 대한 흥미는 희소성이 아닌 질감의 풍부함으로부터 발생한다. 익숙한 동물, 특히 견고한 표면의 표본물은 촉각적 요소로 많이 사용되고 있다. 반대로 특정 전시물은 두려움을 불러일으킨다. 일부 아동은 눈이 보이지 않는 상태에서 동물의 골격이나 뱀을 만지기 꺼려한다.

[그림 3-15] 촉각전시실에서 라오콘 군상의 복제품을 촉각으로 체험하는 시각장애 관람객

출처: http://mashable.com/2016/12/29/art-accessibility-blind-low-vision/#0UbyoURuQmqB

4) 점자

점자 표기를 사용하는 이유는 무엇일까? 시각장애 아동에게 점자는 지표와 같다. 시각장애 아동이 반드시 점자를 읽는 것은 아니지만, 대부분은 점자에 익숙하다. 촉각을 사용해서 학습할 때는 피로감이 빨리 느껴진다. 따라서 이들의 이해를 증진시키기 위해서는 중요한 정보를 맨위에 위치시킨다. 재미있고 기억하기 쉬운 제목과 함께 시각장애 아동에게 제공되는 글은 짧고 이해하기 쉬워야 한다. 전시물과 관련된 용어를 체계적으로 간략하게 정리해놓는 것이 아니라, 그 단어와 전시물 간의 관계를 조명해야 한다. 각각의 아동이 자유롭게 발견하고, 탐구와 이해 방식을 선택할 수 있도록 다양한 접근 방법(확대된 크기의 점자 표기, 음향 요소 등)과 결합시켜 최적화된 상태의 정보를 제공해야 한다. 또한 점자는 일반 관람객이 시각 장애인에 대해 관심을 갖도록 하는 매체로서의 역할을 할 수 있다.

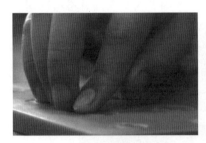 

[그림 3-16] 자연사박물관의 시각장애 아동을 위한 점자와 촉각 전시물

출처: http://www.galeriedesenfants.fr/fr/coulisses

5) 냄새와 향기

전시에서 향기와 냄새는 눈에 띄지 않는 방법으로 사용되므로 지각에 영향을 미치지 않는 것처럼 보인다. 우리 모두는 각자 선호하는 감각을 하나씩 가지고 있으므로, 상대적으로 다감각적 접근에는 복잡함이 내재해 있다. 아동과 동반자는 사물과 메시지에 대한 이해, 그리고 사용되는

감각에 대한 이해에 집중한다. 이러한 맥락에서 몇몇 감각적 요소는 부차적인 것으로 간주된다.

6) 유지 관리: 매우 중요한 과정

촉각적 접근 방법을 사용한 전시는 불가피하게 전시물의 훼손이 발생한다. 동물 박제의 경우, 아동은 그 표본물을 만져본 후에 동물이 죽었다는 사실을 인지하게 된다. 대체로 아동은 동물을 만져보고, 움직여보고, 심지어는 되살아나게 해보려고 시도한다. 또한, 아동은 인형처럼 동물을 조종해보기를 원한다. 이러한 행동은 자연스러운 것이며, 의도적인 파손에 해당하지 않는다. 촉각으로 전시물을 사용하는 방법에 대해 정확하고 자세하게 알려주는 것은 원칙적으로 촉각을 사용할 때 허용되거나 금지된 사항을 인지시켜주는 것이다. 부드럽게 만지라고 말하는 것만으로는 효과를 거둘 수 없다.

하지만 장갑을 끼고 만지게 하거나, 동반 관람 시 시각장애인만 만질 수 있다고 말해주는 것과 같이 타협적인 방법을 제시하는 것이 바람직하다. 물론 촉각을 사용하는 방법은 소장품 보존에 대한 문제가 야기될 수 있으므로 보존처리사가 이에 대해 우려하는 것은 당연하다. 하지만 흥미롭고 수준 높은 전시를 만들기 위해 손상 위험성이 높거나 희귀 표본물을 사용할 필요는 없다. 사전에 마련된 유지 관리 프로그램은 전시 기간 동안 전시물의 훼손 위험을 평가하고, 적절한 환경에서의 전시 보존을 가능케 해준다.

2. 장애에 관한 문제에 직면하기

특수 관람객과 협업하는 과정에서 장애로 인해 그들이 느낄 수 있는 불편함을 외면하지 않고, 그들의 정체성을 장애인으로 제한하지 않으며, 그들 각자의 감정과 이미지를 고려하는 것은 작업을 진행하는 데 도움이 된다. 그럼에도 "우리는 관람객을 시각장애라는 기준에 따라 분류할 수밖에 없었다. 아동과 성인을 포함한 시각장애인은 스스로 공동체를 형성하지 않는다. 특정 기준에 따른 접근방식은 단지 연구자의 편의를 위한 것이며, 현실을 이해할 수 있는 방법은 다양하다".[50]

1) 상반된 감정

정보를 제공하고, 관람객의 반응을 예측하며, 또한 모든 참여자가 염려하거나 당혹해할 수 있는 질문을 유도하기 위해서는 이러한 태도에 직면해서 형성 평가를 이용해야 한다. 하지만 문제가 되는 것은 질문에 대한 불편한 감정만이 아니다. 모두를 위해 좀 더 진취적으로 행동하고, 문화에 대한 접근을 확산하는 것은 오늘날 매력이라는 또 다른 현상을 발생시키는 듯하다. 시각장애인이라는 예외적인 조건, 그리고 다양한 지각에 대한 환영, 지각이 만들어내는 것에 대한 환영은 당사자를 고통의 위험에 빠지게 한다.

2) 해결책으로서의 활동

불편함이나 위험을 극복하기 위해서는 시각장애 아동을 대상으로 한 전시에 접근하고, 이에 적합한 문화활동을 일반화하는 것이 만족스러운 해결책이 될 수 있다. 우리는 이러한 아동 관람객의 수용에 대한 역량 강화를 제안하며, 매 전시를 위해 기획자, 실행자, 평가자가 시각장애 아동을 위한 도구, 시나리오, 연출을 기록해 관람객 담당자에게 현실적인 수용 정책을 수립할 기회를 제공했다. 어려울 것인가? 예산이 많이 필요한가? 꼭 그렇지만은 않다. 그 이유는 특수 관람객에 대한 적용은 접근 방법을 단순하게 만들고, 만족감을 증가시키며, 창의력을 촉진시키기 때문이다.

프랑스 박물관 정책과 관람객

---

50 A. Galico, Ch. Laemmel, «Quand le musée apprend des visiteurs», *La Lettre de l'Ocim*, n° 96, novembre-décembre 2004, p. 31.

3) 교사, 부모, 직원의 협력

시각장애 아동의 박물관에 대한 접근은 대부분 학교를 통해 이루어진다. 교사는 시간적 여유가 있고, 시각장애에 대한 지식을 공유하며, 박물관에 학생을 동반해서 그들의 발전과 참여에 주력한다. 학교 이외에 박물관에 접근할 가능성으로는 무엇이 있을까? 오늘날 박물관의 문화활동 활성화에 힘입어 전시와 프로그램 제공이 증가되었음에도 가족 관람객은 감소하고 있으며, 박물관은 특수 교사와의 접촉에 어려움을 겪고 있다.

시각장애 아동에 대한 접근은 직원의 친절 교육과 정보가 필요하다. 시각장애인을 동반한 프로그램의 경우, 이들을 안내하고, 특수한 요구와 질문에 답변하고, 설명에 관해 이야기하고, 경험을 공유하고, 편안함을 느끼게 해주고, 관람객에게 자신감을 갖게 해주어야 한다. 시각장애인과의 이러한 교류는 소장품에 고정되어 있는 박물관의 전형적인 이미지를 극복하는 데 도움이 되며, 박물관에 생동감을 불어넣는다. 자클린 에델망과 미셸 방 프라에는 다음과 같이 강조했다. "박물관이라는 공간은 다양한 문화 체제를 보여주고 교류하는 비공식적이면서도 친화적인 공간처럼 보인다."[51] 박물관의 직접적인 역할을 항상 측정하지 않는다면, 주변 사람이나 아동과의 대화를 통해 박물관이 지식의 습득과 타인과의 관계에 긍정적인 영향을 미친다는 사실을 알게 될 것이다.

3. 시각장애 아동을 위한 전시는 어떻게 기획해야 하는가?

다양한 질문과 문제 제기는 기본 방향이나 주제에 따라 집단화되어 절차의 관리 및 기획에 대한 안내지침서를 작성하는 데 사용된다.

51   J. Eidelman, D. Samson, B. Schiele, M. Van Praët, «Exposition de préfiguration et évaluation en action», in J. Eidelman, M. Van Praët (dir.), *La Muséologie des sciences et ses publics. Regards croisés sur la Grande Galerie de l'évolution du Muséum national d'histoire naturelle*, Paris, Puf, coll. «Éducation et formation», 2000, p. 78.

1) 전시 기획과 형성 평가

전시 기획 및 실행을 지원하기 위한 수단으로 형성 평가가 사용되었다. 하나 고트디에너는 형성 평가와 관련해서 유연성과 타당성을 지닌 자연주의적 평가를 구분 지었다. 우리 연구의 기초를 이루는 이 평가 방식은 평가자, 과학자, 기획자, 관람객, 또는 연구 대상 관람객 간의 상호작용에 따라 발전하는 방법이었다. 연구주제는 기획자가 제기하는 문제뿐만 아니라 관람객의 기대, 태도, 인식 등도 고려해야 했고, 연구 내용의 적용이 필수적으로 수반되어야 했다.[52]

문헌 연구는 연구가 시작되는 시점부터 이루어졌고, 연구 방향은 의학적인 것과 교육적인 것 두 가지로 결정되었다. 전자는 시각 손상의 다양한 방식과 그 결과를 이해하기 위해, 그리고 후자는 시각장애 아동의 기대와 행동을 이해하기 위해서였다. 문헌 연구를 통해 얻은 정보는 기획자, 평가자, 과학자, 연구 대상 관람객 각각이 제기한 문제점, 기대, 태도, 인식 등을 반영한 평가에 의해 보완되었다.

세르주 쇼미에가 정확하게 지적한 바와 같이, "절충적인 방법을 사용하는 이유는 연구 대상과 연구에서 다루려는 문제점의 목적에 따라 각각의 방법론이 정의되기 때문이다."[53] 이러한 형성 평가의 목적은 전시 시나리오에 즉시 적용할 수 있는 결과를 도출하는 데 있었다. 우리가 진행하는 형성 평가의 주요 목적은 박물관뿐 아니라 전시, 동물의 세계, 종의 분류에 대한 주제, 다감각적 접근 등에 대해 아동이 갖고 있는 이미지를 이해하는 데 있었다. 또한 우리는 아동의 관심사, 기대, 의견, 기준이 되는 배경과 지식에 대해 파악하기를 원했다.

협력을 통한 전시 기획 과정은 아동과 정기적으로 미팅을 갖고 논의하며, 전시기술학과 전시 내용을 실험해서 가설을 검증한다는 것을 의미한다. 정보 수집과 워크숍을 활성화하기 위해 조모임을 만들고, 이를 관리하기 위한 팀이 구성되었다. 각각의 조모임은 6명의 조사관으로 구성되었으며, 조모임의 관리는 교사가 맡았다. 우리는 인턴과 자발적

---

52 H. Gottesdiener, *Évaluer l'exposition. Définitions, méthodes et bibliographie sélective commentée d'études d'évaluation*, Paris, La Documentation française, 1987, pp. 10-11.

53 S. Chaumier, «Les méthodes de l'évaluation muséale. Quelques repères au sujet des formes et des techniques», *La Lettre de l'Ocim*, n°65, septembre-octobre 1999, p. 16.

으로 참여한 전시기술 전문가와 일러스트레이터로 팀을 구성했다. 라인 오페라 극단(Opéra du Rhin) 또한 무용가와의 공동 작업을 제안해주었다. 아동과 함께 작업하는 연구와 전시 기획을 병행하는 것은 평가를 통해 얻을 수 있는 유일한 성과가 아니었다. 이러한 과정을 통해 얻은 결과 또한 연구 참여자 간의 모임과 관계를 더욱 활성화시켰다. 다시 말해, "평가는 연구와 기획 과정에서 마치 심연(深淵)을 들여다보는 것과 같았다".[54]

이 평가는 두 가지에 관심을 기울였다. 정보 수집 도구를 사용해서 신뢰할 만한 결과에 의존하면서 이러한 과정을 발전시키거나 방해하는 데 영향을 미치는 정서적 측면에 대해서도 주의를 기울였다. 결국 이러한 '참여적' 접근 방법은 정보와 감각적 접근을 결합하는 전시 시나리오에 반영되었는데, 이는 전시 매체 제작 과정에서 '전시기술학적 관점에서 전시 매체의 관리와 시범 운영을 결합한 혁신적 시도'에 해당했다.[55] 이러한 혁신적 시도를 구체적으로 살펴보면, 우리는 전시 내용을 점자로 표현했고, 청각적 자료에 비중을 두었으며, 확대된 형태의 글자체를 사용했고, 감각적 접근에 기반을 둔 전시 매체를 활용했다. 또한 스트레스를 받지 않도록 학교 수업을 직접적으로 연상시키지 않는 간략하고 다양한 방식의 설문조사, 관찰, 직접적·반직접적 설문조사 같은 전통적인 기술을 사용했으며, 아동의 특성을 고려해서 그림과 모형을 포함시켰다.

2) 시각장애 아동을 위한 워크숍

전시 개최 전 1년 동안 루이-브라이센터(Centre Louis-Braille)의 학생과 교사의 지원과 협력으로 총 18개의 워크숍이 운영되었다. 워크숍 프로그램은 기획자가 필요한 방식으로 기획 및 평가되었다. 각각의 워크숍은 2시간 동안 진행되었으며, 마무리 단계에서 간식이 제공되었다. 워크숍은 연구에 대한 정보와 적합한 방법을 결정하기 위한 준비 단계, 참여

---

54 Litt.: «Evaluation is less about data collection than it is about immersion. It is about becoming so familiar with an institution, exhibit or program that it becomes second nature» (J. Dimond, Practical Evaluation Guide. Tools for Museums and Other Informal Educational Settings, Lanham, AltaMira Press, 1999, p. 163).

55 J. Eidelman et al., «Exposition de préfiguration...», op. cit.

자와의 사전 회의, 워크숍의 실행, 그리고 결과와 권장 사항에 대한 분석과 총평이 포함되었다. 이러한 연구 결과는 토의를 위해 정기적으로 전시기획위원회에 전달되었다. 예를 들어, 카세트테이프를 듣고 점자나 확대된 형태의 글을 읽는 시험이 실행되었고, 워크숍의 주요 목표는 아동이 선호하는 매체가 무엇인지를 파악하고, 독해나 청취를 1회 실행한 후 아동의 기억 수준을 측정하는 데 있었다. 이 워크숍은 여러 가지 매체를 결합했고, 글의 첫 세 줄이나 처음 1분 동안 정보의 핵심 내용에 집중하도록 유도하고 그 효과를 조명했다. 이러한 사실은 너무 쉬운 정보를 제공하는 것에 대해 염려하지 않고, 단순한 개념을 전달하는 것이 중요하다는 것을 제시해주었다.

〈우리의 작은 동물원(Notre petit zoo à nous)〉이라는 제목의 동물에 대한 워크숍에서는 아동과 진행자에게 동물과 관련된 물건을 가져오도록 했다. 또한 시각장애 아동의 이해를 돕고, 편안함을 느끼게 하고, 추론적 사고를 이끌어내기 위해 친숙한 물건을 이용했다. 아동은 학교 활동과는 다른 워크숍을 매우 좋아했다. 아동의 관심은 종종 사물에 대한 식별 과정을 통해 발생했다. 이 워크숍은 일상으로부터 대화를 이끌어냈다. 아동에게 친숙한 세계 그리고 주변에서 쉽게 접할 수 있는 것을 사용함으로써 아동은 한층 자연스럽게 이야기를 나누었으며, 다른 참여자들이 가져온 물건에 관심을 보였다. 또한 이들은 질문을 받을 때 당황하지 않았을 뿐만 아니라 발표에 대해서도 스트레스를 받지 않았다. 주제별 관람이나 모임에서 박물관에 대한 접근 용이성을 높이기 위해 교육기관이 사물을 활용하는 것은 흔한 일이다. "아동의 생각은 아동에게 의미 있는 사물의 탐구로부터 개발된다. 따라서 가능한 한 신속하게 모임을 갖고, 이들의 일상을 하나로 만들어야 한다."[56] 친숙한 사물은 박물관의 전시물이 될 가능성을 지니고 있으며, 이는 박물관의 권위적인 이미지를 완화시키는 데 도움이 된다.

마지막으로, 라인발레단(Ballet du Rhin) 소속 2명의 무용가와의 협력하에 18개의 워크숍 가운데 4개의 워크숍을 무용을 주제로 진행했다.

56 E. Ferron, «Pour voir les musées autrement», La Lettre de l'Ocim, n°90, novembre-décembre 2003, p. 6.

[그림 3-17] 자연사박물관의 아동 대상 워크숍

출처: http://www.grandegaleriedelevolution.fr/fr/preparez-votre-visite/activites-scolaires-ex-
tra-scolaires/choisir-type-activites

우리는 일반적으로 사용하는 언어적 소통 방식보다는 창의적 특성이 강한 무용을 통해 아동이 가지고 있는 이미지에 대한 연구를 심화했다. 아동에게 이동에 대한 개념을 전달했고, 몸과 감각의 인식을 통해 동물의 움직임을 인체의 동작으로 표현했다. 이어서 동물의 공통점과 차이점을 비교하고, 호흡 같은 어려운 개념을 설명했다. 다른 예술 활동보다 무용은 공간과 타인과의 관계 안에 몸을 내재시킨다. 무용은 아동의 능동적인 참여를 유도했고, 단체 활동을 통해 표현 언어를 찾게 해주었다.

우리는 무용이 글이나 그림에 의존하지 않고, 움직이는 동물 세계로의 접근 가능성을 제공한 훌륭한 과학적 매체라고 생각했다. 예를 들어, 새의 비상하는 모습을 모방한 'V' 자 형태의 동작은 시각적으로는 파악할 수 없었던 개념을 몸으로 느끼고 이해할 수 있게 해주었다. 무용이 개념 이해를 용이하게 한 촉매 역할을 했다. 아동은 지시를 잘 따랐고, 주의를 기울였으며, 새로운 언어를 사용해서 주어진 개념을 자신의 방식으로 적절히 표현했다. 무엇보다 아동은 자신에게 주어진 것을 구현하는 데 대해 진정한 만족감을 느꼈다. 이러한 방식으로 무용은 아동에게 채택되었으며, 새로운 표현 방법을 제공해주었다.

3) 한계에 대해 인정하기

우리는 모든 과학적 담론이 시각적 이미지를 촉각이나 청각적 접근방식으로 전환할 수 없다는 사실을 인정하면서 교육적 도구를 사용해야 한다는 것을 곧 깨달았다. 하나의 감각이 다른 감각으로 대체될 수는 없었고, 모든 것을 촉각적 방식으로 제시할 수도 없었다. 우리는 이러한 한계를 인정해야 했다. 촉각적 접근은 높은 집중력이 요구되었으며, 이로 인해 피로감도 빨리 유발되었다. 사물에 대한 촉각적 접근의 실질적인 의미를 고려한 결과, 촉각을 사용하는 사물의 수와 전시물의 수를 제한하는 것이 적절했다. 이러한 문제를 고려하지 않았다면, 관람객은 지나치게 많은 양의 정보를 받았다는 느낌과 함께 좌절감에 빠졌을 것이다. 복잡한 전시 기획의 경우, 전시 내용 전체를 전달하는 것은 불가능하므로 작은 형태의 전시 매체를 사용하는 것이 적합한 해결 방안이다.

4. 평가: 특별한 소통 수단

전시 이후에 실시된 설문조사는 형성 평가가 아동을 위한 준비 도구로 사용되었으며, 아동에게 그들이 이용할 전시에 형성 평가가 도움이 된다는 사실을 제시해주었다. 교사나 교육자와의 접촉과 관람 준비, 그리고 조사는 중요한 단계다. 시각장애 아동의 수용에서 지속적인 접촉은 실제로 시각장애 관람객의 관람으로 연결되었다. 바꾸어 말하면 "매번 제로 상태에서 다시 시작하지 않기 위해 한 단계씩 나아간 것이다".[57] 사전 평가, 전시 기간 동안에 이루어지는 평가, 사후 평가가 모두 실행되는 전시는 흔치 않다. 〈나는 만지고, 너는 보고, 우리는 동물을 발견한다〉의 경우, 공동 기획자로 참여했던 아동은 전시에 초대되었으며, 우리는 학회 발표와 출간을 위해 이들과 재회했다.

전시가 끝나고 몇 년 후 청소년이 된 워크숍 참여자를 만나면서 전시 준비 과정과 전시 자체에 대해 이들의 기억이 어떠한 방식으로 혼재

---

57   A. Galico, Ch. Laemmel, *Évaluation d'une exposition multisensorielle...*, op. cit., p. 55.

되어 있는지를 파악했다. 비록 이들 가운데 일부만 박물관을 재방문했지만, 박물관에 대한 접근과 시각장애 아동을 위한 제안의 중요성에 대해서는 모두가 동의했다. 우리는 15명의 워크숍 참여자 가운데 10명의 청소년과 대화를 나눌 수 있었는데, 이 모임은 교육학연구소의 소장과 두 교사의 협력으로 가능했다. 동물학박물관에서 열린 동물을 주제로 한 전시 기억에 관한 첫 번째 질문에서는 9명이 긍정적으로 답변했으며, 나머지 1명은 이 전시를 이전에 열렸던 전시와 혼동했다.

워크숍을 즉흥적으로 상기시킨 결과, 모두 매우 자세히 기억하고 있었다. "전시 입구는 아치형이었어요", "수리부엉이와 칡부엉이, 그리고 많은 것이 기억나요. 그리고 악어랑 동물이랑 물고기도 기억나고요", "새와 배에 관해 이야기를 나누었어요", "깃털이 많은 새가 있었어요", "동물의 뼈에 관해 이야기했어요", "상어랑 개구리 이빨이 생각나는데, 독이 있는 것과 없는 것으로 나누었어요", "물고기랑 물고기 뼈가 생각나요". 우리는 참여자들이 동물의 분류법과 뼈, 피부, 번식 등 동물을 구분하는 방법에 대한 메시지를 기억하고 있다는 것을 알 수 있었다.

[그림 3-18] 자연사박물관의 부엉이와 동물 골격

출처: https://www.mnhn.fr/en/collections/collection-groups/vertebrates/birds

일부 참여자는 자신들이 갖고 있던 박물관 경험과 혼동했다. 어떤 참여자는 스트라스부르의 동물학박물관 교육 부서에서 진행했던 전시 관람을 떠올렸고, 또 어떤 참여자는 개인적인 관람 경험과 동물학박물관의 전시를 중첩시킨 기억을 상기했다. 박물관 경험은 참여자의 지각을 더욱 풍부하게 성장시켰고, 학교에서 배운 것을 더욱 발전시켰다. 아동은 영화 촬영이나 전시 내용 녹음과 같이 자신이 전시에서 능동적인 역할을 맡았던 순간에 대해 자발적으로 이야기했다. 4명의 참여자가 이러한 기억에 대해 정확하게 말했고, 이러한 경험은 그들에게 큰 활력소가 되었다.

시각장애 청소년의 박물관 수용이나 관람 동기를 독려하기 위해 무엇을 해야 하는지에 대한 질문에서 첫 번째 답변은 촉각을 이용한 전시(5명)였으며, 두 번째 답변은 집에서 혼자 박물관에 갈 수 있는 간단한 방법 같은 자율적 접근 가능성이었다. 5년이라는 짧지 않은 시간이 지난 후에 실행된 설문조사 결과는 "박물관 담론과 함께 관람객과의 상호관계와 의미 생성"을 근거로 한 자클린 에델망과 미셸 방 프라에의 가설에 따라 전시의 공동 기획과 전시의 공동 개최의 중요성을 강조했다.[58]

5. 시각장애 청소년을 위한 관람, 아니면 모두를 위한 관람?

오늘날 특수 관람객과 일반 관람객과의 구분이 모호해지면서 박물관은 모두에게 열린 사회성 장소로서의 입지를 한층 강화하고 있다. 하지만 박물관은 시각장애인을 위한 촉각과 청각을 이용한 매체, 점자, 또는 확대된 글자체를 사용한 텍스트 등의 체계화에 큰 성과를 거두지 못했다는 사실에 주목해야 한다. 매개 장치와 평가 작업은 이러한 상황을 호전시키는 데 도움이 된다. 일반 관람객을 위해 기획된 전시는 큰 비용을 들이지 않고도 쉽게 시각장애인을 위한 전시로 전환할 수 있다. 반대로 시각장애 아동을 위해 기획된 매개 장치는 일반 관람객의 흥미도 유발

58 J. Eidelman, M. Van Praët, «Introduction», La Muséologie des sciences..., op. cit., p. 11.

226

할 수 있다. 이러한 사실은 박물관 전시물에 대한 물리적 접근성과 마찬가지로 지적 접근성도 고려해야 한다는 것을 의미한다. 이러한 방식으로 관람객 계층 간에 유동성이 존재하도록 하는 것이 바람직하다. 매개 장치나 전시기획자는 시각장애 아동에 대한 접근을 각각의 상황에 맞게 적합하게 제공할 필요가 있다. 이러한 접근은 좀 더 어렵고, 제한적이며, 결국 장애 요인으로 작용할 수도 있다. 좀 더 포괄적이고, 간단하며, 방법론적으로 적용할 수 있는 매개 장치를 개발하기 위해서는 상이한 욕구를 갖고 있는 다양한 계층의 잠재 관람객을 수용할 수 있는 시간과 역량이 필요하다.

[그림 3-19] 자연사박물관의 웹사이트에서 제공하는 특수 관람객을 위한 프로그램 안내

출처: http://mnhn.fr/en/blind-partially-sighted-visitors

시각장애 아동을 관람객으로서 항상 만날 수 있는가? 시각장애 아동을 위해 전시를 기획하는 것이 이들을 자동으로 관람객으로 전환시킨다는 것을 의미하는 것은 아니다. 시각장애협회와 유대관계를 맺고, 교사의 신뢰를 얻고, 아동에게 동기를 부여하고, 부모의 관심을 이끌어내는 것이 성공을 위해 반드시 필요한 과정이다. 특수 관람객을 위해 기획된 전시는 관람객 간의 상호작용을 쉽게 이끌어낸다. 예를 들어, 시각장

애 아동은 전시 관람에 대한 제약 없이 일반 아동이나 성인과 함께 청취하고 참여할 수 있다는 사실에 대해 기쁘게 생각한다. 일반 아동은 시각장애 아동의 점자 가독력에 감탄하며, 이러한 표기법에 관심을 가지게 된다.

6. 결론

시각장애 아동이 박물관에 접근할 때의 조건은 다양하며, 이러한 조건은 특수 관람객이나 모든 관람객을 대상으로 한 수용 정책에 포함된다. 우리는 교육부가 박물관이 학교 단체관람객의 수용을 어려움 없이 실행할 수 있는 간단한 방법을 마련했다는 것을 알게 되었다. 이러한 방법에서 박물관 관장이 사용할 수 있는 방법으로는 교사, 교육자, 시각장애협회 간의 협력, 전시 참여자의 관심 유도와 의식 증대, 직원 교육 등과 관련되어 있다. 모든 관람객에게 쉽게 적용할 수 있는 가역성(可逆性)이 내재한 전시를 기획하는 것은 추가적인 업무로 인한 부담을 줄이는 데 도움이 된다. 이러한 전시가 목표 관람객보다 더 많은 관람객의 관심을 유도할 기회를 제공한다는 관점에서, 특수 관람객을 위한 전시 기획은 결론적으로 유익한 선택이라 할 수 있다. 이러한 수용 방법 이외에 자율 관람, 가족 관람, 장애 아동과 관련된 문화 단체와의 협력 등 박물관의 더욱 능동적인 참여도 요구되었다. "보게 하는 것은 공유하고 싶은 것이고, 무엇을 추구한다는 것은 원하는 것을 이루려는 것이다. 또한 더 좋아하는 것을 제공하기 위해 이러한 공유를 먼저 실현하는 것은 아닐까? 보게 하는 것에 대한 아름다움. 그리고 본 것의 풍요로움."[59] 희망은 동시에 엄격한 평가적 접근 방법의 실행, 그리고 이러한 상황이 초래하는 실질적인 어려움과 특별한 상황에 대해 반응하는 감성의 방식으로 인해 특징지어지는 관람 방식에 대한 관심의 개발에 있다.

프랑스 박물관 정책과 관람객

[59] O. Alberti, «Sensuel palimpseste», *Évaluation d'une exposition multisensorielle...*, op. cit., p. 5.

4장

근현대미술관 관람 빈도의 주요 요인: 대학생 대상의 한 설문조사

하나 고트디에너(Hana Gottesdiener)

장크리스토프 빌라트(Jean-Christophe Vilatte)

근현대미술관(Musée d'art moderne et comtemporain)의 관람 빈도에 영향을 미친 결정 요인에 대한 연구는 취향의 관점에서 전시 장소에 대한 빈도뿐만 아니라 현대 예술에 대한 접근성을 파악하려는 목적으로 실행되었다.[60] 결정 요인의 특성에 대한 존재 여부를 관찰하기 위해 다양한 유형의 박물관에 대한 관람 빈도가 비교되었다. 현대미술관의 관람객을 다룬 연구는 그리 많지 않았으며, 프랑스의 경우에는 현대 미술에 대한 수용 조건보다는 거부 반응에 집중하는 나탈리 에니쉬(Nathalie Heinich)의 사회학적 연구[61]가 대표적이라 할 수 있다. 실제로 저자는 개인이 갖고 있는 예술작품에 대한 가치가 분배되는 방식을 더 잘 이해하고, 개인과 작품 간의 관계를 결정하는 가치가 단순히 미적인 것뿐만 아니라 사회적이라는 것을 관찰하기 위해 수용 관점에서 선호보다는 거부에 대한 이유를 연구에서 다루는 것이 더 적합하다고 생각한다.[62]

현대미술관의 관람객에 관한 몇몇 통계자료를 통해 관람객이 미술관이 위치한 지역에 거주한다는 것을 알 수 있었다. 이들 중 대부분은 젊은 연령대의 여성이며, 학위를 가지고 있고, 사회적 지위가 높은 계층에 속하는 것으로 나타났다. 이들은 대부분 혼자 또는 친구와 함께 꾸준

---

60 H. Gottesdiener, J.-C. Vilatte, *L'Accès des jeunes adultes à l'art contemporain. Approches sociologique et psychologique du goût des étudiants pour l'art et de leur fréquentation des musées*, Paris, Ministère de la Culture et de la Communication - DDAI / DEPS, 2006. http://www.culture.gouv.fr/dep/telechrg/tdd/jeunesadultes/somm_jeunesadultes.htm

61 N. Heinich, *Le Triple Jeu de l'art contemporain. Sociologie des arts plastiques*, Paris, Minuit, 1998; *L'Art contemporain exposé aux rejets. Études de cas*, Nîmes, Jacqueline Chambon, 1998.

62 N. Heinich, *La Sociologie de l'art*, Paris, La Découverte, 2001.

히 예술 활동에 참여했고, 문화활동에 대한 관심이 높으며, 취미로 예술 활동에 참여하고 있었다.[63]

몇몇 연구와 설문조사는 종종 고전적인 사회인구통계학적 변수를 사용해서 현대 미술에 대한 접근 조건을 설명하고자 했다. 이러한 접근은 설명적 의미와 함께 한계도 지니고 있다. 또한 기존의 사회학적 접근 방법과 달리 심리학적 관점에서의 접근도 가능하다. 현대 미술에 대한 문제를 직접적으로 다루지는 않았지만, 실제로 예술에 대한 심리학적 연구는 예술에 대한 지식과 표상, 특히 취향을 형성하는 개인적 특성에 따라 몇 가지 특징이 존재한다는 것을 확인시켜주었다.[64] 따라서 현대 미술에 대한 접근 문제를 다루기 위해서는 지금까지 거의 시도되지 않은 심리학적 접근과 사회학적 접근의 통합에 대한 필요성이 제기된다.

이러한 방식은 우리가 다수의 연구를 통해 증명한 다양한 박물관의 관람 빈도와 종합적인 결정 요인을 동시에 고려하기 위해 관람과 각각의 결정 요인과의 관계에 대한 관찰을 넘어서는 것이다. 또한 이러한 방식은 관람 빈도에 영향을 미치는 결정 요인의 변동에 대한 상대적 중요성을 밝히기 위한 것이다. 마지막으로 미술 전시의 관람 빈도에 영향을 미치는 다양한 결정 요인의 역할을 명확하게 하려는 것은 실질적인 전

63   G. Vatel, Être amateur d'art contemporain, mémoire de DEA en muséologie sous la dir.
      de H. Gottesdiener, Université de Saint-Étienne, 1995; Publics & Musées n°16: Le re-
      gard au musée, juillet-décembre 1999. [Cf. particulièrement O. Donnat, «Les études de
      publics en art contemporain au ministère de la Culture», pp. 141-150, J. Eidelman, «La
      réception de l'exposition d'art contemporain Hypothèses de collection», pp. 163-192,
      et L. Mironer, «Les publics du CAPC Musée, musée d'art contemporain de Bordeaux»,
      pp. 193-203].

64   H. J. Eysenck, «Type-factors in aesthetic judgement», British Journal of Psychology,
      1941, 31, pp. 262-270; G. D. Wilson, J. Ausman, T. R. Mathews, «Conservation and
      art preferences», Journal of Personality and Social Psychology, 1973, 25, pp. 286-
      289; J.-M. Savarese, R. J. Miller, «Artistic preferences and cognitive-perceptual
      style», Studies in Art Education, 1970, 20/2, pp. 45-51; J. Tobacyk, H. Myers, L.
      Bailey, «Field-dependance, sensation-seeking, and preference for paintings», Journal
      of Personality Assessment, 1981, 45/3, pp. 270-277; A. Furnham, M. Bunyam, «Per-
      sonality and Art Preference», European Journal of Personality, 1982, 2, pp. 67-74;
      D. Rawlings, N. Barrantes, I. Vidal, A. Furnham, «Personality and aesthetic preference
      in Spain and England: two studies relating sensation seeking and openness to expe-
      rience to liking for paintings and music», European Journal of Personality, 2000, 14/6,
      pp. 553-576.

프랑스 박물관 정책과 관람객

시 매체의 전략에 대한 문제 제기를 가능하게 해준다.

1. 방법론의 선정

이 연구에서 비록 완벽하지는 않지만 상대적으로 광범위한 사회학적·심리학적 변수가 선택되었다. 사회적 환경과 관련된 변수는 다음과 같다.

① 부모의 교육 수준과 직업 수준, 유년기와 청소년기 동안의 가족 관람, 유년기와 청소년기 동안에 가족과 함께 회화 아틀리에를 방문한 빈도. 만일 회화 아틀리에 방문이 가족 변수와 관련되어 있다면, 그 이유는 회화 아틀리에 방문이 특히 유년기에는 아동이 아닌 부모에 의해 대부분 결정되었기 때문이다.

② 학교, 더 정확하게는 중학교의 조형예술 교육, 교육에 의한 아마추어로서의 예술 활동, 예술 동호회 참가, 고등학교에서의 예술 과정 이수, 교수와의 박물관 관람

③ 친구, 배우자 또는 동거인, 진행자나 박물관 가이드, 또는 아마추어나 직업으로 예술 활동을 하는 지인 등의 가족과 학교 이외에서의 사교 방식

개인적 특성에 따라 선택된 변수는 다음과 같다.

① 관람에 대한 인상적인 기억. 이 변수가 선택된 이유는 박물관 관람 활동이 이러한 장소에서 이루어진 경험의 질적 특성과 다소 관련되어 있다는 가정에 기반을 두고 있기 때문이다.

② 작품과의 만남. 다수의 연구에서 제시된 바와 같이 동반이 박물관 관람 빈도의 주요 요인임에도 작품과의 접촉이 예술로의 접근, 특히

관람 활동의 구성에 기여한다는 데는 의심의 여지가 없다.

③ 청소년기의 순수 미술에 대한 예술 활동의 실천

④ 고전·근대·현대 예술 양식을 포함한 예술, 특히 시각적 예술에 대한 일반적 취향

⑤ 최근 구조적 접근을 위해 개발된 목록인 NEO PI-R[65]을 기준으로 평가된 개인적 특성. 이 목록은 특히 개인적 특성의 기본적인 다섯 가지 대범주 가운데 하나인 '경험에 대한 개방된 태도'가 미적 선호와 관람 활동을 이해하는 데 적합한 것으로 나타났다.

'경험에 대한 개방된 태도'는 관용, 탐구, 새로움에 대한 적극적 탐색뿐만 아니라 미적 영역을 포함한 다양한 영역에서의 새롭고 익숙하지 않은 경험을 찾고 향유하는 역량과 관련된 행동과 다시 집단화되었다. 이 목록에서 사람들은 주어진 행동에 대한 일치도를 정확히 나타내면서 행동과 관련된 것을 확언을 통해 묘사해야 했다. '경험에 대한 개방된 태도'는 강한 호기심과 활발한 창의력, 미적 감각, 타인의 개인적 세계에 대한 호기심, 새로운 생각과 가치에 대한 취향, 판단의 독립성을 의미한다.

파리 지역에 위치한 2개 대학교의 심리학 석사 및 학사 과정 학생 422명을 대상으로 설문지를 활용해서 설문조사가 실시되었다. 연구가 진행되는 동안 두 가지 설문조사가 진행되었는데, 하나는 다양한 유형의 박물관 및 문화유적지의 관람 빈도와 예술 활동에 대한 것이었고, 다른 하나는 개인적 특성에 관한 것이었다. 문화활동에 대한 설문조사는 15분 동안 진행된 반면 개인적 특성은 1시간 동안 진행되었다. 이 설문조사에서 심리학 전공자를 표본으로 채택한 이유는 개인적 특성에 관련된 설문조사가 가능했기 때문이지만,[66] 공식적으로 예술 교육을 받지 않고도 현대미술관을 방문해서 예술작품을 감상할 수 있으며, 다양한 취향을 갖고 있는 젊은 계층의 미술관 관람 빈도에 대한 표본을 추출하

65   P. T. Costa, R. R. McCrae, NEO PI-R, Inventaire de Personnalité-Révisé. Adaptation française de J.-P. Rolland, Paris, Éditions du centre de psychologie appliquée, 1998.

66   박물관을 포함한 다양한 문화기관의 설문조사에도 적용될 수 있는 개인적 특성에 관한 간단한 설문조사를 이용해서 이 연구는 지속될 수 있다.

기 위해서였다. 만일 이 표본이 연령과 교육 수준에서 동일한 특성을 갖고 있다면, 결정 요인의 관점에서 이러한 유형의 연구는 필수적으로 이 질적인 특성을 지닌 표본을 대상으로 해야 했다. 바로 이 연구가 그러한 경우에 해당한다.[67]

2. 순수미술미술관 관람과 근현대미술관 관람의 비교

이 글에서는 근현대미술관 관람이 다른 전시 장소와 연결되어 있는지에 대한 문제, 그리고 미술관과 비교한 현대미술관 관람 빈도의 결정 요인에 대한 문제와 같은 연구의 일부 결과만 제공된다.

1) 관람 구조와 관람객 유형

상관관계에 대한 요인 분석은 관람 활동이 상호 연관성을 갖고 있다는 사실을 확인시켜주었다. 첫 번째 분석은 동일한 관람 행태를 지닌 젊은 계층에 대한 하위 집합의 형성을 목적으로 한 유형학적 분석에 의해 진행되었다. 이에 따라 관람객은 '비관람객', '미술에 관심이 있는 관람객', '과학 및 고전 미술에 관심이 있는 관람객'이라는 세 가지 집단으로 구분되었다(표 3-3).

[표 3-3] 관람객 유형과 관람 빈도

비관람객(183명)	미술에 관심이 있는 관람객(124명)	과학 및 고전 미술에 관심이 있는 관람객(110명)
- 10명 중 9명이 미술 전시(순수미술미술관, 근현대미술관, 전시, 사립 미술관 등)에 대한 관람 경험이 없었음. - 10명 중 9명이 과학기술박물관을 관람한 경험이 없었음. - 10명 중 6명이 역사 유적지를 관람한 경험이 없었음.	- 10명 중 9명이 회화 기획 전시를 관람한 경험이 있었음. - 10명 중 8명이 순수미술미술관을 관람한 경험이 있었음. - 10명 중 7명이 근현대미술관을 관람한 경험이 있었음. - 10명 중 3명이 과학기술박물관이나 자연사박물관을 관람한 경험이 있었음.	- 10명 중 9명이 역사 유적지를 관람한 경험이 있었음. - 10명 중 7명이 순수미술미술관을 관람한 경험이 있었음. - 10명 중 7명이 과학기술박물관을 관람한 경험이 있었음. - 10명 중 3명이 근현대미술관이나 기획 전시를 관람한 경험이 있었음.

67　이 표본에 대한 더 자세한 내용은 다음의 문헌을 참고하기 바란다(부모의 학력과 직위, 가족 관람, 교내 활동, 교외 활동……), cf. H. Gottesdiener, J.-C. Vilatte, L'Accès des jeunes adultes à l'art contemporain..., op. cit.

만일 '미술에 관심이 있는' 젊은 계층과 '과학 및 고전 미술에 관심이 있는' 젊은 계층의 순수미술미술관에 대한 관람 빈도가 유사했다면, 이들의 타 박물관이나 미술 전시에 대한 관람 빈도는 편차가 있었을 것이다. 실제로 순수미술미술관을 제외한 타 유형의 박물관을 방문한 '미술에 관심이 있는' 관람객의 비율은 '과학 및 고전 미술에 관심이 있는' 관람객보다 2~3배 정도 높게 나타났다. 순수미술미술관 관람에 비해 근현대미술관의 관람은 타 유형 박물관 관람과의 연관성이 더욱 높았다. 이러한 사실이 도출된 이후, 근현대미술관과 순수미술미술관 간의 관람 빈도의 편차를 설명할 수 있는 변수의 검토가 요구되었다.

2) 관람 빈도의 결정 요인에 대한 비중

일반적으로 다중 변수 분석은 설명해야 하는 행동과 이에 영향을 미치는 변수를 동시에 고려할 때 나타나는 주요 영향력을 규명해준다. 이 연구에서 실행된 분석[68]은 다수의 독립 변수와 종속 변수 간의 관계를 나타내는 다중 회귀 분석의 연장선으로 간주할 수 있는[69] 구조적 모델을 기반으로 하고 있다.[70] 인과관계를 나타내는 모델은 종속 변수의 특정 수치에 대한 모델을 일반화시킨다.[71]

설명 변수의 설명력에 대한 강도를 나타내는 계수값은 순수미술미술관 관람의 경우 0.41, 근현대미술관의 경우 0.40으로 각각 나타났다. 이러한 계수값은 분석에서 사용된 독립 변수가 강한 설명력을 가지고 있다는 것을 의미한다.[72]

다수의 독립 변수에 의해 설명된 순수미술미술관의 관람 변수나 근

---

68 이 연구는 파리 낭테르 대학교 심리학과 피에르 브리노(Pierre Vrignaud) 교수에 의해 진행되었다.

69 종속 변수는 우리가 설명하고자 하는 변수다. 예를 들어, '순수미술미술관의 관람 빈도'와 독립 변수는 '예술 활동의 실천'과 같이 우리가 설명하고자 하는 변수에 영향을 미친다.

70 Y. Tazouti, A. Fieller, P. Vrignaud, «Comparaison des relations entre l'éducation parentale et les performances scolaires dans deux milieux socioculturels contrastés (populaire et non populaire)», *Revue française de pédagogie*, 2005, 151, pp. 29-46.

71 분석에 포함된 변수에 관한 모든 질문에 답한 사람들만으로 제한된 표본(249명)에서 나온 결과를 토대로 감소에 대한 분석이 진행되었다. 유의미하지 않은 인과관계의 비율은 분석에서 제외되었다.

72 학술 문헌의 기준에 따르면, 0.20보다 낮은 값은 약한 것으로, 0.20에서 0.40 사이에 포함된 값은 평균적인 것으로, 0.40을 넘는 값은 높은 것으로 간주된다.

현대미술관의 관람 변수에 대한 분산 비율은 거의 비슷하게 나타났다.[73] 하지만 아래 [그림 3-20]에서 보는 바와 같이, 두 경우에 작용하는 독립 변수는 동일하지 않았다. 아래의 그림에는 통계 분석상 일반적으로 중요한 역할을 하는 설명 변수만 표기되었다.

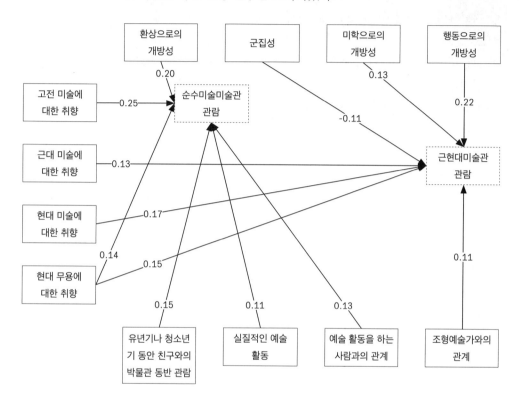

[그림 3-20] 미술관 관람 빈도에 영향을 끼치는 변수

이 그림에서 변수는 사각형, 상태 변수는 선으로 표시되었다. 직선은 독립 변수 또는 설명 변수를, 점선은 종속 변수 또는 설명을 받는 변수(결과 변수)를 의미한다. 화살표는 인과관계의 방향을 나타내며, 그 위의 숫자는 설명된 변수(순수미술미술관이나 근현대미술관 관람)의 설명 변수 비중을 표시했다. 이러한 비중은 표준화되었고, −1부터 +1까지 그 수치는 다를 수 있다. 비중이 +1에 가까울수록 설명 변수는 설명해야 하는 변수(결과 변수)에 영향을 미친다. 반면 이 숫자가 −1인 경우, 설명해야 하는 변수(결과 변수)값이 증가할 때 설명해야 하는 변수(결과 변수)값은 감소한다는 것을 의미한다.

    73 순수미술미술관의 경우 17.0%, 근현대미술관의 경우 16.0%였다.

앞에 제시된 그림을 통해 확인된 것은 연구 대상의 집단에서 고전 미술과 현대 무용을 좋아하고, 높은 '환상으로의 개방성'을 지녔으며, 유년기나 청소년기에 친구와 함께 박물관을 관람했고, 주위에 예술 활동을 하는 사람이 있거나 직접적으로 예술 활동에 참여하는 젊은 계층이 지난해에 순수미술미술관을 방문했을 가능성이 더 높다는 것이다. 높은 '행동으로의 개방성'과 '미학으로의 개방성', 현대 미술 또는 근대 미술에 대한 취향이나 현대 무용에 대한 취향, 예술가를 알거나 비교적 혼자 지내는 것을 좋아하는, 즉 군집성이 낮은[74] 젊은 계층은 근현대미술관을 관람할 가능성이 높다. 한 가지 유의해야 할 점은 이 분석에서 젊은 계층의 실질적 박물관 관람에 대한 가족과 학교의 영향력은 다루어지지 않았다는 것이다.

이 연구에서 실행된 분석은 박물관 관람에 미치는 개인적 특성과 취향의 지배적인 영향을 확인시켜주었다. 박물관 관람에 대한 취향의 효과는 명백하게 나타난 반면, 개인적 특성의 경우에는 그렇지 않았다. 이러한 결과로부터 몇 가지 주목할 만한 사실이 발견되었다. 설문조사에서 사용된 표본은 몇 가지 특수성을 지니고 있었는데, 예컨대 표본 구성에서 교육 수준, 연령, 전공은 동일한 특성을 지녔다. 이와 같은 연구 결과는 검증할 만한 가치가 있으며, 특히 심리학이 아닌 타 전공 학생 또는 대학 교육 과정을 이수하지 않고 취업한 젊은 계층의 미술관 관람에 미치는 개인적 특성과 몇몇 교육 활동의 영향력 또한 검토될 필요성이 있다. 한편 이 연구에서 결정 요인에 의해 설명된 관람 변수의 변동률이 유의미한 수준이라면, 박물관에 대한 접근을 좀 더 잘 이해하기 위해서는 다른 요소도 고려해야 한다는 것을 의미한다. 따라서 관람객의 관심이나 가치, 관람객 자신의 이미지와 표상을 포함한 연구는 일반적인 박물관 관람과 특히 현대미술관의 관람에 작용하는 결정 요인에 대한 탐색을 가능하게 할 것이다.

---

74 군집성은 타인과 함께 있기를 좋아하고, 사회적 교류를 찾는 사람들을 지칭한다. 근현대미술관의 관람 빈도에서는 낮은 군집성을 가질수록 이러한 유형의 박물관을 방문할 가능성이 높았다. 이것이 바로 군집성과 근현대미술관 관람이 음의 관계(-11)인 이유다.

3. 결론

연구 초반에는 박물관 관람에 영향을 미칠 가능성으로 인해 채택된 몇몇 변수 가운데 교수와의 동반 관람이 젊은 계층의 실질적인 박물관 관람에 미치는 영향력을 규명하는 것은 불가능했다. 반면, 학교와 가족은 박물관에 접근하게 하는 데 매우 중요한 매개 가운데 하나였다. 학교 단체관람의 영향력 부재는 학교가 주관하는 관람의 개념 자체에 대한 문제뿐만 아니라 관람 시기의 적합성에 대한 문제를 제기했다(아동의 경우, 일반적으로 박물관 관람은 학교에 의해 기획된다). 개인적 특성의 역할은 박물관 관람이 우리가 생각하거나 말하는 것보다 훨씬 더 개인의 참여를 요구한다는 것을 확인시켜주었다. 따라서 왜 취향이나 행동을 변화시키는 것이 쉽지 않은지, 왜 사회인구통계학적 특성에 따라 사용된 매개가 항상 목표를 달성하지 못하는지를 명확하게 이해할 수 있었다.

이 연구는 개인적 특성이 관람 활동에 미치는 중요한 역할을 제시해주었으며, '경험으로의 개방성' 같은 몇몇 특성의 구성에 도움을 주는 환경적 특성에 대한 연구 실행 가능성을 시사해주었다. 또한 특정 박물관의 관람 빈도에 영향을 미치는 개인적 특성을 이해하는 것은 도움이 된다. 예를 들어, 잠재 관람객에게 근현대미술관에 대한 관람을 용이하게 해줄 수 있는 상황을 제공하기 위해 이러한 개인적 특성을 활용할 수 있다. 특히 관람객을 새로운 장소에 방문하게 하거나, 새로운 활동에 참여하게 하거나, 세상이나 일상과 관련된 전시를 기획해서 그 전시를 관람하도록 유도할 수 있다. 따라서 미술관에서 관람객에 대한 수용 조건을 구축하기 위해서는 관람객 개인 간의 편차를 반드시 고려해야 한다.

4부
문화전략 수단으로서
수용에 관한 연구

마르크 플로키(Marc Plocki)

오르세미술관은 매년 문화·과학 프로그램의 주요 행사 가운데 하나를
선택해서 이에 관한 연구를 실행하고 있다. 출신지와 연령층, 사회 직능
별 범주의 관점에서 관람객의 이해를 지원하는 이러한 연구는 박물관
에 관람 조건과 행사를 위해 개발된 다양한 유형의 장치[작품의 선택,
운영위원의 관점, 전시연출기술, 표지 체계와 부가적인 정보 등]에 대
한 관람객의 인식을 이해할 기회를 제공한다. '신인상주의(Le Néo-im-
pressionnisme, 2005)'와 '세잔에서 피사로까지(De Cézanne à Pissaro,
2006)'에 관한 연구는 인류학 연구자가 담당한 '알프레드 스티글리츠
(Alfred Stieglitz)' 전시의 관람 행태와 관람 코스에 대한 연구와 달리 정
량적·정성적 방법을 결합해서 좀 더 '고전적인' 방법으로 실행했다. '세
잔에서 피사로까지'의 연구 가운데 일부 내용은 전시 행사에 대한 관광
산업 전문가, 기업 운영위원회의 책임자, 문화 단체 책임자의 인식에 대
해 부가적인 요소를 제공해주었다.

자클린 에델망(Jacqueline Eidelman)
멜라니 루스탕(Mélanie Roustan)

평가 연구부터 수용 연구에 이르기까지 관람 경험에 대한 시각과 전시
매개장치와 관련된 문제에 내재해 있는 양면성은 많은 연구자가 인식하

고 있는데, 이러한 양면성은 광범위한 관람객 연구의 특징 가운데 하나에 해당한다. 2005년 3~6월까지 그르노블박물관(Musée de Grenoble)에서 전시된 〈이탈리아 예술과 메타피지카. 우울의 시기 1912~1935(L'Art italien et la Metafisica. Le temps de la mélancolie 1912~1935)〉는 마리-실비 폴리와 다니엘 우바르에 의해 '전시기술학적 담론이 관람객에게 미치는 영향'의 관점에서 분석되었다. 박물관 연구에서 언급된 '재방문'에 대한 문제는 핵심적인 부분을 차지함에도 전시 매개장치가 가진 텍스트의 특성은 매개에 대한 평가라는 관점이 아닌, 전시를 통해 관람객에게 생성되는 주관적 경험의 관점에서 분석되었다.

유대교예술역사박물관(MAHJ: Musée d'art et d'histoire du Judaïsme)의 사례를 통해 '문화기관의 전략을 위한 방명록 분석의 용도와 목적(Usages et enjeux de l'analyse des livres d'or pour les stratégies culturelles d'établissement)'에 관심을 가진 마리-피에르 베라와 에마뉘엘 파리의 경우에도 이러한 문제에 직면했으며, 이들은 박물관의 텍스트에 대한 중요성에 특별한 관심을 갖게 되었다. 유대교예술역사박물관과 마찬가지로, 그르노블박물관도 관람객과 텍스트의 전시 매개장치 간의 관계를 분석했다. 그 결과, 이러한 유형의 수용 연구에 대한 법규와 실용적 용도에 대한 문제가 제기되었다. 두 경우 모두 전시 매개장치와의 접촉에서 비롯된 성찰적 움직임은 관람객을 공동체, 즉 집단적 정체성과 개인적 정체성 간의 문제로 발전시켰으며, 이와 함께 다수의 관람객에 의해 이루어지는 관람 경험에 대한 문제도 제기되었다.

체험적 글쓰기와 유사한 전시, '총체적' 경험의 공유로서의 박물관, 경험하고 글로 옮겨진 것, 문화 정책의 전략적 요소로서의 수용 연구 등 이러한 주제는 나탈리 캉디토와 델핀 미에주의 연구인 '관람 경험과 체험 장치. 전시 의도의 이해에 따른 육체의 공간(Expérience de visite et dispositifs participatifs. La place du corps dans la perception du propos de l'exposition)'에서 다루어졌다. 제목에서 짐작할 수 있듯이, 이 연구는 전시에 대한 의미 생성을 위해 전시 매개장치를 이용하여 관람객을 육체적으로 참여시킨 두 가지 전시에 대해 분석했다. 이 연구에서는 박물관이 '공간의 매체(média de l'espace)'로 간주되어 다루어졌으며, 채택된 예시는 전시에서 발생하는 '개인/집단의 긴장감'과 '유희적/인지적 긴장감'이라는 두 가지 유형의 긴장감을 제시했다.

'각각의 전시 관람은 고유한 특성을 지닌 경험이었는가? 마리-클라르테 오닐은 '그랑팔레국립미술관에서 개최된 네 가지 전시의 수용'이라는 연구에서 전시 수용에 관한 비교 연구를 실행했다. 특히 마리-클라르테 오닐은 수용 담론의 관점에서 관람 경험이 진행되는 과정에서 발생하는 인지적·정서적·상상적 측면의 복잡성에 관심을 두었으며, 한편으로는 전시물의 수량과 유형, 다른 한편으로는 관람 방식, 수용, '이해' 방법 간의 관계 정립에 주력했다. 저자는 수용 연구가 박물관에 정착하기까지의 복잡한 과정을 설명했으며, 그와 동시에 실행된 연구가 향후 전시 방법에 미치는 잠재적 영향력, 연구 영역(직업 환경과 교육)을 넘어 연구 결과를 실용화하는 데 수반되는 어려움을 강조했다. 한편으로 담론적이건 또는 공간적이건 간에 연구의 초점은 전시 매개장치의 이해에 집중되었다. 다른 한편으로는 관람 경험의 다수성(多數性)에 대한 이해가 수용 문제를 풍부하게 만들었고, 이 문제를 전면에 배치하면서 정체성 형성의 문제를 그 중심에 놓았다.

전시기술학적 담론이 2005년 3월부터 6월까지 그르노블박물관에서 개최된 〈이탈리아 미술과 메타피지카. 우울의 시기 1912~1935〉의 관람객에게 미치는 영향

2장

마리-실비 폴리(Marie-Sylvie Poli)
다니엘 우바르(Danièle Houbart)

2005년 프랑스박물관관리청은 2005년 3월부터 6월까지 그르노블박물관에서 개최된 〈이탈리아 미술과 메타피지카. 우울의 시기 1912~1935 (L'Art italien et la Metafisica. Le temps de la mélancolie 1912~1935)〉에 '국익을 위한 전시'라는 인증표를 부여했다. 이 기회를 통해 박물관은 그르노블의 피에르-망데스-프랑스 대학교와 협정을 체결했으며, 이 인증표의 두 가지 목표에 부합하는 평가 작업을 실행하고자 했다. 이 인증표의 두 가지 목표는 관람객으로부터 정확한 정량적·정성적 자료를 얻고, 이 연구를 위해 개발된 전시기술학적 장치가 관람객에게 미치는 영향을 평가하는 것이었다. 이러한 연구의 결과는 「전시의 관람 빈도와 수용 연구: 이탈리아 미술과 메타피지카. 우울의 시기 1912~1935(Étude de la fréquentation et de la réception de l'exposition L'Art italien et la Metafisica. Le temps de la mélancolie 1912~1935)」라는 보고서[1]를 통해 발표되었다.

---

1   P. Angel, P. Le Quéau, Y. Neyrat, M.-S. Poli (dir.), Ch. Surcouf, *Étude de la fréquentation et de la réception de l'exposition L'Art italien et la Metafisica. Le temps de la mélancolie 1912-1935*, Rapport pour le Musée de Grenoble et la Direction des musées de France, Ministère de la Culture et de la Communication, p. 207, 2005. Rapport disponible sur demande auprès de la DMF (Service des publics), du Musée de Grenoble et de Marie-Sylvie Poli (marie-sylvie.poli@upmf-grenoble.fr).

[그림 4-1] 〈이탈리아 미술과 메타피지카. 우울의 시기 1912~1935〉 전시 도록
출처: http://www.actes-sud.fr/catalogue/actes-sud-beaux-arts/lart-italien-et-la-metafisica

1. 서론

2006년 6월 2일 '문화 정책의 도구인 관람객 수용 연구'라는 본회의에서 우리가 발표한 주요 개념[2]을 이 글에서 다시 다루려고 한다. 이 글은 앞서 언급한 연구의 두 가지 관점인 조직과 문제화 측면과 함께 정책 기관의 관점에서 연구 실행의 문제를 통합하고 있다. 이 협력 작업에서 박물관이 다루어야 할 총체적 문제는 '라 메타피지카'를 위해 사용된 전시기술학이 관람객의 기대에 부응했는지를 파악하는 실용적인 문제였다. 이 문제는 관람객이 다른 기획 전시뿐만 아니라 상설 전시를 관람하기 위해 그르노블박물관에 자주 다시 방문하고 싶어 하는지를 알아보고자 한 것이었다. 이에 대한 가설 가운데 하나는 이러한 연구 결과가 박물관을 방문하는 모든 관람객을 대표하지 못한다는 것이었다.

연구자 입장에서의 총체적인 문제는 더욱 사변적 성격을 지닌다.

---

2   박물관 정책과 수용에 대한 연구에 있어서 〈이탈리아 미술과 메타피지카. 우울의 시기(L'Art italien et la Metafisica. Le temps de la mélancolie 1912-1935)〉 전시의 관람 빈도와 수용에 대한 연구로부터 어떤 교훈을 얻어야 할까?

이 문제는 박물관학과 문화사회학이라는 이론적 관점에서 '전시기술학에 대한 담론'의 개념을 관람 경험에 투영하여 질문하거나 재질문하는 것이었다. 박물관학에서 '전시기술학 담론'의 의미론적 가치는 관람객에게 이데올로기적 해석을 제공하기 위해 다양한 기호학적 장치(관람코스, 글이나 말로 표현된 텍스트, 음향, 영상, 상호작용형 전시 등)를 통해 전시기술학적으로 통합된 작가의 총체적인 관점을 포함했다. 사회학자들은 박물관이 실행한 전시 작업의 선택과 관람객이 관람 도중 편안하게 그리고 이해하면서 사용하는 다양한 텍스트 장치를 포함한 전시장치를 언급하기 위해 '강독 계약(contrat de lecture: 관람객이 텍스트를 읽을 때 그러한 텍스트가 가진 여러 관례적이거나 강압적인 부분을 관람객이 수용하기를 원하는데, 이러한 부분을 수용하고 읽겠다는 관람객의 암묵적인 동의를 의미—역주)'이나 '습득'[3] 같은 개념을 사용했다.

이와 같은 수용에 관한 다학제적 접근은 전시에 대한 전시기술학적 담론의 인식적이고 정서적인 영향에 대해 공통된 가정을 제시할 수 있게 했다. 더욱이 이러한 접근 방법은 설문조사와 자료 처리에서 혁신적인 변화를 가져다주었다. 2006년 6월 1~2일에 열린 연구의 날의 정신을 존중하는 방식으로, 먼저 연구방법론과 연구 내용이 제시될 것이다. 연구의 주된 결과가 1부에서, 그리고 2부에서는 이러한 연구 결과의 시사점에 기반을 두고 방법론에 대한 논의가 다루어질 것이다. 마지막으로, 그르노블박물관이 이 연구를 박물관 정책에 활용하기 위해 실행할 수 있는 성찰과 활동에 대한 설명이 제공된다.

1) 연구 초안

이 연구는 미술사 부문, 전시기술학 부문 그리고 관람객 등 프로젝트와 관련된 다수의 관계자[4]가 참여한 사전 회의를 거쳐 충분한 시간을 가지고 준비되었는데, 이를 통해 과학적 요구 사항에 대한 깊은 교감이 이루어졌다. 준비 단계는 평가 기획에서 응용된 연구의 프로젝트로 발전시

3   Ch. Bessy, F. Chateauraynaud, *Experts et faussaires. Pour une sociologie de la perception*, Paris, Métailié, coll. «Leçons de choses», 1995.

4   전시위원회 위원인 박물관장 기 토사토(Guy Tosatto)와 관람객 부서의 총책임자 크리스틴 풀랑(Christine Poullain), 박물관 국장인 다니엘 우바르(Danièle Houbart)와 모든 참여 연구자

키기 위해 필요한 과정이었다. 또한 이 과정에서 박물관 경영진의 기대가 가시화되었고, 위원들의 목표가 공식적으로 수립되었다. 또한 박물관의 방향성에 대한 기대가 구체적으로 제시되었으며, 연구자들은 박물관학적 관점에서 연구의 문제점을 정기적으로 검토했다.

우리는 전시가 개최되기 오래전부터 이 프로젝트가 정량적 방법으로 실행되는 관람객 연구의 모든 특성을 제시해야 한다는 점에 동의했다. 즉 '누가, 왜, 언제, 어떤 맥락에서, 어떤 기대를 가지고 전시 매개장치에 대해 만족감이나 실망감을 가지게 되었는가?' 등에 대해 박물관이 파악할 기회가 될 수 있다는 것을 의미했다. 그와 동시에 이 프로젝트가 다학제적 연구부터 박물관학 담론에 대한 분석, 사회학적 접근을 통한 작품 이해의 분석, 고유한 개념과 방법 등에 이르는 연구의 관점에서 실행되었다는 것을 의미했다.

2) 방법론

연구 결과는 프로젝트의 이중적인 목적으로 인해 다음과 같은 네 가지 항목으로 구조화된 연구 보고서 형태로 작성되었다.

① 관람객 유형, 관람 동기, 관람 활동
② 정보 자료에 따른 반응
③ 이탈리아 출신 관람객의 반응
④ '라 메타피지카'에 대한 일부 관람객의 정서적 반응

하지만 이러한 편집상의 제약이 각각의 항목이 나머지 세 가지 항목과 독립적이라고 생각하게 해서는 안 된다. 연구 결과, 논평, 분석, 문제 제기를 포함한 통합적 연구 결과는 문화적·미적·사회적 경험을 위해 적극적으로 참여하는 주체로 간주되는 관람객의 '라 메타피지카' 관람 경험에 대한 개념을 심층적으로 분석시키는 원동력이다.[5] 정량적 방법

5　E. Goffman, *Les Rites d'interaction*, Paris, Minuit, coll. «Le sens commun», 1974.

인 설문조사는 전시 기간(2005년 3월 12일~6월 12일) 동안 진행되었고, 정성적 인터뷰는 전시 관람 후 몇 주 뒤에 박물관 외부에서 실행되었다.

2. 연구의 주요 시사점

우리는 관람객의 반응에서 적합한 의견뿐만 아니라 역설적이거나 모순적 입장을 드러내는 변증법적 관점에서 연구 결과를 분석할 수 있도록, 그리고 충분한 정량적·정성적 결과를 얻기 위해 설문지, 반직접적 인터뷰, 종합 인터뷰라는 세 가지 연구 방법을 통해 자료를 수집했다.

1) 관람 경험에 대한 결과

총 2만 6,153명이 전시를 관람했으며, 설문조사 담당자가 관람객 가운데 무작위로 선발한 313명(1,000명 중 15명)이 설문조사의 모집단에 참여했다.[6] 서술형 질문과 선택형 질문으로 구성된 이 설문조사에는 혼자 또는 소집단 형태로 방문한 모든 관람객이 참여했다. 설문조사 결과는 「관람 경험」이라는 연구 보고서의 1면에 자세하게 수록되었다. 우리는 이 글에서 이 연구 보고서의 주요 내용 가운데 가장 주목할 만한 결과인 관람객의 사회통계학적 변수, 관람 동기와 기대, 정보원과 전시명의 역할, 그리고 텍스트에 대한 반응을 다루고자 한다.

(1) 사회통계학적 변수

설문조사에 참여한 모집단의 인구통계학적 특성을 살펴보면, 이탈리아 출신의 관람객이 19.5%를 차지했다. 연령 측면에서는 15~29세 참여자가 가장 높은 비율(27.0%)을 차지한 반면 30~44세의 참여율이 가장 낮았다. 이들 가운데 24.0%는 처음으로 그르노블박물관을 방문했다. 모집단의 직업을 살펴본 결과, 고위직 종사자와 프리랜서가 47.0%로 가장 높은 비율을 차지한 반면, 가장 낮은 비율(38.0%)을 차지한 직종은

---

6   그르노블의 피에르-망데스-프랑스 대학교 사회학과 3학년 학생들

특정 분야의 전문직 종사자였다. 또한 설문조사 모집단의 절반 정도가 최근 12개월 동안 최소한 한 번은 그르노블박물관을 방문한 경험을 갖고 있었는데, 그 가운데에는 10회 이상 반복 관람한 관람객도 있었다. 그리고 설문조사 모집단 가운데 25.0% 정도는 최근 1년 동안 6회 이상 타 박물관에 대한 관람 경험을 갖고 있었다.

(2) 관람 동기와 기대

'라 메타피지카'에 대한 관람 동기에 대해 설문조사 모집단의 90.0% 정도의 참여자는 미술 전시를 좋아하기 때문이라고 응답했다. 참여자 3명 가운데 1명은 이탈리아와 개인적인 연결점을 가지고 있다는 이유로 전시를 관람했다. 또한 참여자 3명 가운데 1명은 예술 활동에 참여하고 있었는데, 그러한 활동이 '라 메타피지카'에 대한 관람 동기로 작용했다. '친구들과 시간을 보내기 위해' 전시를 보러 온 관람객이 '가족과 시간을 보내기 위해' 온 관람객보다 2배 정도 더 많았다.

(3) 정보원과 전시명의 역할

관람 동기를 촉진시킨 정보원으로는 언론 매체(27.0%), 구전(22.0%), 박물관 뉴스레터(7.0%)에 비해 포스터(47.0%)의 효과가 월등히 높게 나타났다. 또한 설문조사 모집단의 45.0%는 전시명이 관람 동기를 유발한 가장 중요한 요인이라고 생각했다. 결과적으로 '메타피지카'라는 하나의 단어가 관람객 3명 가운데 1명의 관람 동기를 이끌어냈다.

(4) 텍스트에 대한 반응

전시가 개최되었을 때 전시 안내 책자는 거의 비치되지 않았다. 설문조사 모집단의 90.0%는 벽에 부착된 텍스트를 읽었다고 응답했으며, 참여자 5명 중 4명은 텍스트를 관람의 '부가적인 요소'로 생각했다. 모집단이 가장 많이 이용한 텍스트는 예술가의 인용문이었으며, 전시회명,

부제, 수식 문구가 그 뒤를 이었다. 또한 참여자 5명 가운데 3명은 벽에 부착된 정보에 대한 만족도가 매우 높았다.

2) 전시기술학적 텍스트 장치에 대한 정성적 연구 결과

전시에 관한 설명이 쓰인 텍스트에 대한 관람객의 행동 양태와 기대에 대한 이해를 심화시키기 위해 관람 후 무작위로 80회에 걸쳐 반직접적 인터뷰가 진행되었다. '지식 서술의 용도와 표상(Usages et représenta-tions des écrits de la connaissance)'이라는 제목이 붙은 연구의 2부는 반직접적 인터뷰에 대한 비판적 결과를 제시해준다.

(1) 전시 매개에 대한 관람객의 주요 반응

설문조사 모집단은 모든 관람객을 위해 학술 지식의 보급에 주력하는 것이 미술관의 의무라고 생각했다. 이들은 당시 이탈리아의 정치와 미술 간의 관계, 또는 예컨대 '라 메타피지카'가 이론적 개념에서 형성된 미술 사조라는 것과 같이, 전시 설명문인 텍스트를 통해 지금까지 알지 못했던 '사실'이나 '상황'을 알게 되었다고 말했다. 텍스트를 읽은 참여자의 경우, 철학과 미술의 관계가 메타피지카의 기본 요소였다는 것을 기억했으며, 전시는 이들에게 문화와 예술에 대한 정치의 영향력을 보여주었다. 특히 예술가의 인용문은 참여자로부터 큰 호평을 받았는데, 일부 참여자의 경우에는 인용문이 작품에 대한 다양한 시각뿐만 아니라 예술 양식과 예술가에 대한 이해를 돕는 '부가적인 요소'를 제공했다고 응답했다. 또한 인용문은 1910년대부터 1930년대까지의 이탈리아 화가 간의 사상 교류의 중요성을 이해하는 데 도움을 주었다.

인터뷰 내용에서 관람하는 동안 읽은 텍스트의 흔적을 찾기는 어려웠는데, 이는 텍스트에 대한 기억이 포괄적이기 때문이었다. 하지만 참여자들은 니체, 쇼펜하우어, 카산드라 같은 이름과 전시의 마지막 패널 가운데 하나에 새겨져 있던 "불안한 이상함은 이상하기보다는 불안해

진다(L'inquiétante étrangeté devient plus inquiétante qu'étrange)"라는
문장을 자주 언급했다. 또한 텍스트에 대한 부정적인 반응도 제시되었
는데, 예컨대 특히 난해한 용어의 사용과 지나치게 장식적인 문장, 기억
하기 어려운 내용 등이 지적되었다. 반면에 텍스트에 대한 긍정적인 반
응에는 주제의 명확성, 문장의 질적 수준, 용어 사용의 적절함, 그리고
핵심 단어에 대한 즉각적인 식별을 위해 사용된 글자의 다양한 색 등이
포함되었다. 이 연구를 통해 우리는 관람객이 텍스트를 다시 읽어볼 수
있도록 인쇄본 형식의 무료 텍스트를 원한다는 사실을 알게 되었다.

3) 이탈리아 출신 관람객의 특별한 관심사

관람 2주 후에 박물관 외부의 한 장소에서 이탈리아 출신의 관람객을 대
상으로 20회에 걸친 종합 인터뷰가 실행되었다. 비교적 장시간 동안 진
행된 이 인터뷰에서는 관람객과 관람 경험 간의 주관적이며 밀접한 관
계를 확인하기 위해 비교적 용이한 문제가 다루어졌다. '이탈리아 출신
관람객: 반응과 수용(Les visiteurs d'origine italienne: reaction et recep-
tion)'이라는 제목이 붙은 연구의 3부에서는 이탈리아 출신 관람객의 반
응에 대한 정성적 연구 결과가 수록되어 있다.

(1) 모순되지만 복잡한 반응

인터뷰가 진행되는 동안 이탈리아 출신의 관람객은 이탈리아인으로서
의 정체성이 표현되는 단어를 사용했다. 하지만 인터뷰 참여자와 이탈
리아 간의 관계는 정체성 요구에서 비롯된 것이 아니었다. 이들은 자신
이 이탈리아 출신이라는 이유로 전시를 관람한 것이 아니라는 점을 강
조했다. 하지만 이탈리안 관람객은 자신의 신분에 대해 개방되고 관대
한 태도를 가졌을 뿐만 아니라 자신의 출신에 대해 긍정적인 태도를 보
였으며, 종종 이탈리아에 대한 깊은 애정을 표현했다. 이러한 관점에서
보면, 이들에게 관람은 문화적 방식으로 자신의 출신을 확인하는 작업

이었다. 이탈리아에 대한 이들의 애착은 감성적인 기억을 상기할 때, '강제적' 방식으로 경험할 때, 그리고 전시 환경으로부터 멀리 떨어졌을 때 나타났다.

인터뷰 참여자들은 전시의 역사적 맥락화에 대해 이야기할 때, 감성적인 방식으로 부모나 조부모의 경험을 전달했다. 따라서 가족의 출신에 대한 주제를 다루기 시작하면서 이야기는 매우 특별한 방식으로 전개되었다. 이탈리안의 정체성에 대한 문제와 직면한 인터뷰 참여자들은 자신의 기억과 가족의 과거사를 상기했고, 불가피하게 이민 문제가 다루어질 수밖에 없었다. 이러한 방식으로 예술작품과의 관계를 맺으면서 상기된 기억은 과거와의 또 다른 관계를 형성했으며, 이러한 관계는 좀 더 '가치 있는' 것으로 묘사되었다. 인터뷰에서 언급된 예술작품들은 대부분 인터뷰 참여자들이 처음으로 접한 것들이었다.

그렇다고 이들의 이야기가 개인이나 집단에 속하는 이미지, 예술적 특성을 지닌 이미지 또는 경험, 역사적·가족적·개인적 이야기와 같이 비예술적 이미지 사용에 대한 가능성을 낮춘 것은 아니다. 예술작품과의 이러한 방식의 교류는 박물관이 제안하는 강한 '강독 계약' 또는 전시기술학 담론, 특히 텍스트에 자주 등장한 역사적 배경에 의해 가능했다. 이렇게 박물관이 제안한 '담론-범주'에 의해 예술작품은 과거를 상기시키는 힘을 갖게 되었고, 기억의 소환과 함께 관람객은 흥미로운 시각으로 예술작품을 감상했다.

4) 예술작품의 영향력에 대한 자료

'이미지의 영향력(Le retentissement des images)'이라는 제목이 붙은 연구의 4부는 전시가 관람객에게 미칠 수 있는 영향에 대한 심층적인 분석 내용을 제공해준다. 이 연구는 회화 작품이 일부 관람객에게 영향을 미친 감성과 관람객의 작품에 대한 해석 방법을 이해하는 데 목적을 두었다.

(1) 정량적인 동시에 정성적인 자료

인터뷰 참여자 가운데 35.0%는 추상화에 대한 느낌을 표현하면서 자신들의 관람 경험에 대해 설명했다. 이는 예술적 영감이나 놀라움의 표현, 즐거움이나 우울함 등의 정서적 반응과 관련된 것들이었다. 인터뷰 참여자 가운데 30.0%는 예를 들어 작품의 선택, 작품의 역사적 맥락, 또는 전시기술학 장치 요소 같은 것을 강조하며, 인식에 관련된 자료를 사용해서 전시에 대한 자신의 의견을 표현했다. 일부 참여자는 만족감(23.0%)이나 불만족감(9.0%)에 대해 언급했지만, 어떤 요인이 그러한 느낌을 갖게 했는지에 대해서는 설명하지 않았다.

일반적으로 정서적 반응의 방식으로 자신들의 생각을 표현한 인터뷰 참여자는 확실히 '전문가'의 역량을 가진 관람객은 아니었다. 특히 이들은 전시에 사용된 다수의 텍스트에 거의 주의를 기울이지 않았다. 비록 텍스트에 대한 주의력은 매우 낮았지만, 그렇다고 이들의 경험이 강렬하지 않았던 것은 아닌데, 그 이유는 관람 시간(평균 1시간 6분)이 매우 길었기 때문이다. 정서적 반응 또한 인터뷰 참여자의 전시에 대한 긍정적인 판단(94.0%의 전시만족도)에 영향을 미치는 주요 요인 가운데 하나였다. 전시만족도가 높았던 관람객 가운데 1/3 정도는 회화 작품이 자신에게 준 정서적 반응에 대해 언급하면서 높은 전시만족도에 대한 근거를 제시해주었다. 마지막으로 이와는 반대로 전시에 대해 긍정적인 반응을 보이지 않은 인터뷰 참여자 가운데 69.0%는 회화 작품이 주는 '어둠'이나 '슬픔'으로 인한 정서적 불편함을 언급하며 자신의 의견을 설명했다.

(2) 관람객에게 미치는 작품의 영향에 관한 정성적 자료의 기여

정서적 반응에 대한 담론과 관련된 몇 가지 주제를 파악하기 위해 설문지를 활용한 설문조사는 전시 폐막 두 달 후 진행된 10회에 걸친 반직접적 인터뷰에 의해 심화되었다. 인터뷰 내용에 대한 분석은 '라 메타피지카' 회화 프로젝트와 관람객의 수용 간에 정립된 '논리적 관계'를 나타냈다. 관람객은 추상화를 보고 '충격'과 '불편함'을 느꼈다. 장시간 동안 진행된 인터뷰에서는 인터뷰 참여자들이 몇몇 그림 앞에서 억제할 수 없었던 불편함에 대해 설명했다. 몇몇 인터뷰 참여자는 초상화에 대한 첫인상은 관람 후 꽤 오랜 시간이 지난 후 우울함이 내재한 안정감으로 전환되었다고 부연했다. 그뿐만 아니라 전시와 예술작품과의 개인적인 관계를 표현할 때, 인터뷰 참여자들은 담론-범위의 관계로 구성된 지식기반의 전형적인 미학적 해석으로부터 자유로운 태도를 보였다.

3. 연구의 총체적인 결과에 대한 방법론적 토의
수집된 데이터의 특성(통계나 개념) 및 질적 수준(타당성 및 신뢰도)과 관련하여 연구에서 사용된 모든 방법을 회고적으로 검토한 결과, 이 연구에 대한 몇 가지 강점이 확인되었다.

1) 설문지와 인터뷰를 사용해서 관람객을 조사한 이유
인터뷰를 통해 수집된 관람객의 이야기와 설문을 통해 제시된 답변을 검토해본 결과, 관람객은 긍정적인 반응이 제시된 반직접적 인터뷰나 장시간 동안 진행된 인터뷰와 달리 서술형 질문과 선택형 질문이 사용된 설문조사에서 부정적인 의견을 좀 더 쉽고 솔직하게 표현했다는 사실을 매우 구체적으로 알 수 있었다. 이러한 사실은 인터뷰가 인위적 언어의 상호작용이라는 의미로 설명될 수 있다. 예컨대, 적어도 인터뷰를 시작할 때는 박물관이 인정한 사람과 대립하는 것처럼 보이지 않기 위해 인터뷰 참여자들이 인터뷰 진행자에게 무의식적으로 '충성적인' 자세를 취하는 것으로 나타났다. 따라서 반직접적 인터뷰와 장시간 동안 진행된 인터뷰를 통해 제시된 의견이 유효성을 갖기 위해서는 설문조사에서 서술형 질문과 선택형 질문을 혼합해서 사용하는 것이 효과적이다.

2) 의견을 제시할 수 있도록 인터뷰 참여자에게 충분한 시간을 주는 데 따른 장점

장시간 동안 진행된 인터뷰를 통해 초기에 인터뷰 참여자들이 보여준 '충성적인' 자세는 인터뷰가 진행되면서 강화된 자신감으로 인해 태도에 점차적인 변화가 발생했다는 사실을 알 수 있었다. 인터뷰를 종료할 무렵, 인터뷰 참여자들은 인쇄 매체인 텍스트의 교육적 제약에서 완전히 벗어나 자유롭게 개인적인 의견을 표현했다. 따라서 인터뷰 초기에는 인터뷰 참여자들이 여러 차례에 걸쳐 전시 매개장치와 예술작품에 대한 자신의 평가 능력을 과소평가했지만, 관람을 마친 후에는 자신의 의견과 느낌을 상세히 표현하는 데 적합한 어투와 어휘를 사용했다.

(1) 의견을 구성할 수 있도록 관람객에게 시간 주기

이 연구를 통해 제시된 한 가지 중요한 사실은 다양한 범주의 관람객을 대상으로 관람 경험과 전시기술학에 대한 담론이 미치는 영향을 상세하게 이해하기 위해 인위적인 요소가 제거된 인터뷰에서 인터뷰 참여자들이 의견을 구성할 수 있는 시간을 주어야 한다는 것이었다. 전문가에 의해 진행된 인터뷰였지만, 인터뷰 참여자들은 종종 장광설(長廣舌)이나 주제와 무관한 의견이나 생각 속에서 중요한 요점을 드러냈다. 여기서 인터뷰 내용에 대한 분석가의 역할은 그들의 의견을 적합한 요소로 재구성하고, 이를 연구의 문제점과 참고 전시와 연결시켜 전망하는 것이었다.

(2) 관람객의 의견에 대해 상세하게 분석하기

인터뷰 내용을 분석하는 단계에서 인터뷰 진행자와 관람객 담당자는 연구 책임자가 환언(換言)하거나 재구성한 것이 아니라, 관람객이 말한 그대로를 분석하는 것이 매우 중요했다. 그 이유는 다듬어지지 않은 관람객의 의견으로부터 전시에서 접한 예술작품에 대한 개개인의 생각이

나오기 때문이다. 또한 관람객이 제시한 의견의 '본질'을 해석하기 위해서는 시간과 역량이 필요했지만, 의미 분석의 중요성은 결코 간과될 수 없었다. 만일 의미 분석이 적절히 이루어지지 않는다면, 전시기술매개의 인식적·감성적 영향력에 대한 심화 연구라는 목적을 달성할 수 없었기 때문이다.

3) 프로젝트의 의미 생성을 위한 박물관과 연구자 간 회의의 기여

마지막으로 저자는 연구 전반에 걸쳐 사용된 설문조사에 대한 안내지침서 및 작업 방법에 대한 개발에서 박물관과 연구자 간에 열린 사전 회의와 공개 회의의 중요성을 강조할 필요가 있다고 생각한다. 프로젝트를 종료하고 자료수집 방법론을 고안하는 연구자의 입장에서, 관람객과 관련된 모든 관계자가 자신의 기대와 질문 사항에 대해 신중한 의견을 표명하는 기회라는 점에서 이러한 회의는 필수이다. 만일 사전 회의가 중요했다면, 이러한 유형의 프로젝트는 연구 결과뿐만 아니라 연구자의 추론과 문제 제기가 설문조사와 분석 작업이 끝날 때, 모든 구성원과 공유 및 토의되는 경우에만 제도적 타당성을 획득할 수 있다. 결과적으로, 이 부분은 '라 메타피지카' 프로젝트의 강점이 되지 못했다.

4. 연구 결과와 가설을 통합해서 박물관 정책에 반영하기

상기 연구가 일정 기간 동안 진행된 한 가지 주제에 관한 전시이므로 제약적인 요소가 있었지만, 산출된 결과는 과학적으로 입증된 관람객에 대한 지식으로 간주될 수 있었다. 이 글의 마지막 부분에서는 기획 전시와 박물관기술학의 '방식'에 관한 정책 수립에 반영될 수 있는 일부 연구 결과를 살펴보고자 하는데, 이는 권장 사항과 같은 의미를 지닌다.

1) 관람객의 사회인구통계학 변수에 관한 결과

사회인구통계학적인 관점에서 볼 때, 가장 주지할 만한 사실은 관람객 가운데 20~24세의 연령층(대학생)이 가장 높은 비율(15.0%)을 차지했다는 것이다. 이러한 통계 수치는 그르노블박물관이 교육 수준이 높고 박물관에 대한 호기심과 관심을 가진 젊은 계층의 관람객을 유치할 가능성을 시사했다. 설문지와 인터뷰의 주관식 항목에 대한 결과로는 '라 메타피지카'라는 주제가 이러한 젊은 계층의 관람객을 유치하는 데 중요한 역할을 한 것처럼 보였다. 하지만 '그르노블박물관의 기획 전시'라는 이벤트적인 측면 또한 결정적인 요인으로 작용했다. 한편 연구자들은 당연한 사실로 생각하겠지만, 이 전시의 대다수 관람객은 지인, 가족, 친구를 동반한 40대 이상의 여성이었다. 한편 아동을 동반한 젊은 부부 집단이 이 전시를 거의 관람하지 않았다는 사실에 대해서도 주목할 필요가 있다. 전시 주제에 문제가 있었던 것인가? 그르노블박물관은 학생 관람객의 수용에 대해 풍부한 경험을 갖고 있었다. 따라서 그르노블박물관은 아동을 동반한 젊은 부모들이 기획 전시인 '라 메타피지카'를 관람하지 않더라도 학생 관람객이 충분히 이들을 대체할 것이라는 가설을 세웠으며, 결과적으로 이 가설은 검증되었다.

2) 개인적 관람 경험의 강도에 대한 결과

대부분의 인터뷰 참여자들은 '라 메타피지카' 관람이 결코 평범하지 않은 강렬한 경험이었다고 느꼈다. 또한 이 경험은 집중이 이루어진 순간이었고, 즐거움과 발견의 기회를 제공해주었으며, 가끔은 불편함이 느껴지기도 했지만, 결코 깊은 울림이 없는 공허한 시간은 아니었다. 거의 모든 관람객의 관람 동기는 '학습'이었는데, 관람 경험에 대한 이야기를 분석한 결과, 실제로 많은 것에 대한 '배움'이 이루어졌다는 사실이 드러났다. 하지만 관람객이 '라 메타피지카'의 회화 작품 및 정치의 연대기와 텍스트에 기술된 역할에 대해서만 학습한 것은 아니었다. 이들은 자신들이 이탈리아와 이탈리아 미술에 대해 갖고 있던 왜곡된 표상에 대해 새로운 시각을 갖게 되었고, 이 회화파가 초현실주의와 입체주의에 미친 영향에 대해서도 배웠다. 그뿐만 아니라 이들은 화가와 사상가에 대한 지식도 습득했는데, 화가의 시나 주관적인 글은 이들에게 매우 강렬한 인상을 남겼다.

관람객은 자신에 대해서도 많은 것을 배웠다. 실제로 이들은 몇몇 작품에 대해 '혼란스럽고', '불편함을 느꼈으며', '감동하고', '반감을 느꼈다'고 말했다. 이들은 반응에 대한 좌절감을 표현하는 데 그치지 않고, 비유나 망설임을 통해 자신의 느낌에 대한 내적 경이로움을 진술하게 표현했으며, 이러한 미적 영향력에 대해 스스로 성찰할 기회를 가졌다. 관람 후 진행된 인터뷰를 통해 관람객의 이와 같은 자기 성찰 태도를 확인한 결과, '우울', '시적 힘', '형이상학' 같은 단어의 의미가 충분하게 전달되었다. 이러한 결과는 설문조사에 대한 통계 결과가 아무리 완벽하다 해도 그 결과만으로는 결코 성취될 수 없는 의미 있는 성과였다.

3) 이탈리아 출신 관람객의 상반된 반응을 나타내는 결과

이탈리아 출신의 관람객들은 관람 후 혼란을 겪었다. 그르노블의 이탈리아 문화원(Institut culturel italien de Grenoble)은 입소문, 포스터, 인터넷, 강연, 이탈리아 투어 등의 방식으로 박물관 홍보에 매우 적극적인 파트너 역할을 담당했다. 인터뷰와 설문조사에 참여한 '이탈리아인' 관람객은 특이한 방식으로 반응했으며, 자신의 정체성과 문화적 접근에 대한 요구를 강하게 거부했다. 반면 인터뷰 진행 중에 이탈리아 가족과의 강한 관계성과 '이탈리아다움'에 대한 문제를 자주 언급했는데, 이러한 부분은 언어, 여가, 교육, 문화 등과 같은 일상생활에서는 충분히 확인되지 않은 부분이었다. '라 메타피지카'는 관람객으로 하여금 가족사와 1920~1940년대 이탈리아의 역사 간에 다소 희미하게 존재했던 복잡한 기억을 상기시켰다. 그렇다면 이 전시에서 사용된 박물관기술학은 관람객이 인터뷰에서 복잡한 개인사를 다시 떠올릴 수 있도록 '마들렌 (madeleine)'의 불빛 같은 후광 효과를 위해 사용된 것인가?

4) 전시명의 실질적인 영향력에 대한 증거

전시명이 사전 안내의 역할로서 전시에 대한 유인력을 발생시키며 매우 강한 의미를 전달한 것은 분명했다. 전시 주제에 대한 간단한 설문조사 결과에 의하면, 언어적 관점에서 접근했을 때, 특히 '메타피지카'와 '이탈리아 미술' 같은 문구가 전시명에서 주의를 끄는 부분이었다.

일반적으로 전시명은 즉각적인 유혹이나 반감의 의미를 전달하면서 읽는 사람을 관람객이나 비관람객으로 만든다. 우리는 매우 흥미로운 사실 하나를 발견했는데, 그것은 전시명을 읽는 사람이 프랑스어와 이탈리아어로 표기된 날짜, 미술사 개념과 철학적 개념 등이 삽입된 전시명에 직면하게 된다는 점이다. 압축된 형태, 그리고 비교적 전문적인 의미를 내포하는 전시명이 비전문가에게는 반감을 불러일으킬 위험이 있다는 것은 모두 인지하고 있었다. 인터뷰는 이러한 잠재적 위험에 대한 영향력을 부인할 수 없다는 사실을 입증해주었다. 하지만 이탈리아어 억양을 가진 이질적인 단어들로 조합된 전시명은 호기심을 유발하며, 언어적 형태의 시학으로 관람객을 유혹했다.

몇 가지 관점에서 이러한 평가 내용을 검토한 결과, 타 박물관에서 개최되는 대규모 기획 전시의 전시명과 광고를 한 번에 소개하는 표지판을 보유한 도시에서 그르노블박물관의 전시명이 선택된 것은 매우 중요한 전략적 요소였다는 것을 확인할 수 있었다. 우리는 이러한 문제에 대한 심층적인 성찰을 시작하기 위해 박물관 운영자와 함께 재검토할 가치가 있는 논리적 모순을 고려해야 했다. 만일 모든 인터뷰 참여자가 전시명을 '라 메타피지카'라고 불렀다면, 이는 그들이 역사적·정치적 시기와 이탈리아 화가들의 참여와 관련된 요소를 기억했기 때문이다. 다른 말로 표현하면, 인터뷰 참여자들은 이탈리아의 미적 개념인 '형이상

회화파'를 프랑스의 철학 개념인 '형이상학'으로 오역했다. 이는 미술사 전문가의 매우 치명적인 개념적 모순으로 간주될 수 있는 미학에 대한 초보자의 해석이다.

5) 확인 그 이상의 의미: 전시 매개장치의 텍스트는 비전문가인
관람객에게 결정적인 요인으로 작용한다

우리는 관람객이 매우 다양한 방식으로 텍스트를 사용했다는 점에 주의를 기울였다. 때때로 주제별 텍스트에서 거의 동일한 내용의 전시기술학적 담론의 도면과 개념도가 사용되었다.[7] 연표의 경우, 비록 관람객이 그 내용을 모두 읽지는 않았지만, 시기가 다른 작품들 속에서, 또 전시의 시작과 끝 사이에서 관람객이 방향을 찾는 데 도움을 주는 길잡이 역할을 했다. 또한 관람객은 인터뷰 내용을 분석하는 과정에서 다른 화가나 작품 또는 철학에 대해 언급한 텍스트를 선호한다는 사실을 알 수 있었다. 이와 같은 문학적 인용 장치가 인지적이며 감각적인 반응을 이끌어냈다는 것은 부정할 수 없었으며, 이에 대한 흔적은 장시간 동안 진행된 인터뷰에서 인용된 텍스트의 샘플인 '텍스트 에코(texte écho)'[8]에서 찾을 수 있었다. 한 작품 앞에서 관람객의 평균 관람 시간은 36초였는데, 이는 텍스트를 읽고 작품의 힘을 느껴보려는 관람객의 의지 표시였다. 인터뷰 참여자들은 관람하는 동안 수시로 참고자료로 사용할 수 있도록 전시실 입장 전에 일괄적으로 리플릿이 제공되기를 원했다. 이러한 관점에서 입장권 구매 시 리플릿을 '받지' 못한 관람객은 불만을 가질 수 있다는 점에 대해 유념할 필요가 있다.

7   M.-S. Poli, *Le Texte au musée: une approche sémiotique*, Paris, L'Harmattan, 2002.
8   M.-S. Poli, «Lorsque le texte du musée explique la résistance et la déportation à de jeunes visiteurs», *Publics & Musées*, n°10, 1997.

프랑스 박물관 정책과 관람객

260

6) 관람 시간은 개인주의적이면서도 동시에 소모적인 문화적 연속체의 특성을 갖는다

마지막으로, 예술 활동에 참여하지 않는 경우에도 일반적으로 대부분 관람객은 미술이나 시에 대한 간행물이나 잡지, 또한 가끔은 책을 읽었다('훑어본다'). 인터뷰 참여자들은 친구나 가족과 함께 독서한 내용이나 관람한 전시에 관해 대화를 나눈다고 덧붙였다. 박물관이 무료로 제공하는 책자나 기타 자료가 이러한 개인의 '주제별 도서관(bibliothèque thématiques)'을 풍부하게 할 것이라는 의견에 동의했으며, 좀 더 신경을 써서 적절한 조치를 취한다면 박물관이 큰 영향력을 가질 수 있는 통신 네트워크를 구축하는 데 도움이 될 것이다.

5. 결론

이 글에서는 연구 차원뿐 아니라 평가 차원에서도 '라 메타피지카'에 관한 연구를 통해 얻은 시사점을 부분적으로밖에 다루지 못했다. 하지만 미술관 관람객의 전시 수용에 대한 박물관기술학의 담론(또는 담론-범위)의 영향력에 관한 난제에 접근했을 때, 정량적 문제와 정성적 문제 간 상호보완성의 중요성이 가시적으로 나타났다. 이러한 영향력은 명백하지만, 사회적 특성이 내재된 관람의 습관적 행동과 관람객 각자의 개인사와 친밀함에 의해 그러한 영향력이 발생하기 때문에 복잡하다. 이것이 정량적·정성적 결과의 교차를 통해 나타난 이 연구의 주요 시사점이었다. 이제 이러한 결과를 정책에 반영시킬지의 여부를 결정하는 것은 박물관의 몫이다.[9]

만일 응답자들이 '라 메타피지카'의 작품에 대해 개인적 해석을 산출해낼 수 있다는 것을 보여주었다면, 전시운영위원회가 제안한 전시 매개장치의 일부에 해당하는 정보적 혹은 문학적 텍스트가 관람객의 시각과 관람 경험에 강한 영향력을 발휘했다는 것은 의심의 여지가 없다.

4부 문화전략 수단으로서 수용에 관한 연구

9　P. Ancel, Y. Neyrat, M.-S. Poli, «A paradoxal aesthetic experience: The visitor's perception of an art exhibition», *Acts of the XIX Congress of the International Association of Empirical Aesthetics University of Avignon*, France, August 29th – September 1st 2006, Lab. Culture & Communication, 2006, pp. 192-196.

박물관의 작품 수용에 대한 이러한 근본적인 성찰을 지속하기 위해서는 자료를 활용할 수 있도록 다양한 연구주제와 연구 대상에 대한 평가를 고려해야 한다. 그르노블박물관에서 관람객관찰소의 형태로 협력이 지속된다는 가정하에 각각의 연구에 직접적으로 관련된 박물관의 모든 관계자를 참여시키는 것은 매우 중요한 의미를 갖는다. 만일 대중과의 중재를 담당하는 촉진자인 전시 매개장치 담당자들에게 동기가 부여된다면, 우리는 이러한 프로젝트에 참여하기 위해 반드시 대화를 나누어야 할 대상일 것이다.

3장

박물관 문화 정책을 위한
방명록 분석의 용도와 목적

마리-피에르 베라(Marie-Pierre Béra)

에마뉘엘 파리(Emmanuel Paris)

현재까지 방명록 분석의 용도에 대한 논의는 정착되지 않았다. 관람객이 방명록에 '전시'에 대해 남기는 글은 체계적이지 않으며, 이러한 글은 빠르게 쓰므로 방명록에 대한 연구는 박물관의 전략을 수립하는 데 거의 사용되지 않고 있다. 하지만 방명록은 거의 100년 이상의 역사를 지닌 문서에 해당하며, 박물관과 관람객의 수직적 의견 교환과 관람객 간의 수평적 의견 교환을 지원해준다. 이 글은 공유와 토의, 그리고 집단적 의사결정을 활성화시키는 인터넷 매체의 시대인 정보화 사회에서 지식 보급 분야의 전문가들에게 방명록을 연구에 포함시킬 것을 제안하고 있다. 이는 관람객의 이야기가 담긴 가장 오래된 장치 중 하나인 방명록에 다양한 가능성이 내재해 있기 때문이다.

1절에서는 표준화된 장치로서의 방명록이 문화기관에서 사용되기 시작한 시기부터 다루어질 것이다. 모든 유형의 이야기가 사전에 선험적으로 허용된 것으로 보이는 방명록이 관람객을 정형화할 방법은 무엇인가? 이러한 질문에 답변하기 위해 방명록에 글을 남긴 관람객에 대한 정보와 글의 내용을 이해하기 위해 사용된 방법, 그리고 방명록에 남겨진 글의 외현적이며 내재적인 내용에 대한 분석이 이루어질 것이다. 그뿐만 아니라 이러한 '글의 관례적 형식[텍스트의 관례추종주의(conformisme textuel)]'를 설명하기 위한 두 가지 방법도 소개될 것이다. 일반적으로 방명록을 작성하는 관람객의 주된 동기는 문화기관과 관계를 맺고, 사회 내에서 문화기관이 정립될 수 있도록 도움을 주기 위해서다. 따라서 이러한 목적의 글은 가독성이 전제되어야 한다. 한편 문화기관 은 방명록에 작성된 글이 '실질적으로' 박물관 운영에 반영될 수 있도록 순서대로 정리해서 선택할 수 있다.

2절에서는 문화기관의 방명록 용도에 대한 목록이 작성될 것이다. 만일 방명록의 배치에 대한 선택이 다양해진다면, 문화기관의 활동은 '편의 정책(politique de la convenance)'과 '고려 정책(politique de la considération)'의 두 가지 대별된 접근이 가능하다. 왜 다양한 배치와 반복된 용도 사이에 이러한 논리가 사용되는가? 만일 이러한 논리가 사용된다면, 문화기관이 전략적 필요성에 따라 방명록에 관심을 가지게 된다는 가설이 세워질 것이고, 이와 같은 논리적으로 모순을 일으키는 논증은 상대적인 의미로 다루어지게 될 것이다. 방명록에 대한 필요성 이 자주 논의되면서 최근 몇 년간 문화기관은 방명록의 정교화에 막대 한 투자를 해오고 있다.

마지막으로 3절에서는 문화기관의 전략 수립에 대한 정의에서 방명 록 분석의 용도에 대한 내용이 수록될 것이다. 이러한 수용 연구는 문화 기관의 위상을 재정립하기 위한 목적으로 주로 홍보 캠페인이나 내부적 인 성찰에서 사용되었다. 방명록에 수록된 글은 관람객과 지식 보급의 장소인 박물관 직원 간의 새로운 유형의 협력을 가능케 하는가? 방명록 은 '전시물-매개자(objet-médiateur)'와 '전시물-논쟁의 장(objet-arène)' 으로 간주된다. 또한 문화기관이 관람객을 식별하고 이들에 관한 전략 을 조정하기 위해 배치한 모든 장치 가운데 방명록은 관람객이 갖고 있 는 풍부한 상상력과 광범위한 동기, 그리고 다양한 문화기관과 관람객 간의 관계를 가장 효과적으로 제시한다는 결론에 이르게 될 것이다.

1. 관람객의 방명록 용도: 자아의 표현과 표상

메시지의 상이성이나 서명의 유사성 같은 방명록의 전형적인 특징은 문화기관이 방명록을 사용하는 것을 불가능하게 만드는가? 관람객의 자아 표현 방식을 다루는 1절에서는 특히 유대교예술역사박물관의 방명록에 대한 설문조사 결과를 통해 방법론과 관련된 문제를 해결하는 방명록에 대한 해석 논리의 식별과 분석의 가능성을 확인하게 될 것이다.

첫 번째로 주목해야 할 부분은 전시의 여정과 함께 오랫동안 함께 한 '방명록'이라는 문서가 시대의 흐름에 따라 항상 동일한 이유로 존재하지는 않았다는 것이다. 일단 방명록은 엘리트주의적인 관점에서 박물관이 자랑할 만한 유명 인사들의 방문을 보여주었다. 19세기에 박물관은 존재 이유를 정당화하기 위해 회계 장부에 영향을 미치지 못하는 초라한 대중을 끌어모으기보다 사회 네트워크의 일부가 되어야 했다. 따라서 '방명록'이라는 장치는 지식인에 속한 관람객을 대상으로 했다. 이러한 방식으로 방명록은 전시를 기획하는 사람들과 전시를 관람하는 사람들이 상호 자질을 강화하며, 글과 박물관의 전시물이 동일한 문화 공간에 소속되었다는 것을 상징했다.

이후 다양한 차원에서의 자아 표현과 관련된 방명록의 용도에 대한 새로운 논리가 사회적 분화 논리를 계승했다. 이는 대중, 즉 관람객의 익명성에도 생각에 대한 흔적과 집단 구성원으로서의 인영(印影)과 서명을 남기면서 자신을 확인하는 작업이었다. 관건은 방명록에 기록된 것에 대한 가치였다. 방명록을 훑어보는 관람객을 관찰한 결과, 다른 관람객의 의견을 읽는 것이 방명록에 글을 남기는 데 원동력으로 작용한다는 것이 확인되었고,[10] 이러한 방명록 작성의 역동성은 박물관이 방명록에 대해 새로운 관심을 갖게 만드는 결과를 가져왔다.

생각의 관점을 고정시키는 물리적인 매체로서의 방명록은 베아트리스 프랑켈(Béatrice Fraenkel)[11]에 의해 '근접성을 지닌 진정한 예술(art veritable de la contiguïté)'이라고 명명하는 작품으로 만들어졌는데, 방

10   L. Pressac, *Expression libre. De l'usage du livre d'or dans les musées et les lieux d'exposition*, mémoire de DESS Gestion des institutions culturelles, sous la dir. De D. Dammame, Université Paris-IX, 2002.

11   B. Fraenkel, *Les écrits de septembre*. New York 2001, Paris, Textuel, 2002.

명록을 제작할 때의 크기와 비율 때문에 그러한 명칭으로 불리게 되었다. 방명록에 글을 작성하는 관람객은 공간을 침해하거나 재구성하지 않는다는 암묵적인 법칙에 따라 서로 조화를 이루며 글을 남겼다. 이러한 작업은 글의 관례적 형식(그것이 아무리 사소한 이유일지라도 다수의 사람들이 방명록에 자신을 표현한다는 점, 반복성, 관례적 문구에 대한 선호)[12]과 개인적인 서술 행위(참여를 의미하는 서명과 주제의 보편성을 강조하는 익명성)[13]로 묘사될 수 있었다.

다시 말해, 방명록을 읽게 만들기 위한 전략을 세우기 위해서는 이러한 모든 사항에 대해 잘 알고 있어야 했다. 방명록은 청원서나 요구서가 아니다. 또한 너무 광범위하고 불분명한 형태로 인해 박물관 관점에서 연구 대상으로서 부적절한 방명록의 의미와 기록된 내용에 대한 의미 분석이 필요했다. 그 이유는 관람객 스스로 주제와 접근 방법을 결정해서 방명록에 적은 관람 경험에 대한 의견이 설문조사에 내재되어 있는 장애 요인을 극복하는 데 유용했기 때문이다.

1) 방명록 연구에 대한 방법론적 문제점

문화기관은 방명록에 대한 연구에 새로운 의미를 부여했지만, 정작 방명록을 사용하고자 할 때는 그 의지를 단념으로 변화시키는 많은 어려움이 발생한다. 일반적으로 박물관이 방명록에 기술된 관람객의 의견을 분석할 때는 방명록의 작성자인 관람객은 이미 부재 상태이므로, 결과적으로 '깊이를 알 수 없는 글'을 쓴 이유에 대해 자세히 알 수 없을 뿐만 아니라 재구성도 불가능하다. 방명록은 평가 결과와 달리 해석자가 생의 여정이나 행동 등 작성자와 연관 지을 수 없으므로, 해석에 대한 불확실성이 내재한다.

또한 방명록에 대한 연구는 정량적인 설문조사와 같은 가치를 갖고 있지 않다. 오로지 의지가 있는 사람들만 이 연구에 참여했고, 연구 결

---

12 관례적 문구란 같은 운율의 조건에서 핵심을 차지하는 생각을 표현하기 위한 단어의 집합체를 가리킨다. Voir J. Goody, *La Raison graphique. La domestication de la pensée sauvage*, Paris, Minuit, 1979 [1977].

13 B. Fraenkel, *La Signature. Genèse d'un signe*, Paris, Gallimard, 1992. Sur l'anonymat, voir F. Lambert (dir.), *Figures de l'anonymat: médias et société*, Paris, L'Harmattan, 2001.

과를 다른 연구에서 다루어진 변수와 교차시키는 것도 불가능했다. 또한 연구 대상인 방명록이 '제작'될 때마다 '적절한' 설문조사가 병행되지 않는 한 사회적 조정과 문화활동을 연결해주는 전통적인 사회학과 상호작용적인 사회학과의 관계를 형성하지 않았다. 이러한 관점에서 방명록은 정량적 대표성이나 정성적 분석의 정교함은 제공하지 않는다고 할 수 있다.

평범한 생각이 방명록에 영향을 미치며, 또 다른 어려움을 증가시키는 경우도 있다. 예컨대, 매우 극단적인 의견들이 표현된 방명록은 박물관에 대한 왜곡된 시각을 제공한다. 앙드루 페카릭(Andrew Pekarik)은 동일한 전제 조건에서 어떤 것이 우세한지는 알 수 없지만, 방명록에는 박물관에 대한 관람객의 의견이 매우 잘 묘사되어 있다고 결론지었다.[14] 그는 방명록에 적힌 관람객의 의견을 분석하기 위해 '포괄적 그리고 체계적인' 방식으로 방명록의 내용을 기호화하는 것을 권장했다. 자연사박물관은 인터뷰에서 나타난 관람객의 의견과 방명록에 표현된 의견을 비교하며, 이러한 평범한 생각의 타당성에 관심을 기울였다. 자연사박물관은 방명록에 포함된 전시의 '분석표'와 주제의 특성, 언급 빈도를 유효화함으로써 방명록에 작성된 글의 잠재력을 재생시켜야 한다고 결론을 내렸다. 설문조사는 심지어 인터뷰보다 방명록에 쓰인 표현이 '관람객의 비판을 완화하는'[15] 경향이 있다고 설명하면서 동시에 방명록에 대해 관심을 가져야 할 필요성을 강조했다.

앞서 언급한 대표성에 관한 문제에도 문화기관은 방명록에 수록된 다수의 의견에 관심을 기울였다. 연구자들은 대부분 정량적 방식의 분석표를 사용했다. 어떤 연구자들은 관람객의 출신지에 대한 통계적 접근을 위해 방명록에 나타난 관람객의 지리적 요인에 집중했고, 또한 자연사박물관의 경우에서처럼 어떤 연구자들은 다양한 기준의 만족도를 측정하기 위해 전시에 대한 의견 분석에 주력했다. 각 전시마다 정확한 어휘 분석을 위해 박물관기술학, 전시기술학, 전시 매개장치, 전시 내용,

14　A. P. Pekarik, «Understanding Visitor comments: The case of "Fight time Barbie"», *Curator, the Museum Journal*, 1977, 40 (1), pp. 56-68.

15　P. Bladin, C. Pisani, D. Julien-Lafferrière, F. Lafon, «Que faire des livres d'or? Jalons pour une méthode d'exploitation» (document de travail), *Muséum national d'histoire naturelle*, Paris, juillet 1999, ms. multigraphié, p. 9.

그리고 전시 개념 등이 정의되었다. 분석표를 기반으로 다수의 방명록이 심층적으로 분석되었고, 비교 작업도 용이하게 이루어졌다.

하지만 상황에 따라 적용될 수 있는 방법이 달랐으므로 방명록은 지속적으로 방법론적 문제를 야기했다. 만일 동일한 분석표를 사용하는 것이 목표였다면, 이러한 연구는 분명히 중요한 정보를 도출했을 것이다. 그렇다면 방명록에 남겨진 글을 무작위적인 방법으로 분석하는 것이 효과적인가?(앙드루 페카릭이 만류하는 방법), 아니면 주제를 먼저 열거하고 그 주제에 맞추어 글을 하나씩 분석하는 것이 더 나은 방법인가?(앙드루 페카릭이 권장하는 방법)[16] 주제의 변화를 설정하기 위해 통계 방법을 사용하는 것이 더욱 바람직한가? 아니면 모든 글이 의미 있다고 가정하고 '축어적으로' 보고서를 작성하는 것이 더욱 바람직한가? 언어 처리 시스템을 갖춘 컴퓨터 프로그램에 의존해야 하는가, 아니면 비자동적 방식의 해석에 비중을 두어야 하는가?[17]

2) 이해 관계자의 관점을 이해하기 위한 행위자적 방법의 사용

방명록이라는 장치를 부각시키기 위해 유대교예술역사박물관이 실시한 방명록에 대한 설문조사의 경우,[18] 그레마스(Greimas)[19]가 정의하고, 뤽 볼탕스키(Luc Boltanski)[20]가 '능력으로서의 사랑과 정의(L'Amour et la Justice comme competences)'에서, 공적 구조에서 일반적인 통고라고 간주될 수 있는 것을 분석하기 위해 사용한 '행위소 모델(modèle actantiel)'이 선택되었다. 또한 퐁피두센터에서 개최된 〈한계 밖(Hors Limites)〉이라는 전시의 방명록에 대한 연구를 통해 현대 미술을 거부하

16 A. P. Pekarik, «Understanding Visitor comments…», op. cit.

17 F. Chateauraynaud, *Prospéro – Une technologie littéraire pour les sciences humaines, Paris*, CNRS Éditions, 2003.

18 M.-P. Béra, «Enquête sur le livre d'or du musée d'art et d'histoire du Judaïsme», *Musée d'Art et d'histoire du judaïsme*, Paris, ms. multigraphié, 2003, p. 49.

19 '행위자(actant)'는 역사적 정착(시공간에서의 등재, 명칭, 한 기관/제도에 소속 등)을 통해 그를 개별화시키는 '관계자들(acteurs)'로 대표된다. A. J. Greimas, «Réflexion sur les modèles actanciels», *Sémantique structurale*, Paris, Larousse, 1966, pp. 172-221.

20 L. Boltanski, *L'Amour et la Justice comme compétences. Trois essais de sociologie de l'action*, Paris, Métailié, coll. «Leçons de choses», 1990.

[그림 4-2] 유대교예술역사박물관

출처: https://www.mahj.org/en/prepare-your-visit/practical-information

는 논거의 특성을 분류한 나탈리 에니쉬의 연구 결과도 사용되었다.[21]

텍스트와의 관계를 유지하면서 언어 처리 컴퓨터 프로그램을 사용해서 방명록에 쓰인 각각의 의견에 대해 심도 있게 분석한 결과, 관람객의 의견은 다음의 몇 가지로 특징지어졌다. 주어(서명과 보어: '나', '우리', '사람들' 등), 목적어(박물관, 전시, 타 박물관, 느낌 등), 가상의 대화자(타 관람객, 기관, 정책 등), 논거의 특성(가치 기준, 시민적·윤리적·미적 특성 등), 그리고 행위자 간에 발생한 관계. 이와 같은 방식으로 대화자를 마주 봄으로써 주어가 만들어낸 정체성(시민, 관람객, 공동체의 일원 등), 어조, 입장(일반성 혹은 고유성), 대상(자신과 정체성을 공유하는 사람들을 향한 의견인지 아니면 다른 사람들을 향한 의견인지) 등이 방명록 글의 구성요소에 포함되었다.

무게감으로 인해 정기적인 분석도 어렵고 연구를 통해 도출된 자료또한 취약하지만, 방명록에 대한 분석은 다양한 현상을 밝혔다. 실제로매우 적은 수의 관람객만이 방명록에 글을 남긴다는 사실을 가정해보자. 예컨대, 유대교예술역사박물관의 경우에는 2.0%의 관람객이 방명

21 N. Heinich, *L'Art contemporain exposé aux rejets*. Études de cas, Nîmes, Jacqueline Chambon, 1998, p. 213. Voir en particulier le chapitre VI «Ping à Paris, 1994: de Beaubourg à Brigitte Bardot», pp. 153-192; N. Heinich, *Le Triple Jeu d'art contemporain*, Paris, Minuit, 1998.

록에 글을 남겼지만, 몇몇 명확한 특징이 확인되었다. 관람객의 자유 의지가 담긴 글에 내재한 단편적인 정보는 주제를 맥락화했다. 각자의 중요성이 측정되었다는 가정하에 행위자의 역할은 하나의 관점을 확립했다. 익명으로 쓰인 의견 가운데 진정성을 지닌 것은 매우 적었다(10.0%). 개인이 서명한 글이 76.0%를 차지했고, 14.0%는 여러 명이 함께 동일한 글에 서명을 남기거나 집단적인 의견에 여러 명이 함께 서명한 경우였다. 따라서 서명은 날짜, 감사의 말, 거주지와 함께 의견의 기본적인 구성요소에 포함되었다.

이러한 정보는 방명록에 쓰인 문체와 더불어 방명록 작성자의 출신지를 파악하는 데 유용했는데, 해외 관람객이 50.0%를 차지했다. 이 수치를 매표소에서 습득한 우편번호(30.0%는 해외 우편번호였음)와 비교한 결과, 프랑스 성인 관람객에 비해 해외 성인 관람객이 거의 두 배 정도 더 많이 방명록을 쓴 것으로 나타났다. 그 이유는 프랑스어로 작성된 의견의 11.0%는 확실히 외견상으로 아동이나 청소년이 쓴 것처럼 보였기 때문이다. 해외 관람객의 방명록 작성에 대한 참여는 오르세미술관의 방명록을 다룬 나탈리 루(Nathalie Roux)의 논문에서도 확인할 수 있다.[22] 이러한 경향에 대해 어떤 의미를 부여해야 하는가? 이는 관람객의 범위를 보여주는 것인가? 아니면 낯선 곳에 흔적을 남기려는 관람객의 바람을 보여주는 것인가?

이외에 방명록 작성자를 묘사하는 다른 요소는 별로 많지 않았다. 젊은 계층과 노년 계층을 구분 짓는 글씨체를 통해 종종 연령이 요소에 포함되기도 했다. 또한 관람의 사회성도 드러냈다. 친구, 연인, 집단 간에 오간 이야기를 작성해놓은 어조를 통해 동반 관람객과의 친밀한 관계를 알 수 있었다. 개인적인 인생의 여정을 나타내는 다른 특성도 연구의 범주에 포함되었다. "불가리아 유대인에 대한 부분이 부족하다. ……"라는 의견에 '불가리아 유대 여성'이라고 서명이 되어 있는 경우가 그러한 사례에 해당한다. 자신을 표현하는 방법은 작성자가 시민, 이

---

22 N. Roux, *Le Livre du public au musée d'Orsay*, thèse de 3e cycle en sociologie de l'art à l'EHESS, 1990.

용자, 증인 등과 같은 '자격'과 근거를 제공하면서 자신의 의견을 정당화할 수 있게 했다. 이렇게 정규적이며 표준적인 논증의 틀 안에 놓여있는 문제가 의견을 남기는 목적에서 재발견되었다.

3) 조언을 목적으로 방명록에 글을 남기는 유대교예술역사박물관 관람객

실제로 방명록에는 박물관의 외적 환경(정치적·사회적 현실)과 내적 환경(전시의 변경, 수용과 매개의 조건 등)의 변화에 대한 흔적과 함께 설문조사의 자양분이 될 수 있는 수용의 범위가 남겨졌다. 방명록에 대한 연구 결과, 작성 빈도, 의견을 남기는 목적, 방명록 대장, 목표로 삼은 대화자에 대한 관점이 2단계로 나타났다. 예컨대, '반유대주의적 행위의 증가를 목격하고 있는 프랑스'와 같이 전시가 진행되지 않을 때의 의견은 주로 타인을 향했으며, 관람객이 가장 선호하는 대상이 박물관임에도 이 두 주체 간의 거리감은 명백하게 존재했다.

이윽고 하다사 병원(Hôpital de Hadassah)을 위해 개최된 마르크 샤갈(Marc Chagall)의 스테인드글라스 전시에서는 방명록의 글이 폭증했다. 이러한 글은 주로 전시와 전시가 주는 감동에 집중되었는데, 때로는 "평화 선구자의 역할을 하는 샤갈에게 감사를 표합니다"와 같은 애국적인 내용도 발견되었다. 또한 이러한 글에는 전시 구성 방식에 대한 기대도 표현되었다. 방명록 작성자들은 고대 이스라엘의 12지파에 대한 스테인드글라스의 제작 단계를 표현하면서 매개를 사용하여 '지파'에 따른 주제별 해석을 시도한 데 대해 반박했다.

문체에 대해서도 밝혀졌는데, 이를 통해 '시민 감시자(vigie citoyen)'와 '교사 감시자(vigie magister)' 등 몇 가지 관람 태도가 드러났다.[23] 특히 일부 관람객은 관람하는 동안 전시와 관람객 간의 관계에 대한 질적 수준을 평가했다. 일반적인 관심에 따라 전시기획자와 전시물에 변화를 주려는 의지에 동기를 둔 이 두 가지 대립적인 관람 태도는 찬성 또는 반대에 대한 논거를 제시하면서 문화기관부터 감시자 같은

23 M.-P. Béra, «Le livre d'or: un outil d'évaluation?» et E. Paris, «L'invention des cadres de pensée des individus en leur absence», textes présentés lors du *Séminaire de muséologie de la Cité des sciences et de l'industrie de la Villette*, 1er octobre 2003.

특성을 지닌 관람객 계층에 이르는 보편적인 사회적 관계를 형성했다.[24] 다시 말하면, 이러한 특수한 범주에 속하는 관람객 계층은 박물관을 배회하는 동시에 박물관이 자료를 다루기 위해 선택한 담론을 관람한 후 마지막으로 방명록을 통해 박물관에 조언을 남겼다.

시민 감시자의 특성을 지닌 관람객은 예컨대 '이스라엘의 평화'와 같이 종종 프랑스와 관련성이 낮은 주제에 대한 일반적 관심을 박물관(대화자의 70.0%)이나 다른 집단(국가, 공화국, 유대인 등)과 협상하기 위해 외국인만큼이나 다수의 프랑스인을 동원했다. 문제점에 대한 지적이나 호평의 전달에 대한 평가에 관심이 있는 교사 감시자의 특성을 지닌 관람 태도는 대화자를 박물관으로 국한하는 다수의 의견에서 공통적으로 나타났다. 이용자와 실질적 감시자(vigilance pratique), 그리고 전시 내용의 '질적 수준'을 입증하거나 협상하는 증인은 자주 등장하는 관람 태도였으나, 유대교예술역사박물관의 방명록에서는 매우 드물게 나타났다.

자신의 발언을 정당화하기 위해 사용된 관람객의 신분은 네 가지 축으로 구성되었다. 종교와 시민권은 시민적, 도덕적 또는 평판적 특성을 지닌 논거를 사용해서 타인의 이름으로 자신을 표현했다. 관람객의 국가나 직업은 그들의 이름을 통해 추측되었다. 마지막으로, 예컨대 마치 유대인이 타 유대인에게 말하는 것이 아니라 사용자로서 자신의 입장을 취하는 것처럼 대화자와 주어 간의 타성(他性)에 대한 표시는 부정적인 비판 형성을 촉진시킨 반면, 이 두 행위자를 융합하려는 시도는 객관적이며 즉각적으로 그 자리에서 상세히 설명하기 어려운 표현을 저해했다.

방명록은 또한 전시 내용을 협상하기 위한 이상적인 장소였다. 미술과 역사에 대한 소장품을 보유하고 있는 유대교예술역사박물관은 공동의 문화유산 가운데 어떤 것을 전시해야 하는가? 전시에 포함될 것과 증언에 대한 몇몇 제안이 정기적으로 제시되었고, 전시에 대한 몇몇 단점도 지적되었다. 홀로코스트에 할애된 장소가 너무 협소했고, 전시된

---

24 감시자 관람객(visiteurs vigies)은 '경계하는 고객(clients vigilants)'의 현대적 모습이라 할 수 있다. Voir A. Hirshman, *Défection et prise de parole*, Paris, Fayard, 1995 [1970], et en particulier le chapitre 3: «Prise de parole», pp. 53-75.

다량의 번역본에 대한 문제도 제기되었다. 마지막으로 설문조사는 '주제를 벗어난' 논평, 즉 연구자가 배제하기 쉬운 관람 후 전시의 상기에 대한 관심을 제시해주었다. 이 조합은 "좋은 유월절 되세요!"와 같이 이스라엘과 팔레스타인의 유대인 축제에 대한 언급처럼 보통 최근 뉴스와 관련된 경건한 서약이나 주문(呪文) 방식에 관한 것이었다.

사실 '주제를 벗어난' 논평이 실제로 주제를 완전히 벗어난 것은 아니었다. 방명록에 내재한 이러한 특징은 도서관, 그리고 관람객이 자주 접하지 않는 스튜디오 프로그램과 아틀리에 교육 프로그램을 제외하고, 이러한 주제가 다루어질 수 있는 유일한 장소가 방명록임을 의미했다. 결론적으로, '주제를 벗어난' 논평은 유대교예술역사박물관의 사회적 발전을 성찰하고 연구하는 데 매우 유용했다. 유대민족주의, 이스라엘 정부의 현실, 프랑스에 사는 유대인의 실질적인 삶 등과 같이 주제를 벗어난 주제는 박물관이 스스로 인정하는 역할에 대한 표상을 구성하기 위해 사용하는 주제와 전시물만큼이나 관람객에게 의미 있는 이야기를 제공했다. 따라서 방명록 '해석자'의 관심은 불필요성에 대한 역설로 향했다. 방명록은 각각의 문화기관이 스스로 발견할 수 없는 사실을 제시해주었고, 이러한 사실이 인지 및 수용되었는지를 확인하게 해주었으며, 향후 사회의 변화와 관심을 고려할 방법을 스스로 질문할 수 있게 해주었다.

2. 전시를 고려하지 않고 배치된 방명록

2절에서는 문화기관의 방명록 용도를 다루게 되는데, 방명록의 잠재력에 대한 무관심이 새로운 전략의 개발에서 방명록을 통합하는 작업과 공존한다는 사실을 확인하게 될 것이다. 이러한 모순에서 벗어나는 것이 가능한가? 또는 바람직한가? 방명록을 구성하는 상호작용 체계에서 모든 사실은 의미가 있으며, 방명록에 적힌 내용에 기여한다는 사실이 밝혀질 것이다. 방명록이 놓여 있는 장소는 작성자의 용도를 결정하고, 방명록에 작성된 내용은 방명록을 배치한 사람의 용도를 결정한다. 문화기관이 방명록의 위치를 결정할 때는 우선적으로 '편의 정책'과 '고려 정책'이라고 불리는 두 가지 논리에서 출발해야 한다.

1) 방명록은 어떤 위치에 놓여야 하는가?

문화기관이 실제로 사용할 생각은 없으면서 '예의상' 관람 동선 끝에 방명록을 배치하는 것은 편의 정책에 해당한다. 이러한 관점에서 보면, 방명록은 전시기술학의 전통에 따라 배치된 전시 동선의 미적 요소로 작용하는 장식물과 동일한 의미를 지닌다. 방명록을 이러한 방식으로 사용하는 것은 박물관의 매우 오래된 관행이며, 그와 동시에 세대에서 세대로 재생산된 반복적이며 습관적인 행위다.

편의 정책과 고려 정책의 교차점에서 습관적으로 결정된 전시 동선에 대한 방명록의 위치가 관찰되었다. 이러한 위치는 가끔 전혀 예상치 못한 위기 상황을 유발하는 전략적 차원을 드러낸다. 이러한 문제는 누구나 접근이 가능한 방명록의 내용이 종종 박물관의 이미지를 훼손시키면서 박물관 전문가를 위협하므로 박물관 측면에서는 매우 우려할 만한 것이다. 한 예로, 2003년 퐁피두센터의 〈필리프 스타크(Philippe Starck)〉전의 경우, 방명록 사용을 최대한 빨리 중단하고 급히 회수하라는 결정이 내려졌다.

방명록을 전시기술학의 중요한 매개 장치로 간주하고 그 위치를 선정하는 것은 고려 정책에 해당한다. 예컨대, 2004~2005년에 자연사박물관이 개최한 〈매머드의 시대(Au temps des mammouths)〉의 전시기획자들은 후피 동물에 대한 상상력을 표현한 아동의 그림을 보여주기 위해 방명록을 유리 액자에 넣어 전시했다.

흰색 종이로 구성된, 그리고 비공식적이며 비영구적인 특성을 지녔음에도 방명록을 둘러싼 수많은 지표는 관람객에게 글을 작성하게 만들었다. 방명록을 설치하기 위해 선택된 장소는 방명록 내용을 수직적 교환인 문화기관에 대해, 또는 관람객 간의 수평적 교환을 나타내는 지표 값을 갖고 있다. 문화기관 운영자에 대한 접근은 작성자들을 수직적 교환 쪽으로 향하게 한다. 직원이 사용하는 작은 책받침대 위에 방명록을 설치한 유대교예술역사박물관이나 안내데스크에 방명록을 설치한 케브랑리박물관(Musée du quai Branly)이 그러한 경우에 해당한다. 관람객이 안내원에게 방명록을 직접 요구하는 베르사유궁전의 경우에도 마찬가지다.

타 박물관은 관람객 간의 상호작용을 권장하는 방법을 선택했다. 몇몇 전시는 이러한 추세를 수용했으며, 민감한 주제나 자극적인 것을 다루면서 관람객의 참여를 독려했다. 이처럼 과학산업박물관은 몰입 전시에 해당하는 〈타이타닉(Titanic)〉 전시를 마친 후에 방명록을 설치하기 위한 공간을 만들었다. 맨 끝에 위치한 전시실에는 다양한 언어로 "느낌을 나누어보세요!"라는 문구가 부착되어 있었고, 그 문구 밑에 대화를 이끌어내기 위해 마련된 몇 개의 방명록이 커다란 책상 위에 놓여 있었다. 이 장치는 오디오 가이드 개발을 담당하는 직원을 줄이기 위한 방편이기도 했다.[25] 몰입 전시가 감동스러운 경험을 권유하거나,[26] 전시물이 전시의 맥락에서 이탈해서 탐미주의를 지향하도록 유도될 때,[27] 방명록은 관람객이 자유 의지를 되찾을 수 있게 하는 바람직한 이야기 공간이 되었다.

자아를 자신의 것으로 환원시키는 시공간의 역할을 하는 방명록은 문화기관의 관심을 얻는 데 도움을 주는 도구이기도 하다. 문화기관은 관람객에게 표준 서체를 사용할 필요 없이 자신만의 방식으로 글을 쓸 권리뿐만 아니라 문화기관의 상징적 이미지를 손상시킬 수 있는 거칠고 무례한 어투를 사용하거나 삭제할 권리도 주었다. 1절에서는 방명록이 통상적으로 모든 표현을 허용한다는 사실을 제시해주었는데, 일부 관람객은 틀린 부분에 줄을 긋거나 야유성 발언을 남기며 단순히 귀납적인

25   M.-C. Habib et P. Cohen-Hadria, «Trésor du Titanic: les livres d'or», *séminaire de muséologie de la Cité des sciences et de l'industrie de la Villette* du 4 juin 2003.

26   F. Belaen, «Les expositions d'immersion», *La Lettre de l'Ocim*, n°86, mars-avril 2003, p 27-31.

27   B. Dupaigne, Le Scandale des arts premiers. *La véritable histoire du musée du quai Branly*, Paris, Mille et une nuits, 2006.

방식으로 판단했다. 하지만 방명록이 이러한 방식으로 사용됨에 따라 방명록의 가치는 저하되었고, 결국 박물관 운영자는 방명록 사용을 중지시켰다. 자유분방한 이야기, 부적절한 이야기, 방명록에 어떠한 내용의 글이 작성되어야 하는지에 대한 불명확한 경계는 전시 동선에서 방명록의 위치에 대한 연구를 통해 박물관의 양면성을 명확하게 설명해주었다.

2) 방명록의 현대적인 변화: 특수화, 의사결정에 대한 지원, 지식의 디지털화와 조정

방명록에 내재한 문제점에도 불구하고 관람객의 이야기를 수집하기 위해 박물관은 많은 변화를 경험했다. 자크마르-앙드레 박물관(Musée Jacquemart-André)은 몇 가지 정보(날짜, 이름, 도시, 국가, 이메일 주소, 소감)를 기입할 수 있도록 사전에 디자인한 형식으로 방명록을 제작했다. 일부 문화기관은 방명록의 특수화에 관심을 가졌다. 문화기관은 베르사유궁전의 '감사와 청원의 책(Livre de remerciement et de réclamation)', 국립해양박물관의 '제안서(Fiche de suggestion)', 루브르박물관의 '청원서(Fiches de doléances)' 등으로 명칭을 변경하면서 방명록의 용도에 대해 새로운 답변을 얻기 원했다. 특수화의 특성이 무엇이든 간에 이러한 절차는 방명록을 통해 관람객이 '효과적인' 관계를 형성하도록 유도했다. 이와 같은 실질적인 관계는 두 가지 변화에 부응했다: '용도에 대한 지식'이 풍부한 '전문가(expert)'와 유사한 특성을 지닌 관람객, 더 나아가 '해박한 지식을 갖고 있는(savant)' 관람객의 의견을 반영하는 변화, 그리고 관람객을 세분화하고 그들의 만족도를 증진시키기 위해 노력하는 현대적 경영 시대에 입문한 박물관의 변화.

화자와 청자로서 관람객과 문화기관은 상호적인 대화자의 관계에 놓이게 되며, 문화기관은 방명록을 통해 수집한 관람객의 의견을 실질적으로 반영할 수 있을지에 대해 진단한다. 예컨대, 일부 문화기관은 파리 12구에 위치한 픽푸스시립도서관(Bibliothèque municipale Picpus, Paris XIIe)처럼 작성자의 글 앞에 박물관 운영자의 답변을 위한 비고란을 마련해서 관람객에게 개인적으로(국립해양박물관은 우편으로 답변을 제공해주고 있다) 또는 다수의 작성자를 대상으로 설명을 제공했다.

이와는 반대로 답변을 제공하는 절차가 명확하게 제공되지 않으면, 방명록은 균형을 잃게 된다. 따라서 베르사유궁전의 경우, 관람객으로부터 방명록의 위치를 찾는 데 어려움이 있다는 불만이 정기적으로 제기되었다.[28] 방명록의 형식은 의사결정을 지원하는 도구로서, 특히 앞서 언급한 '감시자 관람객'이라는 범주를 생성했다. 방명록의 특수화에 대한 문화기관의 노력은 이러한 범주의 관람객을 분리하고, 대부분의 방명록에서 나타나는 감시자적 태도를 독려하는 것을 목표로 하고 있다.

방명록은 지식 생산과 이에 대한 토론을 이끌어내는 목적을 지닌 장치다. 과학산업박물관의 경우, 디지털 기술의 사용에 대한 몇 가지 경험을 갖고 있었다. 첫 번째 '의견 토론회(Forum des opinions)'에서는 관람객이 전시에 대해 토의했다. 하지만 아무런 조정도 준비되지 않은 상태에서 이루어진 토론 내용은 실망감을 안겨주었다. 〈지식에 도전하다(Oser le savoir, 2000)〉라는 전시와 함께 열린 '관람객 토론회'의 경우, 의견의 수준을 높이기 위해 참가자들이 질문에 답하는 모습을 촬영할 수 있도록 사전 중재가 이루어졌다. 편집자가 허용한 인터뷰만 전시와 인터넷 사이트에서 공개되었고, 인터뷰 내용은 효과적인 결과를 가져왔다. 이 장치는 개인적인 성찰을 가능케 했으며, 이를 통해 몇몇 관람객은 작가로 활동할 기회를 얻게 되었다.[29] 이러한 멀티미디어 형태의 방명록에 대한 실험은 관람객의 협력으로 이루어진 구술 방식과 시각적 방식에서뿐만 아니라 전시 내 방명록의 위치 측면에서도 전통적인 방명록과 구별되었다. 이에 방명록은 상이한 의견 교환에 참여할 합당한 이유를 제공할 수 있는 현재의 지식 위치로 이동했다.

28   C. Tellier, *Les Livres d'or, de remerciements et de réclamations au Château de Versailles*, rapport de licence sous la dir. de P. Heriard, IUP Arts, sciences, culture et multimédia de l'Université de Versailles-Saint-Quentin-en-Yvelines, p. 20.

29   J. Le Marec, R. Topalian, «Énonciation plurielle et publication de la parole du public en contexte muséal: le cas de la "Tribune des visiteurs"», *Séminaire de muséologie de la Cité des sciences et de l'industrie de la Villette* du 4 juin 2003.

3. 문화기관의 문화 전략의 중심에 놓여 있는 방명록의 분석

마지막 3절에서는 문화기관의 문화 전략을 정의하기 위한 수단으로서 방명록에 대한 분석이 이루어질 것이다. 관찰에 의하면, 이러한 수용 연구의 주된 용도에는 2개의 주요 맥락이 존재했다. 대외적인 측면에서는 문화기관의 선택에 대한 관람객의 지지에 가치를 부여하기 위해 대외적인 광고를 목적으로 사용했다. 반면 대내적인 측면에서는 공적 기관으로서 자신의 위상에 대해 생각할 수 있도록 성찰을 목적으로 사용되는 등 방명록에 대한 분석은 변화를 거듭했다. 이 글은 문화기관의 전략을 정의하기 위한 방명록 연구의 용도에 대한 양면성을 인식하는 것을 결론으로, 방명록에 어떤 지위를 부여해야 할지에 대해 고민하는 박물관의 모습을 제시해줄 것이다. '전시물-매개자', '전시물-논쟁의 장' 역할을 하는 방명록은 관람객 연구 부서의 연구 범주에는 포함되지 않은 타인으로서의 또 다른 관람객의 모습을 문화기관에 조명해준다.

2절에서 검토된 고려 정책은 이제부터 광고를 목적으로 방명록에 작성된 글의 재활용으로 확장된다. 예를 들어, 과학산업박물관의 〈타이타닉(Titanic)〉과 〈게놈의 배열(Le Train du Génome)〉에 대한 전시 홍보 캠페인은 방명록에서 발췌한 찬사의 글을 편집해서 사용했다. 이러한 시도는 문화기관이 '의견의 민주화(démocratie d'opinions)'를 위해 방명록에 대한 분석을 게시한다는 것을 의미한다. 전문가들은 관람객이 방명록에 남긴 글을 관람객과 박물관, 또는 관람객 간의 관계로 이해하기보다 실제로 그 글에 공적 가치를 부여하고, 공적 의견을 대변하는 표현으로 변환시켰다. 방명록에 수록된 글은 문화기관의 전략적인 선택에 대한 지지를 이끌어내는데, 이처럼 광고 목적으로 방명록이 사용될 때는 최대한의 관람객을 확보하는 것을 목표로 한다. 언론의 자유에 대해 경제적으로 더 높은 가치를 부여하는 것은 비단 박물관에 국한된 것이 아니다. 구글 검색엔진에 '방명록'이라는 키워드를 치면, 지역에 대한 찬사로 가득 찬 수많은 웹사이트가 제공된다. 이러한 관점에서 보면, 방명록에 대한 분석은 관람객 연구에서의 마케팅 논리와 얽힌 경제적 논리와 관련성이 있는 것으로 보인다.[30]

[그림 4-3] 과학산업박물관의 〈게놈의 배열〉 전시

출처: http://www.cite-sciences.fr/fr/au-programme/expos-permanentes/

1) '매개자'와 '논쟁의 장' 역할을 하는 방명록

방명록에 대한 연구는 공적 의견의 입장을 어느 한순간 미리 보여주지는 않았다. 오히려 이러한 연구는 공공장소에서의 익명성을 담보로 한 이야기에 대해 역사적 분석을 가능케 했다. 방명록에는 관계를 형성하기에 충분한 가치를 지닌 전시물을 통해 한 집단(방명록에 작성하는 집단)이 갖고 있는 다른 집단(박물관, 방명록을 읽는 사람, 해석자)에 대한 표상이 드러났다. 따라서 방명록에는 방문 기관과 관련된 주제나 관련성이 없는 주제가 무분별하게 뒤섞여 있었다. 예컨대, 동반 관람객과의 관계나 직원이나 진행자가 상징하는 권한, 방문 장소의 출구와 관련된 생각, 정치적 또는 사회적 문제에 관한 언급 등이 그러한 경우에 해당했다. 좀 더 일반적인 내용으로는 조명, 표지, 접근성과 같이 박물관의 변화에 관한 정보가 제공되었고, 이에 대한 평가도 이루어졌다. 비록 상설

30   J. Le Marec, «Évaluation, marketing et muséologie», *Publics & Musées*, n°11-12, 1997, pp. 165-189.

전시와 기획 전시 간의 관계가 지속적으로 생성되었지만, 박물관 운영자는 이 2개의 전시를 종종 별개의 것으로 생각했기 때문에 사실 그러한 관계는 존재하지 않았다. 하지만 관람객은 이에 대한 의미관계를 재생성했다.

방명록은 전시 내용에 대해 자발적으로 협상할 수 있는 이상적인 장소로서 소장품, 전시물, 매개에 대해 예상하지 못한 흥미로운 정보를 제공했다. 방명록에 수록된 이야기는 관람객이 자신의 준거 틀을 통해 박물관을 바라보는 방식을 보여주었으며, 박물관의 사회적 역할에 대한 질문을 던졌다. 다시 말해, 방명록은 협력을 유도하는 도구였다. 방명록에 대한 연구는 사회 질서의 형성, 합의와 대립에 대한 집단적·개인적 상상을 복구시켰다. 행위자로서 방명록에 글을 작성하는 개인의 활동은 이러한 활동을 지원하거나 다양한 매개(특정한 건축적 배치, 방명록 앞이나 박물관 출구에서의 토의, 계산 등)를 통해 이러한 활동의 흔적을 알게 되는 관람객(아동이 글을 작성하는 경우 가족 구성원, 단체관람인 경우 단체의 구성원, 앞글에 대한 답변을 쓰는 경우 글을 쓰는 사람, 글이 주의를 끄는 경우 박물관학자 등)과 조우하게 된다. 관람객과 매개의 총체는 니콜라 도디에(Nicolas Dodier)의 표현인 '논쟁의 장(arènes)'[31]을 구성했다. 이러한 논쟁의 장은 자발적으로 박물관에 대한 관심을 유도할 뿐만 아니라 더 나아가서는 박물관의 활동에 참여시키고, 박물관의 정책을 설득하는 등 박물관에 대해 집단을 대표하는 대변인들의 중요한 활동이 이루어지는 장소였다.

'전시물-논쟁의 장'인 방명록은 '전시물-매개자'이기도 하다. 방명록은 기술과 기호학의 사회학의 관점에 따라 '매개자'로 간주될 수 있었다.[32] 또한 방명록은 작성자의 의견을 구체화함으로써 '발췌'될 수 있었다. 이처럼 참조집단의 특성을 지닌 방명록은 작성자의 정체성 확인에 필요한 정보를 통합시켰다. 대립에 대한 매개자인 방명록은 또한 전시 일부인 전시물을 통해 전시에서 상징적인 위치를 점유하려는 관람객의

---

31 N. Dodier, «Les arènes des habiletés techniques», *Raisons pratiques*, n°4, 1993, pp. 115-139.

32 M. Akrich, «Comment décrire les objets techniques?», *Techniques et culture*, n°9, 1987, pp. 38-62.

매개자이기도 했다. 방명록에는 박물관 공간에서 작품에 내재해 있는 긴장감이 반영되어 있다. 방명록은 박물관과 박물관이 동기로 작용해서 사회에서 발생시키는 가치와 감동에 접근할 수 있는 최상의 도구였다. 다른 말로 표현하면, 방명록은 다수의 관람객으로부터 표현할 권리를 인정받은 '공인된 대변인(porte-parole autorisés)'[33]으로서 작성자의 능력을 확장하는 인지 환경을 구성했다.

4. 결론

관람객의 의견을 논증하는 '전시물-논쟁의 장'인 동시에 관계 형성에 대한 관람객의 의지를 적극적으로 수용하는 '전시물-매개자'인 방명록은 전략적 혁신을 추구하는 문화기관이 쉽게 반감을 가질 만한 복잡한 도구다. 하지만 문화기관이 사용하는 도구 가운데 방명록에 대한 연구는 관람객의 사회적 표상에 대해 일관성을 부여하는 것을 가능케 한다. 방명록을 분석하는 것은 가장 오래된 집합적 토론 장치 가운데 하나에 대해 연구하는 것을 의미한다.

장소, 전시 내용, 기획자의 상상력, 문화기관이 사회의 변화에 참여하는 방법의 특성은 실제로 작성자인 관람객에 의해 체계적으로 연결되어 방명록에 표현된다. 따라서 방명록에 작성된 글은 분석자가 지식 보급의 장소인 문화기관에 대한 이용 방식을 목록화할 수 있게 할 뿐만 아니라 과소평가되었거나 심지어 관람객에게는 중요하지만 전략적인 이유로 공개되지 않은 주제들이 표면화될 가능성을 제공한다. 방명록은 보존을 위해 굳게 닫힌 자아의 세계에서 타인의 모습과 타인의 놀라운 상이함에 접근하기 위한 최상의 방법이다.

---

33 P. Bourdieu, *Ce que parler veut dire. L'économie des échanges linguistiques*, Paris, Fayard, 1982.

관람 경험과 참여형 전시 매체, 전시 기획 의도를 인지할 때의 몸의 위치

나탈리 캉디토(Nathalie Candito)
델핀 미에주(Delphine Miège)

콩플루앙스박물관(Musée des Confluences)의 프로젝트라는 특정 맥락 안에서, 그리고 리옹박물관(Muséum de Lyon)에서의 사전 준비 단계에서 박물관 평가와 관련된 연구 공동체와 협력관계가 형성되었다. 이윽고 진행된 현장 연구에 대한 분석에는 박물관학 분야의 젊은 연구자들이 동참했다. 이 분석은 연구 용역 발주자와 연구 실행자 간의 관계에 의한 결과를 보여주기보다는 박물관과 관람객 수용에 대한 연구를 다루는 전문 연구소 간에 이루어진 협력의 한 가지 협력 방식을 예시적으로 보여주었다.

이 글은 참여형 전시 매체를 사용해서 사회적 주제를 다룬 두 가지 전시 수용에 집중된 연구 결과를 제시해줄 것이다. 한편으로는 '사전 예방의 원칙(principe of précaution: 환경 피해의 원인을 파악하고 대책을 마련함으로써 원인의 사전 제거를 통해 환경오염 및 이로 인한 피해가 일어나지 않도록 대처해야 한다는 원칙임―역주)'을 제시하기 위해 상호작용성이 내재한 전시 매체를 설치했고, 다른 한편으로는 '위장'이라는 전시 주제를 다루기 위해 전시에서 몰입, 질문, 불안정감을 유도하는 공간을 마련했다. 이 두 가지 전시의 특징은 관람객이 몸을 사용해서 전시에 참여하는 박물관기술학(muséographie)을 기초로 했다는 것이다. 〈의심의 그림자(L'Ombre d'un doute)〉[34]의 경우, 전시 내용에 접근하기 위해서는 관람객이 몸을 움직이거나 이동해야 하는 전시 장치가 사용된

---

34 〈의심의 그림자〉는 2002년 12월 3일부터 2003년 6월 3일까지 개최되었다. 이 전시에서 개발된 요소들은 2005년 일본 국제박람회에서 재사용되었다.

[그림 4-4] 〈보지도 알지도 못한―보이다, 사라지다, 나타나다〉 전시 포스터

출처: https://ocim.revues.org/710

반면, 〈보지도 알지도 못한(Ni vu ni connu)〉[35]의 경우에는 전시 기획 의도를 전시 형태로 전환시키기 위해 전시연출기술이 사용되었다.

　상술한 두 가지 전시에 대한 연구에서는 관람의 총체적인 경험을 설명하기 위해 관찰과 인터뷰 같은 정성적인 방법이 사용되었다. 연구 결과를 도출하는 과정에서, 전시의 3차원적 공간에서 관람객의 몸을 참여시키는 것, 즉 참여형 전시 매체의 사용과 관련된 몇 가지 공통적인 문제가 발견되었다. 기획 의도와 수용 방식을 교차한 결과, 공간 매체로서의 전시 매체의 특수성과 관련된 문제가 해결되었다. 다시 말해, 참여형 전시기술학에 대한 선택은 관람 경험의 발생과 해석에 어느 정도의 영향을 미치며, 어떤 제약이나 장애 요인을 발생시키는가? 관람 행태에 대한 유형학은 관람객의 움직임과 자세가 어떻게 의미 생성 과정에 대해 영향을 미치는지를 입증해주었다.

35　〈보지도 알지도 못한―보이다, 사라지다, 나타나다(Ni vu ni connu―paraître, disparaître, apparaître)〉는 2005년 11월 8일부터 2006년 7월 2일까지 개최되었다.

1. 전시 기획 의도의 중개자로서 참여형 전시 매체

2002년, 리옹박물관은 사전 예방 원칙에 대한 전시를 기획했다. 〈의심의 그림자〉라는 제목이 붙은 이 전시는 단어, 질문, 텍스트 일부, 문장이 자막으로 끊임없이 흐르는 18m 길이의 파노라마 스크린을 사용했다. 이 전시 공간에 들어선 관람객은 화면에서 움직이는 모든 단어를 볼 수 있었다. 디지털 카메라와 컴퓨터 프로그램으로 구성된 복잡한 시스템은 화면을 보고 있는 관람객의 움직임을 포착해서 흰색의 궤적으로 그 움직임을 표시했다. 이 궤적 흐름의 한 단어에 몇 초간 머물게 되면, 영상 시퀀스가 활성화되었다. 이때 관람객은 두 가지 선택 사항 가운데 한 가지를 고를 수 있었다. 하나는 영상을 끝까지 보지 않고 이동하는 것이고, 또 하나는 더 오래 머물며 새로운 도표(새로운 나무)—활성화와 관련된 일련의 새로운 단어—가 생성되기 전에 내용을 끝까지 듣는 것이었다.

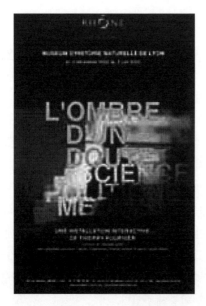

[그림 4-5] 리옹박물관, 〈의심의 그림자〉 전시 포스터

출처: http://www.plumart.com/vf4903/html/6_art2vivre.html

시퀀스는 텔레비전 아카이브의 영상 자료, 다양한 배경(운동가, 행동주의자, 철학자, 정치인, 사육자, 연구자)을 지닌 17명과 진행한 인터뷰의 발췌 내용 150개, 배우들이 읽어주는 과학, 불확실함, 의심과 우리와의 관계를 언급하는 문학과 철학의 발췌문으로 구성되었다. 과학, 정치 그리고 미디어가 가지고 있는 문제점과 관계를 다룬 상호작용성이 내재된 이 영상 전시는 멀티미디어 예술가에 의해 설치되었다. 이 영상 전시의 상호작용 방식은 사전 예방 원칙의 복잡함을 제시하기 위한 목적으로 사용되었다.

전시기획자는 의도적으로 전시에 대한 안내나 사용 방법을 알려주지 않았으며, 즉각적이고 명백하게 이해할 수 없는 장치를 제공함으로써 관람객에게 관심과 노력을 쏟도록 만들었다. 따라서 전시기획자는 관람객이 수동적이거나 시나리오 형식의 이야기에 대한 단순한 수용자와는 거리가 먼 직접 자신의 움직임을 통해 자신만의 관람 내용을 구성할 것이라고 기대했다.[36] 하지만 전시가 개최된 지 몇 주 후, 이 장치에는 전시실 입구에 표시판 형태로 관람객이 시퀀스의 시동 시스템을 이해할 수 있도록 관람 지원 도구가 추가되어야 했다. "여러분의 움직임에 따른 화면의 흰 궤적으로 여러분의 존재가 표시됩니다. 영상 시퀀스를 활성화시키기 위해서는 궤적을 한 단어 위에 몇 초간 고정해주세요."

관람객은 이 장치를 어떠한 방식으로 인지했고, 느꼈으며, 경험했는가? 감각적 접근은 전시 기획 의도에 대한 인지적 관점에서 어떠한 방식으로 도움이 되었는가? 장치가 유도한 수용과 해석 형태를 더 잘 이해하기 위해 단계적으로 정성적 접근 방법에 비중을 둔 설문조사에 대한 두 가지 보완적인 절차가 마련되었다. 첫 번째 단계는 하나의 고정점에서 보이는 반원형의 화면을 마주했을 때의 '상황에 적합한' 태도에 대한 관찰과 그 관찰 내용을 기록한 도표였으며, 두 번째 단계는 관람 후에 이루어진 반직접적 인터뷰였다.[37]

---

36 "관람객 자신의 움직임만을 통해 만들어지는 각자에게 유일한 코스: 그림, 단어, 인터뷰의 한 구절 앞을 빠르게 지나가거나 멈춰서는 것, 다른 결과를 낳는 혼자일 때와 여럿이 함께일 때"(T. Fournier, dossier de presse, p. 6).

37 전시실에서 사전 관찰된 관람객을 대상으로 25회의 심층 인터뷰가 진행되었으며, 이 인터뷰에는 혼자 방문한 관람객과 친한 사람들끼리 동반 방문한 관람객 총 36명이 참여했다. 인터뷰 참여자들의 관람 시간은 3~25분(평균 11분)이었는데, 관람 시간이 인터뷰 시간보다 짧았다.

1) 관람 행태 유형학

관찰 단계에서 몸의 움직임, 즉 영상이 출력되는 벽 앞에서의 이동과 동작, 그리고 활성화된 시퀀스에 대한 관심을 근거로 관람객은 크게 2개의 집단으로 나누어졌고 5가지 유형의 행태가 구분되었다. 첫 번째 집단은 피관찰자의 약 2/3를 차지했다. 이 집단은 신체적 이동을 통해 시퀀스를 활성화하는 데 적합한 '유희형 관람객(joueurs)'이었으며, '행동형 관람객(zappeurs)', '탐색자형 관람객(fureteurs)', '학구파형 관람객(studieux)'으로 재분류되었다. 두 번째 집단은 전시 담론에는 관심을 보였지만, 그 내용에 접근하기 위해 몸을 움직이지는 않는 '수동형 관람객'이었으며, '기회주의자형 관람객(opportunistes)'과 '관찰자형 관람객(observateurs)'으로 재분류되었다.

(1) 유희형 관람객: 전시 내용에 접근하기 위해 능동적인 욕구를 가진 집단

유희형 관람객 집단은 전시 내용과의 의도적인 상호작용을 위해 파노라마 스크린 앞에서 몸을 움직이는 행태적 특징을 지녔으며, 몸의 움직임에 대한 다양한 행태가 관찰되었다. 관람객은 옆으로 이동하고, 앞뒤로 움직이고, 몸을 낮추고, 뛰어오르거나 단어를 잡기 위해 팔을 들었다. 그뿐만 아니라 춤을 추거나, 깡충깡충 뛰거나, 다른 관람객을 모방하는 등 좀 더 능동적인 행태를 보였다. 이 집단은 인터뷰가 진행되는 동안 유희의 세계와 정보 접근에 제약이 없는 장치를 언급했다.

① 행동형 관람객: 순수한 실험

이 집단의 행태적 특징은 몸을 이용한 이동과 움직임, 끊임없이 왔다 갔다 하는 행동의 조합이었다. 이 집단에 속한 관람객이 활성화된 시퀀스를 끝까지 관람한 경우는 단 한 번도 없었으며, 이들은 전시 장치의 유희적인 실험에 초점을 맞춘 반면 전시 내용에 대한 관심은 매우 적었다. 따라서 이 집단의 행태는 시퀀스를 활성화시키는 행위 자체에 목적을

두는 것처럼 보였다. 선험적으로 이러한 유형의 관람 행태가 가장 피상적이라고 생각할 수 있겠지만, 그렇다고 해서 가장 짧은 시간 동안 관람했다는 것을 의미하지는 않는다. 그 이유는 이 집단의 관람 시간이 평균 관람 시간(11분)보다 긴 20분 정도였기 때문이다.

② 탐색자형 관람객: 시험적 관람

관람객은 화면에 전개되는 단어의 흐름 속에서 선택했고, 자신이 활성화한 시퀀스에 대해 흥미를 보이며 시퀀스 전체를 듣거나 아니면 다른 내용으로 바꾸었다. 이 집단에 속한 관람객은 높은 이동성과 빠른 움직임의 교차적인 행태와 함께 지속적인 관심을 보여주었을 뿐만 아니라 몇몇 관람객의 경우에는 화면 주변에서 일어나는 상황에 대해 호기심을 드러냈다. 탐색은 호기심이 강한 태도이다. 전시에 대해 관심이 없는 것은 아니었지만, 그 관심은 주로 내용 선택에 사용되었다. 인터뷰는 관찰 내용을 확인시켜주었는데, 이 집단은 호기심을 가지고 장치에 대한 실험과 끊임없는 정보의 탐색을 추구했다. 3~13분에 이르는 관람 시간이 보여주듯이 이 집단은 탐색자이면서 동시에 시험자였다. 이들은 전시의 작동 방법과 전시의 의미를 알고 싶어 했고, 호기심이 충족된 후에는 다른 곳으로 발길을 옮겼다.

③ 학구파형 관람객: 모범적 관람

시퀀스의 활성화에 적극적인 태도를 보이지 않는 학구파형 관람객은 수동적 관람객으로 간주될 수 있을 만큼 가장 완벽한 부동 자세로 시퀀스 전체를 관람했다. 이 집단에게 전시는 자신이 관여하지 않았고 제어할 수 없는 내용에 접근하기 위해 사용하는 하나의 수단에 불과했다. 이들은 좀 더 깊은 성찰에 이르기 위해 선행적으로 필요한 단계나 유희적인 에피소드로 시퀀스의 활성화에 참여했는데, 14분 정도의 관람 시간은 이러한 태도를 확인시켜주었다. 학구파형 관람객의 관람 행태는 전시

기획자가 기대한 관람객의 모습에 가장 가까웠다. 이 집단은 몸의 움직임에 집중함과 동시에 전시 주제에 대해 관심을 보였다. 이 집단에 속한 관람객은 몸의 움직임을 사용하는 혁신적인 소통 방법으로 전시 장치가 유희와 정보를 생성하고, 관람객에게 답변에 대한 권리를 부여하면서 해당 전문 분야의 전문가, 매개자, 관람객 간의 대화를 이끌어낸다고 생각했다. 이러한 관찰 내용은 인터뷰를 통해 확인되었다.

(2) 수동형 관람객: 몸의 움직임에 대한 거부

이 범주에 속하는 관람객은 '기회주의적 관람'과 '대리 관람'이라는 두 가지 유형의 행태를 보여주었는데, 두 가지 유형의 공통적인 행태적 특징은 몸의 움직임이 적다는 것이다. 이 집단은 이미 진행되고 있거나 다른 관람객이 활성화시킨 시퀀스만 관람했다. 비록 관람 동선을 통해 이 집단이 전시에 대해서는 관심이 적다는 사실이 입증되었지만, 이들의 대화에는 유희적 요소가 배제되지 않았으므로 실제 관람 경험과 경험에 대한 대화 간에 편차가 발생했다.

① 기회주의자형 관람객: 태도의 다양성

'기회주의적' 유형에 속하는 관람객의 행태적 특징은 몸의 움직임이 매우 적고, 길고 정적인 시퀀스가 연속적으로 나타난다는 것이다. 이들 집단을 '기회주의적'이라고 명명한 이유는 이들이 적극적인 몸의 움직임이나 이동을 통해 단어를 잡으려고 시도하기보다는 궤적이 단어에 이르기를 기다렸기 때문이다. 수용적인 특징을 지닌 이러한 태도는 시나리오나 프로그램에 참여하기를 원치 않는 전통적인 방식의 관람객이나 TV 시청자의 태도와 유사했다. 관람 행태는 비교적 긴 관람 시간(25분)에 상응하는 결과로 나타났으며, 이는 전시 내용에 대한 매우 높은 관심을 반영해주었다.[38]

프랑스 박물관 정책과 관람객

---

38   J.-C. Passeron, E. Pedler, *Le Temps donné aux tableaux*, Documents Cercom / Imerec, Marseille, 2001.

288

② 관찰자형 관람객: 대리 관람

'비방문'의 경계에 놓인 관찰자 유형의 관람객은 다소 특별한 관람 태도를 지녔다. 전시에 집중하거나 인터페이스와의 상호작용에 참여하지 않은 이 집단은 단지 활동적인 관람객을 동반한다는 이유만으로 우리의 연구에 포함되었다. 이 집단의 관람객은 관람하는 동안 다른 관람객이 실행한 것을 이용했을 뿐 스스로 전시물을 작동하지 않았다. 이러한 관점에서 관찰자 유형의 관람객 집단은 전시에 참여하기 전에 관찰부터 시작하는 다수의 관람객과는 구별되었다.

"관람객은 자신이 행한 것만으로 귀착되지 않으며, 그들이 행한 것도 우리가 보는 것으로 귀착되지 않는다." 우리는 이와 같은 엘리제오 베롱(Éliseo Veron)의 주장에 동의하면서,[39] 관찰을 기초로 한 행태학의 유형을 관람객의 관람 경험에 대한 담론과 함께 전망하고자 한다.

2) 경험 해석에 대한 담론

관람객의 대화에는 '그림자'(전시 장치와의 상호작용)와 '의심'(전시 장치에 의해 생성된 의미)이라는 두 가지 주요 행태가 반복적으로 등장했다.

(1) 그림자

관람객 입장에서 보면, 관람 경험의 핵심은 전시 매체와의 상호작용으로 구체화되었다. 우리는 놀라고, 망설이고, 다시 시작하고, 마침내 시퀀스를 활성화시켰다. 전시 매체의 인체공학적 요소는 전시 내용의 특성보다 훨씬 더 중요했다. 인터뷰에 참여한 3/4의 관람객은 다양한 방법으로 구성된 전시 매체의 유희적 요소와 상호작용을 강조했다. 하지만 여러 가지 측면에서 유희적 요소는 양면성을 지니고 있었다.

〈의심의 그림자〉는 관람객에게 유희와 몸의 참여를 강하게 요구하

39 E. Véron, M. Levasseur, *Éthnographie de l'exposition*, Paris, BPI / Centre Georges-Pompidou, 1991.

는 탐험이었다. 마치 컴퓨터의 하이퍼텍스트에서 커서와 마우스를 이용하는 것처럼 관람객은 전시 내용 안에서 육체적으로 움직여야 했다. 하지만 관람객은 전시 매체의 작동 방법을 즉각적으로 이해하기 어려웠고, 개인적으로 전시 매체를 조정하거나 제어(시도, 조정, 몸의 위치 등)해야 했다. 특히 관람객 가운데 높은 비율을 차지한 성인 관람객은 이러한 문화 공간에서 '유희'를 즐기는 데 익숙하지 않았다. 마지막으로, 시행착오도 있었지만 관람객이 취하는 '몸의 움직임'은 다른 관람객의 시선에 노출되어 있었다. 또한 전시 매체는 관람객에게 학습, 실험, 자기 연출을 요구했는데, 일부 관람객은 이러한 요구를 수용할 준비가 되어 있지 않았다.

조엘 르 마렉이 지적한 것처럼[40] 상호작용형 전시 매체를 사용하는 관람객은 가능한 한 우리가 그들에게 원하는 것을 파악하고, 전시 매체를 사용하는 최적의 방법을 이끌어내기 위해 종종 기획 의도에 의존했다. 여기서 관람객은 우리가 그들에게 기대하는 것이 무엇인지 충분히 이해하지 못했고, 전시 매체를 사용할 준비가 되어 있지 않은 상태였으며, 이미지로 이루어진 시퀀스에 접근하기 위한 장치를 제어하기 위해 많은 시간을 소요했다.

> "자, 보세요. 우리는 …… 우리는 몸으로 운동해야 했는데, 마우스 쓰는 것보다 더 힘들었던 것 같네요. …… 심지어 처음부터 말이에요! 한 화면에서 다른 화면으로 넘어갈 때 제대로 알아들은 건지 못 알아들은 건지 판단도 안 되었고, 너무 예측이 불가능한 운동이었어요. 세 번째 정도쯤에는 조금 더 빨리 할 수 있을 것 같기도 하네요. [……] 그래도 몸을 다시 사용해서 소통한다는 건 매우 좋은 것 같아요. 왜냐하면, 저는 그 …… 가상공간, 마우스, 룰렛 같은 것에 공포를 느끼거든요. [……] 몸과 소통 간에는 관계가 없어요."
> (남성, 53세, 학구적인 사람, 관람 시간 13분, 가족 동반, 교사)

40 J. Le Marec, «Interactivité et multimédia: lieux communs revisités par l'usage», *Rencontres médias 2* (1997-1998), Paris, Éditions du Centre Georges-Pompidou, 1998.

프랑스 박물관 정책과 관람객

(2) …… 그리고 의심

다른 범주의 관람객에게는 전시 내용에 대한 호기심이 전시 매체와의 상호작용보다 더 중요했다.

"제가 흥미로웠던 것은 과학에 관한 것이었어요. 〈의심의 그림자〉의 전시 형태보다는 내용에 더 경이로움을 느꼈고, 그 내용에 흥미를 느꼈으며, 매료되었어요. 다시 말하면, 과학과 포퍼(Popper)에 대해 이야기했던 남자분에게 흥미로움을 느꼈어요."
(남성, 42세, 학구적인 사람, 관람 시간 12분, 단독 관람, 기호학 교육자)

전시 매체의 기술적 요소와 전시 매체가 전달하는 내용 간의 관계는 전체적으로 의미를 생성시킨 것으로 인지되었다. 소수의 관람객만이 나중에, 또는 무의식적으로 복잡한 상호작용 속에서 전시 의도를 파악했다. 관람객은 몸과 화면을 맞추는 과정에서 직접 정보를 찾고, 선별하고, 활성화시켰다. 다시 말해, 관람객은 수동적인 매체 수용의 역류에 자신들을 놓으려 한 전시기획자의 의도를 경험했다.

"제 생각에 화면 위에 흐르는 궤적에 의한 단어의 선택은 ……. 아, 선택은 저절로 되는 게 아니었죠! 어떨 때는 단어가 너무 위쪽에 있어서 내려오길 기다리기도 하고[단어를 잡기 위한 몸짓을 흉내 낸다], 어떨 때는 단어가 갑자기 변했어요. …… 우리가 단어를 완전히 지배한다고는 느끼지 않았어요. 우리 손에서 빠져나가는 단어가 있었고, 우리는 "이런!" 하다가도 "뭐 그럴 수도 있지" 하고 생각하기도 했어요. …… 약간 속아넘어가는 것도 나쁘지 않았고, 무언가를 활성화하는 것도 좋았어요. …… 아! 무척이나 마음에 들었던 것도 있었는데, 커졌다가 작아졌다가 하는 이미지 게임 말이에요. 그건 정말 마음에 들었어요."

(여성, 50세, 기회주의자, 관람 시간 25분, 단독 관람, 문학 교사)

우리는 전시 매체와의 상호작용 정도에 따라, 또는 반대로 전시 주제에 대한 주의력 정도에 따라 몸의 움직임(위치, 시퀀스 선택, 지속 시간……)을 전시 담론의 내용에 접근할 수 있게 하는 다양한 관람 형태를 알게 되었다. 전시 형태와 전시 내용이 연결되어 하나가 되었을 때, 비로소 관람객은 의미 생성에 전적으로 참여했다.

2. 전시기획자 의도의 연장선으로서의 질의를 유도하는 박물관기술학

바로 옆 전시실에서 열린 〈보지도 알지도 못한—보이다, 사라지다, 나타나다〉 전시의 경우, 한편으로는 전시연출기술이 관람객과의 유희를 유도했고, 다른 한편으로는 실험을 통해 관람객 스스로 전시 매체와의 놀이를 이끌어낼 수 있도록 다양한 전시 매체의 사용(연출, 시스템, 음향, 조명, 사진, 영상 등)에 비중을 두었다. 이 전시는 불투명함과 투명함, 감추어진 것과 보이는 것, 그림자와 빛의 놀이에서 전시 의도를 대체할 만한 화려한 박물관기술학적 특성을 강하게 보여주었다. 시나리오와 주제를 설명하는 전시물보다는 위장에 대한 담론의 비중이 높았는데, 이는 전시 특성에 대해 더욱 자세한 자료를 제공하기 전에 전시 의도에 적합하도록 전시물을 배열하면서 텍스트와 같은 설명문을 서열화했다.

이 전시는 두 가지 관점에서 앞서 리옹박물관에서 개최된 전시와 명백하게 구별되었다. 첫 번째는 전시 여정 곳곳에 마련된 '완충 공간(espaces tampon)'의 존재로 증감되는 전시연출기술의 '탁월함'이며, 두 번째는 다양한 형태의 텍스트(음향 텍스트, 화상 텍스트, 시각적 텍스트)를 돋보이게 하기 위해 설명문 형태의 텍스트(서론과 결론, 또는 이야기의 짜임을 특징짓는 표지판의 부재)를 거의 사용하지 않았다는 것이다.

[그림 4-6] 리옹박물관, 〈보지도 알지도 못한—보이다, 사라지다, 나타나다〉 전시

출처: https://ocim.revues.org/710?lang=en

이 두 가지 차별성은 박물관기술학적 분위기를 연출하는 데 도움이 되었으며, 전시 주제와의 감각적 관계를 우선적으로 고려한 결과였다.

　보는 것뿐만 아니라 몸을 움직이고, 듣고, 참여하면서 위장에 대한 주제를 경험해야 하는 상황에서 관람객이 실제로 몸을 사용하는 전시 공간에서 관람객의 참여를 평가하기 위해 관람 행태에 대한 관찰이 실행되었다. 관람객은 위장된 형태의 전시물, 작품, 장치를 찾아냈는가? 이들은 전시물을 보기 위해 자세를 낮추거나, 가까이 가거나, 뒤돌아보았는가? 이들은 오디오 헤드폰을 이용했는가? 이들은 학습적 장치(디렉티비전,[41] 참고 화면 등)를 사용했는가? 이들은 제시된 상황을 경험했는가? 이들은 거울에서의 시각적 효과를 인지했는가? 다양한 장치가 동반 관람객 간의 대화를 발생시켰는가?

　관찰을 보완하기 위해 인터뷰[42]가 진행되었고, 활성화 수준에 따라

41　관람객이 전시물을 선택해서 참고 자료를 얻을 수 있는 장치로, 자신의 방향으로 돌려서 사용할 수 있는 검색대

42　이 인터뷰는 즉각적인 환기(주요 느낌과 생각)를 요구하는 장치와 의미 생성의 관점에서 전시물, 텍스트, 전시연출기술과 전시기획의도와의 관계에 대한 이야기를 전달하는 장치, 이 두 가지 상이한 장치를 중심으로 진행되었다. 관람 후 휴식 공간에서 무작위로 선별된 관람객 22명을 대상으로 20회의 반직접적 심층 인터뷰가 진행되었다.

관람객의 대화가 분석되었다.[43] 인터뷰에 참가한 사람들의 대화를 검토한 결과, 전시의 '감각적' 특성을 통해 육체적 차원에 대한 언급이 자주 이루어졌다. 또한 육체적 차원은 종종 '감각'이라는 어휘, 그리고 '육체에 대한 생각', '지각의 증가', '감각의 사용(실제로 전시연출기술에 의해 환기된 감각과 후각 같은 감각)' 등으로 표현되었다. '공간', '3차원', '여정', '움직임' 또는 '상호작용'이라는 개념도 이러한 표현의 일부에 포함되었다. '놀이'라는 단어를 통해 오락뿐만 아니라 유연성의 의미를 내포한 전시의 유희적 차원 또한 마찬가지였다.

육체적 차원은 먼저 전시물과의 관계에서, 그다음에는 좀 더 일반적인 방식으로 전시와의 관계에서 명백해졌으며, 단계적인 간격 효과에 대한 반응이 나타났다.

"아, 그거[원주민 그림]! 매우 아름답다고 생각했어요. 처음에는 가까이 다가가서 봤는데, 가까운 위치에서는 아무것도 안 보이더라고요! …… 거리를 둬야 하고 조금 뒤로 물러나면 그제야 비로소 아름다운 실체가 보였어요. [……] 전시는 눈으로 보는 것이지만 몸을 사용해서 봐야 하고, 그래서 그걸[겨울의 군대 위장술] 봤을 때 그 순간 만일 추웠다면 더욱 실감했을 것 같아요."
(여성, 무직, 종종 박물관을 방문하는 관람객)

예를 들어, 특정한 형태의 텍스트 같은 전시연출기술의 요소 또한 이를 활성화시킬 수 있었다. 또한 어떤 관람객은 텍스트가 유도한 몸의 움직임과 3차원 형태의 책 읽기로 인한 움직임을 비교했다. 여기서 육체적 차원은 경험적 차원뿐만 아니라 유희적 차원과도 교차했다.

"아, 그런 종류['그리 간단하지 않은(Pas si simple)' 텍스트]는 재미있었어요! 무척 마음에 들었어요. 왜냐하면, 글씨가 있는 것처럼 보

43 D. Miège, *Les Influences d'une muséographie de la sensation sur la réception des publics: diversité accrue des modes d'appropriation de l'exposition*, rapport d'évaluation pour le Muséum de Lyon, Service développement et stratégie, juillet 2006.

였는데, 금방 볼 수 없더라고요. 그래서 조금 움직여보기도 했고요. …… 그러다가 누가 지나가면서 엉망진창이 됐어요[웃음]! 그리고 '수수께끼는 풀리기 위해 남아 있다'도 괜찮았어요. 정말 좋았어요. 왜냐하면, 처음에는 안 보였기 때문이에요. 3차원 형태의 작은 책들이 있었는데, 사실 그 책들은 그냥 쉽게 볼 수 있는 것들이었어요. '30cm 떨어져서 서시오'라고 표시된 곳에 서서 조금 후에 책에 가까이 접근했다가 뒤로 멀리 가면 나무도 보였고, 동물도 보였어요. ……"

또 다른 사례로, 몸의 움직임이 많았던 어떤 여성 관람객은 의태 동물이 전시된 진열장이 어떤 방법으로 자신의 관심을 이끌어냈는지를 떠올렸다. 여기서 우리는 관람객에게 너무 어려운 임무를 주게 되면, 전시기획자가 기대한 결과를 얻을 수 없다는 사실에 주목해야 했다(들키지 않고 전시물을 보기 위해 자세를 낮추고, 숨고. …… 전시기획자는 관람객이 마치 자연 환경에 있는 것처럼 관찰자의 자세를 가지도록 유도했음).

"[나비 진열창에 관해] 사람들 키에 항상 맞는 건 아니었어요. 저같이 작은 사람은 가끔 이렇게 보거나 이렇게 봐야 했어요[일어서고, 몸을 구부리고, 다시 일어나는 모습을 흉내 낸다]. 이건 그 관계에 대한 …… 솔직히 전시기획자가 원한 것이 무엇인지는 알겠는데, 항상 그 바람대로 되는 것 같지는 않아요."
(여성, 45세, 산업계 근로자)

반면 일반적인 수준에서 감각의 사용과 몸의 참여는 전반적으로 긍정적으로 평가되었다.

"저는 특히 음향이랑 시각적 분위기가 좋았어요. [……] 왜냐하면, 제가 봤을 때 …… 그러니까 우리는 항상 관점에 머물잖아요. 저는 뭔가 볼 것이 있고, 들을 것이 있고, 만지고 느낄 것이 있다는 게 좋았어요. …… 여러 가지 감각을 모두 사용할 수 있을 때요. 그러니까 조금 다른 각도에서, 조금 다른 관점에서, 조금 다른 것들을 보면서 밝아진 느낌을 얻었어요."
(여성, 20세가량, 과학교육 전공 대학생)

마지막으로, 육체적 차원은 전시 담론을 전달하는 해석 매체로 사용되었다. 만일 관람객이 의식하지 못했거나(발췌문 1), 육체적 차원이 심미적이고 몰입적인 요소와 교차했더라도(발췌문 2), 관람객은 전시 주제의 특성과 감각의 사용이 동일한 맥락에서 이루어졌다는 것을 인지했다(발췌문 3).

"'겹눈을 뜨세요.' 아까 제가 본 게 이거였어요! 위장과 어떤 관련성이 있는지는 잘 이해하지 못했지만, 제 머리를 뎄고 제 자신을 천 개, 백만 개는 본 것 같아요. 제 머리를요. 그리고 색상과 조명은 꽤 공격적이었어요. 많은 사람이 저를 닮았는데, 제가 아닌 저를 쳐다보았어요!"
(여성, 46세, 무직)

- 전시 형식과 전시연출기술은 어떠셨나요?
- 아, 정말 굉장했어요! 정말 멋진 것 같아요. 정말 시적이었는데, 저는 무척 감각적이라고 생각했어요, 매우 …… 진정한 관능성도 있었던 것 같고, 아니, 아니, 무척이요. ……
- 어떤 의미에서의 '관능성'인가요?
- 음…… 저는 이 전시가 무척 관능적이라고 생각했어요. 왜냐하면

…… 왜냐고요? 왜냐하면 …… 숨겨진 것들이 있고, 그걸 찾아야 하고, 이런 것들을 느끼기 위해선 감각이 있어야 하는데, 이 감각을 모든 사람이 가지고 있지는 않죠. 이게 예술적인 눈이기도 한데, 모든 사람이 이 눈, 이 시각을 가지고 있는 게 아니고, 여기서부터 더 멀리 가기 위한 도전이 시작된다고 생각해요. [……] 그리고 여기서 우리는 이 공간에서 더 멀리 가기 위해 도전했고, 다시 말해서 단순히 작품 앞에 서 있는 게 아니라 말씀하셨듯이 천장에 뭐가 있고 …… 찾아야만 했다는 거죠.

(여성, 35세, 미술치료사)

- 이 전시에서 반향을 일으켰거나 인상 깊었던 부분에 대해 말씀해주실 수 있으세요?
- 마치 제가 기생하는 물체 같았어요. 그래서 주의를 기울여야 했고, 또한 다른 소음이나 소리에 의한 음량 수준에서도 그렇고, 또한 이미지에 의한 것도 그렇고, 우리는 기생하고 있죠. 그게 유지하는 방법이에요. …… 왜냐하면 사회에서 살아가는 것도 이것과 마찬가지거든요. 많은 기생물과 방해물이 있어도 흐름을 잃지 말아야 해요. 얽매이지 말아야 하지만, 동시에 그 방향을 잃어서는 안 되고, 그러나 또한 얽매이지 말아야 하죠.

(여성, 40세, 간호사)

이 세 가지 발췌문은 다양한 수준의 전시 수용 방식을 입증해주었다. 만일 관람객이 전시연출기술의 활성화와 전시연출기술의 질의를 유도하는 효과를 긍정적으로 평가했다면, 대다수 관람객의 경우 매개자나 권장 사항(도식적으로 제시한 지시 사항) 등의 중재적인 방법을 통해 단서를 제공해주는 보조 장치를 사용한 경우에만 전시기획의도를 인지할 수 있었다.

3. 결론

상술한 두 가지 전시는 관람 경험에서의 육체적 차원의 중요성을 제시해주었다. 한 연구에서는 관람객과 미적 작품 간의 상호작용이 전시 매체의 내용에 대한 이해에 영향을 미치지 못했다. 이와는 반대로, 또 다른 연구의 경우, 박물관 기술이 유도한 관람객의 육체적 관여가 전시에 대한 의미 생성에 영향을 미쳤다. 이러한 경험에 대한 연구 결과는 관람객이 참여형 전시 매체에 관여할 때 발생하는 몇 가지 신체적 또는 상징적 장애 요인을 조명해주었는데, 특히 이러한 요인은 공공장소의 특수성, 그리고 집합적 경험을 나누는 행위자의 공존성과 관련되어 있었다.

이 글에서 사용된 전시 사례는 공간 미디어로서 전시에 대한 문제를 제시해주었으며, 전시 기획 단계부터 이러한 문제에 대해 주의를 기울일 것을 권장하고 있다. 관람객을 육체적으로 관여하게 만드는 참여형 전시 매체의 용도와 사용 방법에 대한 분석은 실제로 관람객이 갖고 있는 다양한 수준의 긴장감을 관리하는 것이 어렵다는 사실을 제시해주었다. 이 가운데 특히 두 가지 긴장 상태가 전시 기획이나 전시 수용에 대한 연구에 관심을 가지는 여러 관계자에게 도움이 될 만한 자료를 제공했다.

① 주제에 따라 관람객이 친밀함을 원하는 작품과 전시 매체 간의 관계에서 개인적/집단적 긴장 상태: 토론할 때는 다수가 참여하지만, 선택하고 움직일 때는 혼자 행동하기. …… 다른 사람들의 시선에 자신의 선택이 노출된다는 것은 관람객에게 과학과 사회에 관한 주제(강한 사회적이고 정치적인 차원)만큼이나 중요했다. 이러한 문제는 '우리가 누구인지를 어느 정도 알려주는' 선택을 통해 자신을 노출하는 것을 더욱 복잡하게 만들었다.

② 상호작용성이 내재한 매체가 종종 전달된 내용보다 비중이 높거

나 특정 관람객 범주(젊은 계층의 관람객)와 무의식적으로 연결되어 있는 유희적 접근의 특성을 띠는 유희적/인지적 긴장 상태

또한 공연예술이나 현대 미술을 차용한 새로운 형태의 매개 사용에 대한 경험은 작품 자체에 참여하는 몸의 위치에 대한 성찰적인 요소를 가져올 수 있었다. 예를 들어, 리옹현대미술관(Musée d'art contemporian de Lyon)에서 열린 예술가 차이 구어-치앙(Cai Guo-Qiang)의 전시의 경우, 관람객은 대나무로 만든 작은 배를 타고 강을 유람했다. 이러한 방식으로 관람객은 참여적 전시 동선을 따라 자연과의 감각적 관계를 경험했다. 다른 전시실에서는 관람객이 롤러코스터를 묘사한 공간에 설치된 트롤리(노면 전차)에 탑승했다. 또한 관람객은 천장에 전시된 작가의 대벽화(바로크식 천창에서 영감을 받아 20세기 프랑스 작가들의 원형 작품을 담은 격자 천장)를 다양한 시각에서 경험했다. 이와 같은 이동성이 내재한 시각은 "시선을 아래로부터 끌어당긴다"라고 한 작가의 의도와 일치했고, 관람객은 이러한 작가의 의도를 인지할 수 있는 위치에 놓였다. 더욱이 관람객의 육체적 관여는 작품을 인지하는 데 필수 조건으로 작용했다. 따라서 박물관기술학 사용에 대한 선택이 필요한 경우, 관람 경험이 '보는 것을 학습한다'는 측면뿐만 아니라 혼자 또는 타인과 함께 박물관이라는 공간에 '존재한다'는 측면도 동시에 고려해야 한다.

각각의 전시 관람 경험에는
고유성이 내재해 있는가?:

그랑팔레국립미술관에서의 네 가지 전시에 대한 수용

마리-클라르테 오닐(Marie-Clarté O'Neill)

현대 박물관이 점차 사회 발전을 위한 도구로 그 역할이 확대되면서 박물관 경영자와 연구자들은 관람객의 영향력에 대한 역동성에 관심을 갖게 되었다. 하지만 입장객 수에 대한 집계부터 고객의 특성에 대한 심층적인 이해,[44] 설문조사부터 박물관 내부에서 실행하는 행태 연구, 인지적 경험에 대한 측정[45]부터 다양한 시각에서의 관람 경험에 대한 이해[46] 등 연구방법론의 지속적인 발전에 따라 연구 문제에서도 점진적인 변화가 나타났다. 비록 각각의 관점이 검토되었지만, 이러한 과정을 통해 얻은 결과는 여전히 단편적인 수준에 머물렀다. 두 가지 이상의 방법을 동시에 사용해서 여러 가지 문제에 대한 접근을 시도하거나, 다수의 기관이나 결과에서 드러난 동일한 문제에 대해 비교 분석하는 연구들은 어려운 방법론을 사용해야 하기 때문에 실질적으로는 거의 이루어지지 않았다. 이처럼 문제에 대해 분산적으로 접근하는 방식은 전시 공간의 구현과 활성화를 위해 내부나 외부의 다양한 전문가들이 인정하고 적용할 수 있는, 그리고 연구 결과로부터 도출된 박물관기술학에 대한 권장 사항을 충분히 충족시키지 못하는 자료집을 탄생시켰다.

아래에 기술된 연구는 국립박물관협회의 소속기관인 그랑팔레국립미술관이 기획한 대규모 전시에서 관람객의 수용에 대해 국립박물관연합이 제기한 질문에 기반을 두었다. 파리에서 개최되는 문화 행사 간의 경쟁 심화에 대해 우려하는 목소리가 커졌는데, 이 상황에서 처음으

44   L. Mironer, (en coll. Avec P. Aumasson et C. Fourteau), *Cent Musées à la rencontre du public*, Castebany, France Édition, 2001.

45   V. Kanel, P. Tamir, «Different labels-different learnings», *Curator*, 1991, 24 / 1, pp. 18-31.

46   P. McManus, «Memories as indicators of the impact of museum visits», *Museum management and curatorship*, 1994, 12 / 4, pp. 367-380.

로 제기된 문제는 경영과 관련된 것이다: 전시에 따른 불규칙한 관람 빈도, 관람객 계층의 고령화, 대중성이 담보된 전시 주제의 점진적인 고갈(인상주의 전시, 유명화가들의 개인전), 새로운 유형의 전시가 거둔 예상 밖의 성공(주제별 전시, 두 화가에 대한 비교 전시) 등. 1999년 에콜 드 루브르의 교수였던 나에게 이러한 주제의 연구를 다년간 진행할 기회가 제공되었다. 에콜 드 루브르의 경우, 석·박사 과정의 다수의 학생들이 연구에 참여할 수 있었다. 초기에 제기된 문제와 함께 반드시 다루어야 할 좀 더 근본적인 문제를 포함시키기 위해 연구의 규모가 커졌고,[47] 이러한 연구의 규모를 고려해서 연구자와 학생들로 구성된 연구팀이 조직되었다. 다학제적이며 국제적 특성을 지닌 이 연구팀은 그랑팔레국립미술관에서 열린 네 가지 전시, 퀘벡문명박물관에서 개최된 세 가지 전시 등 총 일곱 가지의 국제 전시에 대한 연구에 집중했다.[48]

1. 연구 방법

여기에 소개하는 자료는 파리에서 개최된 네 가지 전시에 관한 연구의 일부다.[49]

① 〈미래의 비전. 인류의 두려움과 희망의 역사전(Visions du Futur. Une histoire des peurs et des espoirs de l'humanité, 1999~2000)〉: 지복천년에 관한 주제별 전시. 고대부터 현재까지 다수의 역사적 시점에서 인간이 미래를 어떻게 생각했는지를 연대순, 그리고 주제별로 전시했다.

---

47 A. Garcia Blanco, *La exposición, un medio de communicación*, Madrid, Ediciones Akal, 1999.

48 1999년부터 이 연구팀은 에콜 드 루브르의 박물관학 과정 총책임자이자 교수인 마리-클라르테 오닐, 몬트리얼 대학교의 성인 교육 및 박물관학 지도교수이자 사회심리학자인 콜레트 뒤프렌-타세(Colette Dufresne-Tassé), 사회학과 교수인 앙티곤 묵투리(Antigone Mouchtouris), 약 10명의 프랑스와 캐나다 출신 연구조교들, 그리고 약 100명의 우수한 에콜 드 루브르 학생들로 구성되었다.

49 이 4개의 전시를 통해 수집된 자료는 3개의 캐나다 전시 자료와 비교하기에 적합했다. [Xy'an, capitale éternelle, en 2002, Gracia Dei, les chemins du Moyen Age, en 2003 et Le Temps des canadiens, en 2004]. 이 날짜로 자료의 누적은 아직 진행 중이다.

② 〈스키타이 왕들의 황금전(L'Or des rois scythes, 2000~2001)〉: 형식미에 치중한 문명·고고학 전시. 주로 금은 세공품을 전시함과 동시에 최근 우크라이나에서 진행된 발굴 결과를 제시했다.

③ 〈마티스-피카소전(Matisse-Picasso, 2001~2002)〉: 마티스와 피카소 간의 사적·공적 관계를 체계적으로 다룬 두 화가의 비교 전시. 주요 작품들은 근접하게 배치되었으며, 관람객에게 '생산적인 혼란'을 경험케 하기 위해 설명문은 거의 사용되지 않았다.

④ 〈부이야르전(Vuillard, 2002~2003)〉: 전통적 방식의 개인전. 연대적임과 동시에 주제적인 방식으로 화가의 이력을 다루었다.

상술된 전시 간에는 유사성과 차별성이 공존했다. 전자의 경우, 전반적으로 높은 수준의 대중적 특성, 전시 장소의 고유성, 목표 관람객, 운영위원들의 지위(프랑스 대형 박물관의 학예연구원) 등은 유사했으며, 후자의 경우에는 전시 주제, 각각의 운영위원이 선택한 전시 주제의 구조화 방식(주제별, 연대순, 비교 등) 등에서 상이했다.

자료수집과 이용에 대한 원칙은 많았지만, 상수(常數)는 일정하게 나타났다.

① '수용의 시간성(temporalité de la réception)'을 제시하기 위해, 즉 기대 범위, 관람 방법에 대한 인식, 경험의 실체, 전시 주제에 대한 주관적 이해, 비평적 견해, 추후에 지인과 관람 경험을 공유하려는 의지 등 전시 관람에 내재한 고유한 역동성을 조명하기 위해 '전시 관람 이전', '전시를 관람하는 동안', '전시 관람 이후'라는 세 가지 시점에서 관람객의 총체적인 경험에 대해 관심 기울이기

② 관람객의 연령, 사회적 지위, 그리고 박물관의 요금 정책에 따라 관람객을 25세 미만의 학생, 25~60세의 사회적으로 활동적인 관람객, 60세 이상의 사회적으로 비활동적인 관람객이라는 세 가지 범주로 구분하고, 이에 따른 발생 가능한 변화 관찰하기

③ 관람 이전·이후 인터뷰, 태도·동선·시선·해석 등을 평가하기 위한 관람객 관찰, 이동식 인터뷰(즉, 전시를 관람하는 동안 관람객의 의견을 체계적으로 수집하기), 관람이 끝난 후의 반응을 수집하기 위한 방명록 분석 등 연구 방법의 다양화 방안 모색하기

④ 자료를 쉽게 비교할 수 있도록 전시에 대한 동일한 분석 기준과 동일한 연구 도구를 체계적으로 사용하기

이 연구에서는 총 1,451명의 관람객에 대한 자료가 수집되었으며,[50] 파리에서 개최된 네 가지 전시와 연구의 시간대(관람 이전·도중·이후)에 따른 분산은 아래 [표 4-1]과 같다.

[표 4-1] 표본의 크기와 자료의 분산(인원수)

구분	미래의 비전전	스키타이 왕들의 황금전	마티스-피카소전	부이야르전	합계
관람 이전	120	180	180	60	540
관람 도중	61	60	80	70	271
관람 이후	160	160	200	120	640
합계	341	400	460	250	1,451

상술한 바와 같이, 관람 시간대에 따라 다양한 연구 방법이 사용되었다. 목표가 된 세 가지 범주의 관람객을 대상으로 서술형 질문과 선택형 질문을 포함한 개인 인터뷰가 관람 이전과 이후에 진행되었다. 주요

50 방명록 연구 표본 제외

경향을 파악하기 위해 다수의 관람객이 동원된 이 연구에서는 정성적인 방법을 통해 자료를 수집했다. 관람 과정은 관람 행태 분석을 위한 연구 대상인 동시에 연구에 참여한 각각의 관람객 이야기는 기록 대상이 되었다. 관람의 총체적인 과정에서 각각의 관람객은 '소리 내어 생각하기 (thinking aloud)'[51]라고 불리는 방법에 따라 외부로부터 그 어떤 도움도 받지 않고 자발적이며 비공식적인 의견을 표현할 수 있도록 유도되었다. 그다음 단계로, 수집된 관람객의 이야기는 관람 경험이 진행되는 과정에서 연속적으로 이루어지는 관람객의 정신작용에 부합하는 의미 단위로 구분되었다. 이후 각각의 단위는 관람객 각자의 지적 작용을 구성하는 여러 가지 요소와 전시를 구성하는 요소에 대한 관람객의 개인적 의미 생성에 상응하는 몇 개의 축에 따라 기호로 변환되었다.

이 연구를 통해 산출된 자료는 매우 방대하며, 이 자료는 학술 작업과 연구를 통해 관련 교수들[52]과 에콜 드 루브르의 학생들[53]에 의해 지속적으로 활용되고 있다. 연구의 시작 단계에서 세운 가설에 대해 부분적으로 비판할 수 있는 몇몇 요소가 점차적으로 가시화되었다. 상기 연구의 목표는 다양한 유형의 관람객을 대상으로 대규모 기획 전시의 관람 경험에 대한 특성을 도출하는 것이었다. 이에 우리는 전시 자체나 관람객 등의 다양한 원인에 기인한 특정 상수나 유의미한 변수를 구분했다. 이 글에서는 연구를 통해 검증된 결과와 해석된 내용에 대한 개요를 소개하고자 한다.

51 K. A. Ericcson, H.-A. Simon, *Protocol Analysis*, Cambridge (MA), The MIT Press, 1993.

52 A. Weltz-Fairchild, «The impact of exhibition design on visitors' meaning-making», in H. Gottesdiener, J.-C. Vilatte (dir.), *Culture and communication, Proceedings of the XIX Congress of the International association of empirical aesthetics*, Laboratoire Culture et Communication, Université d'Avignon et des Pays de Vaucluse, 2006.

53 S. Potterie, M.-C. O'Neill, C. Dufresne-Tassé, «Le livre d'or comme barographe du besoin d'expression des visiteurs. Proposition d'un instrument d'analyse», in C. Dufresne-Tassé (dir.), *Familles, écoliers et personnes âgées au musée: recherches et perspectives*, Paris, Conseil international des musées, 2006.

2. 전시 관람은 표준화할 수 있는 경험인가?

전시물이나 전시 개발의 특성으로 인한 전시의 다양성, 자료수집에 관련된 사람들의 다양성이라는 두 가지 특성은 극도로 분산된 결과를 가져왔으며, 이로 인해 전시 간 편차에 대한 해석을 어렵게 만들었다. 반면 수집된 자료를 검토한 결과, 프랑스에서 개최된 네 가지 전시에서 반복적으로 나타나는 특정 양상이 확인되었다. 이러한 특정 양상은 정확한 해석을 가능케 하는 단서 이전에 연구 방법의 유효성을 입증하는 데 도움이 되었다.

첫 번째 상수: 관람객은 고대의 전시물이건 현대적인 전시물이건, 또는 미적인 전시물이건 고고학적 전시물이건 전시물의 특성과는 무관하게 전시물을 실제로 보는 것에 대해 매우 큰 의미를 부여했다. 관람객은 관람 이전과 마찬가지로 관람 이후에도 전시물이 진품이라는 사실을 매우 높게 평가했다. 관람 행태 또한 전시물과 관람객 간의 관계성에 따라 나타났다. 관람객이 전시를 관람하는 동안 나눈 이야기는 대부분 전시물에 집중되었으며, 관람객의 의미 생성 또한 전시물로부터 비롯되었다.[54] 전시물 다음으로 관람객의 이야기에서 차지한 주요 요소는 바로 관람객 자신이었다. 인터뷰에 참여한 관람객은 자기 자신, 자신의 이전 경험, 자신의 의견, 전시에 대한 자신의 이해 방법을 매우 중요하게 생각했다. 이러한 관점에서 보면, 관람 경험은 대부분 전시물과 관람객의 관계에서 발생하는 의미 생성의 놀이였다. 반면에 텍스트나 박물관기술학과 같은 현대 전시의 구성요소는 관람 행태, 지적 활동, 또는 의미 생성에서 비교적 적은 비중을 차지했다. 이에 연구 대상이었던 파리에서 개최된 전시에 대한 관람 경험에서 핵심을 차지한 것은 전시물, 그리고 전시물이 관람객에게 유발하는 인지적·감성적·상상적 영향력이었다.

마찬가지로 우리는 전시물에 관해서건 텍스트에 관해서건, 또는 다양한 추상적 의미에 관해서건 각각의 전시에서 매우 상이한 지적 활동의 경향을 발견했으며, 이러한 지적 작용에는 세 가지 유형의 경향이 존

---

54 M.-C. O'Neill, «La place des objets dans la visite d'une exposition», *Familles, écoliers et personnes âgées au musée...*, op. cit.; «Visitors and objects in temporary exhibitions», Culture and communication..., op. cit.

재했다.[55] 〈마티스-피카소전〉에서 수집한 대화 내용에서 나타난 지적
작용의 세 가지 경향은 다음과 같다.

① 인지적 경향: "먼저 이 초상화를 비교하는 것으로 시작합니다."
② 감성적 경향: "아, 저는 이게 좋아요. 정말 멋지네요!"
③ 상상적 경향: "특성상으로는 에펠탑을 닮았다고 할 수 있겠는
데요."

네 가지 전시에서 나타난 경향 가운데 가장 높은 비율을 차지한 것
은 인지적 경향이었다. 비록 편차는 컸지만, 그다음으로는 감성적 경향
이 뒤를 이었고, 상상적 경향이 가장 낮은 비율을 차지했다. 고고학 전
시의 경우, 기대와는 달리 별다른 특징 없는 일반적인 경향, 즉 인지적
경향이 현저하게 높게 나타났다(이 전시에서는 세 가지 유형의 지적 작
용에 대한 상대적 중요성에 변화가 드러나지 않았다).

[표 4-2] 관람객 정신작용의 세 가지 동향(단위: %)

구분	미래의 비전전	스키타이 왕들의 황금전	마티스-피카소전	부이야르전
인지적 경향	67.0	80.0	63.0	61.0
감성적 경향	18.0	12.0	19.0	27.0
상상적 경향	15.0	8.0	18.0	12.0

각각의 전시에서 나타난 또 다른 상수는 관람객이 관람하는 동안
생성한 해석 유형 사이에서 존재하는 상대적인 균형이었다. 설문조사는
관람객이 의미 탐구에 완전히 몰입했다는 사실을 제시해주었으며, 관람
의 시작 단계부터 종료 단계까지 의미 생성은 지속적으로 변화했다. 관
람객은 전시 주제에 관해 어떤 내용을 이해했으며, 또한 어떤 방식으로
전시 주제를 이해했는가?

---

55 C. Dufresne-Tassé, N. Banna, M. Sauvé, J. Lepage, L. Lamy. «Fonctionnement imagi-
naire, culture du visiteur et culture exposée au musée», in C. Dufresne-Tassé (dir.),
Diversité culturelle, distance et apprentissage, Paris, Conseil international des mu-
sées, 2000.

우리는 전시기획자의 의도에 대한 관람객의 반응을 통해 생성된 의미를 유형별로 구분했다.[56] 〈미래의 비전전〉에서 수집된 대화 내용으로 의미 생성 유형을 설명해보면 다음과 같다.

① [기획자의 의미] 전시기획자가 정의해놓은 전체적인 틀 안에서 관람객의 평가나 이해를 통해 의미 생성이 이루어지는 경우: "여기서는 과거와 미래 사이의 관계가 뚜렷하게 보여요. 그는 그녀의 돌 옆에 누군가 자신의 돌을 놓아주기를 바란 것 같아요."

② [풍부한 의미] 관람객이 지식을 사용하거나 추론을 통해 의미 생성이 이루어지는 경우: "이 작품은 완벽한 나체화예요. 나체는 천국, 이상, 사후의 삶에 대한 개념과 매우 밀접하게 연결되어 있는 것처럼 보여요. 제 생각에는 옷이 죄악과 연결되어 있는 것 같아요."

③ [미완성의 의미] 관람객이 전시나 전시 구성요소에 대해 부족함을 느끼는 경우: "음……. 텍스트와 무슨 관계가 있는지 잘 모르겠어요. 저에게는 좀 어려운 것 같네요."

④ [반대] 전시의 미적인 특성에 대한 것이건, 내용의 이해에 대한 것이건 관람객이 전시된 것과 대립되는 의견을 표시하는 경우: "제목이 정말 아무것도 설명하지 않잖아요! 적어도 이런 경우에는 이걸 설명하는 제목 하나는 붙일 수 있는 것 아닌가요?"

⑤ [다른 의미] 관람객이 해석적 오류를 저지르거나 반대하는 것은 아니지만 전시 주제로부터 일탈하는 경우(이러한 경우, 관람객의 성찰은 전시 내용에서 벗어나 있다): 지옥을 표현한 회화 작품을 관람하고 있는 아이를 바라보던 한 관람객은 "아이가 불쌍해요. 내가 저 아이였다

---

56 M.-C. O'Neill, «Comment les éléments d'une exposition peuvent faire varier la construction de sens des visiteurs», *Actes du colloque Apprendre au musée*, Paris, Musée du Louvre, publication électronique, 2005.

면 저렇게 가까이서 안 봤을 텐데. 아마 오늘 밤에 악몽을 꿀 거예요."

⑥ [틀린 의미] 관람객이 전시의 한 측면에 대한 판단, 식별 또는 이해에 관해 실수를 저지르는 경우: "정말로 우리는 접근하는 거예요. 감히 말하자면, 신의 서열관계가 사라지면서 모두가 영원에 접근하는 거죠."

각 전시에서 생성된 의미가 단위로 구성됨에 따라 중요성에 대한 비교가 가능했다. '기획자의 의미'가 가장 높은 비율을 차지했으며, '틀린 의미'는 가장 낮은 비율을 차지했다. 반면, '풍부한 의미'와 '불완전한 의미'는 상대적으로 유사한 중요도를 보여주었다.

[표 4-3] 관람객에 의해 형성된 의미의 단위(단위: %)

구분	미래의 비전전	스키타이 왕들의 황금전	마티스-피카소전	부이야르전
기획자의 의미	52.0	45.0	39.0	51.0
풍부한 의미	13.0	9.0	9.0	7.0
미완성의 의미	12.0	17.0	11.0	10.0
반대	7.0	10.0	10.0	16.0
다른 의미	11.0	15.0	29.0	16.0
틀린 의미	5.0	2.0	2.0	1.0

이러한 자료에 대한 비교 분석은 각 전시에서의 상수를 제시해주었으며, 또한 분석 후에는 전시의 다양한 특성, 전시 주제의 성격, 전시 주제를 구성하는 데 선택한 방법에 따른 변수가 조명되었다.[57]

57   A. Kawashima, H. Gottesdiener, «Accrochage et perception des œuvres», *Publics & Musées*, n°13, 1998.

3. 각각의 전시 관람은 오히려 고유한 경험이 될 수 있지 않은가?

지적 작용과 의미 생성의 측면에서 만일 전시물과의 만남이 항상 경험의 핵심을 차지한다고 하더라도 해석에 사용된 전시물의 비율은 전시마다 달랐다는 사실이 밝혀졌다.

[표 4-4] 전시물에 대한 상대적 관심

구분	미래의 비전전	스키타이 왕들의 황금전	마티스-피카소전	부이야르전
전시물의 수	78	169	155	296
관람한 전시물(%)	58.0	74.0	83.0	68.0
관람하지 않은 전시물(%)	42.0	26.0	17.0	32.0

전시에 대한 시각적 소비, 즉 전시 관람은 일관성이 없었을 뿐만 아니라 전시의 특성과 관련된 규칙을 따르지 않는 것으로 나타났다. 전시물의 수가 많을 경우, 관람객이 상대적으로 전시물을 적게 관람하지는 않았다. 예컨대, 〈부이야르전〉에서는 296점 중 68.0%, 〈미래의 비전전〉의 경우에는 178점 중 58.0%가 관람되었다. 마찬가지로 동일한 특성을 가진 소장품은 전시마다 다른 방식으로 관람되었다. 동일한 특성을 지녔고, 비교 가능한 시대의 작품이 전시된 〈마티스-피카소전〉과 〈부이야르전〉은 각기 다른 방식으로 이해되었다. 전시물에 대한 상대적 관심은 전시물의 수나 특성에 영향을 받지 않았다. 따라서 우리는 전시물에 대해 전시 환경과 '매체'가 지적·물질적·공간적으로 시나리오를 구성하는 방법의 영향력을 예측할 수 있었다.[58] 비록 전시물이 관람객에게 반드시 필요하다고 해도 전시물만으로는 의미 생성이 이루어질 수 없었고, 전시 환경은 전시물에 대한 의미 생성에 강한 영향력으로 작용했다.

텍스트 또한 각 전시별로 다르게 사용되었다.[59] 두 가지 전통적인 유형의 박물관기술학적 텍스트가 연구 대상이었던 네 가지 전시에서 사

58   C. Dufresne-Tassé, «Trois regroupements d'objets muséaux: leur structure et ses effets sur le fonctionnement psychologique du visiteur adulte», in M. Allard, B. Lefebvre, *Le Musée au service de la personne*, Montréal, Université du Québec à Montréal, Groupe de recherche sur l'éducation et les musées, 1999.

59   V. Kanel, P. Tamir, «Different labels-different learnings», *Curator*, 24 / 1, 1991.

용되었다. 하나는 전시 의도를 구성하는 주제를 기술한 일반적인 텍스트를 패널 형태로 만들어서 벽에 부착한 텍스트이고, 또 다른 하나는 전시물이나 크기가 작은 여러 개의 전시물이 집단으로 구성된 전시물 가까이에 붙여진 레이블 형태의 텍스트였다.

[표 4-5] 텍스트의 사용(단위: %)

구분	미래의 비전전	스키타이 왕들의 황금전	마티스-피카소전	부이야르전
패널	50.0	50.0	24.0	83.0
레이블	23.0	55.0	64.0	41.0

　　주제별 전시인 〈미래의 비전전〉에서는 레이블이 비교적 적게 사용되었다. 이 전시의 경우, 관람객에게는 먼저 전시물을 본 다음에 집단으로 구성된 전시물의 역동성, 즉 같은 전시 영역에 전시물을 함께 배열한 기호학적 이유가 전시물에 대한 정확한 이해보다 더 중요했다. 〈스키타이 왕들의 황금전〉에서는 두 가지 유형의 텍스트가 균형을 이루며 사용되었다. 관람객은 복잡한 내용이 기술된 일반적인 텍스트가 장애 요인으로 작용함에 따라 종종 전시 주제를 무시하고 전시물을 이해하기 위해 전시물 가까이에 부착된 레이블로 향했다. 〈마티스-피카소전〉의 경우, 패널 사용은 적었던 반면 레이블은 매우 적극적으로 사용되었는데, 그 이유는 너무 복잡한 내용의 일반적인 텍스트와 두 화가의 배경에서 발췌된 형식적인 인용문 때문이었다. 더욱이 관람객은 명망 높은 두 화가의 작품이 공존하는 전시에서 자신이 보고 있는 작품이 마티스의 것인지, 또는 피카소의 것인지를 확인하고 싶어 했다. 개인전에 해당하는 〈부이야르전〉은 모든 유형의 텍스트를 사용했다. 관람객은 의미, 전체적인 이야기, 이야기 속에서 각 작품의 역할에 대한 정보를 원했다.
　　관람객은 텍스트에 내재한 상대적인 어려움을 생각함과 동시에 다양한 텍스트의 물리적 위치와 시각적 특성부터 텍스트가 제시하는 전시의 특성에 이르는 여러 가지 요소에 자신의 해석 방식을 맞추면서 각각의 전시에서 텍스트를 지혜롭게 사용했다. 우리는 '수용의 시간성'에 대한 연구를 통해 관람객이 관람의 시간적 맥락과 관계없이 전시를 관람할 때 텍스트의 사용 방식을 정확하게 알지 못했다는 사실을 확인했다. 우리는 실제로 관람 전후에 텍스트 사용 방식에 대해 관람객에게 직접 질문했는데, 이에 대한 답변은 관람 중에 관찰된 사실과 전혀 일치하지 않았다. 따라서 관람객은 실질적인 인식 없이 직관적으로 각각의 전시를 새로운 경험으로 간주했으며, 전시물과 전시 방법에 따라 정보 수집 방법을 선택했다.

우리는 전시에 대한 가변성의 관점에서 지적 작용의 유형에 대해 다른 방식으로 접근해보기로 했다. 각각의 전시 관람에서 나온 관람객의 대화를 통해 알 수 있는 지적 작용의 유형이 그것이다. 상설 전시를 관람하던 관람객의 심리작용을 설명하기 위해 콜레트 뒤프렌-타세(Colette Dufresne-Tassé)가 만든 지적 유형[60]을 기반으로 기획 전시에 대한 관람 경험에서 나타난 가장 의미 있는 3단계 지적 작용을 종합적으로 분석했다. 〈부이야르전〉 관람객의 대화에서 발췌한 내용을 기반으로 지적 작용의 유형을 설명해보면 다음과 같다.

① 전시 요소를 사용해서 '정보를 검색하거나 수집하기': "그러니까 앞부분에 놓여 있던 초상화 두 작품만 흑백을 사용했고, 그다음 작품부터는 모두 색을 사용했어요."

② '정보 사용하기', 즉 의미를 증대시키기 위해 비교하고, 구별하고, 연결하고, 밝히고, 깊이 연구하고, 수정하고, 증명하면서 제공된 정보 조작하기: "자, 여기에는 우리가 거의 보지 못하는 열린 문이 있대요. …… 문이 보인다면 그건 화가가 그려 넣은 수염 난 사람 덕분이에요." 또는 "무척 흥미로운 것 같은데, 그 이유는 이 연작이 화가가 평소에 그

60   C. Dufresne-Tassé, A. Lefebvre, *Psychologie du visiteur du musée. Contribution à l'éducation des adultes en milieu muséal*, Montréal, Éditions Hurtubise-HMH, coll. «Les cahiers du Québec / Psychopédagogie», 1996.

리던 작품과 전혀 일치하지 않기 때문이에요."

③ 제안하고, 해결하고, 결론을 내리고, 이해하고, 판단하는 것으로 이루어지는 '결론을 내거나 이끌어내기': "저는 반십자가를 매우 좋아해요." 또는 "맞아요, 당시 부르주아 계층이 주문해서 제작된 작품이에요."

[표 4-6] 관람객의 정신작용(단위: %)

구분	미래의 비전전	스키타이 왕들의 황금전	마티스-피카소전	부이야르전
정보 수집	36.0	29.0	29.0	19.0
정보 사용	18.0	19.0	26.0	29.0
결론 도출 및 결론 내리기	46.0	52.0	45.0	52.0

관람객의 대화를 체계적으로 분석함으로써 관람하는 동안 관람객의 지적 작용이 이루어지는 방식에 대한 단편적인 이해를 얻을 수 있었고, 그 내용을 전시별로 비교할 수 있었다.

관람객의 지적 작용의 절반 정도를 차지하며, 관람객의 활동 중 가장 큰 비중을 차지하는 것은 결론을 내리거나 결론을 도출하는 것이었다. 다시 말하면, 이 활동은 관람객이 보는 것에 대해 직접적인 의미를 부여하고, 식별하고, 자신들의 의견을 표현하는 것을 의미한다. 관람객은 전시 요소와 직접적으로 직면하거나, 사전에 적극적인 방법으로 사실을 조사한 후 결론을 내렸다. 실질적으로 정보 수집은 네 가지 전시 가운데 세 가지 전시에서 두 번째로 높은 비중을 차지했다. 정보 수집은 전시와 관련된 요소, 텍스트, 전시물, 박물관기술학적 장치, 또는 각 관람객 개인의 데이터베이스에서 이루어졌다. 관람에 대한 의미 생성을 도와줄 수 있는 연구의 증거였던 정보 수집은 전시 방법에 문제가 내재해 있거나 전시 주제가 난해한 전시에서 더욱 중요한 활동으로 나타났다. 전시에서 제시된 정보와 좀 더 개인적이고 적극적인 방법으로 상호작용하는 것은 네 가지 전시 가운데 세 가지 전시에서 가장 중요도가 낮은 활동이었다. 다시 말해, 개인적으로 알고 있던 정보 또는 전시에서 발견한 정보와 상호작용하면서 의미를 생성하는 것이 가장 낮은 비중을 차지했다.[61] 이는 전시 매체와 창의적인 방식으로 상호작용하는 것에 대해, 그리고 정보 수집과 결론 도출을 위해 전시의 모든 요소를 연속적으로 이용해야 하는 것에 대해 관람객이 상대적으로 어려움으로 느꼈다고 해석할 수 있다.

이러한 관점에서 전시에 따라 관람객의 지적 작용에 차이가 발생하는 것에 대해서는 논리적인 설명이 가능하다. 〈부이야르전〉처럼 어렵지 않은 전시의 경우, 관람객은 많은 정보를 찾지 않고도 풍부한 결론을 내릴 수 있었다. 반면 〈미래의 비전전〉처럼 비교적 어려운 전시의 경우 관람객은 전시 주제의 흐름을 이해하기 위해 많은 정보가 필요했으며, 수집한 정보와의 상호작용을 통해 결론을 도출하는 데 많은 어려움을 겪었다.

4. 관람객의 연령과 사회적 지위는 관람 방법에 영향을 미치는가?

우리는 입장료의 일반적 범주에 해당하는 세 가지 범주의 관람객 표본을 결정했다: 25세 미만의 학생, 25~60세의 사회적으로 활동적인 관람객, 60세 이상의 사회적으로 비활동적인 관람객. 실제로 이러한 분류는 매우 흥미로운 사실을 제시해주었는데, 그 이유는 이러한 분류가 모든 유형의 관람객에게 공통적으로 나타나는 상수뿐만 아니라 특정 관람객의 범주에 내재해 있는 고유한 특성을 나타내주었기 때문이다. 예를 들어, 그랑팔레국립미술관의 관람객은 세대에 관계없이 원하는 전시 유형에서 공통적인 취향을 나타냈다. 관람객은 문명 전시나 주제별 전시처럼 다른 특성을 지닌 전시에서의 입·출구 조사에서도 미술 전시에 대한

---

61 H. Laurent, «Comparison as the visitor's device for meaning-making», *Culture and communication*..., op. cit.

높은 선호도를 보여주었다. 또한 관람객은 관람객의 범주에 관계없이 전시에서 진품의 존재에 대한 중요성에 동일한 의견을 갖고 있었다.

하지만 관람객의 연령과 사회적 지위 측면에서는 다양성이 제시되었다.[62] 예를 들어, 전시 관람을 위해 사용한 정보원의 경우, 확실히 연령과 사회적 지위에 따라 상이했다. 나이 많은 관람객은 신문이나 잡지류를 많이 이용한 반면, 학생들은 포스터 같은 형태의 시각적인 매체를 선호했다. 몇몇 전시는 관람 중 다양한 범주의 관람객에게 호평을 받았지만, 실제로 그렇지 못한 경우도 있었다. 예를 들어, 〈스키타이 왕들의 황금전〉에 대한 학생들의 평가는 그리 좋지 않았다. 학생과 나이 많은 관람객을 비교해보면, 학생들이 관람한 전시물이나 사용한 텍스트 수는 나이 많은 관람객보다 적었고, 관람 시간 또한 더 짧았다.

특히 관람 전략 측면에서 가장 흥미로운 차이점이 발견되었다. 연령과 사회적 지위는 전시 요소를 사용해서 의미를 생성하는 방식에 명확히 영향을 미쳤다. 활동적인 관람객은 전시물과 텍스트의 주요 부분을 이용했으며, 개요가 기술된 패널이나 연표와 같이 구조화된 텍스트를 선호했고, 핵심적인 정보를 찾으면서 효과적으로 관람했다. 한편 활동적인 관람객은 자신이 관람한 것에 대해 포괄적인 의미를 생성하는 역량은 뛰어났지만, 전시의 내적 요소와 외적 요소를 연결 짓는 능력은 다른 범주의 관람객에 비해 낮게 나타났다. 따라서 이들 관람객은 효율적이었고, 때로는 빠른 관람 행태를 보였으며, 이들이 만들어내는 전시에 대한 의미 생성에서도 그러한 특성이 내재해 있었다. 한편 비활동적인 관람객은 특수한 활동을 보여주었다. 이들 관람객은 다수의 전시물을 관람했고, 레이블에 대한 사용률이 높았으며, 전시 요소를 비교 및 재구성하면서 전시를 분석했다. 하지만 포괄적이며 종합적인 방법으로 전시 구성요소를 분석할 때 발생하는 어려움으로 인해 관람객의 이해적 차원이 감소되었기 때문에 이들의 의미 생성은 전시에 대한 이해적 차원보다는 정서적 차원에서 이루어졌다.

62   S. Pearce. «Objects in the contemporary construction of personal culture: perspectives relating to gender and socio-economic class», *Museum Management and Curatorship*, 17 / 3, 1998.

마지막으로, 학생들은 전시의 시나리오에 대해 관심을 보이면서 전시에 내재된 이야기를 이해하려고 노력했다. 학생들은 다른 범주의 관람객에 비해 아이디어로 구현된 전시를 선호했으며, 박물관기술학에 대한 관심이 높았고, 전시 구성요소뿐만 아니라 전시 전체에 대해 언급했다. 사회적 지위에 따른 전형적인 특징은 모든 전시에서 비교적 일관되게 나타났다. 이러한 관점에서 본다면, 특정 관람 방식은 관람객의 연령이나 사회적 지위와 유의미한 상관관계를 가진다고 할 수 있다.

5. 경험의 시간성: 관람 이전, 관람하는 동안, 관람 이후

우리는 관람 경험의 다양한 시간적 맥락에서 발생하는 관람객의 정신작용의 변화에 관한 '수용의 시간성' 연구에서 각각의 전시 경험의 시간적 맥락 자체와 관련된 변화를 가져오는 몇 개의 상수를 발견했다. 예를 들어, 관람객이 전시에서 행했다고 밝힌 것과 우리가 보고 확인한 내용 간에는 명확한 편차가 있었다. 이를 설명하기 위해 전시에서 텍스트를 사용 및 이해하는 문제를 예시로 들어보기로 하자. 관람객은 관람 전후에 진행된 인터뷰에서 자신이 평소에 사용한다고 생각하는 텍스트의 정확한 사용 방법에 대해 말했지만, 상술한 바와 같이 우리는 관람객이 실제로는 전시의 특성에 따라 다양한 방법으로 텍스트를 사용한다는 사실을 확인했다. 이는 관람객을 대상으로 한 설문조사를 통해 수집된 정보의 신뢰성에 대한 문제를 제기한다. 관람객은 다수의 작품과 복잡한 환경 속에서 자신의 관람 행태에 대해 정확하게 인식하지 못했고, 무엇보다 우리가 확인한 것처럼 각각의 전시마다 관람 행태가 다른 경우에는 이러한 현상이 더욱 심화되었다.

구조적으로 살펴본 결과, 우리가 수집한 자료는 전시 관람 과정의 상대적인 효과성에 대해 질문을 던졌다. 우리는 관람객이 전시 구성요소를 연속적으로 이해하는 데 어려움을 겪었다는 사실을 확인했고, 관람 후에 진행된 인터뷰나 방명록에서 나타났던 것처럼 관람을 통해 습득한 지식은 상대적으로 매우 적었다. 따라서 우리는 전시 관람이 어느 정도로 공식적이거나 학술적인 학습의 기회가 되지 못했는지, 그렇다면 개인적인 경험과 세상에 대한 총체적인 이해를 더욱 증진시키는 발견의 경험으로서는 어떤 의미가 있었는지를 알 수 있었으며, 이와 함께 전시가 습득된 지식의 목록으로 요약될 수 없는 이유를 이해하게 되었다.

6. 결론

연구의 방대함, 수집된 자료의 양과 유연성으로 인해 연구해야 할 부분은 여전히 많이 남아 있었다. 하지만 연구가 이미 결론 부분까지 진행됨에 따라 몇 가지 결과가 드러났다. 첫 번째 결과는 방법론의 특성에 관한 것이었다. 비교 가능한 규모의 네 가지 전시를 대상으로 체계적으로 진행된 연구에서, 누적 성향이 일관되게 나타난 일련의 관람 전략이 표면화되었다. 하지만 관람객과 관련이 있거나 전시가 영향을 미친 다른 관람 전략들은 각각의 전시에서, 그리고 사용된 방법에 따라 다르게 나타났다.

우리는 연구를 통해 연령과 사회적 지위에 따라 관람객을 세 가지 범주로 구분한 것에 대한 타당성을 검증할 수 있었다. 관람 전략은 관람객의 범주에 따라 확실히 다르다는 사실이 확인되었으며, 이러한 전략에는 관람에 대한 준비뿐만 아니라 관람 행태와 지적 작용, 또는 의미 생성 같은 관람 과정이 포함되었다.[63] 예를 들어, 관람 경험에 대한 관람객의 상대적인 전문성의 영향력 같은 몇몇 관람 전략 측면에 대한 연구는 현재 진행 중이다.

비록 어려움이 있기는 했지만, 누적된 방법과 수집된 자료를 교차시켜 상호 참조 방식으로 분석하는 작업은 매우 복잡한 환경 또는 경험과 관련된 다양한 요인이 상호적으로 설명되고 조명되는 박물관학적인

63 M.-C. O'Neill, «Âge et statut social: leur influence sur la visite d'une exposition temporaire», in C. Dufresne-Tassé, (dir.), *L'Évaluation, recherche appliquée aux multiples usages*, Paris, Conseil international des musées, 2002.

방법으로 의미를 해석하는 데 적합했다. 따라서 연구의 결론은 전시물의 중요성, 전시 유형에 따른 텍스트의 특성, 대중 지향적인 전시의 개발 등 전시 기획 방법에 영향을 미칠 수 있었다.

또한 우리는 연구의 한계와 시사점을 파악할 수 있었다. 확실히 규명할 수 있는 현상을 이끌어내기 위해 전시 전체, 모든 관람객이나 같은 범주의 관람객을 대상으로 한 포괄적인 방식으로 작업을 실행했다. 하지만 이러한 포괄적인 접근 방법은 예를 들어 구체적으로 전시의 어떤 요소나 측면이 변화를 발생시켰는지와 같은 특정 인과관계에 대한 분석을 불가능하게 했다. 관람 과정에 대한 분석을 위해 사용된 동일한 방법—자료수집 방법이 이를 가능케 했는데—은 다양한 전시에서 전형적인 것으로 확인된 박물관학적 상황에 적용되었다. 마지막으로 퀘벡 전시와의 비교가 남아 있다.

프랑스의 경우, 부분적으로는 전시업계의 위축으로 인해 이 연구가 실용적인 영향력을 거의 발휘하지 못했지만, 교육 부문에서는 매우 의미 있는 유익함을 제공해주었다. 이 연구에는 에콜 드 루브르의 박물관학과 학생들이 참여했는데, 이들은 관람객 연구에 대한 전문 지식을 적용해볼 수 있는 학습 기회를 가질 수 있었다. 또한, 수집된 자료와 이에 대한 분석 결과는 학생과 전시연출기술 전문가, 미술사학자 등 모든 전문가를 대상으로 열린 세미나에서 사용되었다.

몇 년 전부터 국제박물관협의회의 교육 및 문화활동 분과위원회(ICOM-CECA; International Council of Museums-Committee for Education and Cultural Action)는 박물관 전문가팀이나 대학 연구팀이 진행한 연구의 발표에 대해 점차 중요한 의미를 부여하고 있다. 이 위원회가 개최한 회의에서 몇몇 연구 결과가 논문과 발표를 통해 제시되면서 국제적으로 그 가치를 인정받게 되었다.

역사적으로 프랑스는 이러한 회의에서 선구적인 연구를 주도한 국가였으며, 전통적인 중앙집권제 덕분에 상대적으로 연구 결과에 대한 접근이 용이하다. 또한 프랑스는 과학적 박물관학 외에도 전시 수용에 관한 연구의 관례가 예외적으로 남아 있는 나라다. 이 시점에서 중요한 것은 관람 과정과 경험 자체를 포함한 전시의 모든 영역이 연구에서 다루어져야 하며, 연구자와 박물관 경영자 간뿐만 아니라 연구자와 전시 기획자 간에도 의미 있는 대화가 이루어질 수 있도록 노력을 기울여야 한다.

5부
참여박물관학:
전시 기획에 관람객 참여시키기

1장   서론

클레르 메를로퐁티(Claire Merleau-Ponty)

관람객을 전시 기획에 참여시키는 것은 무엇을 위해서인가? 이 질문은 박물관 전문가들이 즉시 자문하거나 자문해야 할 문제다. 전시위원회 소속위원들은 세계박람회부터 항상 대중을 유치하고 교육 기회를 제공하기 원했다. 하지만 박물관이 잠재 관람객을 프로그램의 기획에 참여시키고 싶어 하는 바람이 공식적으로 표면화된 것은 1970년대부터였다. 세르주 쇼미에와 조엘 르 마렉은 에코뮤지엄 창설의 주역인 조르주-앙리 리비에르(Georges-Henri Rivière)와 위그 드 바린(Hugues de Varine)이 박물관 기획과 활동에 지역 주민의 참여를 촉구한 사실을 상기시켜 주었다. 세르주 쇼미에는 사용자위원회를 통해 에코뮤지엄이 "관람객보다는 한 집단의 영향력을 표현하는 데 대한 비중이 높은 경향이 있다"는 점을 강조했다. 박물관은 '현지 관계자가 진행하는 프로젝트를 지원하며, 개인과 지역사회 발전의 도구'가 된다. 따라서 저자는 문화민주주의의 개념에 대해 "어떤 때는 최대 다수의 문화에 대한 정당한 형태의 접근으로, 또 어떤 때는 각자의 문화를 정당한 것으로 간주하는 '권리'"로 생각했다.

    파리의 케브랑리박물관, 마르세유의 유럽지중해박물관, 리옹의 콩플루앙스박물관과 같이 전 세계의 문화를 전시하는 대형 박물관들이 개관했거나 개관을 준비하고 있는 현 상황에서 다음과 같은 질문들은 상당히 민감한 반응을 일으킬 수 있다. 지배적인 문화와 마주한 해당 문화의 옹호자들에게 어떤 발언권을 주어야 하며, 어떻게 설명해야 하는가?

[321]

실제로 정체성주의가 자리 잡을 여지를 주지 않고, 이러한 발언을 할 수 있도록 평정을 찾는 것이 중요하다. 그렇다면 당사자들의 참여에 대한 전문가들의 입장은 어떠한가? 저자는 관람객 연구, 기대와 해석에 대한 평가 작업에 근거를 두고 부분적으로 이러한 질문에 대한 답변을 제공했으며, 이러한 연구를 활용하는 과정에서 사용자가 '박물관기술학적 장치의 구상'에 참여했다는 사실을 발견했다.

한편 조엘 르 마렉은 "참여형 민주주의에 대한 경험의 발전은 [……] 커뮤니케이션 분야의 자율성과 발전에 의거한다"는 점을 강조했다. 저자는 역사적 시각에서, 특히 1970년대의 박물관학적 연구의 맥락에서 에코뮤지엄에 접근했다. 저자에 의하면, 참여형 박물관학을 기반으로 운영되는 에코뮤지엄과 박물관은 미국과 남미의 개념에 가까우며, 문화 정책의 범주를 벗어나 국제사회나 근거리 네트워크를 통해 형성되었다.

조엘 르 마렉은 1980년대부터 "박물관과 관람객 간의 관계가 박물관의 혁신에 대한 연구의 핵심이 되었고", 주요 연구 문제는 '문화 대중화', '박물관 매체 기획의 발전', 그리고 '영리기관으로서 박물관의 경영 합리화'였다는 사실을 상기시켜주었다. 저자는 평가의 역할, 프로그램 기획에 대한 평가의 유용성과 한계를 강조했다. 또한 이러한 의견을 경청하지 않으려는 박물관의 태도에 대해 문제를 제기하면서 관람객에게 무관심한 박물관을 향해 다음과 같은 말을 남기며 글을 마무리했다.

"현재 박물관의 변화는 관람객이 연구에서 표현한 것에 대한 민감함에 의해 거의 결정될 수 없으며, 우리는 이러한 변화를 역동성에 대한 반응이라고 생각했다. [……] 박물관에서의 커뮤니케이션 공학의 발전."

세르주 쇼미에와 조엘 르 마렉의 문제 제기에 대해 세브린 드사장(Séverine Dessajan)은 엘리자베트 카이예(Elisabeth Caillet)의 주도하에 이루어진 인간박물관(Musée de l'Homme) 재설립의 하나로, 사회관계연구센터[1]가 진행한 참여형 박물관학에 대한 실험에 대해 매우 정확하게 설명해주었다. "지역사회 내에 박물관의 사회적·교육적 역할을 증대

---

1 Centre de recherche sur les liens sociaux (UMR 8070, CNRS / Paris Descartes).

시키려는 의지와 [……] 박물관을 사회 조직에 포함시키기 위해 박물관과 관람객 간의 관계를 현대적으로 변화시키는 작업"을 시작했다. 이를 위해 인간박물관은 다양한 범주의 관람객으로 구성된 관람객위원회를 출범시켜 몇 차례 자문을 받았다. 관람객위원회, 인간박물관, 사회관계연구센터라는 세 가지 유형의 협력자는 참여형 박물관학에 대한 실험이 흥미롭다고 판단했지만, 조심스러운 태도를 보였다. 관람객위원회는 이 실험이 제공한 유용성에 대해 문제를 제기했고, 박물관의 방향성에 대해 우려했으며, 사회관계연구센터는 자신의 입장이 '모호하다'고 생각했다. 저자는 관람객위원회가 박물관 기술팀이나 박물관 과학팀과는 다른 시각을 제공할 수 있는 자문기구가 되어야 한다고 생각했으며, 그러한 의미에서 관람객위원회가 박물관의 재설립에 참여해야 한다는 결론에 이르렀다.

세르주 쇼미에, 조엘 르 마렉, 세브린 드사장이 인용한 내용이 보여주는 것처럼 위원회의 자문을 통해서건, 다양한 관람객에게 박물관을 개방하기 위한 목적으로 실행한 설문조사를 통해서건 참여형 박물관학은 여전히 많은 질문을 제기하고 있으며, 현재 이와 관련된 다수의 실험이 진행되고 있다. 박물관 전문가의 주요 관심사에 관람객이 포함되어 있는 상황에서 전시된 문화로부터 근거리나 원거리에 있는 사용자와 보유자가 발언권을 갖는 것이 타당한가? 지금까지 사용된 방법들은 적절했는가? 관람객위원회의 의견만큼 평가에 대한 결론에도 충분한 관심을 기울이는가? 위에서 언급된 내용은 에코뮤지엄과 사회박물관에 관한 것이었는데, 특히 주요 전시물이 관람객의 문화권에서 온 경우, 관람객은 통상적으로 많은 것을 이야기하고 싶어 한다. 이러한 경우, 미술관(국립박물관, 지역박물관 또는 국제박물관)의 상황은 어떠한가? 박물관 전문가가 근거리 또는 원거리에 있는 관람객을 자신의 박물관 프로그램 기획에 참여시키기 원한다면, 비록 개선의 여지가 많이 남아 있음에도 참여형 박물관학은 그러한 작업에 많은 도움이 될 것이다.

관람객이 전시 기획에 참여하다:

열의와 망설임 사이에서 갈등을 겪는 전형적인 사례

2장

세르주 쇼미에(Serge Chaumier)

19세기 말부터 대중 교육은 프랑스 사회를 발전시키는 데 일조했으며, 대학 주변에서 활동하던 예술 단체에서 그 해답을 발견했다. 이러한 예술 단체에는 도서관, 그리고 오케스트라와 오르페옹 등의 음악 단체, 처음부터 곳곳에 분산되어 있던 극단, 그다음으로 영화 동호회가 포함되었다.[2] 프랑스 대혁명 당시에는 박물관이 민중 해방의 도구였지만, 그 이후 박물관의 사명은 변했다. 위험에 처한 문화유산관리에 대한 시급함은 부분적으로 박물관 설립자들의 헌신을 설명해주었지만, 이는 박물관이 공동의 문화유산 주변의 지역사회를 통해 사회단체를 통합하는 역할을 했다는 것을 의미한다. 박물관은 이러한 기세로부터 멀어졌고, 19세기에는 시대에 뒤처지면서 부르주아를 위한 기관으로 전락했다. 따라서 박물관은 세기 말에 유행했던 유토피아, 즉 문화에 적응하고 대중을 문화에 적응하게 만들려는 의도에 거의 관심을 두지 않았다.

연극의 경우, 공동 창작과 작품의 가치를 높이기 위한 수많은 시도가 이루어졌다. 로망 롤랑(Romain Rolland)의 원칙[3]에 따라 '대중적'이라 불리던 연극은 프랑스 전역에서 다양한 형태로 표현되었다. 반면에 대중교육협회와 연맹은 '전시'라는 매체를 거의 소유하지 않았다. 지역 문화유산에 대한 가치를 상승시키려는 시도는 많이 집계되었다. 이러한 시도는 특히 정체성이 강한 지역에서 현저하게 나타났으며, 한 집단의 대변인이라 할 수 있는 학회의 식견을 갖춘 몇몇 인물에 의해 주도되었다.

---

2   B. Cacérès, Histoire de l'éducation populaire, Paris, Seuil, coll. «Peuple et Culture», 1964.

3   R. Rolland, Le Théâtre du Peuple, Paris, Les Cahiers de la quinzaine, 1903.

전시 분야에서는 몇몇 부수적인 사례를 제외하고 자신이 속한 문화의 주역, 새로운 문화를 소유하는 문화 변용 과정의 주역이 되는 대중교육의 개념을 아직 생소한 것으로 생각했다. 셀레스탕 프레네(Célestin Freinet)의 사례에서, 당사자들의 관여와 참여에 대한 관심을 보여준 가장 설득력 있는 사례는 학교 박물관과 함께 교육 분야에서 발견되었다. 사용자위원회, 학교와 관람객 협동조합, 관람객위원회 같은 조직은 극장과 영화 동호회에서 먼저 등장했다. 하지만 훨씬 뒤인 1970년대에 에코뮤지엄의 역사적 사건과 함께 전성기를 누린 것은 오히려 박물관 분야였다.

이러한 상황은 박물관이 국민이 자주 방문하는 장소가 아니며, 전시가 집단적인 자긍심을 구현하는 데 사용되지 않았다는 것을 의미하지는 않는다. 세계박람회와 산업박람회는 국가의 위대함과 노동의 광경을 표현하는 '국민의 무대'로서의 성격을 띠었다. 하지만 이러한 박람회는 기업이나 노동자의 참여가 제외된 채 조직된 것이기 때문에 결과적으로 그들의 존재는 상실될 수밖에 없었다.[4] 노동자는 인간을 대신하는 기계의 출현에 대한 두려움 속에서 제품을 바라볼 수밖에 없었고, 박람회는 기업과 노동자 대표단에게 그들의 참여 없이 진행되는 자본의 축제에 대해 집회를 통해 항의할 빌미가 되었다. 협회의 설립은 특히 전시가 감추는 것, 즉 부의 생산 조건과 노동자 계층의 빈곤을 떠올리는 또 다른 목소리를 듣게 하기 위해서였다. 이는 낙선자 전람회(Salon des refusés)와 함께 예술가들이 시작하려는 작품을 본뜬 대안 전시를 통해서가 아닌 회의와 강력한 언론 활동을 통해 이루어졌다. 따라서 노동자 단체들은 이러한 절차를 밟을 방법이 없었다. 기즈(Guise)에서처럼 만일 사회의 후원자에 의해 국민의 교육을 위한 박물관이 구현된다면, 박물관은 푸리에(Fourier)가 상상했던 것처럼 지역사회가 만든 민주적인 박물관과는 전혀 다른 모습일 것이다. 기획자들은 다른 사람들에게 호소력을 발휘하는 계몽적인 사람들이었고, 다양한 형태로 참여가 이루어졌다.

4   J. Rancières, «En allant à l'expo», Les Scènes du Peuple, Lyon, Horlieu, 2003.

1. 참여의 전형적인 사례로서의 에코뮤지엄

1969년 위그 드 바린(Hugues de Varine)은 이러한 유형의 기관, 즉 박물관의 종말을 예언하면서 "(그러므로) 현재의 박물관은 대학에서 우리가 '교수 직강(cours magistral: CM)'이라고 부르는 것과 정확하게 동일한 의미다"라는 글을 남겼다.[5] 대학 경영에 학생들의 참여를 도입하면서 대학을 혼란에 빠뜨린 5월의 68혁명에 따라, 그리고 집합적이고 상호작용적인 활동에 따라 에코뮤지엄은 곧이어 참여형 박물관을 기획했다. 우리는 이러한 역동적인 분위기 속에서 문화민주주의를 촉구하는 새로운 이데올로기와 결합한 대중 교육에서 계승된 움직임의 표현을 보아야 했다. 따라서 대다수 사람들이 앙드레 말로(André Malraux) 장관에 대해 비판적인 시각을 갖고 있었다. 말로 장관은 참여와 관여를 통해 문화의 소유를 확신하는 대중 교육을 신뢰하지 않았을 뿐만 아니라 대중 교육의 개입을 용인하지 않았다. 또한 관람객과 예술작품과의 직접적인 접촉을 중시한 말로 장관은 작품 속에 내재한 미적 가치의 우수성이 소멸되는 것을 우려했다.

이와는 반대로 프랑시스 장송(Francis Jeanson)은 문화활동을 이론화하는 과정에서 고급 문화로 일컬어지는 예술작품에 대한 대중의 접근성이 높아진다고 해도 문화에 익숙지 않은 '비관람객'에게 참여를 적극적으로 권장할 수는 없었기 때문에 이들은 여전히 비관람객으로 남게 된다는 점을 강조했다. 하지만 인간은 해방에 대한 가능성 없이는 완벽하게 살 수 없으므로 문화가 반드시 필요하며, 문화는 당사자의 참여 없이는 형성될 수 없는 특성을 지니고 있으므로, 시민 전체가 참여하는 의식화 과정이 요구된다는 사실을 제시해주었다.[6] 이러한 관점에서 대중을 문화의 주역으로 변화시키는 참여형 문화 정책이 필요했다. 이 시기에 출간된 다수의 저서는 이러한 추세를 따랐다. 위그 드 바린의 저서는 박물관 분야에 적용되었고, 에코뮤지엄을 기획하면서 이러한 문제에 대해 한걸음 더 다가갔다. 샬롱쉬르손(Chalon-sur-Saône)에 위치한 문화

---

5   H. de Varine, «Le musée au service de l'homme et du développement» (1969), publié dans Vagues. *Une anthologie de la nouvelle muséologie*, t. 1, Lyon, Mâcon et Savigny-le-Temple, Pul/W/MNES, coll. «Museologia», 1992, p. 51.

6   F. Jeanson, *L'Action culturelle dans la cité*, Paris, Seuil, 1973.

의 집을 위해 장송이 기획한 것과 유사하지만, 기획 내용에서는 다소 수정된 부분이 있는 에코뮤지엄이 그곳에서 몇 킬로미터 떨어진 크뢰조몽소레민(Creusot-Montceau-les-Mines)에서 발견되었다.

1970년대에 대두한 문화민주주의의 개념은 두 가지 의미를 지녔으며, 이러한 개념은 추후에 많은 혼란을 야기하는 원인으로 작용했다. 내적 경험을 통한 문화를 소유하는 작업에 대한 대중의 참여가 활성화됨에 따라 문화민주주의에 대한 개념은 장송에게 진정한 민주화를 구현하기 위한 방법을 의미했다. 그럼에도 문화는 인문학의 고전적인 전통에 따른 정의와 가까운 정의로 제한된 채 유지되었다. 따라서 행위자의 개념에서 관계자의 개념으로 전환된 사회학을 따라 개인이 문화를 소유하는 과정을 좀 더 효과적으로 만들기 위한 전략이 필요했다. 이와는 반대로 위그 드 바린은 그 당시까지 평판이 좋지 않았던 '타인의 문화(culture des autres)'를 광범위하게 통합하면서 인류학적 개념으로 확장된 문화에 대한 재정의 작업에 참여했다.[7] 저자는 "박물관은 문화적으로 독립해야 한다"라는 글을 남겼다.[8] 민속주의의 유산인 대중문화에 대한 재평가 움직임, 그리고 특히 전후의 반식민주의 요구를 향한 움직임은 반문화 시기에 전성기를 맞았다. 자신의 문화에 대한 표현과 동의어가 된 문화민주주의는 지금까지 침묵 속에 놓여 있던 것을 정당한 방법으로 실행하는 것이었다. 조프르 듀마즈디에(Joffre Dumazedier)가 대중문화협회 네트워크인 '대중과 문화(Peuple et Culture)'에서 만든 '문화 개발(développement culturel)'에 대한 개념은 조르주 뒤아멜(Georges Duhamel) 장관이 문화다원주의에 대한 요구를 인정하기 위해 사용했다. 5차 국가계획위원회에서 권장된 이 용어에는 실제로 다수의 모호성이 내재해 있었다. 문화적으로 한 지역과 지역 주민을 '발전시키기' 위해 대중교육의 주역이 되는 문화 변용에 대한 대중의 참여로부터 기존에 존재하는 문화에 대한 표현 의지에 이르기까지 변화가 이루어졌다(프랑스의

---

7   H. de Varine, *La Culture des autres*, Paris, Seuil, 1976.

8   위그 드 바린은 문화상대주의를 지지하며 "문화라는 개념과 그 적용에 대한 혁명, 즉 문화혁명을 일으켜야 한다. 개념의 발달 단계에서는 문화부 임무의 대상이 되는 '지적이고 부르주아다운' 문화라는 편협한 생각을 버려야 하며, 문화는 결국 '인간주의적'이다"라고 말했다[«Le musée au service de l'homme et du développement» (1969), publié dans Vagues... op. cit., p. 56].

국가계획위원회는 다양한 전문가 집단의 대표뿐만 아니라 사용자 단체, 노동자 단체와도 대화하면서 계획을 만들어내므로 협상에 의한 규칙제정 방식을 활용하고 있는 기구 가운데 하나임—역주).

2. 자아의 표현과 소유 사이에서 이루어지는 참여

이 상반되는 두 가지 요구 사항 사이에서 압력을 받던 에코뮤지엄은 실질적인 해명 없이 모호한 입장을 취했다. 하지만 이는 문화부를 비롯한 문화 분야 전체에 영향을 미칠 수 있는 극단적인 상황에 대한 징후일 뿐이었다. 문화의 정의와 관련된 난제에 대한 명확한 답변을 제공해주지 못했기 때문에 몇 가지 측면에서 매우 위험했지만, 관대한 의지에 대한 교착 상태에서 행동의 의미가 상실되었다. 우리가 되고 싶은 것을 이룬 것처럼 행동하는 것이 아니라 문화가 우리를 표현하는 순간 모든 것이 가능해졌다. 비록 민중 선동 그리고 구조적으로 동일한 예산 분배가 이루어지지 않았던 것은 아니지만, 그럼에도 담론에서 클로드 레비스트로스(Claude Lévi-Strauss)의 인류학에 대한 문화상대주의적인 개념은 인정되었다. 모든 집단적 표현에 대한 개념이 지속적으로 확장되는 상황 속에서 문화의 개념은 점차 변했다. 문화가 점진적으로 자아의 표현과 관련됨에 따라 당사자의 참여에 대한 생각은 내재된 상태로 유지되었다. 비록 실질적인 관여는 제한되었고, 수십 년 후 집단적 창작에 의한 소유의 절차에서보다는 제품과 이미지의 소비에서 해결된다 하더라도 학술 문화의 권위 상실과 비계층화는 여기에 그 뿌리를 두었다.

따라서 박물관은 지역관계자들의 프로젝트를 지원하면서 개인과 지역 공동체의 발전 도구가 되었다. 에코뮤지엄에 대한 이론화는 한 장소에 한정되어 있던 소장품에서 지역 전체로 박물관의 영향력을 확장해주었으며, 관람객보다는 한 집단의 활동을 표현하는 데 비중을 두었다. 우리는 "에코뮤지엄에는 관람객이 아닌 지역 주민이 있다"라는 유명한 문구를 알고 있다. 따라서 이론적으로 보면, 이용자와 기획자가 동일한 에코뮤지엄의 경우, 관람객 연구는 필요하지 않았다. 기술과 지식 또한 달라졌는데, 이는 지역사회가 담론뿐만 아니라 이와 관련된 박물관 기술학도 만들어야 했기 때문이다. 전문가들은 지역사회를 지원하는 데 주력했다. "이들은 기관의 (변증법 방식의) 의사결정 과정과 결정된 사안을 구체화하고 실행하는 데 도움을 주었다."[9] 초기의 의견 대립은 바로 이러한 문제에서 비롯되었다. 조르주-앙리 리비에르(Georges-Henri Rivière)는 과학자와 전문가들에게 의사결정권을 준 반면, 위그 드 바린은 진정한 대중문화를 표현하기 위해 독자적인 논리를 주장했다. 목적은 지역사회의 비평적 의식을 발전시키는 데 있었다. 위그 드 바린은 "에코뮤지엄은 지역 주민에 의해 지속적으로 만들어진다"라는 점을 강조했으며, 이에 에코뮤지엄에 대해 내분된 시각이 발생하는 것을 막기 위해 사용자위원회가 설립되었다.

유토피아는 고귀하다. 유토피아는 민주적인 표현과 미래의 발전을 도모하기 위해 과거에 대한 분석을 제시하는 식견을 갖춘 사람들로 구성된 공동체를 의미했다. 위그 드 바린은 인간에 대한 신념이 깊었던 만큼 대중이 주도권을 갖는 것이 최선이라고 확신했다. 하지만 당시의 이데올로기는 출신지에 대한 재평가를 미화했으므로 대중의 표현은 이와 다를 수밖에 없었다. 민속학은 정체성주의에 빠져 있는 정체성, 즉 안정적이고 정확한 자료로서의 정체성에 대한 예찬 속에서 구체화되었다.[10] 회고주의적이고 향수에 젖은 시각으로 우리에 대한 성찰을 제한하는 것은 곧 좋은 의식의 개발로 이어졌는데, 이는 부르주아적이라고 비난받았던 해방문화와 동등한 위상을 지닌 것으로 간주되는 대중문화의 이상화에 의해 정당화되었다. 1970년대 신좌파의 주장이 부지불식간에 바레스(Barrès)가 구체화한 구우파의 가장 반동적인 요소를 회복한 것을 증명하는 것은 전혀 중요하지 않았다. 이와 같은 분할된 사고에 대한 쥘리앵 방다(Julien Benda)의 경고는 인정되지 않았다.[11]

9 H. de Varine, «L'écomusée» (1978), publié dans Vagues..., op. cit., p. 458.

10 S. Chaumier, «L'Identité un concept embarrassant», Culture & Musées, n°6: Nouveaux musées de sociétés et de civilisations (dir. J. Eidelman), décembre 2005, pp. 21-42.

11 J. Benda, La Trahison des clercs, Paris, Grasset, 1927.

문화에 의한 해방은 문화적 차이와 교환되었고, 지역적 정체성과 연관된 표현이 집중적으로 나타났다. 진정성이 내재한 열정이 원동력이 되어 지역 주민의 일부가 그들 문화의 진정한 주역이 되어 박물관과 전시를 만들었다. 가장 상징적인 알자스 에코뮤지엄(Ecomusée d'Alsace) 부터 퓌뒤푸(Puy-du-Fou) 유원지에 이르기까지 실제로 다수의 박물관이 설립되었으며, 이러한 박물관은 지역사회의 생명력을 입증해주었다.[12] 1980년대는 자율적으로 실현된 다수의 사례를 통해 박물관의 대중성이 조명되었다. 비록 프랑스박물관관리청이 승인하지는 않았지만, 자원봉사자협회가 설립한 지역 정체성을 대변하는 박물관 수는 점점 증가했다.

3. 참여의 위험성

프랑스에서는 정체성 표현에 대한 논리에 따라 10년 전부터 비전문가 집단이 기획한 전시는 감소했는데, 이와 유사한 문제가 다른 지역에서도 발생했다. 북미 원주민은 그들의 문화에 대한 전시의 개발 및 운영에 대한 권리를 요구했는데, 여기에는 비과학적인 신화적 담론이 형성될 수 있는 위험한 공동체주의적 논리가 숨겨져 있었다. 조상으로부터 계승되었거나 세계유산을 갖고 있다는 이유로 발언권에 정당성을 부여하는 것은 정치적으로 위험한 것이었다. 왜냐하면 이러한 정당성에는 파생적이고 퇴행적인 가능성이 내재했기 때문이다. 세계유산을 보유하고 있는 경우, 해당 집단이 그 정당성을 입증할 수 있는가? 사전에 선험적인 가치에 대한 모든 판단을 포기한 유네스코는 인식과 문화 다양성을 그 근거로 제시하면서 관습을 무형 문화유산으로 보존하는 것을 지원했다. 이러한 이유 때문에 우리는 해당 집단이 '정치적으로 올바르다'고 하더라도 유네스코의 방식에 대해 매우 신중하게 접근할 수밖에 없었다. 해당 집단이 자신들의 신념과 관습에 대한 가치와 문화유산적 특성에

12   J.-C. Martin, Ch. Suaud, *Le Puy du Fou, en Vendée. L'Histoire mise en scène*, Paris, L'Harmattan, 1996.

대해 설명할 수 있었다면, 계몽주의자들에 의해 지금까지 반계몽주의적이라고 간주된 모든 것이 재평가되고 재건될 수 있을 것이다.[13] 인류학적 관점에서 보면, 해당 집단은 자신의 문화에 대해 재평가하고 그 문화를 정당화할 방법을 갖고 있어야 한다.

'민족회상주의(ethnolstalgisme)'의 위험성과 회고주의적 제한으로 야기되는 위협에 대비하기 위해 25년 전부터 개발과 고도의 전문화를 실천한 박물관은 문화활동의 의미를 재발견해야 했다. 두 가지 상반된 요구 사항에 사로잡힌 신박물관학이 이론화를 위해 시도했던 것은 극복하고 해결하기 어려운 '이중맹검법(double blind)'이었다. 문화민주주의가 자아 표현과 동의어가 된 순간부터 문화민주화에 대한 요구 사항은 문화민주주의와 상반되었다. 해당 집단에 다시 발언권을 준다는 것이 모든 발언권을 준다는 것을 의미하지는 않았다. 하나의 메시지가 어떤 사람들에게는 강제와 박탈로, 또 어떤 사람들에게는 기만의 위험성으로 느껴질 때 수많은 갈등이 발생했다.[14] 집단을 위해 일한다는 것, 말 그대로 집단에 의해서가 아닌 집단을 위해 일한다는 것은 집단과 함께 의견을 공유하면서 성공적으로 일을 수행하는 것을 의미했다. 전문가와 관련 집단 구성원의 문화 간 차이로 인해 집단 구성원의 참여 없이 박물관이 설립되거나, 단독 행동으로 이루어지거나, 종종 중도에 박물관 설립을 포기하는 상황이 발생했다. 따라서 집단 구성원들은 박물관 설립에 관여하지 않았을 뿐만 아니라 관람객에도 포함되지 않았다. 이때부터 박물관 전문가들은 구성원 이외의 다른 사람들, 특히 관광객을 새로운 목표 관람객으로 설정해서 봉사를 제공하기 시작했다.

당사자들의 문화 변용을 이끌어내기 위한 자발적인 관여를 의미하는 진정한 문화활동(학교 관람객과 박물관을 좋아하는 관람객과의 문화활동을 제외하고)을 개발하려는 박물관은 거의 없었다. 프랑스의 경우, 지역 협회와 작업을 진행하는 과정은 종종 복잡했으며, 문제도 자주 발생했다. 박물관은 자원봉사자 집단과 전문가 집단을 병행하는 체제를

---

13 Z. Sternhell, *Les Anti-Lumières. Du XVIII» siècle à la Guerre froide*, Paris, Fayard, 2006.

14 S. Chaumier, *Des musées en quête d'identité. Écomusée versus technomusée*, Paris, L'Harmattan, coll. «Nouvelles Études anthropologiques», 2003.

만들었는데, 이 두 집단은 각각 상이한 특성을 갖고 있었다. 또한 가장 온순하고 헌신적인 박물관친구협회(les associations d'amis de musées)는 각자의 영역이 명확하게 구분되지 않을 때 갈등의 원인이 되었다.[15] 가장 효과적으로 운영되는 주의 보존회에 위치한 지역의 소규모 박물관에 대한 지원은 박물관 수에 비해 매우 적었다(주에서 운영하는 보존회는 'conservations départementales' 또는 'coordinations départementales'라고 불리는데, 박물관의 프로젝트에 도움이 되는 수단을 제공하고, 박물관 직원들의 교육과 전문화에 도움을 주는 외부 기관임). 이제르(Isère)의 문화유산보존회, 특히 장클로드 뒤클로(Jean-Claude Duclos)가 협회와의 협력 작업을 통해 도피네박물관(Musée dauphinois)에서 개발한 일련의 전시는 질적 수준뿐만 아니라 희소적 가치도 인정받았다. 프렌 에코뮤지엄(Ecomusée de Fresnes)도 이러한 역동성 안에 자리 잡고 있었다. 하지만 참여형 박물관학이 예외적인 경우라는 것을 인정해야 했다. 각자가 맡은 책임의 한계가 명확해지고, 박물관이 한 집단의 표현 도구라고 주장하지 않을 때 비로소 협력이 가능했다. 하지만 협력이 쉽게 이루어지거나 모두를 위해 협력이 항상 결정적으로 작용한 것은 아니었다. 협력에 참여한 박물관들은 결과에서 스스로를 완전히 인정하지 못할 때 실망감을 느꼈다.

[그림 5-1] 도피네박물관과 프렌 에코뮤지엄

출처: https://fr.wikipedia.org/wiki/Mus%C3%A9e_dauphinois   출처: http://ecomusee.agglo-valdebievre.fr/page/lecomusee

15   *La Lettre de L'Ocim*, n°75: Les Amis de musées, mai-juin 2001.

332

프랑스 박물관 정책과 관람객

4. 참여 방법으로서의 평가 작업

소속 문화에 대한 문제, 즉 규칙과 가치, 박물관의 목표와 기능에 대한 표현은 참여 문제에서 중심을 차지했다. 협력 의지를 이끌어내는 데 장애물로 작용하는 이 문제는 실질적으로 박물관기술학을 한층 효율적으로 사용하기 위해 사회학적 방식으로 관람객 연구를 실행하는 데 초점이 맞추어졌다. 관람객에게 적용할 수 있는 전시 매개의 개발 필요성과 수용 문제가 관람객의 이질성에 대한 이해에서 비롯된 것은 우연이 아니었다. 현 상황에 대한 다양성을 반영한 박물관의 평가 작업은 박물관 운영 및 박물관이 전달하려는 메시지의 효과성을 증진시키기 위해 사용되었다. 관람객은 전시기획자의 이해를 도모하기 위해 평가 작업에서 자신의 의견을 표현하고, 특정 방식으로 참여하도록 유도되었다. 만일 듣지 않고 말하는 '청각장애인 방식의 대화(dialogue de sourds)'를 원하지 않는다면, 박물관은 하고자 하는 말을 포기하는 것이 아니라 전달하고자 하는 말에 적합한 단어를 찾는 것이 중요했다.

이러한 관점에서 저자는 문화와 문화적 습성을 다룬 부르디외의 저서를 접한 적이 있었는데, 그 책은 소속된 범주에 자신을 속박하는 것을 인정하는 내용을 담고 있었으므로 결과적으로 도움이 되지 않았다. 만일 단순히 박물관을 개관하거나 대중에게 소장품을 개방함으로써 지식에 대한 선험적 접근성을 강조한 '말로적인(malrusienne)' 사고의 허구를 깨달았다면, 좀 더 효과적인 방법으로 진정한 민주화의 구현을 실행했을 것이다. 사실 부르디외는 대중의 고급 문화에 대한 교육을 포기한 것이 아니라 단지 그 실행 방법만을 비난했지만, 이러한 사고방식은 시대 흐름에 역행하는 것이었다. 그 이유는 부르디외가 모든 사람이 의견을 제시하는 것이 정당하다고 인정되는 시대에 그러한 생각을 표현했기 때문이다.

평가 작업과 마케팅의 주요 차이점을 설명하자면, 평가 작업의 목표는 관람객에게 전시 내용에 접근하는 방법을 제공하기 위해 그들에 대한 이해를 증진시키는 것이며, 관람객에 대한 지식의 발전을 유도하기 위해 그러한 방법을 적용하는 것이다. 반면 마케팅은 수요의 총합에 초점이 맞추어져 있다. 평가 작업과 마케팅을 경계 짓는 것이 명확하거나 간단하지는 않지만, 그럼에도 이 두 가지는 구분되는 것이 바람직하다. 평가 작업의 기술과 마케팅이 동일한 동기에서 비롯된 것처럼 보일 수 있지만, 조엘 르 마렉(Joëlle Le Marec)과 소피 드쉐(Sophie Deshayes)가 지적했듯이, 평가 작업과 마케팅은 실제로 상반된 논리와 개념에 뿌리를 두고 있다.

조엘 르 마렉과 소피 드쉐는 "관람객의 기대에 대한 연구가 행해졌다면, 이는 관람객을 만족시키기 위해서가 아니라 이들에게 영향을 미치기 위해서다"라고 주장했다.[16] 관람객의 의견에 귀를 기울이게 된 것은 공공기관과 관련된 객관적인 시각을 중시한 18세기 계몽주의자들의 전통과 과학인식론의 공헌에 대한 전통에 기반을 둔 것일 뿐 결코 마케팅의 산물이 아니었다. 관람객의 요구에 부응하는 기술의 문제는 그 바람을 앞지르는 것이 해결책이지만, 또한 기대에 순응하고 이에 대한 기준을 만드는 것도 중요한 의미를 지녔다. 하지만 이러한 요구에 부응하는 공급의 논리가 편견이라는 사실이 증명되었다.[17] 마리아 카르디날(Maria Cardinal)도 이에 대해 반박했다. "관람객은 목표 대상이 될 수 없다. 목표 대상은 문화가 되어야 한다. 관람객과 목표 대상을 동일하게 생각하는 것은 모독이다. 사실이 아니다. [……] 그 반대. 오히려 관람객에게 목표 대상이 문화라는 것을 인식시켜야 한다."[18] 이러한 의미에서 관람객을 유도하고, 관람객을 더 잘 이해하기 위해 그들을 참여시키는 평가 작업은 실제로 관람객에 대한 이해 증진에 도움이 되었다.

사전 평가 작업은 협력 목표에서 매우 중요한 의미를 지닌 도구였

---

16   J. Le Marec, S. Deshayes, «Évaluation, marketing et muséologie», *Publics & Musées*, n° 11-12: Marketing et musées, janvier 1997.

17   피에르 부르디외는 다음과 같이 말했다. " [……] 한편으로는 새로운 것을 자신의 것으로 만들 때마다 이를 위한 수단을 점점 더 자유롭게 다룰 수 있게 되므로 '1차적' 욕구와 다르게 '문화적 욕구'는 충족될수록 더욱 증가했다. 다른 한편으로는 예술작품을 자신의 것으로 만드는 방법을 완전히 상실한 사람들이 이 상실에 대한 자각을 완전히 상실한 이들이 되며, 결여에 대한 자각은 결여가 커질수록 약화되었다"(L'Amour de l'art, Paris, Minuit, 1969, pp. 156-157).

18   M. Cardinal, in A. Viel et C. De Guise (dir.), *Muséo-séduction, muséo-réflexion*, Québec, Musée de la Civilisation et Service canadien des parcs, 1992.

다. 이 절차가 단순히 하나의 단계로서 실행되는 한 참여형 박물관기술학의 범주에 머물게 된다. 관람객이 실질적으로 전시 개발에 참여하는 것은 아니지만, 관람객이 전시 기획의 시작 단계에 참여하는 것은 중요한 의미를 지녔다. 사전 평가 작업은 다양한 방식으로 이루어졌으며, 이 작업은 전시기획자들에게 특정 주제에 관한 관람객의 수용을 이해하는 데 유용했다. 과학적 정보와 마찬가지로, 평가 작업은 하나의 주제를 이해하기 위해 노력을 기울이는 관람객의 성찰을 풍부하게 만드는 데 도움을 주었다. 이 작업은 문제, 관심사, 지식, 사회적 준거와 표상을 조명해주었지만, 궁극적으로는 고유한 경험으로부터 습득한 이야기에 인간성을 부여하고 문맥화된 접근으로 유도하는 주제와 피질문자들의 개인사 간의 관계성을 밝혀주기도 했다. 일반적으로 주관적 특성은 시사점이 풍부한 정성적 의미를 제공해주었다.

과학산업박물관은 전시 기획 과정에서 다수의 사전 평가 연구를 실행했다. 평가 작업의 실행 과정에서 생성된 통찰력은 주제와 기관 차원에서의 절차에 영향을 미쳤다. 비록 평가 작업이 문화활동의 수단으로 인정받지는 못했지만, 다른 접근 방법만큼이나 새로운 관람객을 유치하는 데 효과를 거두었다. 잠재 관람객의 참여를 유도할 수 있는 또 다른 방법인 개관을 앞둔 전시에 대한 미리보기는 다를 수밖에 없었다. 평가 작업을 통해 제시된 고려 사항은 관람객의 존재에 대한 인식에 초점이 맞추어졌다. 조엘 르 마렉의 말을 인용하자면, 이는 "관람객이 이미 거기에 존재하고 있음"이며, 이는 재인식 작업인 동시에 인식의 산물이었다.

최근 인기를 되찾은 것처럼 보이는 관람객위원회는 박물관이 검토하거나 진행하는 활동에 대해 의견을 제시할 수 있는 인적 자원 집단을 만드는 것을 제안했다. 정기 관람객으로 구성되었건 또는 그렇지 않건 간에 인적 자원 집단은 제안된 내용을 검토하기 위해 정기 모임을 가졌다. 장 다스테(Jean Dasté)가 생테티엔 극장(Comédie de Saint-Étienne)

에 관람객위원회를 설치한 것처럼 몇몇 극장은 이러한 형태의 관람객운영회를 운영했다.[19] 현재 진행 중인 몇몇 실험적인 활동에서 시사점을 얻는 것이 시기상조라면, 위원회가 자신의 역할을 너무 심각하게 생각하며 전문가들에게 조언을 건네는 순간 발생하는 영역 갈등, 그리고 앞서 언급한 참여형 박물관학의 범주로 빠르게 전락할 가능성을 우려했다. 하지만 이를 계기로 새로운 박물관 활동이 개발될 가능성도 있었다. 참여적 민주주의는 단지 유행어로 남겨지지 않기 위해 의미가 담긴 일종의 '시도 동기(示導動機)'가 되어야 했다.

5. 권유에 의한 참여

조형예술가 집단들은 또 다른 영역에서 전시 형태에 특정 관람객을 참여시키기 위해 흥미로운 실험을 진행했다. 일반적으로 현대 미술의 설치물들은 관람객을 미완성 작품에 끌어들이고, 이들의 참여를 확장해서 작품의 완성으로 이끌어간다. 예술가의 작품을 완성하도록 유도된 수용자에 대한 이 개념은 관람객과 예술가 간의 대화에 가능한 모든 영역에 드러나는 '관계 미학(esthétique relationnelle)'의 양상 가운데 하나였다.[20] 하지만 이와 같은 관람객의 참여는 한 작품의 창작 단계에서만 이루어질 뿐 전시 전반에 걸쳐 진행되는 경우는 매우 드물었다. 2004년 오베르빌리에(Aubervilliers)에 야영시설을 설치해서 알비네 임시박물관(Musée précaire d'Albinet)을 만들고, 지역 주민을 전시 기획에 참여시킨 토마 이르손(Thomas Hirschhorn)이 바로 그러한 사례에 해당한다.[21]

지역 주민의 참여가 정성적 관점에서 어떠한 결과나 의미를 생성시켰는지에 대해서는 알 수 없지만, 이러한 예술적 실험은 예술을 사회적 맥락에 삽입하려는 의지와 결합했으며, 지역 주민과 함께 작업하며 혁신적인 형태를 산출하는 것에 비중을 두었다. 또 다른 전시인 〈예술의 힘(La Force de l'art)〉의 경우, 불확실한 미래에 대한 연구실 집단의 작

---

19 라콜린국립극장(Théâtre national de la Colline)의 경우, 최근에 관람객운영회를 다른 방식으로 시범적으로 운영하고 있음.

20 N. Bourriaud, *L'Ésthétique relationnelle*, Dijon, Les Presses du réel, 1998.

21 T. Hirschhorn, *Musée précaire d'Albinet. Quartier du Landy*, Aubervilliers, 2004, Paris, Éditions Xavier Barral, 2005.

[그림 5-2] 알비네 임시박물관

출처: http://www.leslaboratoires.org/projet/musee-precaire-albi-
net/musee-precaire-albinet-1

출처: http://aire-mille-flux.org/tag/musee-albinet-thomas-hirsch-
horn

업이 전시되었는데, 이 전시도 동일한 유형에 해당한다. 좀 더 관례적이
지만 참여적 의지에 기반을 둔 사례로서 전체적으로 의미를 지닌, 그리
고 궁극적으로는 전시를 구성하는 전시물을 위탁하도록 권유하는 방법
도 고려해볼 수 있다. 미래의 고고학자들을 위한 증거의 표시로 유물이
묻히기 전에 뤼낭트(Lu-Nantes)에서 〈세기의 곳간(Grenier du siècle)〉
이라는 기획 전시가 열렸는데,[22] 이 전시의 경우에는 담론보다 유물의 비
중이 높았다. 한 걸음 더 나아가 브장송 시간박물관(Musée du Temps
de Besançon)에서 개최한 관람객과 시간과의 관계성을 다룬 전시처럼
관람객의 기증으로 전시를 구성할 수도 있다.

마지막으로, 실제 관람객과 잠재 관람객 집단을 유도하기 위한 혁
신적인 방법을 구성하는 새로운 기술에 관해 이야기하고자 한다. 마치
상호작용형 전시처럼 박물관의 장소성에 대한 토론이 이루어지는 포럼
은 발언 수단으로 사용될 수 있었고, 관람객 간의 대화를 촉진시켰다.
이러한 포럼은 전시 정보를 제공하고, 전시 결과에 반응시키기 위한 관
람의 연장선이라고 생각할 수 있다. 물론 관람객이 지속적인 투자를 하
도록 동기를 부여하기 위해서는 전시가 충분히 강력한 유인력을 가져야

22 H.-P. Jeudy, La Machinerie patrimoniale, Paris, Sens et Tonka, 2001, p. 67.

[그림 5-3] 브장송 시간박물관

출처: https://fr.wikipedia.org/wiki/Mus%C3%A9e_du_
Temps_de_Besan%C3%A7on

출처: http://www.fans.franche-comte.org/besancon-horlogerie

했다. 이러한 의미에서 지금까지 거의 사용되지 않은 새로운 기술들은 전시 자체에 대한 의견 표명의 위험 없이 토론의 장소로 사용되는 '박물관 포럼(musée forum)'[23]의 명백한 성격을 확인하게 해주었다. 이 포럼에서 한 가지 아쉬운 점을 지적하자면, 몇몇 관람객만이 질문을 했으며, 상호작용적인 토론이 거의 이루어지지 않았다는 것이다. 끝으로, 실제로 전시를 구현하기 전에 가상의 방식으로 전시 기획 절차를 실행하는 것을 고려해볼 수 있는데, 이러한 실험들은 지속적으로 실행해야 할 과제다.

6. 참여, 문화활동의 재개

결론부터 말하자면, 우리는 박물관기술학의 이상이 매우 가느다란 실에 매달려 있다는 것을 알 수 있었다. 박물관기술학은 전시 내용의 민주화를 위해 지식의 대중화에 대한 요구와 관람객 계층의 이해에 대한 필요성 사이에 놓여 있었다. 전문가적 신념으로부터 벗어나기는 쉽지 않다. 전시기획자들은 일반적으로 한 주제에 대해 오랜 기간 동안 작업해

프랑스 박물관 정책과 관람객

---

23 P. Rasse, *Les Musées à la lumière de l'espace public*, Paris, L'Harmattan, 1999.

온 전문가이며, 이들의 의견은 평균 관람 소요 시간이 90분밖에 되지 않는 관람객과 달랐다. 전시기획자가 직면한 또 다른 장애물은 이해하기 쉬운 설명을 제공함으로써 주제를 일반화시키는 것이었다. 하지만 소비하기 쉬운 제품을 상품화하는 것은 관람객의 고정관념을 강화할 뿐 박물관에는 성공적인 해결 방안이 되지 못했다. 더욱이 관람객은 쉽게 현혹되지 않을 뿐만 아니라 이러한 것들을 포기하도록 독려하기를 꺼렸다. 대부분의 프로젝트는 상술한 두 가지 문제점에 직면하는데, 종종 평가 작업을 통해 관람객을 전시 제작 과정에 참여시켰다. 좋은 반응을 얻기 위해 관람객에게 결정권을 준 것이 아니라, 관람객을 대등한 협력자이자 혁신적인 해결책을 함께 상상할 수 있는 자원으로 간주했다. 따라서 이러한 전시 기획은 단지 관람객만을 위해서가 아니라 관람객과 함께 행동하는 문화활동의 새로운 형태를 탐구할 기회를 제공했으며, 주제에 대한 인식 증진에 상당한 효과를 발생시켰다.

전시 기획 과정에서 미래의 관람객, 그리고 더 많은 관람객을 참여시키는 경우는 드물지만, 관람객은 항상 중심에 있는 주역이며, 전시 수용에 대해 결코 수동적이지 않다는 사실에 주목해야 한다. 수용 연구는 동일한 전시에 대해 매우 다양한 입장과 담론이 존재한다는 사실을 제시해주었다. 이러한 사실을 인식하고 경청할 줄 안다는 것은 이미 참여 박물관학의 한 가지 형태에 대해 알고 있다는 것을 의미한다. 그 이유는 모든 관람객이 주관적 판단을 통해 자신을 인식하기 때문이다. 전시를 해석하고 자신의 것으로 만드는 과정을 통해 전시를 완성하는 것은 항상 관람객의 몫이다. 관람객이 주역이라는 사실을 이해하는 것은 그들을 창의적인 존재로 인정하는 것이다. 따라서 전시기획자의 기획 방식은 이미 달라졌다.

참여적 박물관학, 평가 작업, 관람객에 대한 고려 사항:

찾을 수 없는 발언권

3장

조엘 르 마렉(Joëlle Le Marec)

최근 유행하고 있는 참여형 전시 매체는 협의, 포럼, 패널 토의, 콘퍼런스, 시민 배심원, 심화 토론 등의 개념과 관련되었다. 다시 말해, 참여형 전시 매체는 협력을 통한 전시를 구현하기 위해 그 차이점들이 상쇄된 개념, 상황, 형식주의에 대한 후광이었다. 간접민주제의 전통적인 형태에 대한 비판적인 문제 제기에 힘입어 '참여적' 민주주의의 형태가 확장되었다. 최근 대규모 박물관에서 운영하고 있는 관람객위원회의 실험적인 활동, 문화과학 및 기술센터의 토론과 참여적 특성을 지닌 프로젝트[24]는 참여적 민주주의의 경험이 정치 분야에서 문화 분야로 확장된 결과라고 이해할 수 있다.

　하지만 참여적 박물관학은 1970년대부터 시작된 에코박물관과 신박물관학과 관련된 고유한 역사를 갖고 있다. 이러한 관점에서 보면, 참여적 박물관학은 혁신적인 현실이 아니라 오히려 오랫동안 소외되었던 현실이다. 참여적 특성을 지닌 전시 매체의 출현은 외견상으로 보이는 것과 달리 몇몇 정치적 후견인이 예외적으로 지원한 참여적 박물관학에 대해 호의적인 반응을 이끌어내지 못했다. 이러한 문제는 박물관 공동체의 네트워크와 거의 무관했으며, 1990년대 대형 박물관의 재정비 움직임과 밀접하게 관련된 평가 작업의 개발과 커뮤니케이션 공학의 연장선에 포함된 이질적인 현상이었다.

　하지만 현재 진행되고 있는 참여적 박물관학에 대한 연구는 다음과 같은 질문을 다루어야 한다: 우리는 특정 에코뮤지엄이나 사회박물관[상

24　과학산업박물관과 그르노블 과학기술문화센터(Centre de culture scientifique et technique de Grenoble)가 이러한 사례에 해당한다.

피니-쉬르-마른(Champigny-sur-Marne)의 레지스탕스박물관(Musée de la Résistance nationale), 프렌 에코뮤지엄, 도피네박물관, 델라 파스토리지아 에코뮤지엄(Écomusée della Pastorizia), 발 제르마나스카 에코뮤지엄(Écomusée Val Germanasca) 등]의 사례,[25] 그리고 과학산업박물관의 〈지구 관리하기(Gérer la planète)〉 전시 프로그램을 위해 조직된 협의체 사례나 인간박물관의 관람객위원회 사례에 관해 동일한 현상을 다루고 있는가?

다른 관점에서 접근해보면, 현재 참여적 박물관학이 진행하고 있는 실험적인 활동이 관람객을 전시 기획과 연결하는 것을 목적으로 한다면, 현재 진행되고 있는 참여적 박물관학에 대한 연구는 개인 구성원과 대중의 대표, 또는 넓은 의미에서 대중으로 간주되는 시민 계층의 개인 구성원과 직접적인 협의를 가능케 하는 전시 매체의 사용 범위 그 이상을 다루고 있다. 실제로 평가 작업에 참여한 다수의 관람객은 조사원들에게 종종 직접적이며 명백한 생각과 반응을 제시했다. 따라서 우리는 설문조사 전문가, 평가자, 연구자들을 조사에 참여한 관람객의 대변인으로 임명했다. 관람객을 프로그램 개발과 전시 기획에 연결하기 위해 이러한 방식으로 기록 및 분석된 의견은 어느 정도 박물관에 반영되었는가? 지난 수십 년간 주제별 박물관, 특히 과학박물관이 전시 기획이나 상설 전시 교체 단계에서 실행한 설문조사는 박물관 정책에 대한 의사결정에 어느 정도로 영향을 미쳤는가?

마지막으로, 참여적 민주주의에 대한 경험적 발전은 그 자체가 정치·문화 영역뿐만 아니라 다른 영역으로부터도 영향을 받았을 가능성을 배제할 수 없었다. 예를 들어, 경영기술과 관계자와 함께 커뮤니케이션 분야의 발전과 자율화도 이러한 영향 요인에 포함되었다. 적어도 토론 장치는 공학에서 이루어지는 혁신을 가져올 수 있었다. 이는 수십 년 전부터 여러 활동 분야의 경영 방법으로서 커뮤니케이션 개발과 합리화에 박자를 맞춘 다른 형태의 기술적·조직적 혁신 같은 것이었다. 박물관

25   M. Maggi (dir.), *Museo e cittadinanza. Convidere il patrimonio culturale per promuovere la partecipazione e la formazione civica*, Torino, Istituto di Ricerche Economico-Sociale (Ires) del Piemonte, 2006. En particulier les articles de la section «Ecomuseo e partecipazione comunitaria», pp. 41-54.

분야에서 이러한 장치의 등장은 박물관 영역과 커뮤니케이션 간 관계의 역사에 포함되었다. 이러한 관점에서 토론 장치는 박물관과 매체, 그리고 커뮤니케이션 기술 간의 관계에 대한 문제 또는 연구 결과와 연결시켜 생각해야 한다. 여기서 우리는 참여적 박물관학에 대한 현재의 성찰을 도울 수 있는 세 가지 현상에 대해 개별적으로 설명을 제공하고자 한다.

1. 박물관에 대한 특정한 참여 방식: 에코뮤지올로지

본론에 들어가기 앞서 몇 가지 언급할 것이 있다.[26] 1966년과 1982년 사이에 일어난 일련의 사건은 박물관학의 국제적 흐름과 상반되었다. 1966년에는 자연공원과 연계된 경관/지역 박물관(musées de site)이 등장했는데, 이러한 박물관은 1971년 환경부 장관 피에르 푸자드(Pierre Poujade)가 공식적으로 명명한 에코뮤지엄을 지칭하는 것이었다. 1972년에는 크뢰조(Creusot)의 미래 생태학박물관을 기획하기 위해 위그 드 바랭, 조르주-앙리 리비에르, 마르셀 에브라(Marcel Evrard)가 에코뮤지엄의 원칙을 정의했다.

1981년에는 앙드레 데발레(André Desvallées)가 『앙시클로페디아 우니베살리스(Encyclopedia Universalis)』 부록에 '신박물관학(nouvelle muséologie)'이라는 글을 발표했고, 이듬해 신박물관학과 사회실험협회(MNES)가 설립되었다. '신박물관학'은 박물관의 정치적·사회적 측면과 관련된 일련의 변화를 정의했다. 앙드레 데발레는 공동체적 경향과 매개적 경향을 구분했다. 전자의 경우, 박물관의 제도적 기능의 기반을 변화시켜 박물관을 '공동체'를 위한 수단으로 만드는 것을 목표로 했고, 후자의 경우에는 박물관과 관람객 간 거리감의 개선을 목표로 삼았다. 매개적 경향은 전문적인 박물관 단체와 정치 후견인들이 현대 박물관의 기능에 대한 표준으로 결정할 정도로 널리 적용 및 확산된 반면, 문화부

26　A. Desvallées, Vagues. Une anthologie de la nouvelle muséologie, Lyon, Mâcon et Savigny-le-Temple, Pul/W/MNES, coll. «Museologia», 1992.

가 수용하지 않은 공동체적인 경향[27]은 이후 곧 쇠퇴해버렸다. 하지만 1970년대의 박물관계에 국제적인 파장을 일으킨 것은 바로 이 공동체적 경향이었다. 위그 드 바린이 지지한 이 경향[28]은 한편으로 과정이나 구조로서 박물관의 정의에 대한 논쟁, 그리고 또 다른 한편으로는 문화에 대한 상이한 개념 간의 모순이라는 두 가지 갈등 요인에 의거하여 정치 후견인들이 반대하고 거부한 실험적인 활동을 전개했다.

박물관을 특정 집단이나 공동체의 장치나 도구로 사용하려 한 위그 드 바린의 의도[29]는 상식과 상반된 박물관의 경험적 현실에 대한 실마리를 제공했다. 현지의 문화유산을 보존 및 전시하기 위해 설립된 사립 또는 협회에 속한 '소규모 박물관(petits musées)' 수는 정치 후견인들이 설립 및 지원한 박물관 수보다 훨씬 많았다. 소규모 박물관에 대해 저술한 세르주 쇼미에(Serge Chaumier)[30]는 자신의 저서에서 케네스 허드슨(Kenneth Hudson)의 말을 인용해서 전 세계의 박물관 가운데 3/4이 10명 이하의 직원을 고용하고 있다는 사실을 강조했다. 이러한 박물관들은 공유된 기억과 문화유산의 증인이자 보호자가 되는 작은 단체가 설립한 협회에서 유래했다. 대규모 박물관들과 달리 소규모 박물관은 설립 및 운영되다가 폐관되는 경우가 많았다. 소규모 박물관은 정치적으로 의도된 박물관학의 제도적 형태와는 다른 방식을 취하는 경우가 많았다. 이들 박물관은 종종 '공식적으로' 박물관 방문 기회를 가져본 적이 없거나, 문화와는 거리가 먼 개인이나 단체에 의해 설립 및 운영되었다. 하지만 이들은 '박물관을 설립한' 개인이나 단체의 시간과 공간을 초월하는 문화유산보존을 위한 장치로서, 그리고 대중의 접근성 증진을 위한 장치로서 박물관의 가치·의미·목적을 이해했다.[31]

27 1972년에 위그 드 바린과 마르셀 에브라가 제안한 크뢰조 생태학박물관(Écomusée du Creu-sot) 프로젝트는 환경부에 의해 생태학박물관으로 받아들여지기 전 프랑스박물관리청에 의해 기각되었고, 생태학박물관들은 자연공원에 병합되었다.

28 H. de Varine, *L'Initiative communautaire. Recherche et expérimentation*, Lyon, Mâcon et Savigny-le-Temple, Pul/W/MNES, coll. «Museologia», 1991.

29 공동체 형성은 참여 집단을 대표하는 기관의 인증 과정을 반드시 거쳐야 했는데, 이러한 인증 과정은 참여적 장치가 있는 공간에서의 참여와 표현 간 대립을 지연시켰다.

30 S. Chaumier, *Des musées en quête d'identité. Écomusée versus technomusée*, Paris, L'Harmattan, coll. «Nouvelles Études anthropologiques», 2003.

31 J. Le Marec, Étude préalable à l'exposition permanente du musée des Cultures du monde. Le public du projet: partenaires de l'action sociale, témoins des enjeux inter-

에코뮤지엄 운동은 프랑스 국내외 기관들이 문화에 대한 대안적인 개념을 갖도록 하기 위해 박물관과 밀접하게 인류학적 관련성을 이어 갔다. 하지만 프랑스의 경우, 박물관이 공동체적 발의 형성에 중요한 장소였음에도 불구하고 정치 후견인들은 공동체 개념이나 참여적 개념을 그다지 장려하지 않았다. 이는 국제박물관협의회(ICOM)의 회장이자 크뢰조 에코뮤지엄(Écomusée du Creusot)의 공동설립자인 위그 드 바린이 박물관의 이익보다 공동체적 발의의 이익을 우선시했고, 이러한 발의를 위한 활동을 다른 영역에서 실행하기 위해 박물관과 거리를 둔 이유이기도 했다.[32]

1970년대에 발생한 박물관의 위기는 정당성과 권력관계에 대한 광범위한 저항운동과 연관되어 있었다. 이 글에서 저자는 '박물관'이라는 특정 영역에서 관찰된 현상과의 관계를 언급하는 것으로 그 범위를 제한하고자 한다. 문화에 대한 다수의 상이한 개념 간의 대립, 특히 철학적 전통에서 유래한 국가의 개념과 구성원들이 국가에 속한다는 사실만으로는 정체성에 대해 충분한 설명을 제공하지 못하는 공동체적 특성에 대한 성찰적 이해로부터 도출된 개념 간의 대립을 들 수 있다.[33] 학술적 측면에서 보면, 두 번째 개념이 오히려 사회과학 범주에 해당한다.

1970년대는 특히 문화교육기관에서, 순수한 학문 영역 밖에서 연합 관계를 맺고 대표성을 표현한 사회과학이 괄목할 만한 발전을 통해 힘을 갖게 되었다. 이 시기에는 예술과 과학과의 관계[34]의 사회적 측면에 대한 분석과 함께, 그리고 더욱 광범위하게는 사회의 소수 집단과 지역 문화의 소수 집단 간의 권력 투쟁에 대한 역학에 주의를 기울이면서 비판적인 시각을 발전시켰으며, 때로는 이러한 운동에 실제로 참여했다.

culturels, acteurs de la construction identitaire, Lyon, ENS LSH, 2001.

32   이 이유는 위그 드 바린이 사적 입장을 표명한 것이지만, 결과적으로는 그의 여정과 행동을 증명해주었다.

33   Ph. Poirrier, *Les Politiques culturelles en France*, Paris, La Documentation française, 2002; Ph. Poirrier, G. Gentil (dir.), *La Politique culturelle en débat. Anthologie, 1955-2005*, Paris, La Doucmentation française, 2006; D. Poulot, «Continuité historique», in E. de Waresquiel (dir.), *Dictionnaire des politiques culturelles de la France depuis 1959*, Paris, Éditions Larousse et CNRS Éditions, 2001, pp. 161-163.

34   P. Bourdieu, A. Darbel, avec D. Schnapper, *L'Amour de l'art. Les musées d'art européen et leur public.* Paris, Minuit, 1966.

또한 집단의 고유한 활동과 지식의 총체로서 문화에 대한 '긍정적인' 인류학적 정의가 문화의 개념과 사회적 지배관계에 중점을 두는 비판적 사회학의 의미와 결합되었다.[35]

국가로부터 직접적인 지원을 받는 박물관들조차 자신들이 옹호하는 보편적 문화의 관계 유형에 대한 저항과 비판에 반응했다. 이들 박물관은 본질적으로 이러한 개념에 대해 의문을 제기한 것이 아니라 그 대신 사회적으로 구축된(즉, 습득된) 교양 있는 문화에 대한 관계의 특성을 인정하고, 관람객을 작품으로 이끌기 위해 전시 매개장치를 지원했다. 작품뿐만 아니라 작품과의 관계를 형성하는 문화활동으로 사회적 접근 환경을 구축해주는 매개의 개발과 지식, 언어, 태도에 대한 교육활동이 제공되었다.

에코뮤지엄은 이러한 문화와의 관계에 대한 정리된 개념과 전혀 다른 양상으로 발전했다. 자연공원과 에코뮤지엄의 탄생과 함께 사회과학이 이끈 문화 개념의 기관 등록을 주도한 것은 문화부가 아니라 환경부였다. 민족학자들도 이 운동에 참여했는데, 특히 이들은 설문조사와 체계적인 수집 프로그램을 통해 적극적인 활동을 펼쳤다. 이 과정에서 에코뮤지엄에 대한 기준이 되는 박물관 단체는 예컨대 국제박물관협의회(ICOM)와 같이 신박물관학 운동에 동참하는 국제기관의 네트워크라는 사실에 주목해야 했다. 소위 '협회'나 '단체'로 불리는 프랑스박물관관리청에 박물관 관리를 맡기기로 한 결정은 프랑스박물관관리청과 에코뮤지엄 공동체에서 결코 식을 줄 모르는 격렬한 논쟁을 일으켰다. 실제로 지방자치단체, 공공기관, 협동노동조합, 협회 또는 재단이 기관을 제어할 수 있다고 하더라도 사실 에코뮤지엄은 '공동체(communautés)' 차원에서의 문화구조화 방식, 그리고 상대적으로 자율적 방식인 '집단(collectivités)'의 구조화 방식에서 종종 미국이나 남미에서 사용되는 개념에 가까웠다.

에코뮤지엄의 본질적인 참여적 특성은 세 가지 위원회, 즉 과학위

35 이 글에서 학술적·정치적 담론으로 문화 발전에 관한 논쟁을 설명하는 것은 불가능하다.

원회, 사용자위원회, 운영위원회(투자자)의 설립과 함께 박물관 운영에서 비롯된 것이었다. 비영리기관인 에코뮤지엄의 경우, 상술한 각각의 위원회는 이사회로 대체되었다. 사용자위원회의 경우, 정관에 의거해서 '관람객'이라는 단어를 사용하지 않았다. 그 이유는 사용자위원회가 에코뮤지엄을 정기적으로 이용했고, 박물관 활동에 대한 협력을 동의한 협회와 다른 기관들의 대표들로 구성되었기 때문이다. 따라서 참여적 방법은 정치적인 것과 과학적인 것이라는 두 가지 영역으로 구분되었다.

정치적 차원에서 협회와 지방공공단체의 구성원들은 박물관의 프로그램에 결정적인 권한을 가진 사용자위원회에 참여할 수 있었다. 한편 과학적 차원에서 에코뮤지엄은 정보 제공자와 연구자들에게 정보를 제공하는 연구와 수집 공간이었다. 하지만 민족학적 지식과 사회학적 지식은 '민속학자와 특정 문화 네트워크를 연결하는 개인적 관계의 집합체'가 명백하게 개입하는 타협된 구조를 향해 발전했으며, 이러한 구조에는 다수의 의견이 수용되었다.[36] 이에 장클로드 뒤클로(Jean-Claude Duclos)는 1979년 설립된 카마르그박물관(Musée camarguais)을 위해 다수의 관련 관계자와의 토론, 참여한 정보 제공자의 네트워크 형성, 그리고 지역 주민과 정보 제공자들에 대한 신속한 정보 공유 등을 수집 프로그램에 추가했다. 카마르그박물관은 심지어 완공되기도 전에 문을 열었다.

민족학에서의 권한 위임에 대한 특정 개념은 에코뮤지엄의 공동체적 개념을 지향했다. 실제로 민족학은 이질적이고 역동적인 집합체로 보이는 문화를 추구했으며, 토론을 통해 수용된 지식을 다중적 형태로 발전시켰다. 텍스트에 대한 권한은 종종 작가로 활동하는 다수의 정보 제공자들에게 위임되었다.[37] 이러한 관점에서 에코뮤지엄은 가끔 이견을 가진 정보 제공자와 협력자들의 견해를 포함한 다수의 의견을 수용하는 지식의 구조를 사용해서 민족학의 경향을 현실적으로 구현했다. 공동체의 과학적 목적과 정치적 목적 간에 놓여 있는 긴장감은 민족

36 D. Sperber, *Le Savoir des anthropologues. Trois essais*, Paris, Hermann, coll. «Savoirs», 1982.

37 J. Clifford, *Malaise dans la culture. L'ethnographie, la littérature et l'art au XXe siècle*, Paris, ENSB-A, 1998.

학에서 권위 있는 학자들을 해체하려는 의도와 연구 대상 공동체의 고유한 문화에 대한 지식을 구성하려는 대표들의 주장 간의 융합을 통해 1970년대와 1980년대 사이에 부분적으로 해결되었다.

1980년대의 지방분권화는 지역 단위로의 권한 위임을 가능케 했는데, 예컨대 대형 장비의 증가, 전문화에 대한 필요성, 품질 표준의 조정 등 국내외적으로 확산 가능한 구조를 만들기 위해 이미지 정책과 문화 정책 간의 관계 형성이 이루어졌다. 역설적으로, 지방분권화는 종종 행동주의적 목적을 가지고 있던 공동체적 역학을 약화시켰고, 관계자들의 전문화를 촉진시켰다. 그와 동시에 민족학과 관련된 학술 단체는 다른 이유로 정당성을 비난받았다. 연구 부서들이 병합되어 있던 파리의 대형 민속학박물관들[예술전통민속박물관(Musée des Arts et traditions populaires)과 인간박물관]이 폐관되었고, 인간박물관의 소장품이 케브랑리박물관으로 이전되었으며, 예술전통민속박물관의 소장품이 유럽지중해박물관(Musée de l'Europe et de la Méditerranée)의 개관에 사용된다고 해도 이러한 변화와 함께 이전의 박물관들(폐관된 인간박물관과 예술전통민속박물관)의 연구 부서들은 사라지게 되었다.

드니-디드로 파리 제7 대학(Université Paris 7 Denis-Diderot)의 경우처럼 민족학과 인류학 전공이 위협당하거나 폐지된 것은 시사하는 바크다. 따라서 민족학의 상황과 정치적 역학이 또다시 일치하는 현상이 나타났지만, 이번에는 학술 영역 차원에서 학과로서의 민족학과 정치적 차원의 공동체적 역학이 동시에 약화되었다. 에코뮤지엄의 규모에 따라 지역적 요인으로 인해 초기에 진행한 참여형 프로젝트를 점차 포기하게 되었는데, 특히 기존 권력에 대한 도전을 기반으로 세워진 구조의 기관화로 발생한 정당성에 대한 갈등이 그 가운데 하나에 해당했다.[38]

실제로 정치와 문화의 결합은 상반되는 효과를 가져왔다. 우리는 지방분권화 이후 '정체성'이나 '지역' 같은 단어와 관련된 정치적 가치의 전도(轉倒)와 직면하게 되었다. 연구자들은 학술 영역에서도 네트워

---

38 O. de Bary, «Les rythmes de la recherche, de la muséographie et du politique: l'histoire d'un écomusée» *Anthropologie et actions culturelles. Journées d'Athis-Mons*, Cahiers de la maison de banlieue Centre culturel d'Athis-Mons, 1999.

크와 이질적인 문화 수용에 준거하기 위해 정체성과 지역의 '회고주의적' 준거를 실추시키는 데 동참했다.[39] 이러한 가치의 전도는 먼저 공동체적 방식과 애호가들의 참여가 결합될 때, 동시에 전문적이고 개방적인 방식에 함께 대립할 때 더욱 현저하게 나타났다. 앞서 인용한 세르주 쇼미에의 저서에서 이 같은 이중적인 범주화를 발견할 수 있었다. 애호가들은 작품, 지역의 역사, 족보, 무용과 노래, 전통 축제, 의식 등에 우선적으로 관심을 갖고 작품을 중심으로 축적된 박물관기술학에 비중을 두었다. 반면 전문가들은 과학적 정확성과 담론을 산출할 수 있는 박물관기술학에 더욱 큰 관심을 가졌다. 공동체적 박물관, 애호가 박물관, 그리고 지방의 소규모 박물관을 같은 범주에 포함시키는 것은 에코뮤지엄으로부터 기획에 대한 혁신적인 혜택을 박탈해서 기관과 전문가에게 맡긴다는 것을 의미하기 때문에 논란의 여지가 있었을 뿐만 아니라 분석에 대한 비판은 '비전문가'에게 큰 부담감을 안겨주었다.

　2002년 제정된 「박물관법(loi musée)」은 후견인의 통제 불능 상태에서 설립되어 이후 지원과 공권력에 대한 인정을 요구하며 증가 추세를 보이던 소규모 박물관에 대해 '박물관'이라는 명칭을 사용하는 데 대한 통제와 함께 공동체적 역학으로 인해 박물관의 점유를 더욱 약화시켰다. 하지만 공동체적 경향은 지속되었는데, 특히 역사가 전적으로 감당할 수 없는 기억을 보관하는 공동체의 적극적인 관여가 있는 경우[예를 들어, 도피네(Dauphiné)의 구(舊) 레지스탕스운동가협회(Associations d'anciens résistants dans)와 1995년 살라지 에코뮤지엄(Écomusée Salazie) 설립을 이끈 레우뇽(Réunion) 소재 살라지 에코뮤지엄의 친구들협회(Association des amis de l'écomusée)와 신박물관학 운동을 전수받은 지역 협회와 전문가 집단 간 연합이 이루어진 경우[도피네박물관, 프렌 에코뮤지엄, 너프 드 트랑질리(Neufs de Transilie)]에는 더욱 그러했다.

　지역 주민이나 지역에서 활동하는 단체와 함께 참여적 운영 방법을 확장하는 에코뮤지엄과 박물관이 전국적인 규모로 가시화되지는 않

39　F. Laplantine, A. Nouss, *Le Métissage*, Paris, Flammarion, coll. «Dominos», 1997.

았다. 그 이유는 이들 박물관이 문화 정책의 틀에서 벗어나 국제적 공동체나 지역의 근접 네트워크 차원에서 네트워크를 형성했기 때문이다. 2004년 신박물관학을 위한 국제적 운동(MINOM)[40]은 이탈리아, 포르투갈, 브라질, 멕시코, 일본에서 온 참가자들과 함께 리우데자네이루에서 참여적 방법[41]에 대해 열 번째 워크숍을 개최했다. 참여적 박물관학의 경험은 탈세계화에 대한 성찰적 흐름과 유네스코 같은 국제기구의 문화 다양성과 밀접한 관계를 가졌다.[42]

에코뮤지엄과 참여적 박물관은 국제적 성찰 차원이 아니라 지역의 근접 네트워크 차원에서 박물관학 전문가들과 연구자들이 전통적으로 관찰하는 현상 속에서 소멸될 수 있었다. 그 이유는 문화활동을 책임지고 있는 전통적인 후견인들보다는 구조 간에, 그리고 개입, 공동체적 주도, 시민과학 문제에 대해 사회적으로 활동하는 사람들과의 관계 형성이 더 많이 이루어졌기 때문이다. 국제적 차원에서의 문화 다양성과 지방 차원에서의 근접 네트워크에 대한 성찰은 1970년대 에코뮤지엄의 지방 문화 증진에 대한 성찰 이후에 이루어졌다. 따라서 참여적 박물관학은 분석가들의 시선을 이중적으로 회피했다. 한편으로 이 성찰은 국가와 지방의 '하부' 구조와 '상부' 구조에서 발전했고, 또 다른 한편으로는 수용의 축인 관람객의 관람 빈도와 영향력으로 인해 감소된 문화적 효율성의 일반적인 기준으로는 가시화시킬 수 없는 환경과의 관계성을 권장했기 때문이다. 아쉽게도 현재까지 한 박물관이 유지하고 있는 관람객과의 관계에 대한 질적 수준과 그 강도를 설명할 수 있는 지표는 존재하지 않는다.

40 신박물관학을 위한 국제적 운동(MINOM)은 1985년 리스본에서 열린 제2회 국제 신박물관학 연구회(2e Atelier international de nouvelle muséologie)에서 출발했다. 공식적인 탄생에 앞서 1984년 퀘벡에서 제1회 국제 '생태학박물관/신박물관학' 연구회(1er Atelier international «Écomusées/Nouvelle Muséologie»)가 열렸다. 이 연구회에는 15개국에서 온 박물관학 자들이 참여해서 퀘벡 선언(Déclaration de Québec)을 채택했는데, 이 선언은 칠레의 산티아고 선언(Déclaration de Santiago, 1972)에서 제기된 개념을 기초로 했다.

41 M. Maggi, *Museo e cittadinanza...*, op. cit.

42 지중해이슬람교사회사센터(Centre d'histoire sociale de l'Islam méditerranéen)의 작업, 특히 케임브리지 대학의 리나 타앙(Lina Tahan)이 기획한 다음 학회를 참고하기 바란다. «La diversité culturelle: antidote à la mondialisation?», Paris, 15 juin 2006.

2. 관람객에 대한 고려 사항: 또 다른 이야기

신박물관학 운동으로 돌아가 보자. 앞서 우리는 공동체적 경향은 매개적 경향과 달리 그다지 지지를 받지 못했다고 언급했다. 박물관기술학의 질적 우수성은 새로운 전문가들이 옹호하는 하나의 기준을 만들었다. 하지만 세르주 쇼미에의 분석에 의하면, 이러한 전문가들이 바로 애호가들과 대립된 구도에 놓인 사람들이었다. 이후 매개적 경향과 공동체적 경향은 대립 상태에 놓이게 되면서 두 경향 중 하나가 주도권을 갖게되었다.

에코뮤지엄의 제도화를 1970년대의 박물관 위기 때로 보고 그 시점까지 거슬러 올라가 보면, 매개에 대한 박물관의 관심이 자신의 사회적 역할에 대해 스스로 질문을 던진 박물관들의 위기와 직접적으로 연관되지는 않았다. 오히려 지식 차원에서 총체적인 사회적 장치에 대한 커뮤니케이션적 이해와 정치적 차원의 커뮤니케이션으로 사회적 현상에 대처 및 제어하려는 의지의 증가 같은 외부적 역학이 개입했다.

물론 신박물관학 운동은 언어로서의 전시 기능에 대한 깊은 성찰을 이루어냈다. 신박물관학과 사회실험협회(MNES)는 박물관기술학의 첫 살롱전을 개최했고, 사회박물관에서 출발해서 과학기술문화센터 설립 이후의 과학박물관, 그리고 1986년 3월의 과학산업박물관 설립에 이르기까지 1980년대는 박물관기술학에서 괄목할 만한 발전이 이루어졌다. 유형 문화유산 보존의 실천과는 무관한 과학박물관들은 산업 구조를 통해 경제적으로 개발된 정보 커뮤니케이션 기술을 의미하는 대중 매체 분야와 전시를 결합할 정도로 박물관기술학적 언어의 혁신을 강력하게 시도했다.[43] 따라서 자연과 사회에 대한 담론을 만드는 데 주력했고, 신박물관학이 박물관과 관람객 간의 유대관계를 형성하기 위해 추진한 박물관의 매체 기획은 박물관과 미디어와 커뮤니케이션 기술의 전문 영역 간의 관계 정립에 집중했다.

박물관과 관람객 간의 관계는 문화의 민주화, 박물관의 미디어 기

43 J. Davallon, «Le musée est-il vraiment un média?» et B. Schiele, «L'intervention simul-
    tanée du visiteur et de l'exposition», *Publics & Musées*, n°2, 1992.

프랑스 박물관 정책과 관람객

획의 발전, 기업으로서의 박물관 경영 정당화 등 때로 박물관의 문화사
회적 사명과 대립되는 많은 관심과 견해를 연결시키며 박물관 혁신운동
을 구성하는 성찰 기준이 되었다. 또한 관람객에 대한 깊은 관심은 다수
의 조사·연구·평가와 관련된 도구의 개발로 이어졌다. 실제로 신박물관
학에서 적용하는 문화활동의 실효성에 대한 기준과 미디어 전문가들의
커뮤니케이션 활동에 대한 기준은 모두 관람객에게 미치는 영향력에 대
한 객관화와 합리화였다.

사실 퐁피두센터, 과학산업박물관, 자연사박물관의 대전시실 등과
같이 평가 작업을 발전시킬 능력을 가진 대형 박물관 설립과 혁신 덕분
에 박물관의 평가 작업은 지속적인 발전을 이루어낼 수 있었다. 관람객
은 기대와 표상, 활동에 대해 이야기하도록 요청받았고, 이들의 이야기
는 분석 및 통합되었다. 관람객의 관점을 고려하는 것은 공동체적 유형
의 참여적 박물관학 문제와는 관련성이 없었다. 커뮤니케이션 장치로
서의 박물관 기획이라는 맥락에서 보면, 평가 작업이나 연구를 위해 관
람객의 이야기를 수집하는 장치를 설치하는 목적은 기획 과정에서 대화
대상을 찾기보다는 관람객에 대한 지식을 축적해서 그들의 영향력을 최
적화하기 위해서였다.

3. 1980~1995년 사이의 평가 작업: 관람객 이야기의 상승,
   상상력이 담긴 대화에 대한 예측

우리는 평가 작업이 수용 주체인 관람객과의 관계에 대한 표상으로부터
영감을 받아 기능적 장치로 촉진되었다는 사실을 기억해둘 필요가 있다.
박물관은 이 수용 주체에 대한 목표를 세우고, 이 목표를 실현하기 위한
수단을 개선하려는 노력을 기울였다. 이것이 바로 미디어의 기능에 대
한 시각과 함께 미국으로부터 들어온 평가 작업의 표준 모델에서 박물
관기술학적 기획에 3단계의 주요 평가 작업이 추가된 이유였다. 3단계

로 구성된 평가 작업에는 프로젝트 준비 단계의 '사전 연구', 구현 단계의 '형성 연구', 전시 관람객의 실제 활동을 파악하기 위한 '종합 연구'가 포함되었다.

　　자크 귀샤르(Jack Guichard)의 표현에 의하면,[44] 첫 번째 단계에 해당하는 사전 연구는 '사전 교육적 진단'과 마케팅 분야에서 실행하는 기대 연구의 특징이 결합되었다. 원칙적으로 이러한 연구에는 우리가 변화시키고자 하는 관람객의 지식 상태, 그리고/또는 우리가 준거로 사용할 수 있는 관람객의 기대 상태에 대한 측정이 이루어졌다. 하지만 프랑스에서 실행된 연구뿐만 아니라 기능적 모델을 기반으로 한 영국이나 미국 연구자의 보고서나 출간물에서 확인된 것은 설령 사전 평가 작업에 대한 일반적인 대화로부터 결과가 도출되지 않더라도 사전 연구를 진행하기 위해 사람들과 접촉한다는 사실이 현장의 평가 작업 참여자에게 그 과정 자체에 의미가 있었다. 관람객과 대면하고 그들에게 구체적으로 질문을 던지는 것은 전문 평가자나 기획자가 담당하게 되었는데, 이 작업은 우리가 제공하는 질문에 대한 영향력을 최적화시키기 위해 특성이 도출되는 모집단의 표본인 피질문자를 사용하는 모델로부터 점차 상황 속 피질문자들의 대화를 인정하는 모델로 이동했다. 이러한 현상을 설명하기 위해 사전 평가 연구를 촉진시킨 연구자 가운데 하나인 그리그(S. A. Griggs)의 연구 사례를 예시로 들고자 한다.[45]

　　1980년대 초, 그리그는 사전 평가가 세 가지 유형의 결과로 정의될 수 있다고 설명했다. 관람객이 주제에 대해 이해하고 있는 것, 관람객이 잘못 이해하고 있는 개념들('오해'), 그리고 관람객이 흥미를 갖는 대상이 그 세 가지였다. 그러나 그리그가 사전 연구 평가 절차에 대한 설명에서 '영국의 자연사(British Natural Hisotry)' 전시를 위해 실행한 설문조사를 가장 구체적인 사례로 소개했을 때, 기능적 원칙들은 상실된 채 관람객에 대한 자료수집이나 처리보다 설문조사가 훨씬 단순한 커뮤니

44　J. Guichard, *Diagnostic didactique pour la production d'un objet muséologique*, thèse de doctorat en sciences de l'éducation, sous la dir. de A. Giordan, Université de Ge-nève, 1990.

45　S. A. Griggs, «Evaluating ehibitions», in J. M. A. Thompson (dir.), *The Manual of Cu-ratorship. A Guide to Museum Practice*, London, The Museums Association, 1984, pp. 412-428.

케이션 상황을 제시했다. 14개의 긴 분량의 인터뷰에서 목표 관람객에 대한 정보보다는 우리가 할 수 있는 것들에 대한 평가 요소들이 더욱 가시적으로 드러났다. "다수의 관람객이 핀으로 고정되어 전시된 나비는 보고 싶지 않다는 점을 강조했다."[46] 이러한 기본적인 절차에서 사전 평가는 교육적 개념을 최적화할 기술로 사용되었지만, 설문조사 작업은 사전에 전시의 목표 관람객을 만나서 의견을 얻는 기회를 제공했기 때문에 결과적으로 기능적 특성으로부터 벗어나게 되었다.

우리는 사전 평가의 이중성을 발견할 수 있었다. 첫 번째는 우리가 얻기 원하는 관람객에 대한 정보를 수집하기 위한 기능적 방법으로서, 그리고 두 번째는 원칙에 대한 기능적 방법을 재확인하기 위한 목적으로 사용되는 조사 대상자와의 대화 경험에서 도출된 역할이었다. 부연하면, 후자의 경우 조사 대상자들은 대부분 진기하거나 가장 인상 깊었던 경험에 대한 이야기를 제공해주었다. 사전 평가는 왜 이러한 이중적 특성을 갖는가? 나중에 다시 언급하겠지만, 기능적 방법의 실행이 전문성을 정당화하고 재확인시켜주더라도, 그리고 설령 그 경험이 아무리 강했다고 하더라도 조사 대상자와의 대화 경험은 전문성의 결여로 해석될 수 있었으므로 최소화되었다.

기획자들은 용도와 의미 생성에 관련된 결과에 대해서는 충분한 매력을 느꼈지만, 그렇다고 기획자들이 관람객 연구를 적극적으로 사용한 것은 아니었다. 평가 작업은 '송신자-목표' 모델에서 시작되었지만, 실제로 사용된 모델은 '추론적 커뮤니케이션'이라는 실용적인 모델이었다. 다른 관점에서 보면, 평가 작업은 커뮤니케이션과 기호학의 이론적 모델을 확산시키며, 기획 작업에 대한 '문화적' 인식을 발전시키는 데 기여했다. 특히 사전 평가는 박물관학의 관점에서 이루어졌으며, 동시에 이러한 방식을 정당화했다. 박물관에 대한 토의가 지속되었고, 끊임없이 위기에 직면하는 박물관에 대한 사회적 공감대가 형성되지 않았기 때문에 관람객의 관점은 외부의 사회적 기준과 기관 내부에서 발의

---

46   Litt.: «Several visitors emphasized that they did not want to see butterfliies pinned up in rank» (ibid., p. 419).

된 제안에 따라 실행된 작업에 대한 평가를 대체해주었다. 관람객은 아래와 같이 생각할 수 있었으므로 이에 탄력성 있는 기획 및 평가에 대한 논리가 나오게 되었다.

① 교육적 활동의 수혜자: 초기의 기반 지식과 전문가 집단에 의해 검증된 방법을 변화시키기 위해 구성되는 전시에 내재된 한계
② 고객: 자신의 기대를 표현할 수 있으며, 소비에 대해 의사결정을 내릴 수 있는 제품이나 서비스의 수혜자
③ 공동체적 문화의 대표자: 선택 방향을 결정하기 위한 고려 사항과 의견 표현의 제공자

하지만 평가 작업의 실행과 수집된 대화 내용의 해석 방법을 선택할 권한은 항상 박물관이 갖고 있었다. 설문조사를 통해서도 느낄 수 있었듯이, 관람객을 포함하여 모두 그 권한의 정당함에 대해 동의했다. 그 어떤 관람객 집단도 박물관에서 권리를 주장하기 위해 모인 적은 없었다. 과학 단체에서 비롯되었건, 사전 조사나 평가 작업에 참여한 관람객에서 비롯되었건 간에 기획자들은 기획에 사용할 수 있는 모든 정보에 대해 폭넓게 해석할 권리를 가졌다. 관람객과 기획자 간에는 대칭성이나 연속성이 존재하지 않았고, 오히려 박물관학적 실험이라는 이름으로 각자의 입장을 지속적으로 주장했다. 이것이 바로 평가 작업을 통해 기획자들이 관람객에게 직접적인 영향을 미치거나 그들의 의견을 수렴할 수 있었던 이유였다. 따라서 기대와 표상에 대한 사전 평가, 그리고 사전 평가와는 다르지만 시민 패널 형태와 유사한 특성을 지닌 관람객으로 구성된 사전 토론 장치 간의 경계는 모호해졌으며, 사전 토론 방법은 2000년대까지 박물관의 외부 영역에서 발전을 거듭했다.

4. 토론 장치

1998년 국회와 상원의 주도하에 제도결정기관(une instance institution-nelle en france)이 프랑스에서 개최한 첫 번째 시민 회의의 주제는 유전자 변형 생물(OGM: Organismes Génétiquement Modifiés)에 관한 것이었다. 당시 위원회 위원이었던 14명의 시민 패널 위원들의 권고 사항을 고려한 것은 중요한 문제가 아니었다. 이후에 도출된 결과보다는 이러한 시도를 했다는 사실 자체와 토론 장치의 설치에 대해 더 많은 논평이 이어졌다. 1998년 6월 22일자 기자회견에서 발표된 패널 보고서와 한 달 뒤 의회의 과학기술선정평가국(OPECST) 위원장인 장이브 르 데오(Jean-Ives Le Déaut) 의원의 보고서 간 논조의 차이는 현저하게 달랐다. 이 두 가지 보고서는 곧바로 유전자 변형 생물(OGM)과 관련된 '주요 경제 문제'에 관해 언급했다. 한편 패널은 독립적인 방식으로 농업에 참여하고 있는 다국적 기업의 위협적인 영향력에 관해 우려를 표명했다. 시민 회의의 주도권은 두 차례 갱신되었다. 협의 및 토론 장치는 특히 정치적 행동 영역에서 과학적이며 기술적인 전문성이 필요한 문제가 제기될 때, 그리고 무엇보다 지방공공단체에서 급증했다.

박물관과 문화기관 범주에서 투르(Tours)에 위치하고 있는 공개토론센터(CEDP: Centre d'études du débat public)의 베르나르 카스타냐(Bernard Castagna)가 주도한 연구들[47]은 선도적인 연구에 해당했다. 공개토론센터(CEDP)의 연구원인 장폴 나탈리(Jean-Paul Natali)는 연구소 외부[48]와 과학산업박물관에서 다수의 실험을 주도했다. 하지만 우리는 두 가지 목적을 위해 관람객의 이야기를 수집 및 분류했다. 한편으로는 관람객 이야기에 대한 분석과 해석을 제공하는 조사나 연구 방법의 하나로 실행된 설문조사를 위해, 그리고 다른 한편으로는 협의나 토론 장치의 하나로 관람객의 이야기를 유도하고, 더 나아가 관람객이 작성한 의견과 보고서에 그 내용을 포함시키는 것을 목적으로 했다. 박물관학적 기획 작업의 사전에 진행되는 과정, 사후에 이루어지는 관람객

---

47 B. Castagna, S. Gallais, P. Ricaud, J-P. Roy (dir.), *La Situation délibératrice dans le débat pulic*, Tours, Presses universitaires François-Rabelais, 2004.

48 브레스트(Brest) 과학 회담과 관련하여 1999년에 진행된 동물 실험에 대한 심의 회의

연구의 총체인 평가 작업의 특징은 수집된 관람객의 이야기가 관람객과 실재 관람객, 또는 잠재 관람객, 기대, 활동에 대한 지식을 산출하는 설문조사 전문가들(예: 연구자나 평가자)에 의해 해석된다는 데 있었다. 또한 실재 관람객과 잠재 관람객의 이야기는 프로젝트에 대한 사전 참여적 장치를 통해서도 수집되었는데, 이러한 이야기는 의견 형성을 위해 소규모 관람객 집단에 의해 해석되었다.

실제로 향후 박물관의 활동에 대해 개인이나 집단이 질문을 받거나 표현하는 방법에는 학습자의 선입견에 대한 사전 평가 작업,[49] 잠재 관람객의 기대와 표상에 대한 사전 조사,[50] 사전 협의,[51] 토론,[52] 사용자위원회 설립[53] 등이 포함되었다. 상술한 방법들의 차이점은 장치를 설치하기 위해 사용된 기준에 있다. 박물관의 토론 방법은 프로그램 기획이나 전시 기획에서 사용된 사전 평가 절차와 직접민주주의 방식에서 사용된 장치에 대한 성찰 덕분에 증가한 참여적 장치를 차용했다.

과학산업박물관에서는 10년 이상의 시차를 두고 1989년 "환경(Environnement)"이라는 향후 개최될 전시 주제에 관한 관람객의 기대와 표상에 관한 사전 평가 작업,[54] 그리고 2001년 〈지구 관리하기(Gérer la planète)〉라는 주제에 관한 전시 개발 프로젝트를 준비하기 위해 언론이

49 J. Guichard, «Visiteurs et conception muséographique à la Cité des enfants», *Publics & Musées*, n°3: Du public aux visiteurs, 1993, pp. 111-134.

50 J. Le Marec, *Les Visiteurs en représentations. L'enjeu des études préalables en muséologie*, these de doctorat en sciences de l'information et de communication, sous la dir. de J. Davallon, Université Jean-Monnet Saint-Étienne, 1996; J. Eidelman, M. Van Praët (dir.), *La Muséologie des sciences et ses publics. Regards croisés sur la Grande Galerie du Museum d'histoire naturelle*, Paris, Puf, coll. «Éducation et formation», 2000.

51 J. Le Marec, *Étude préalable à l'exposition permanente du musée des Cultures du monde*, op. cit.

52 J.-P. Nathali, «Élaboration de protocoles délibératifs dans le cadre de l'institution muséale scientifique», in B. Castagna et al., *La Situation délibérative...*, op. cit., pp. 119-135.

53 자클린 에델망은 2004년 6월 리옹고등사범학교에서 열린 "과학, 미디어 그리고 사회(Sciences, médias et sociétés)" 학회에서 인간박물관의 관람객위원회에 대한 설립 계획을 발표했다. 이에 대해서는 다음을 참고하기 바란다. http://sciences-medias.ens-lsh.fr/article.php3?id_article=34; S. Dessajan, «Un comité de visiteurs au musée de l'Homme: ou comment les usagers du musée prennent la parole» (dans le même ouvrage).

54 과학산업박물관의 전시관리평가부에서 진행된 연구

모집한 사람들을 참여시킨 심의 토론(un protocole délivératif)[55]을 진행했다. 1989년 진행되었던 사전 조사의 피질문자는 시민의 강한 기대를 표현함으로써 관람객 대표로서의 의미를 갖게 되었다. 2001년 〈지구 관리하기〉 전시를 위해 모인 패널 위원들은 과학산업박물관의 설립취지에 대한 설명을 요구했고, 초안에서는 박물관의 책임에 대한 기대를 다시금 표현했다. 설문조사 담당자는 참여적 장치를 구성하고, 중재자 장폴 나탈리의 용어를 빌리면, 그 과정에서 '진행촉진자(facilitateur)'를 사용했다. 일반적으로 연구자가 '진행촉진자' 역할을 맡았으며, 학술적 관점에서 장치 설치에 대한 분석을 실행할 수도 있었지만, 더 이상 그러한 권위를 표현하지 않았다.[56] 해석 작업의 초점은 이야기의 정확한 의미가 아닌 표현을 구성하는 매개, 표현의 수집, 그리고 표현의 순환으로 이동했다.

1989~2001년에는 관람객의 이야기 수집 방법과 기록 방법뿐만 아니라 이후부터 발전하는 이야기 '세계(영역)'에서도 변화가 발생했다. 1989년의 사전 평가 작업은 박물관에서 진행한 관람객 연구와의 관계에서 이루어졌으며, 평가 작업의 결과는 박물관학계와 공유되었다. 2001년 진행한 심화 토론에 대한 결과는 참여적 민주주의의 커뮤니케이션 방법에 대한 연구 및 실험과 연관 지어졌다. 이러한 변화에도 평가 작업과 참여적 장치를 통해 수집된 관람객의 이야기에 대한 박물관의 무관심한 태도는 전혀 변하지 않았다. 이러한 현상은 박물관의 정책적 책임에 대한 관람객의 지속적이며 열정적인 관심만큼이나 강하게 나타났다. 제품과 서비스의 소비자로 축소된 관람객에 대한 믿음과 비교해보면, 근본적으로 불안정한 이러한 기대가 박물관 정책의 실행을 책임지고 있는 상위 결정 기관들에 의해 신뢰받을 수도, 인정받을 수도, 진지하게 고려될 수도 없었던 것처럼 말이다. 만일 박물관이 한편으로는 에코뮤지엄에서 유래한 참여적 박물관학의 방법에 대해, 다른 한편으로는 연구, 평

---

55 장폴 나탈리가 2001년과 2002년에 과학산업박물관의 과학진흥청(Délégation aux affaires scientifiques)에서 진행한 작업

56 박물관 영역 이외에는 학술적 차원에서 이러한 작업의 결과가 아닌 적용에 더 큰 가치를 부여하는 피에르베노아 졸리(Pierre-Benoît Joly)를 사례로 들 수 있다. P.-B. Joly, C. Marris, «La participtation contre la mobilisation? Une analyse comparée du débat sur les OGM en France et au Royaume-Uni», *Revue internationale de politique comparée*, 10/2, 2003, pp. 195-206.

가 작업, 협의, 자문 등에서 표현되고 있는 것들에 대해 그렇게 많은 관심을 두지 않았다면, 박물관에서의 새로운 방식의 대화, 토론, 참여에 대한 실험에 쏟은 노력은 무엇을 의미하는가? 만일 관련된 사람들이 위험을 감수하면서 고려할 수 없거나 고려하기를 원치 않는 박물관과의 관계에 대한 기대를 끊임없이 표현한다면, 이러한 실험은 어떤 의미를 갖게 되는가?

5. 커뮤니케이션과 커뮤니케이션 장치

우리는 앞서 매체 기획, 그리고 담론으로 간주되는 전시 기획의 주체로서 관람객에 대해 다루었다. 이러한 방향성은 '미디어', '담론', '장치' 같은 커뮤니케이션적 개념을 통합한 이론적 구조, 그리고 박물관 및 전시 관련 현상에 대한 분석 등 박물관학 연구에서 상당히 의미 있는 결과물을 산출해냈다.[57] 상술한 커뮤니케이션적 개념은 학술 영역에서 박물관 현상을 이해하기 위한 이론뿐만 아니라 박물관 내 학술 영역과 전문가 영역 간 대립 및 협력관계와 함께 전문성을 발전시켰다. 특히 이러한 협력관계는 평가 작업의 비약적 발전을 이루어냈다. 실제로 이러한 연구들은 박물관의 내부 연구 담당 부서, 그리고 박물관과 협업하는 연구소에서 동시에 실행되었다. 박물관 연구 부서에서 독자적으로 진행했건, 연구소와의 협력을 통해 연구가 이루어졌건 간에 다수의 박물관이 개수 또는 개관했으며, 과학박물관학에 대한 학술 연구 프로그램이 이루어진 10년 동안 이 두 기관은 매우 밀접한 관계를 유지했다.[58] 비록 기술, 제품, 전문성의 총체로서, 그리고 그 자체로서 쉽게 다루어질 수 있는 학술적 문제로서 커뮤니케이션의 점진적 자율화가 관련된 현상임에도 커뮤니케이션 영역에서 사용된 커뮤니케이션 모델과 언론정보학 연구에 영감을 주는 이론적 모델 간에는 팽팽한 긴장감이 존재했다.

커뮤니케이션의 전문화는 문화와 박물관을 포함한 모든 활동 영역

---

57 J. Davallon, «Le musée est-il vraiment un média?» et B. Schiele, «L'invention simulta-née du visiteur et de l'exposition», op. cit.

58 과학·기술 박물관학의 연구를 지원하기 위해 실행된 이 학술 연구 프로그램은 1989년 교육부의 박물관 사절단(Mission muséees)이 실행한 '레뮈(Remus)'라는 프로그램이었다.

에서, 특히 미디어의 눈부신 발전과 커뮤니케이션 관련 직업의 다양화 (언론, 기업의 홍보 부서, 광고, 자료 관리, 영상과 컴퓨터 관련 직업, 매개 관련 직업 등)에 힘입어 '커뮤니케이션에 의해 정복당한'[59] 전후 사회에서 '커뮤니케이션 급증'[60]이라는 관념적 맥락에서 이루어졌다. 커뮤니케이션 현상에 대한 교육 및 연구 단체는 1983년 대학에서 공식적으로 커뮤니케이션학과가 개설되기 이전인 1974년에 제도적으로 인정받았다. 실제로 학술 영역과 전문 영역 간에는 전문직 교육에 대한 높은 수요라는 공통점이 존재했고, 대학은 언론정보학의 기반[61]이 되는 여러 학과를 개설함으로써 이러한 수요에 부응했다. 오늘날에도 언론정보학은 지식, 전문가 양성, 커뮤니케이션 공학의 개발에 필요한 모델 유형, 그리고 학술 연구라는 목적을 위해 커뮤니케이션 분석을 필요로 하는 지식과 모델의 유형 간 대립을 직접적으로 경험하고 있다.[62]

커뮤니케이션 분야의 전문화와 관련된 공학의 발전[63]은 정보과학, 멀티미디어, 네트워크 등의 기술뿐만 아니라 사회적 커뮤니케이션의 정형화된 조직 및 경영 방식에도 기반을 두었다. 하지만 제도 부문과 '전자-민주주의(e-démocratie)'의 전문화 과정에서 이루어진 발전과 더불어 토론 장치의 기술화 부문도 현저하게 발전했다.[64] 참여적 민주주의 방법으로 이루어진 조직적이며 기술적인 혁신에 관한 홍보는 이러한 방식으로 진행된 토론 내용을 둘러싼 무게감을 적절히 반영했다. 2004년 유전자 변형의 포도나무 실험에 관해 토론하기 위해 국립농학연구소(Inra)가 진행한 농민, 연구자, 시민으로 구성된 워크숍의 경우, 적어도 일부 참여자들은 이후 이 워크숍 설립에 대한 국립농학연구소의 홍보와

---

59 B. Miège, *La Société conquise par la communication*. t. 1, Grenoble, PUG, 1989; A. Mattelart, L'Invention de la communication, La Découverte, Paris, 1994. 저자들은 사회 구성과 제어 기관으로서의 커뮤니케이션 관념적 의미에 대한 분석을 제안한다.

60 Ph. Breton, S. Proulx, *L'Explosion de la communication*, Paris, La Découverte, 2006.

61 R. Boure (dir.), *Les Origines des sciences de l'information et de la communication. Regards croisés*, Villeneuve-d'Ascq, Presses du Septentrion, 2002.

62 커뮤니케이션 모델 간의 대립에 대해서는 다음의 문헌을 참고하기 바란다. J. Le Marec, «La relation entre l'institution muséale et les publics: confrontation de modèles», *Musées, connaissance et développement des publics*, Paris, Éditions du ministère de la Culture et de la Communication, 2005.

63 R. Boure, *Les Origines...*, op. cit.

64 B. Castagna et al., *La Situation délibérative...* op. cit.

그 목적을 고발하고, 공공장소에서 자신들의 의견을 표현했다.

이러한 관점에서 토론 장치가 구현하는 사회적 커뮤니케이션의 정확한 유형에 관해서는 클로드 르포르(Claude Lefort)가 대혁명 직전 사상 모임의 출현,[65] 특히 발언권 관리에 대한 분석 내용을 떠올릴 수 있었다. "실제로 발언권은 표현을 발생시키는 기술에 의해 쟁취된다. 이러한 경우, 발언권은 적절한 공간이나 집단, 단체에서 만장일치를 이끌어내는 기술이다." 우리는 참여적 토론 장치의 개발에서 위르겐 하버마스(Jürgen Habermas)[66]에 대한 언급의 중요성을 알고 있었다. 우리가 르포르를 인용하는 이유는 18세기부터 발언을 이끌어내는 '기술', 즉 사회적 커뮤니케이션을 발생시키고, 조직화하고, 관리하기 위한 특정 능력의 필요성을 알리기 위해서였다. 토론 및 토론 장치의 공학과 적어도 부분적으로 관련이 있는 커뮤니케이션 공학은 일부 사회과학의 전문화에 대한 돌파구인 동시에 비판적·역사적·비교적 관점에서 분석된, 특히 '증가하는' 사회적 커뮤니케이션의 전문화와 기술화에 대한 '증인으로서' 일련의 사회적 현상을 구성했다.[67]

박물관에서 토론 장치를 운영하는 것은 끊임없이 확인된 관람객에 대한 관심과 동일한 맥락에 놓여 있었다. 하지만 우리는 연구를 통해 표현된 관람객의 의견이 박물관의 실질적인 변화에는 거의 영향을 미치지 않았기 때문에 이러한 변화가 다른 역학에 의한 반응, 즉 전문가 집단이 실행한 매개 기획과 관련된 박물관 커뮤니케이션 공학의 발전에 기인한다고 생각했다. 결과적으로, 박물관 커뮤니케이션 공학은 학술 영역에서 박물관 커뮤니케이션에 대한 분석을 촉진시켰다.

---

65 C. Lefort, «Penser la révolution dans la révolution française», *Essais sur le politique. XIXe-XXe siècles*, Paris, Seuil, coll. «Esprit», 1986.

66 Ibid., p. 135. 르포르가 위르겐 하버마스를 한 번도 언급하지 않았다 해도 그가 분석한 현상은 하버마스의 「공론장의 구조 변동: 부르주아 사회의 한 범주에 관한 연구(L'espace public. Archéologie de la publicité comme dimension constitutive de la société bourgeoise)」에서 다룬 현상과 매우 유사했다.

67 이러한 역학에 대해서는 리옹고등사범학교의 커뮤니케이션, 문화, 그리고 사회연구소(Laboratoire Communication, culture et sociétés) 연구를 참고하기 바란다.

인간박물관의 관람객위원회 또는 박물관 사용자는 어떠한 방식으로 발언권을 갖는가?

세브린 드사장(Séverine Dessajan)

2005년부터 2006년까지 인간박물관에서 진행된 '관람객위원회'에 대한 실험적 시도는 새로운 관점에서 박물관과 관람객의 관계를 조명했다. 이 위원회는 박물관의 재건축 과정에서 관람객에 대한 정책 수립에 관람객을 참여시키기 위한 목적으로 설립된 통합 기관이다. 북유럽이나 북미권에서 이루어진 참여적 박물관학의 실험적 시도와 비교해보면, 인간박물관의 관람객위원회는 공동체나 소수 집단을 대표하지 않는 단순한 관람객에게 발언권을 주었다는 점에서 혁신적인 의미를 지녔다. 관람객위원회가 관람객-사용자의 역량을 강화하고, 사회적·개인적 매개자[68]로서 박물관의 역할 수준을 제시해주는 경우, 박물관은 관람객과 재귀적 방식으로 교류해야 했다. 그 이유는 아마도 이러한 태도가 아직까지 거의 탐색되지 않았고, 이러한 실험적 시도가 너무 빨리 종료되었기 때문이다.

1. 현재의 인간박물관에 대해 재고하기

2006년에 2010년을 예측했을 때, 파리에 위치한 민족학박물관들의 상황은 완전히 달라져 있을 것이라고 전망했다. 1930년대에 설립된 세 곳의 박물관은 2006년 6월 케브랑리박물관의 개관을 기점으로 재구성되었다. 최고의 비서구적 공공소장품을 소장하고 있는 케브랑리박물관은 미학적 관점에서 이러한 소장품에 접근할 기회를 제공했다. 2007년 말,

---

68 2004년 6월 리옹고등사범학교에서 열린 "과학, 미디어, 그리고 사회" 학회 당시 인간박물관과 사회관계연구소 간의 연구 협약 발의에 따라 국립과학연구소의 연구 담당자인 자클린 에델망의 발언. 이에 대해서는 다음을 참고하기 바란다. http://sciences-medias.ens-lsh.fr/article.php3?id_article=34

포르트 도레 궁(Palais de la Porte Dorée)에서 국립이민역사박물관(Cité nationale de l'histoire de l'immigration)이 개관했고, 예술전통민속박물관(Musée des Arts et traditions populaires)이 불로뉴의 숲을 떠나 마르세유의 유럽지중해문명국립박물관(Musée national des Civilisations de l'Europe et de la Méditerranée) 산하로 편입된 반면, '신인간박물관(Nouveau Musée de l'Homme)'은 트로카데로(Trocadéro)로 개편되었다. 인류학, 민족학, 선사학의 비교 연구를 위해 1937년 국제박람회 때 민족학자 폴 리베(Paul Rivet)가 설립한 인간박물관은 연구 및 지식 확산을 통해 과학박물관학에 대한 명성을 확립했으며, 현재 새로운 정체성에 대한 연구에 주력하고 있다.

[그림 5-4] 케브랑리박물관의 전경과 전시실

출처: http://www.ouest-france.fr/culture/musees/lhommage-du-musee-du-quai-branly-jacques-chirac-4313338 　　출처: http://www.paolorosselli.com/jean-nouvel

　　프랑스 박물관 상황에서 인간박물관은 과학박물관과 사회박물관의 경계에 독자적인 방식으로 놓여 있는 '인간의 자연사와 사회사'[69]에 높은 비중을 두었다. 이러한 새로운 방향에 대해 박물관장 제브 구라리에(Zeev Gourarier)는 다음과 같이 설명했다.

69　J.-P. Mohen (dir.), *Le Nouveau Musée de l'Homme*, Paris, Odile Jacob et MNHN, 2004, p. 22.

프
랑
스
　
박
물
관
　
정
책
과
　
관
람
객

"민족학의 위기뿐만 아니라 민족학박물관이 총체적 위기에 봉착했습니다. 그리고 프랑스 사회의 박물관계, 특히 사회박물관에는 재검토가 요구되는 다수의 요소가 내재해 있습니다. [⋯⋯] 저는 인간박물관이 인간주의적 소명과 1948년 세계인권선언이 발표된 장소라는 상징적 의미를 지니고 있으므로 이후 전체주의 이데올로기도 직면하게 될 거라고 생각합니다. [⋯⋯] 저는 앞으로도 인간박물관이 지속적으로 존재하고, 시민에게 전달할 이야기를 갖고 있다는 점이 매우 중요하다고 생각합니다. 그런데 이러한 것을 어떻게 말해야 할까요? 특히 관람객의 흥미를 불러일으키기 위해서는 어떻게 말해야 할까요? 논리적으로, 박물관은 물어보지 않은 질문에 대답해서는 안 됩니다! 그렇다면 어떻게 사람들이 질문하도록 유도할 수 있을까요? 박물관은 새로운 사회에서 분명히 특정한 역할을 담당합니다. 따라서 저는 박물관에 희망이 있다고 확신합니다. 그리고 박물관이 다가올 미래를 위해 새로운 사회와 관련된 큰 문제에 대해 생각해보면 좋겠습니다. 제 생각에 인간박물관은 명백히 고유한 사명을 갖고 있습니다."[70]

이러한 맥락에서 2005년 3월에 사회관계연구센터와 인간박물관은 잠재 관람객의 동기와 기대에 대한 포괄적인 접근을 재구성하기 위한 부속 장치를 개발하기 위해 연구 협정을 체결했다. 이러한 목적을 위해 두 가지 방향으로 연구 프로그램이 실행되었다. 첫 번째 연구 방향은 다양한 관람객 범주에서 진행된 정성적 특성이 내재한 설문조사를 통해 2004~2006년에 박물관에서 개최된 전시와 행사에 대한 수용 연구가 중점적으로 실행되었다. 이러한 방법으로 다음과 같은 세 가지 전시가 연구되었다. 〈에스키모인: 이야기가 형성될 때(Inuit: Qnand la parole prend forme)〉(2004. 12. 4~2005. 5. 27), 〈아마살리크 섬: 그린란드 접촉(Ammassalik: Groenland Contact)〉(2005. 4. 6~2006. 1. 2), 〈탄생. 출산

70 2005년 9월 19일에 진행된 관람객위원회의 첫 회의에서의 제브 구라리에의 강연/연설 발췌

하다, 태어나다(Naissances. Mettre au monde, venir au monde)〉(2005. 11. 9~2006. 9. 4). 인간박물관의 미래를 예상할 수 있는 요소들로 기획된 이 세 가지 각각의 행사를 위해 특정 측면에서 접근한 박물관학적 문제가 고려되었다. 이러한 설문조사는 형식적·개념적 편견, 참고가 될 수 있는 주제별 네트워크, 박물관계의 인식(지방, 지역, 국내, 국제) 등 다양한 관점에서 인간박물관의 새로운 정체성을 정의하는 연구에 자료를 제공했다.

두 번째 연구 방향은 재건축 프로젝트에 대한 형성 평가와 사전 평가였다. 사회관계연구센터는 인간박물관에 정기적으로 자문을 제공했으며, 재건축 과정의 주요 단계에 관람객-전문가 집단의 참여를 제안했다. 프랑스 박물관계에서 이례적인 사례로 간주된 이 같은 실험적 시도는 '일반(ordinaires)' 관람객을 대상으로 이루어졌는데, 그 이유는 이들 관람객이 일부 북미박물관의 경우처럼 한 민족의 공동체에 속하지도 않았고,[71] 에코뮤지엄처럼 한 지역에 속하지도 않았으며, 관람 방식이 다양했기 때문이다.

2. 발언권 갖기

박물관은 몇십 년 전부터 문화민주화에 동참해왔다. 그 결과, 현재 프랑스인 2명 중 1명은 매년 박물관이나 전시장을 방문한다. 예를 들어, 도시 환경이건 농촌 환경이건 간에 박물관과 관람객의 관계에 대한 현대화는 박물관이 사회 구조로 통합되었거나, 전통적으로 프랑스 사회사업의 일부를 차지한 '사회적 영역'[72]의 대중을 향한 자발적인 문화·교육 활동에서 나타났다. 점차 다른 방식으로 재검토된 박물관과 관람객의 관계는 최근 몇 년간 다수의 국가에서 '포괄적' 또는 '참여적'이라 불리는 박물관학의 원칙이 되었다. 그러나 이 방법은 1970~1980년대에 '신박물관학'이나 '사회적' 또는 '공동체적' 박물관학[73]을 특징지은 방법을 상기

---

71 G. Selbach, *Les Musées d'art américains: une industrie culturelle*, Paris, L'Harmattan, 2000, p. 250.

72 이에 대해서는 다음 학회를 참고하기 바란다. «Partages: "Le musée, ça fait du bien?"», Musée du Louvre, Direction des publics, vendredi 27 avril 2007.

73 이 글에서 참여적 박물관학(muséologie participative)의 역사에 대해서는 다시 언급하지 않

시켰다. 따라서 비영리기관인 에코뮤지엄의 경우, 과학위원회, 사용자위원회, 경영위원회가 설치되었는데, 대의 제도로서 이러한 위원회는 이사회로 대체되었다. 조엘 르 마렉에 의하면, 사용자위원회는 "정관에 의거해서 '관람객'이라는 단어를 사용하지 않았다. 이 위원회는 에코뮤지엄을 정기적으로 이용하고, 박물관 활동에 협력하는 협회 및 기관의 대표들로 구성되었다".[74] 참여적 방식은 과학적 차원(에코뮤지엄: 연구와 수집의 장소), 그리고 정치적·시민적 차원(박물관의 과정에 참여하고 결정권을 지닌 협회와 지방 단체의 관계자들)으로 구분되었다. 독특한 설립 배경이 대표적인 특성이던 에코뮤지엄이 정체성에 대한 개념을 상실하면서 역사박물관을 지향함에 따라 점진적으로 그 수가 감소했으며 몇몇 박물관은 폐관하기도 했다.[75]

1) 새로운 행동철학의 원칙

최근의 참여적 박물관학에 대한 개념은 에코뮤지엄의 초기 행동철학에서 영감을 받은 준정치적 접근, 그리고 관람객의 포괄적 연구에서 영감을 받은 준인식론적 접근이라는 두 가지 접근 방법을 연결시켰다. 비록 사회인류학적 문제에서 출발했지만, 첫 번째 접근 방법은 정체성 구축과 사회적 관계의 통합을 강조했고, 두 번째 접근 방법은 실증적 결과뿐만 아니라 연구 태도에도 많은 열정을 쏟았다. 이러한 접근 방법을 구체적으로 설명하기 위해 수용 연구와 관람객의 박물관에 대한 공동 경영 방법이 기여한 사례를 들어보고자 한다.

수용 연구는 전시 관람객의 정체성 문제에 대한 영향력에 집중했다. 〈죽음은 아무것도 모를 것이다(La mort n'en saura rien)〉[국립아프리카·오세아니아미술관(Musée national des arts d'Afrique et d'Océanie,

으므로 이에 대해서는 다음을 참고하기 바란다. H. de Varine, *L'Initiative communautaire, recherche et expérimentation*, Lyon, Mâcon et Savigny-le-Temple, Pul/W/MNES, 1991; A. Desvallées, *Vagues, une anthologie de la nouvelle muséologie*, vol. 2, Lyon, Mâcon et Savigny-le-Temple, Pul/W/MNES, coll. «Museologia», 1992; etc.

74 J. Le Marec, «Muséologie participative, évaluation, prise en compte des publics: la parole introuvable» (dans ce même ouvrage).

75 생태학박물관, 특히 크뢰조생태학박물관의 변화에 대한 옥타브 드바리(Octave Debary)의 분석은 매우 명확하다. 이에 대해서는 다음을 참고하기 바란다. O. Debary, «L'écomusée est mort, vive le musée», *Publics & Musées*, n°17-18, 2002, p.78.

Maao), 2000~2001년]에 대한 수용 연구는 유럽과 오세아니아에서 온 성유물과 유골 소장품과의 만남이 공감과 투영 반응을 일으켰으므로 '거울 효과'[76]가 관람객의 정체성에 의문을 제기한다는 사실을 제시해주었다. 〈식인종과 바이네(Kannibals et Vahinés)〉[국립아프리카·오세아니아미술관(Maao), 2001~2002년]에 대한 수용 연구의 경우, 가족사와 관련되거나 자아 성찰을 유도하는 주제에 대해 민감한 관람객을 제시해주었는데, 이들 관람객은 자신의 정체성에 따라 형식이나 내용적으로 박물관학적 제안을 타당하다고 인정하거나 이에 대해 문제를 제기했다.[77]

한편으로, 문화의 세계화와 혼합화라는 맥락에서 오늘날 사회박물관이 '먼 곳의(lointains)' 그리고 '처음의(premiers)' 같은 단어를 사용해서 표현한 예술 전시의 경우, 비서구적 문화권 출신 구성원의 참여가 반드시 필요하다고 생각했다. 로렐라 랑송(Laurella Rinçon)은 「이민자 출신 관람객과 괴테보르그 세계문화박물관의 소장품에 대한 재해석(Visiteurs d'origine immigrée et réinterprétation des collections au Världkulturmuseet de Göteborg)」이라는 논문에서 참여적 박물관학을 "사회적 또는 문화적 개체로 인정받는 모든 집단을 실질적으로 박물관에 참여시키는 것은 아니지만, 적어도 그들에게 자문을 구하거나 이에 상응하는 모든 표상의 형태와 연결시키는 개념"으로 정의했다.[78]

미국 인디언 박물관학의 전문가인 제라르 셀바그(Gérard Selbach)는 2000년 초반에 스미스소니언 국립자연사박물관에서 '포괄적' 경험에 대해 분석했다.[79] 전시에 대한 공동 경영이 이루어진 미국 플로리다 지역의 미국 인디언인 세미놀족(Séminoles)에 관한 전시의 경우, 큐레이터와 미국 인디언 부부가 함께 전시물을 선정했을 뿐만 아니라 전시물

76 J. Eidelman, H. Gottesdiener, J. Peignoux, J.-P. Cordier, M. Roustan, L'Exposition La mort n'en saura rien et sa réception. Enquête réalisée auprès des visiteurs de l'exposition du musée national des Arts d'Afrique et d'Océanie, Paris, Cerlis, 2000, p. 183.

77 J. Eidelman, H. Gottesdiener, J. Peignoux, J.-P. Cordier, L. Rinçon et al., La Réception de l'exposition Kannibals et Vahinés. Enquête réalisée auprès des visiteurs de l'exposition du musée national des arts d'Afrique et d'Océanie, t. 1: Visites entre adultes; t. 2: Visites familiales, Cerlis, 2002.

78 L. Rinçon, «Visiteurs d'origine immigrée et réinterprétation des collections au Världkulturmuseet de Göteborg», Culture et Musées, n°6, 2005, p. 113.

79 G. Selbach, «Publics et muséologie amérindienne», Culture et Musées, n°6, 2005.

에 적합한 안내표지판도 제작했다. 제라르 셀바그는 박물관 인적 자원 간의 협력 방식을 "문화 간 존중을 증진시키고, 전적으로 '서구적' 관점에 대해 균형감을 갖게 하는 매개 형태를 변화시키는 방법"으로 이해했으며, 다음과 같은 결론을 내렸다.

> "박물관학은 상호작용적인 과정이다. 자기중심적인 생각에서 벗어나 큐레이터-미국 인디언-관람객으로 구성된 관계를 변화시킬 수 있는 대화를 가능하게 만든다. 미국의 경우, 관점에 대한 다원주의와 다양성을 인정하는 이러한 해설적이며 참여적 협력은 20여 년 전부터 시작될 수밖에 없었다."

하지만 전시물의 정체성과 관련된 준거 자료를 가진 모든 관람객을 참여시키는 것이 중요한 문제라고 한다면, 그 누가 자신이 문화를 대표한다고 주장할 수 있는가? 만일 누군가 자신이 문화를 대표한다고 주장한다면, 그러한 주장에 내재한 정당성은 무엇인가? 퀘벡과 캐나다의 '문명을 전파하는(civilisants)' 박물관에 관한 티에리 루델(Thierry Ruddel)의 추론에 의거해보면, "박물관의 국가주의적 특성은 이러한 방향의 부작용을 명백히 밝히려는 박물관학자의 용기뿐만 아니라, 이와 동일한 수준으로 문화공동체의 참여 가능성도 제한했다. 만일 박물관 전문인력이 문화공동체에 지속적으로 전시 형태와 내용에 관한 결정권을 위임한다면, 이들은 이러한 집단의 고립을 조장할 뿐만 아니라 그런 사실 자체만으로도 관람객에 대한 객관성을 보증하는 책임을 포기하게 된다. [……] 현지에서 활동하는 협회와 관계자를 전시 기획과 다양한 문화 행사에 참여시키는데도, 그리고 관람객 연구와 박물관 제품에 대한 평가를 실행함에도 '문명을 전파하는' 박물관들은 20세기의 민족중심주의에 대한 집착으로부터 벗어나지 못했다."[80]

인간박물관에서 진행한 포괄적 박물관학에 대한 실험적 시도에서

80   T. Ruddel, Point de vue, «Musées civilisants du Québec et du Canada: les enjeux politiques et publics», *Culture et Musées*, n°6, 2005, p. 162.

사회박물관이나 문명박물관, 타인에 대한 표상, 사회적 정체성의 주제
간 관계에 대한 유형은 또 다른 관점에서 분석되었다. 우리는 앞서 인용
한 참여적 실험과 관련하여 세 가지 유형의 관람객 포지셔닝에 관심을
가졌는데, 에마뉘엘 스롱(Emmanuelle Seron)에 의하면, 관람객의 포지
셔닝은 '관계자-관람객(visiteur-acteur)', '비평가-관람객(visiteur-cri-
tique)', '관람객-전문가(visiteur-expert)'로 구분된다.[81] 이와 같은 유형
학과 함께 인간박물관의 참여적 박물관학에 대한 단호한 결심은 새로운
실험을 가능케 했으며, 박물관과 관람객 간의 새로운 관계를 조명해주
었다.

2) 인간박물관의 고유한 원칙

인간박물관은 관람객위원회를 구성하기 위해 세 가지 기본 원칙을 결정
했다. 첫 번째 원칙은 '시민적' 참여에 의존하는 것이었다.[82] 한편으로는
협의기관 및 상설기관으로서 오랜 역사를 지닌 전시기획 부서는 전시
기획 과정에서 언제든지 기획 내용을 소개하고, 이에 대해 토론할 수 있
었다. 다른 한편으로는 정보 제공자-자원으로서, 위원회는 특정 문제에
대해 사회전문가에 대한 자문 방향을 재조정할 수 있었다. 두 번째 원칙
은 박물관 경영이나 전시 기획 측면에서 위원회가 관람객을 '지식이 풍
부한' 관찰자로 변화시키는 것이었다. 마지막 원칙은 박물관 활동에 대
해 정당성을 추구하는 것이었다. 이러한 원칙들은 위원회의 사전 예방
원칙에 따라 박물관 부서가 새로운 기획과 관람객 정책 수립을 통합할
수 있는 기반과 행동 논리의 체계를 제공했다.

개념과 맥락적 관점에서 인간박물관의 관람객위원회는 전례가 없
는 조직이었다. 전문성, 민족적 특성, 관련성 그 어떤 이유이든 간에 실
제로 몇몇 공동체 대표를 참여시키는 것은 문제가 되지 않았다. 위원회
는 인간박물관의 관람객-사용자의 다양한 범주의 구성원-참고인으로

81 E. Seron, *La Muséologie participative: concepts et expérimentations*. L'expérience d'un
    comité de visiteurs au «nouveau musée de l'Homme», mémoire de master II Recherche,
    Culture et Communication (section muséologie) sous la direction de J. Eidelman, Uni-
    versité d'Avignon et des Pays du Vaucluse, 2006, p. 7.

82 J. Eidelman, S. Dessajan, J.-P. Cordier, *La Réception des animations culturelles or-
    ganisées dans le cadre de l'exposition Naissances* (Musée de l'Homme, 09/11/2005-
    01/09/2006), octobre 2006, p. 150.

구성되었다: 따라서 위원회는 일반적인 외생 변수(나이, 성별, 직업적 범주, 사회적 범주, 학력, 거주지 등)가 아니라 다섯 가지의 맥락적 변수로 구성되었다. 박물관 간의 관계(관계가 먼/친밀한; 자발적인/지식이 풍부한), 관람 상황(홀로/동반; 아동을 동반한/아동을 동반하지 않은), 해석적 역할과 지위(일반인/조언가; 후원자/전문가), 주제와의 관계 및 역량(무관심한/호기심이 강한; 비전문가/전문가), 관람 태도(유희적/현학적; 심취한/해석적).

관람객위원회의 위원들은 사회관계연구센터가 진행한 수용에 대한 다양한 설문조사에 참여했다. 관람객위원회의 구성원 모집에 관한 성찰이 진행될 당시 박물관에 익숙지 않은 사람들을 선별하자는 의견이 있었으나 이러한 의견을 구체화시키기에는 어려움이 있었다.

인간박물관 부서와의 협의하에 선정된 13명은 관람객위원회의 참여에 대한 원칙에 동의했고, 결과적으로 10명의 위원이 위원회 활동에 정기적으로 참여했다. 위원들은 무보수로 이러한 활동에 참여했으며, 박물관은 감사 표시로 위원들에게 인간박물관의 친구들 협회(Société des amis)의 1년 회원권을 제공했다. 관람객위원회의 회의는 6주마다 열렸다. 박물관 대표자[83]와 사회관계연구센터[84]가 함께 준비한 이 회의는 2005년 9월부터 2006년 6월까지 여덟 차례에 걸쳐 개최되었으며, 관장실이나 사회관계연구센터의 회의실에서 매번 2~3시간 동안 진행되었다.

첫 번째 회의에서는 새로운 인간박물관의 프로젝트에 대한 사전 준비 및 방법에 대한 소개가 이루어졌다. 이후에 개최된 다섯 차례 회의에서는 논의나 토론과 함께 특정 업무와 관련된 구체적인 내용이 다루어졌다. 마지막에 열린 두 차례 회의에서는 회계 결산과 계획 수립이 이루어졌다. 회의가 열릴 때마다 사회관계연구센터가 작성한 회의록이 구성원-관람객과 박물관 부서에 전달되었다. 회의록은 회의에 참여하지 못한 위원들과 회의 내용을 공유하고, 논의 및 제안 내용을 기록으로 남겨

---

83 박물관장 제브 구라리에와 문화활동 담당자인 엘리자베스 카이예(Élisabeth Caillet)가 박물관 대표로 참석했다.

84 사회관계연구소팀은 국립과학연구소의 연구 담당자 자클린 에델망, 국립과학연구소의 연구공학자 장피에르 코르디에(Jean-Pierre Cordier), 사회관계연구소의 객원연구원인 저자, 그리고 관람객위원회와 참여적 박물관학에 대해 석사 논문을 쓴 인턴 에마뉘엘 스롱으로 구성되었다. 에마뉘엘 스롱의 논문은 다음을 참고하기 바란다. E. Seron, La Muséologie participative..., op. cit.

다음 회의에서 다루어질 수 있도록 하는 등 여러 가지 목적으로 사용되었다.

3. 함께 토론하기

박물관 부서는 현재의 고려 사항에 따라 관람객위원회가 토론할 주제나 직무를 제안했고, 사회관계연구센터의 담당 부서가 위원회의 맥락에 맞게 조정했다. 초기에 개최된 회의에서는 참석자에 대한 소개, 새로운 인간박물관에 대한 프로젝트 발표, 방법과 규정에 대한 안내가 이루어졌다. 위원회 구성원들은 두 가지 유형의 기대를 표현했다. 첫 번째는 새로운 인간박물관의 설립을 가능케 하는 주제와 관련된 의견 교류, 토론, 구체적인 활동에 대한 기대였고, 두 번째는 직무와 관련된 지식 습득을 용이하게 하는 공동 작업과 행사 또는 관람에 대한 기대였다. 이러한 기대에 직면한 인간박물관의 관장은 자신의 기대를 명확하게 표현했다. 민족학박물관과 사회박물관들이 위기에 처한 이 상황에서 관람객위원회에 호소하는 것은 매우 중요한 의미를 지닌다. 관람객위원회는 문화 프로젝트의 개발 조건을 넘어 인간박물관의 혁신에 전적으로 필요한 지원기구다. 관람객위원회는 전시 기획이나 문화활동에 대한 프로젝트뿐만 아니라 박물관의 재단 설립과 후원회 유치를 위한 활동에 참여했다.

전시 형태와 내용에 관한 제작 업무가 진행된 몇몇 회의를 예로 들어보자. 이 중 세 번의 회의는 〈탄생(Naissances)〉, 〈뇌 혹성(Planète Cerveau)〉 등의 전시와 〈탄생〉의 자료센터 수용에 관한 내용을 다루었다. 관람과 해석에 대한 회의는 기대의 범주와 전시 내용의 다양한 사용 방식에 대한 풍성한 정보로 가득했다. 위원회 구성원들은 주제와 관람 목적에 따라, 또는 회의를 통해 습득된 역량에 따라 다양한 직무를 맡았다. 다른 관람객과 마찬가지로 위원회 구성원들 또한 '관람객-사용자(visiteur-usager)'였지만, 위원회 내에서는 박물관의 성패를 평가하는

'관람객-비평가'의 역할을 맡았다. 아래의 인용문은 관람객위원회 회의록에서 발췌한 내용인데, 매우 거침없이 표현되었다는 점을 숙지해야 한다.

"그래서 저는 생각해봤어요. 전시에 실망하게 되면 참 난처하잖아요! 전시가 복잡하건 말건 상관없어요. 그런데 전시를 보러 왔고, 기계들이 있다면 작동해야 하는 거잖아요!!! 작동이 안 되는 기계들을 거기다 두면 안 되죠!"

"그러니까 세 사람이 나오고 있었어요, 외국인이 아니고 프랑스인 세 명이요. …… 50대 여자분, 마흔다섯 살 정도의 남자, 그리고 열일곱 정도 돼 보이는 소녀였어요. [……] 그리고 저한테 그러더라고요. '딱히 손해 본 건 없었어요!' 죄송해요. 너무 적나라했나요? 근데 안 그러면 상투적인 말밖에 안 되잖아요!! 그래서 이렇게 물었죠. '전시 보고 오신 거예요?' 그랬더니 '네! 근데 기계들이 작동을 안 해서 헛걸음한 셈이 되어버렸어요!'라고 하더라고요."

"직원들 문제에 대해 다시 언급하자면, 박물관 관리라는 게 골치 아플 거라는 건 저도 이해해요. 그런데 도대체 이게 박물관에 있는 건지 공장에 있는 건지 알고 싶네요! 무전기 같은 걸로 직원들끼리 이야기하는데, …… '점심 때릴 시간'이라고 하질 않나, …… 지식 습득을 위한 장소라는 게 느껴지질 않았어요!"

"질문이 있어요. '뇌'에 대한 전시를 하는 동기는 무엇이며, 그 목적은 무엇인가요? 어떤 이야기를 들려주고 싶었던 거예요? 전시의 의미가 뭔가요? 뇌의 역사에 대한 연구를 보여주기 위한 건가요? 아니면 뇌가 어떻게 작동하는지 보여주기 위한 건가요? 병에 담긴 뇌

를 보여주고 싶으신 거예요? 뭘 보여주고 싶으신 건가요? 의미가 뭔
가요?"

그리고 제안의 힘이라는 관점에서 보면, 이들은 '관람객-관계자'였
다. 이를 설명하기 위해 인간박물관이 관람객위원회에 〈탄생〉과 관련된
활동 접근성에 대한 문제의 해결 방안을 요청했을 때 발생한 에피소드
하나를 살펴보자. '이상적인 관람권(carte idéale de fréquentation)'에 관
한 조건에 대해 조사한 위원회 구성원들은 사용 기간은 제한되지만, 무
기명이고 3~4개 활동에 참여할 수 있는 '전시-활동' 공동 관람권 제작을
제안했다. 그리고 이 제안은 바로 실행되었다. 끝으로 점차 증진된 박물
관 운영에 관한 역량은 객관적인 시각을 갖게 해주었으며, 위원회 구성
원들이 관람객 대표로서 의견을 표현하기 시작하면서 '관람객-전문가'
로서의 역할을 하게 되었다. 새로운 인간박물관에 대한 성찰에 관해서
는 다음과 같은 의견이 있었다.

"박물관 전체를 보여주신 첫날, 박물관이라는 공간을 볼 수 있었어
요. 그 공간에서 여러 종류의 전시를 기획하신다고 하더라고요. 그
러니까 분명히 작은 음악 공연장이 있다면 거기서 오페라를 볼 거
란 기대는 절대 하지 않겠죠! 거기서 뭔가를 보긴 할 텐데, …… 분
명히 수준이 매우 높은 걸 보게 될 것 같았어요. 그렇기 때문에 우리
가 특정 유형의 전시를 볼 공간을 정의하는 건 박물관의 역할 아닐
까요? 그건 그렇고 쉰 살의 사람을 어떻게 정의하시나요? 50~60대
사람들, 아니면 열다섯 살 먹은 아이를 열광시키는 관심사를 정의
하실 수 있으세요? 이런 문제는 정의한다는 것이 불가능한 거잖아
요! 그러니까 극단적으로는 여러 전시나 2~3개의 전시를 동시에 개
최하는 것을 생각해봐야 하지 않을까요? 상설 전시도요. 사람들은
주제에 흥미를 느껴서 전시를 보러 오고, 상설 전시나 어쩌면 아예

다른 전시로 넘어가잖아요? 그러니까 처음에는 한 주제에 이끌려서 사람들이 오고 싶게 만들고, 또 다른 것에 이끌려서 다시 오게 만드는 겁니다."

하지만 3명의 관람객 모습이 응집되어 나타난 것을 집중적으로 볼 수 있는 것은 형성 평가였다. 첫 번째 경우는 〈이주(migrations)〉라는 주제에 관한 전시의 세 가지 시놉시스를 비교·분석하는 것이었다. 세 가지 제안을 검토하면서 '관람객-비평가'의 역할을 맡은 위원회 구성원들은 먼저 '이주'라는 단어를 명확하게 정의하는 데 어려움을 느꼈다. 이어 '관람객-관계자'의 입장을 취한 경우, 시간과 주제에 따른 2~3개의 사례를 들도록 제안했으며, 특히 지구 멸망 시나리오를 통해 전시실 입구에서 관람객에게 문화적·언어적 배경 지식을 전달하며 완전히 다른 방식으로 결론을 내릴 것을 제안했다. 주지하다시피 이러한 집단 토의는 경쟁심을 유발하지만, 구성원 간의 상호작용은 비평 감각과 창의성을 증진시켰다.

토의 참가자는 두 가지 방법으로 참여했다. 폴 리쾨르(Paul Ricoeur)의 말을 빌려 설명하자면, 우리는 이 참여자가 자신을 타자로 보고 타자를 자신으로 본다고 말할 수 있다. 그리고 이러한 이중적 시선에 대한 자각은 수용에 관한 설문조사를 보완할 최상의 수단으로 활용되었다. 가장 많은 의견이 토의된 이 회의는 3시간 정도 진행되었으며, 강한 인상을 남겼다. 우리는 이 회의가 인간박물관 직원이 부재한 상태에서 진행되었으며, 기획자들의 정당성을 제시하는 담론의 영향력을 판단할 수 있었다는 점에 주목할 필요가 있다. 이 경험은 기획자들이 참여하는 피드백 세션을 고려해서 자유롭고 논쟁적인 표현 환경을 조성했다. 하지만 피드백 세션에서는 예산 삭감으로 인해 전시 프로그램이 재검토되어야 한다는 공지가 있었다.

동일한 유형의 작업이었지만, 박물관 관장이 참여하여 진행된 두 번째 작업은 네안데르탈인 발견 150주년을 축하하기 위한 행사 기획을 주제로 삼았다. 위원회는 먼저 다음과 같은 질문에 답변해야 했다. "네안데르탈이라는 단어를 들었을 때 어떤 것들이 연상되나요?" 연상된 이미지들—'학교', '빙하 시대', '매우 오래된 시기', '15만 년', '사촌', '힘센 사람', '우리와 별로 다르지 않은 사람', '인간보다 진화된 두뇌 능력', '진화된 원숭이' 등—중 어떤 이들은 주제에 대한 지식이 풍부했던 반면 어떤 이들은 그렇지 않다는 사실이 입증되었다. 다양한 지식 수준과 표상 체계를 증명하듯, 위원회 구성원들은 기획자들에게 다음과 같이 질문했다.

"그들이 사라진 이유는 무엇입니까? 네안데르탈인은 어디에 있습니까? 그들은 어떻게 생겼나요? 오늘날에도 네안데르탈인과 닮은 사람들이 존재하지 않을까요? 우리가 갖고 있는 증거를 사용해서 그들에 대한 이미지를 충분히 만들 수 있으며, 그 이미지는 신뢰할 수 있는 건가요? 우리는 그것을 어떻게 알 수 있나요? 연구자들이 가설 증명을 위해 사용하는 자료는 무엇인가요?"

박물관 관장이 위원회 구성원들에게 전시 목적을 설명하고 전시명을 제안해 달라고 부탁했을 때, 주제의 매력적인 특성뿐만 아니라 다양한 방식의 표현과 아이디어가 제시되었다. "네안데르탈인의 신비", "네안데르탈인은 이렇게 말했다", "내 사촌 네안데르탈인", "내 형제 네안데르탈인", "내 이웃 네안데르탈인", "누가 네안데르탈인을 죽였는가?", "네안데르탈인 암살자 찾기". 최근에 제안된 아이디어 가운데 설문조사 형식의 전시연출기술을 통해 네안데르탈인의 멸종에 대한 문제 풀기와 관련된 아이디어가 만장일치로 채택되었다.

형성 평가 작업을 위해 진행된 몇몇 회의에서는 창의성이 발현되었으며, 이러한 창의성은 관람객위원회의 진정한 강점이 되었다. 한편으로 이러한 회의가 진행되는 동안 관람객위원회의 구성원들은 뛰어난 비평 감각과 풍부한 상상력을 보여주었으며, 다른 한편으로 이러한 회의가 발전을 도모했을 뿐만 아니라 새로운 인간박물관과의 진정한 협력을 이루었다는 측면에서 참여자 모두에게 큰 만족감을 가져다주었다. 더욱이 비평가에서부터 사용자, 또는 관계자를 거쳐 전문가에 이르는 다양한 역할이나 입장을 취할 가능성이 제시됨에 따라 관람객에 대한 이러한 가능성은 박물관에 좀 더 시민적인 관점을 갖는 계기를 마련해주었다. 위원회 구성원들은 다양한 입장을 취하거나 역할을 수행함에 따라 위원회가 자신들에게 권한을 부여했다고 생각했다. 이와 함께 관람객위원회는 인간박물관에 대한 접근 용이성을 증진시킬 방법에 대해 고민해야할 의무도 갖고 있었다. 비록 토론 장소는 아니지만, 인간박물관을 더욱 민주적인 공간으로 만들 수 있는 방법은 무엇인가?

4. 참여에서 자문에 이르기까지

여덟 차례의 위원회 회의를 마친 후 관람객위원회의 구성원, 박물관, 사회관계연구센터 등 세 가지 관점에서 종합 평가가 실행되었다.

1) 위원회 구성원들: '참여적' 위원회에서 자문기구로?

여섯 차례의 회의를 마치고 일부 구성원들과 비공식적으로 토론한 결과, 회의 내용과 위원회 운영에 대해 첫 종합 평가를 실행하는 것이 타당하다는 의견이 나왔다. 우리는 표현의 자유를 위해 인간박물관의 담당 부서가 참여하지 않는 회의를 갖기로 했다. 이를 위해 각각의 위원들에게 개인적으로 종합 평가를 준비하도록 요청했고, 참석이 불가능한 위원들은 간단한 글을 작성해서 보내도록 했다. 임기를 절반 정도 보낸 위원회 구성원들이 평가한 관람객위원회에 대한 경험은 양면적 특성을 지녔다. 위원회 구성원들의 맨 처음 기대와 그들이 인지한 회의 목적에 대해 두 가지 입장이 제시되었다.

구성원 일부는 인간박물관의 미래에 대해 다른 관람객과 의견을 교환한다는 것 외에는 별다른 기대나 선입견을 가지지 않았다. 이들은 박물관에 대한 새로운 방향 설정에 함께 '참여할 수 있는 동반자(accom-pagnement possible)'로 위원회를 이해함과 동시에 자기 계발의 기회로 삼았다. 구성원들은 "위원회와 인간박물관의 부서에 봉사를 제공하는 것보다 더 많은 것을 배우고 있다"라고 생각했다. 박물관의 프로젝트에 대한 토론은 이들이 "박물관 내부로 들어가 전시가 준비되는 과정을 잠시라도 볼 수 있게" 해주거나, "회의를 통해 교훈을 얻고" "새로운 인간박물관을 좀 더 풍부하게 상상할 수 있도록" 해주었다. 따라서 개인적인 참여 동기에 비추어보면, 이들은 박물관 운영에 관한 지식뿐만 아니라 비판적 판단과 기획 능력을 증진시켰다는 측면에서 위원회 활동의 경험에 대해 만족감을 표현했다.

반면에 인간박물관의 활동 개발에 대한 주역으로 활동하기를 기대한 다른 구성원들의 경우, 위원회 활동의 경험에 대해 실망감을 나타냈다. 구성원 가운데 1명이 "우리의 견해와 관점은 반영되지 않았다"라고 주장한 것처럼 이들에게 '참여적'이라는 단어는 그 의미를 상실한 것처럼, 또는 그 단어가 과도하게 사용된 것처럼 보여졌다. 이러한 반응은 첫 회의에서 시민적 참여 방법에 대한 개념과 함께 (관람객위원회, 인간박물관의 부서, 사회관계연구센터의 부서) 삼자 간의 '윤리적 계약(contrat moral)' 방식으로 표명된 위원회의 원칙과는 달랐다. 이에 대한 결과로 구성원들은 참여 방법의 유용성, 즉 "우리의 기여도는 무엇인가?", 더 나아가서는 회의의 활용—위원회는 인간박물관의 프로젝트에 대해 '확신'이나 '편안함'을 제공하는 '명분'이 아니었을까?—만큼이나 자신의 역할이나 지위에 대해서도 질문을 던졌다. "우리는 전문가가 아니다", "관람객-전문가는 '현명한' 위임자도, 지위가 높은 과학자들도, 국가를 대표해 결정권을 행사하는 사람도 아니다."

일부 구성원은 방향을 설정하고, 더 나아가 의사결정 과정에서 역할을 담당하는 기구에 대한 집단적 관점에서 자신이 착각했거나 적어도 이용당했다고 생각했으며, 결과적으로 이들 구성원은 좌절감을 드러냈다. 이들이 제안한 의견의 실질적인 영향력은 무엇이었는가? 이들이 제안한 의견은 수용되었는가? 그러한 의견은 효과적이었는가? 왜 이들은 자신이 제안한 의견이 어떻게 반영되고 있는지에 대한 피드백을 받지 못했는가? 이들의 역할은 이미 결정된 내용에 대해 동의하거나 단순히 자문해주는 것으로 제한된 것은 아니었는가? 이들은 인간박물관의 성찰 과정에 단순히 동반하는 것만으로 만족할 수 있었는가? 피드백에 대한 요구는 기관의 투명성을 가시화하는 데 필요한 공식적 절차에 대한 요구를 발생시켰다. 특히 이러한 입장을 옹호하며 행동파적인 특성을 보인 다수의 구성원은 위원회가 친구들 협회와 동등한 자격을 가질 수 있도록 제도적인 기구로 전환해줄 것을 강력하게 요구했다. 이들 구성원들의 비판적 태도에도, 그리고 '참여적' 박물관학이라는 어휘 표현에 대한 개선 필요성과 함께 모든 구성원이 이러한 실험적 시도에 대해 염려했지만, 회의 과정에서 집단적 행동을 제시하고, 서로 경청하고, 상호 존중하며, 그들이 함께 참여하는 박물관의 혁신적인 실험과의 관계성을 고려해서 구성원 모두는 이 실험적 활동에 계속 참여하기로 결정했다.

2) 인간박물관: 탐색 단계에서 실험 단계로

인간박물관의 몇몇 부서는 위원회 구성원들의 종합 평가를 부정적으로 해석했지만, 이러한 해석은 정당화되어야 했다. 위원회 운영은 참고할 만한 정확한 지표가 없는 새로운 실험이었기 때문에 이로 인해 불가피한 불확실성과 추정이 내재해 있었다. 하지만 이러한 유형의 활동적이고 자발적인 참여는 제안 방법뿐만 아니라 내용 측면에서도 그 유용성이 확인되었으며, 이에 대한 여러 가지 시사점을 얻게 되었다. 연구자와 박물관학자들과는 다른 의견을 낸 위원회의 활동은 기획 단계에 놓여 있던 프로젝트를 수정 보완했다. 예를 들어, '네안데르탈인(Neandertal)' 프로젝트에 대한 회의에서 위원회 구성원들은 특히 네안데르탈인의 멸종에 대한 문제 풀기와 관련된 아이디어를 만장일치로 채택함으로써 프로젝트에 대한 접근을 좀 더 용이하게, 더 나아가 프로젝트가 현학적인 특성을 갖지 않도록 하기 위해 매력적인 주제들이 제안되었다. 실제로 '멸종에 대한 가설(Hypothèses d'une disparition)'은 이 제안을 채택했다.[85]

3) 사회관계연구센터: 사회적 실험의 예측 불가능한 변화

관람객위원회의 원칙은 박물관과 관람객 간의 새로운 관계에 대한 가능성에 대해 실험적인 시도를 하는 것이었다. 이러한 실험적 시도는 박물관에서 관람객이 차지하는 위치, 역할 그리고 참여에 대한 성찰의 가치를 증진시켰다. 위원회 구성원들은 박물관이 개발하고 있는 주제와 관련된 전문가가 아니었고, 그러한 주제에 대해 전문 지식도 갖고 있지 않았지만, 박물관 경험에 대해서만은 전문가였다. 매 회의는 위원회 구성원들이 마지막으로 방문한 박물관과 전시에 대한 이야기로 시작되었다. 회의가 진행됨에 따라 '박물관에 대한 에피소드'는 박물관과의 관계를 집단적 그리고 개인적으로 재정의하는 출발점이 되었다. 위원회 구성원들은 박물관에 대한 친밀감을 도모하면서 비판의 범위를 확대하는 동시에 자신들의 역량을 강화했다. 또한 이들은 (이들의 눈에는 매우 불확실한 것으로 보이는 전통적인 방식의 설문조사에 의한 것을 제외하고는) 그때까지 존재하지 않은 발언 공간을 점유했으며, 이로 인해 개인적으로뿐만 아니라 관람객을 대표하는 집단으로서 자신의 견해를 인정해줄 것을 요구했다.

집단 토론의 기초 자료—초기에는 서로를 알지 못했고, 상이한 관심사와 활동을 하고 있는 구성원들로 이루어진 집단 내에서 풍부하고 균형을 이룬 교류를 형성했으며, 이러한 집단에서의 리더십 현상은 예

85   이 전시는 인간박물관의 관람객위원회가 중단된 후 2006년 10월 13일에 개최되었다.

측될 수 있었다—는 구성원들이 서로에 대해 알게 되고 서로의 이야기에 귀를 기울일 수 있을 때, 위원회 집단이 기능적으로 활동했다는 점에서 비교적 만족스럽게 관리되었다. 발언권은 박물관 부서의 몇몇 구성원이 참여했을 때 좀 더 까다롭게 관리되었다. 진행자-연구자들은 관람객의 공격적인 발언과 박물관의 방어적인 발언을 중재하면서 객관성을 유지했다. 우리는 위원회 구성원들 간에 경쟁이 심화되고, 박물관의 재건축과 관련된 직무에 참여하려는 의지가 점점 더 강해진다는 점에 주목했다. 여러 관점에서 위원회 구성원들의 참여 수준은 부동산 개발로 위협받는 산업유산을 보호하기 위해 예술가와 수공업자 임차인들이 조합을 결성해서 법원에 제소한 지역 위원회의 자원봉사활동과 유사했다.[86]

인간박물관 내에서 관람객위원회에 대한 개념은 관람객—박물관과 꽤 가깝지만, 박물관의 제약에 비교적 적절히 적용하는 동시에 자신들의 역량을 점차 늘려가는—이 박물관학자나 과학자와는 다른 관점을 구성·주장·옹호할 수 있다는 가설의 기반이 되었다. 박물관에 대한 다양한 관점은 부분적으로 조율되었으며, 위원회는 우선적으로 자문기구로서의 역할을 맡았다. 이러한 측면에서 보면, 참여적 박물관학에 대한 실험적인 시도는 모든 원칙을 지키지 못했다. 하지만 박물관은 그러한 원칙을 수용했으며, 사회학 연구팀이 박물관과 관람객 사이에서 상호작용의 역할을 해주었으며, 서로 다른 역할을 담당하는 세 가지 기구의 유기적인 협력을 통해 새로운 박물관이 탄생하게 되었다.

5. 박물관의 새로운 정책결정기구 탄생

우리는 첫 번째 실험이 종료될 때, 이 실험과 관련된 다수의 관계자 및 참여자 문제와 직면하면서 상대적 적용이 어려운 '참여적 박물관학'의 개념에 대해 재검토할 기회를 가졌다. 실험 초반의 목적은 '시민적'인

---

86   S. Dessajan (dir.), A.-L. Dalstein, H. Pessemier, J. Poirson, M.-A. Rodier, C. Rouballay, *Le 37 bis: organisation, impact et perspectives*, mémorie d'enquête du magistère de sciences sociales appliquées aux relations interculturelles, 2e année, 2002, p. 173.

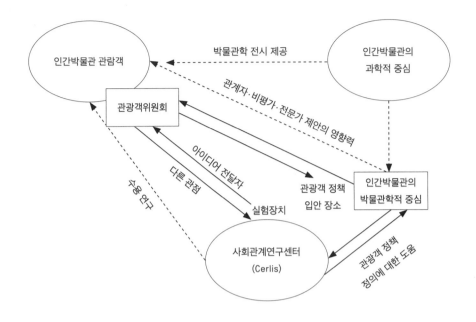

[그림 5-5] 새로운 관람객 정책결정기관

특성을 지닌 관람객을 적극적인 관계자로 참여시키는 것이었다. 실험이 종료될 때 다수의 참여자 반응을 측정한 결과, 이 실험에는 여전히 탐색적이며 실험적인 특성이 내재해 있었다. 따라서 모든 관계자의 만족감을 증진시키기 위해서뿐만 아니라 박물관의 새로운 기구로서의 정당성을 입증하기 위해서는 재구성 및 내실화에 대한 작업이 필요했다. 전반적으로 위원회 구성원들은 자신이 맡은 세 가지 역할(비평가, 관계자, 전문가)로 인해 먼저 관람객의 구성원이 되었고, 그다음에는 관람객 전체의 이름으로 자신을 표현하면서 관람객의 대표로 활동했다.

　새롭게 탄생한 인간박물관과 사회관계연구센터가 기획한 이원적인 연구 프로그램의 목적은 미래 관람객의 참여 방식에 대해 성찰하면서 재건축 프로젝트의 동반자가 되는 것이었다. 박물관 부서가 재건축 프로젝트의 방향을 재조정하고 그 내용을 재구성함에 따라 이 실험적 시도는 1년 만에 조기 중단되었는데, 무엇보다 실험적 프로젝트의 탐색 단계에 머물렀다는 것이 아쉬움으로 남았다. 비록 실망감이 컸지만, 관람객위원회가 타 기관에서 조정기구로 사용되고 있다는 사실은 위로가 되었다.[87] 결과적으로, 박물관과 관람객 간의 관계를 본질적으로 변화시키려고 했다면, 이러한 새로운 결정기구는 반드시 필요했다. 관람객에 대한 이해를 도모하고, 관람객의 의견을 수렴하고, 관람객만의 전문성을 인정하는 것 등 이제 우리는 박물관을 공적 공간, 즉 문화에 대한 토론과 재창조의 장소로 변화시킬 준비가 되어 있지 않은가?

87   과학산업박물관 사회관계연구소(Cerils)와 관람객위원회의 지원으로 2006년 11월 이후에 설립되었다. 국립이민역사박물관도 동일한 프로젝트를 실행할 계획을 갖고 있었다.

프랑스박물관관리청의 관람객 부서, 연구전망통계과, 국제문제연구개발 대표부 연구과(DDAI)의 노력을 총체적으로 결합한 학술보고서는 연구계와 문화통신부 간에 이루어진 역동적인 협력을 제시해주었다. 이러한 협력관계는 토론의 질적 수준을 통해 입증되었으며, 앞으로 작업해야 할 많은 분야에 대한 전망을 제공해주었다. 연구전망통계과는 문화에 대한 다영역적인 사회경제적 분석 프로그램의 범주 안에서 그러한 주제가 문화부의 지도부와 밀접한 협의를 통해 반영되고, 매년 문화부 연구위원회에 의해 인준된 주제를 다루는 연구들의 용역제안서, 연구계약서, 지원금 등에 적용될 수 있으며, 또한 그렇게 되기를 바랐다.

중기적으로 문화 정책 실행에서 제기된 문제점과 다양한 사회과학 연구에서 연구 결과를 뒷받침해줄 수 있는 다섯 가지 핵심적인 프로그램이 확인되었다. 향후 진행될 연구들은 이 연구 범위 내에서 한층 새로운 접근 방법으로 연구전망통계과의 실비 옥토브르, 프랑수아 루에(François Rouet), 올리비에 도나 등의 선행 연구를 활용하고 확장할 것이다. 연구전망통계과가 원한 것은 문화기관들이 직면한 구체적인 문제점들을 파악하고, 공통적으로 제기된 문제점을 규명 및 분석하고 이를 문서화하는 것이었다.

첫 번째 다영역적 프로그램은 고용과 노동의 활동 역학에 관한 것이다. 연구전망통계과는 문화 매개와 같이 최근까지 다루어지지 않은 직종에 주의를 기울이기 위해 영역별 분석이나 고용 유형에서 다중적 활동 같은 '동적' 영역으로 관심을 이동시켰다. 특히 연구전망통계과는 새롭게 등장한 현상이나 지식 분포에서 '편차'가 내재한 영역에 관심을 기울이면서 새로운 연구 목표를 수립하고자 했다.

연구전망통계과가 추진하기 원한 두 번째 다영역적 프로그램은 문화활동, 관람객, 소비의 변화와 관련된 것이었다. 올리비에 도나, 실비 옥토브르 또는 장미셸 기(Jean-Michel Guy)의 선행 연구에 기반을 두고 있는 이러한 연구는 사회학적 방법론과 경제학적 방법론을 결합시키려는 연구전망통계과의 의지를 반영했다. 이와 같은 연구의 구성요소는 '프랑스인의 문화활동'에 대한 혁신과 개선이다. 실제로 1990년대 말에 마지막 초안이 마련된 이 설문조사는 디지털 기술의 등장, 그리고 이러한 기술이 문화 접근방식에 미친 강한 영향력 같은 중요한 변화에 적응해야 했다. 이러한 설문조사의 실행 조건에 대한 연구는 여가와 문화 영역을 포함한 사회 전반에 걸친 정보통신기술의 발전을 고려해야 했다. 새로운 매체의 문화활동에 대한 영향력이라는 문제는 보완성-대치성 관점에서 디지털 활동과 '실제' 활동 간에 발생하는 역학에 관한 질문을 하도록 했다. 학술 용어와 정의에 관한 개념적 문제는 매우 복잡했다. 연구전망통계과는 이 프로젝트를 일련의 연구와 참여에 대한 공고를 통해 착수했는데, 그 이유는 가능한 한 개방적이고 생산적인 결과를 얻기 위해 이 연구가 많은 사람의 참여를 필요로 했기 때문이다.

두 번째 프로그램을 확장 및 완성시키고, 그 프로그램과 논리적으로 밀접한 관계를 갖고 있는 세 번째 다영역적인 프로그램은 전달 및 정당화 방법에 집중했으며, 개인적, 공동체적, 국가적, 더 나아가 유럽적 정체성 구축에서 문화가 차지하고 있는 상징적인 위치와 역할에 대한 문제를 다루었다. 통계학적 특성이 강한 첫 번째 작업은 한편으로는 아동의 문화 영역과 연령에 따른 취향의 형성 방식에 관해, 다른 한편으로는 프랑스, 독일, 이탈리아의 공통적이며 상호보완적인 준거에 따라 진행되었다. 따라서 이러한 프로그램은 예술 교육이나 외국의 문화 정책에서 문화부의 활동에 관심을 두었으며, 재생산이나 문화 역학의 체계에 관한 연구, 가정, 부부, 문화기관의 역할에 대한 연구와 관련되었다.

네 번째 다영역적 프로그램은 창조, 생산, 보급, 시장 등의 조직에 관해 다루었다. 이 프로그램은 전통적인 경제학적 방법이라는 특성을 지녔지만, 새로운 문제점과 연구 작업에 개방적이었다. 인터넷 네트워크와 미디어를 기반으로 개발된 플랫폼 경제에 관한 것이지만, 그 모델은 일부 문화기관, 메세나, 세제 공제 효과, 무형의 경제에 적용될 수 있었다.

마지막으로, 다섯 번째 프로그램은 정책·개입·규제의 분석에 관한 것이었다. 지금까지 연구전망통계과가 거의 다루지 않은 주제이지만, 시민사회와 경제 측면에서 국가에 할당된 장소의 변화, 그리고 개입과 규제의 방법적 개혁을 유도하는 새로운 방식의 예산 채택을 고려해보면, 그 중요성이 증가되고 있다.

연구전망통계과는 상술한 다섯 가지 프로그램을 지원하면서 문화 영역의 통계 산출 방법과 도구를 새롭게 혁신하려는 의지를 보여주었으며, 연구 분야뿐만 아니라 정부의 다른 부처와의 협력 의지도 표명했다. 이러한 관점에서 각각의 프로그램은 통계적 특성이 강한 하위 프로그램 1개, 연구소에서 의뢰한 연구 과제 1개, 특정 목표를 지향하는 기획 연구 등 가능한 한 최대로 다영역적인 논리를 유지하는 연구들로 구성되었다. 또한 동일한 관점에서, 프랑스의 공공 연구에서 주요 실행 주체 중 사회학(교육부의 Insee와 Ined)과 보건위생학(Inserm, INVS)이 함께 새로 기획한 토론회에 연구전망통계과가 참여한 것은 협력 의지의 표시라 할 수 있다.

또한 연구전망통계과는 문화활동이 변화하고 있는 현 상황에서 기관의 사명에 대해 전망하고, 이에 대해 새로운 의미를 부여하기를 원했다. 연구전망통계과가 연구혁신연구소(IRI: l'Institut de la Recherche et de l'Innovation)와 협력하여 베르나르 스티글러(Bernard Stiegler)의 주도로 퐁피두센터에서 개최한 세미나는 디지털 문화 이용을 비롯하여 총체적인 문화 이용이나 문화에 대한 관계에서 웹 2.0의 영향력에 관한 성찰을 가능케 했다. 이 주제는 전망에 대한 첫 번째 단계에 해당했다. 이러한 주제에 대한 접근은 단기간에 이루어지지만, 장기적으로는 인구통계학적 변화, 세대의 변화, 수입과 예산에 관한 경제적 변화, 문화와 가치 변화와 관련된 사회 변화 등의 주제로 확대될 것이다.

마지막으로 연구전망통계과는 연구 작업의 출간, 정기적인 심포지엄, 연구 발표 등의 활동을 통해 지식의 공유와 보급에 최선의 노력을 기울이고 있다. 연구전망통계과는 이러한 방식을 통해 문화와 관련된 문제를 중심으로 통계전문가, 연구자, 전문인력과의 관계를 형성하는 의지를 재확인했다. 이와 함께 연구전망통계과는 일부 온라인 간행물의 개정 작업에 착수했다. 다운로드가 가능한 새로운 4개의 총서에는 정량적인 연구 결과('Culture chiffres'), 연구전망통계과가 실행한 연구 결과('Culture étude'), 연구전망통계과 소속의 연구자나 외부 연구자들이 실행한 탐색 연구('Cultures prospective')가 포함되었으며, 마지막으로 방법론적 요소와 참고문헌('Culture méthode')은 "문화에 관한 질문('Questions de culture')"을 보완하여 기존의 총서를 대체했다. 또한 연구전망통계과는 학술보고서 출간을 위해 다수의 기관과 협력관계를 맺었으며, 그 가운데 일부는 '문화경제 보고서'처럼 연례화되었다. 이러한 방식으로 연구전망통계과는 문화 분야의 전문가와 전문인력이 함께 지적 토론과 대화에 적극적으로 참여하기를 원했다.

문화통신부 국제문제 연구개발 대표부 연구과 연구전망통계과 과장
필리프 샹트피(Philippe Chantepie)

참고문헌
2000년부터 2005년까지 프랑스에서 진행된 전시, 박물관, 그리고 유적지 관람객/방문객에 대한 설문조사와 연구 목록

자클린 에델망(Jacqueline Eidelman)

마리옹 르메르(Marion Lemaire)

멜라니 루스탕(Mélanie Roustan)

A

AFIT, *Études des comportements des clientèles de visiteurs européens sur les sites du patrimoine français*, 2002, p. 105.

ALIBERT David, BITOT Régis, HATCHUEL Georges, *Fréquentation et images des musées au début 2005*, Paris, Crédoc, coll. «Rapports de recherche», n°240, juin 2005.

ALIBERT David, BITOT Régis, HATCHUEL Georges, *Fréquentation et images des musées au début 2005*, *Synthèse*, Crédoc, 2005, p. 13.

ALLAINE Corinne, «La fréquentation des publics des musées de sciences et sociétés: rythmes et répartitions de la fréquentation entre 2000 et 2004», *La Synthèse des résultats d'évaluation,* n°4, Muséum Lyon, novembre 2005, p. 4.

ALLAINE Corinne, CANDITO Nathalie, «*Fantaisies du Harem et nouvelles Schéhérazade*. Les représentations, perceptions de l'exposition et l'impact de nouveaux outils de médiation», *La Synthèse des résultats d'évaluation*, n°2, Muséum Lyon, mars 2004, p. 4.

ALLAINE Corinne, CANDITO Nathalie, «Le bilan d'une action menée en partenariat: le cycle Confluences de savoirs», *La Synthèse des résultats d'évaluation*, n°5, Muséum Lyon, décembre 2005, p. 4.

ALLAINE Corinne, CANDITO Nathalie, FIAMOR Anne-Emmanuelle, *Le Bilan d'une action menée en partenariat: le cycle Confluences de savoirs, cycle 2004/2005. Analyse d'une enquête par questionnaires. Analyse du lien entre art et science dans les conférences*, Muséum Lyon, novembre 2005, p. 24.

ANCEL Pascale, PESSIN Alain (dir.), *Les Non-Publics. Les arts en réceptions* (deux tomes), Paris, L'Harmattan, coll. «Logiques sociales», 2004.

ANCEL Pascale, NEYRAT Yvonne, POLI Marie-Sylvie, «A paradoxical aesthetic experience: The visitor's perception of an art exhibition», *Acts of the XIX Congress of the International Association of Empirical Aesthetics University of Avignon, France, August 29th – September 1ˢᵗ 2006*, laboratoire Culture et Communication, 2006, pp. 192-196.

ANDRYS Christine, *Évaluation de l'exposition itinérante Cité-Citoyenneté à Bordeaux et Schiltigheim,* Cerlis/Cité des sciences et de l'industrie (DEP), avril 2000.

ARCHAMBAULT S., *Les Activités culturelles hors exposition dans les musées d'arts et cultures du monde. Bilan et perspectives dans une stratégie de développement des publics,* Rapport de synthèse du mémoire professionnel sous la direction d'Elisabeth CAILLET et M. TIARD, DESS ETCE, université Paris 1 – Panthéon Sorbonne, 2005, p. 6.

Association «Faut voir», *Étude de publics sur l'exposition* Égypte, vision d'éternité, 2000.

ARRAULT S., *Le Public familial au musée national des Arts africains et océaniens,* mémoire de DEA de muséologie des Sciences naturelles et humaines, sous la direction de Françoise GUICHARD, Jacqueline EIDELMAN, Frédérique LAFON, Muséum national d'histoire naturelle, 2000, p. 105.

B

BABILLIOT E., *Quand je dis le mot «ville», à quoi penses-tu? Évaluation de l'atelier pédagogique, «Balade au bord de l'eau»,* musée de la Ville, 2002.

BALLE Catherine, CLAVE Elisabeth, HUCHARD Viviane, POULOT Dominique, *Publics et projets culturels. Un enjeu des musées en Europe,* Paris, L'Harmattan, coll. «Patrimoines et sociétés», 2000.

BALLE Catherine, POULOT Dominique, avec la participation de Marie-Annick MAZOYER, *Musées en Europe. Une mutation inachevée* (chapitre «La logique du public»), Paris, La Documentation française, 2004, pp. 221-236.

BALLIGAND Isabelle, *L'Usage et la représentation des publics au cœur de la conception d'un site Internet culturel et muséal. Analyse à partir du cas de la Direction des musées de France,* mémoire de fin d'études, Institut des sciences de l'information et de la communication (Isic), université Michel-de-Montaigne Bordeaux III, 2002, p. 120.

BANDO Cécile, *Publics à l'œuvre. Appropriation et enjeux des dispositifs artistiques participatifs*, thèse de doctorat en Sciences de l'information et de la communication, université Stendhal Grenoble III, Gresec (Groupe de recherche sur les enjeux de la communication), 2003.

BAUDELET Hélène, *Le Musée comme instrument d'intégration pour les immigrés: utopie ou réalité?*, mémoire de l'École du Louvre sous la direction de Marie-Clarté O'NEIL, 2005, p. 173.

BAVETTA Amandine (analyse et rédaction), ROUSSEAU Delphine (analyse et rédaction), PERRUS Véronique (questionnaires et dépouillement), GODEAU Tassadite (questionnaires et dépouillement), *Palais des Beaux-Arts de Lille. Rétrospective Berthe Morisot (10 mars – 9 juin 2002). Rapport final d'évaluation*, Lille, 2002, p. 12.

BAY Karine, MARKARIAN Philippe, *Bilan de fréquentation & Passeport Inter-Musées*, musées des Techniques comtoises, 2002, p. 45.

BELAEN Florence, *Enquête auprès des clients du CCV sur leur intérêt pour les soirées intégrant un spectacle*, Cité des sciences et de l'industrie, DEP/Les Bateleurs de la science, 2000 (décembre).

BELAEN Florence, *L'Expérience de visite dans les expositions scientifiques et techniques à scénographie d'immersion*, thèse de doctorat en sciences de l'information et de la communication, sous la direction de Daniel RAICHVARG et Joëlle LE MAREC, université de Bourgogne, 2002.

BELAEN Florence, «L'exposition, une technologie d'immersion», *Médiamorphoses* n°9: L'exposition, un média (dir. Joëlle LE MAREC), 2003, pp. 98-101.

BELAEN Florence, «L'immersion dans les musées de science: médiation ou séduction?», *Culture et Musées*, n°5: Du musée au parc d'attractions (dir. Serge CHAUMIER), 2005, pp. 91-110.

BELAEN Florence, «La médiation humaine à la recherche de méthodes d'analyse», Journées d'études *Quelles approches des questions culturelles en sciences de l'information et de la communication?* 9-10 décembre 2004, Gerico/ Cersates, université Lille 3, 2005.

BELTRAME T., *Sur les traces des visiteurs. Analyse discursive sur la réception de l'exposition* Chefs-d'œuvre, trésors et quoi encore (Muséum Lyon, 14/09/2001-24/03/2002), rapport de stage, dans le cadre du programme européen Léonard de Vinci, 2001, p. 25.

BENARD Stéphane, *Les Apprentissages de l'iconographie indienne par des visiteurs de culture occidentale*, mémoire sous la direction de Hana GOTTESDIENER, université d'Avignon et des Pays du Vaucluse, 2004, p. 140.

BÉRA Marie-Pierre, *Études des publics du musée d'Art et d'histoire du judaïsme*, Paris, musée d'Art et d'histoire du judaïsme, 2001.

BÉRA Marie-Pierre, *Enquête auprès des publics pendant l'exposition* Le Juif errant. Un témoin du temps, Paris, musée d'Art et d'histoire du judaïsme, 2001.

BÉRA Marie-Pierre, *Le Musée du Judaïsme. Évaluation préalable pour l'exposition sur le Juif errant*, Paris, musée d'Art et d'histoire du judaïsme, 2001.

BÉRA Marie-Pierre, *Enquête sur le livre d'or du musée d'Art et d'histoire du judaïsme*, Paris, musée d'Art et d'histoire du judaïsme, ms. multigraphié, 2003, p. 49.

BÉRA Marie-Pierre, «Le livre d'or: un outil d'évaluation?» et Emmanuel PARIS, «L'invention des cadres de pensée des individus en leur absence», textes présentés lors du séminaire de muséologie de la Cité des sciences et de l'industrie de la Villette, 1er octobre 2003.

BÉRA Marie-Pierre, DESHAYES Sophie, *Éléments sonores et muséographiques dans les musées d'histoire: le cas de l'Historial. Une étude préalable à leur introduction au musée*, Rapport commandé par la DMF, Paris, 2000.

BERTI Séverine, *Les Études de publics sur les «jeunes»: sélection et synthèse*, mémoire sous la direction de Bernadette GOLDSTEIN, université de Nice Sophia-Antipolis, 2004, p. 23.

BIDAUD Nadine, *L'Écomusée et sa représentation parmi la population de son territoire. Une enquête auprès des Fresnois au sujet de l'écomusée de Fresnes*, mémoire de DEA Muséologie et médiation culturelle, sous la direction de Jacqueline EIDELMAN, université d'Avignon et des Pays du Vaucluse, 2001, p. 118.

BILLARD Gérard, *Musée Malraux (Le Havre)*, Observatoire permanent des publics/mémoire de DESS, université Rouen, 2001.

BORRON Amélie, CHAUMIER Serge, HABIB Marie-Claire, *Évaluation de l'exposition* Pétrole, nouveaux défies, CRCMD/Cité des sciences et de l'industrie, DEP, 2004 (juillet).

BOSSI-COMELLI Carla, SERVENTY Carol, DER PARTHOGH Lana, ABDRESEN Marianne, «Les musées et leur amis», *Nouvelles de l'Icom*, Paris, 2002.

BOUDJEMA Cédric, *Questions sur les écrits spontanés du livre d'or en situation muséale*, mémoire de DEA de muséologie des sciences naturelles et humaines, sous la direction de Fabienne GALAN-GAU-QUERAT et Dominique VITALE, Muséum national d'histoire naturelle, 2004, p. 94.

BOURDALEIX-MANIN Anne-Laure, *La perception individuelle du temps est-elle facilement malléable pour un visiteur adulte dans le cadre d'un musée?*, mémoire de DEA de muséologie, sous la direction de Michel VAN PRAËT, Muséum national d'histoire naturelle, 2001, p. 57.

BOURGEON Dominique, URBAIN Caroline, GOMBAULT Anne, LE GALL-ELY Marine, PETR Christine, «Gratuité des musées et des monuments et valeur de l'expérience de visite: une approche théorique», *Actes des 8es Journées de recherche en marketing de Bourgogne*, CERMAB-LEG, Dijon, université de Bourgogne, 2003, pp. 38-50.

BOURGEON Dominique, URBAIN Caroline, PETR Christine, GOMBAULT Anne, LE GALL-ELY Marine, «Gratuité et valeur attachée par les publics aux musées et aux monuments nationaux français», *5th International Congress, Marketing Trends*, ESCP-EAP, 30 et 21 janvier 2006, CD-ROM, Venise, Paris, 2006, p. 28.

BOURGEON-RENAULT Dominique, «Du marketing expérientiel appliqué aux musées», *Musées et tourisme – Cahier Espaces*, n°87, 2005, p. 7.

BOUZOM A., *L'Utilisation des textes expographiques: le langage verbal dans l'exposition*, rapport de stage réalisé au Muséum, master 2 Objets d'art, patrimoine, muséologie, sous la direction de Pierre ARNAULD, 2005, p. 96.

BRENCKMANN, *Interprétation d'un processus végétal* in situ: *une proposition et son évaluation (arboretum de Chèvreloup)*, mémoire de recherche DEA de muséologie des sciences naturelles et humaines, sous la direction de Yves GIRAULT et Gaud MOREL, Muséum national d'histoire naturelle, 2001, p. 63.

BROCHU Danièle, NOEL CADET Nathalie, «Usages présupposés et usages réels ou comment les musées virtuels invitent à penser une

approche nouvelle des rapports entre concepteurs et utilisateurs»,
Actes du congrès de la SFSIC, Paris, 2001.

DE LA BROISE Patrice, LE MAREC Joëlle (dir.), «L'interprétation:
entre élucidation et création», *Études de communication*, n°24, 2001.

DE LA BROISE Patrice (dir.), *L'Interprétation: objets et méthodes de recherche*, Actes du colloque organisé le 11 mai 2000 aux Archives du monde du travail, Roubaix, Gérico/UFR Infocom, Éditions du Conseil scientifique de l'université Charles-de-Gaulle – Lille III (Travaux et recherches), 2003, p. 155.

C

CAILLET Elisabeth, JACOBI Daniel (dir.), *Culture et Musées* n°3: «Les médiations de l'art contemporain», 2004, p. 191.

CAMBAYOU Fabienne, *La Symbolique du cadre de l'exposition. Enquête sur la réception de l'espace exposition dans le lieu «La Scène»*, mémoire sous la direction de Jacqueline EIDELMAN, université d'Avignon et des Pays du Vaucluse, 2002, p. 78.

CANDITO Nathalie, *Expériences de visite et registres de la réception. L'exposition itinérante* La différence *et ses publics*, thèse de doctorat en communication sous la direction de Daniel JACOBI et Jacqueline EIDELMAN, Muséum Lyon/université d'Avignon et des Pays du Vaucluse, 2001, p. 307.

CANDITO Nathalie, *Musée des cultures du monde: le point de vue des communautés culturelles*, Muséum Lyon, 2002 (décembre), p. 21.

CANDITO Nathalie, «*L'Ombre d'un doute:* récit d'une expérience singulière – Installation interactive de Thierry Fournier (Synthèse)», *La Synthèse des résultats d'évaluation*, n°1, Muséum Lyon, 2003 (juillet), p. 4.

CANDITO Nathalie, «L'évaluation d'un projet expérimental: exposition *Empreinte(s)*. Centre hospitalier Saint-Luc Saint-Joseph de Lyon (12 mai-12 juillet 2004, Muséum Lyon). Observations et témoignages des publics: de l'usager au visiteur (synthèse)», *La Synthèse des résultats d'évaluation*, n°3, Muséum Lyon, 2004 (octobre), p. 4.

CANDITO Nathalie, GAUCHET Maud, *Du muséum au musée des cultures du monde, Pratiques, attentes et imaginaires associés*, Muséum Lyon, 2002 (septembre), p. 52.

CANDITO Nathalie, GAUCHET Maud, Rapport d'étude. *L'Ombre d'un doute, installation interactive de Thierry Fournier (3 décembre*

2002-3 juin 2003). Récits d'une expérience singulière, Muséum Lyon 2003 (juillet), p. 57.

CANDITO Nathalie, GAUCHET-LOPEZ Maud, GROSCARRET H, «*L'Ombre d'un doute*: l'incertitude comme moteur d'une œuvre et de sa réception», *Actes JIES XXV*, Chamonix, 2003.

CANDITO Nathalie, ALLAINE Corinne, FIAMOR Anne-Emmanuelle, *L'Évaluation d'un projet expérimental. Exposition Empreinte(s), centre hospitalier Saint-Luc Saint-Joseph de Lyon (12 mai-12 juillet 2004). Observations et témoignages des publics: de l'usager au visiteur*, Muséum Lyon, 2004, p. 42.

CANDITO Nathalie, FIAMOR Anne-Emmanuelle, *Rapports d'étude. Représentations et perceptions. Exposition* Fantaisies du harem et nouvelles Schéhérazade *(23 septembre 2003-4 janvier 2004)*, Muséum Lyon, 2004 (mars), p. 46.

CANDITO Nathalie, PERRET Stéphanie, Muséum Lyon, «Exposition *Empreinte(s):* quand culture et hôpital s'apprivoisent», *La lettre de l'Ocim*, n°99, 2005, pp. 4-12.

CARDON Philippe, CHAUMIER Serge, POUTS-LAJUS Serge, TIEVANT Sophie, HABIB Marie-Claire, *Évaluation pour la CDC des premières cyber-bases expérimentales: usages induits, aspects architecturaux et techniques*, Cité des sciences et de l'industrie, DEP, 2000 (mars).

CARDONA Janine, LACROIX Chantal, *Chiffres clés édition 2000. Statistiques de la culture*, Paris, La Documentation française, 2000, p. 72.

CARDONA Janine, LACROIX Chantal, *Chiffres clés édition 2001. Statistiques de la culture*, Paris, La Documentation française, 2002, p. 207.

CARDONA Janine, LACROIX Chantal, *Chiffres clés édition 2002-2003. Statistiques de la culture*, Paris, La Documentation française, 2003, p. 202.

CARDONA Janine, LACROIX Chantal, *Chiffres clés édition 2004. Statistiques de la culture*, Paris, La Documentation française, 2004, p. 196.

CARDONA Janine, LACROIX Chantal, *Chiffres clés édition 2005. Statistiques de la culture*, Paris, La Documentation française, 2005, p. 207.

CARTIER-LACROIX Claudine, *Projet de mise en place d'une proposi-*

참고문헌

393

tion inter-musée destinée aux familles, RMN, 2000.

CEVA Marie-Luz, «L'art contemporain demande-t-il des nouvelles formes de médiation?», *Culture et Musées* n°3: Les médiations de l'art contemporain (dir. Elisabeth CAILLET, Daniel JACOBI), 2004, pp. 69-96.

CHAUMIER Serge, *Évaluation de la notoriété et de l'image de la citadelle de Besançon auprès de la population locale (étude statistique par sondage téléphonique auprès de 600 personnes)*, Saint-Étienne, Cerem/université de Saint-Étienne, 2000.

CHAUMIER Serge, «Le musée comme pochette surprise», *Champs de l'audiovisuel* (anciennement *Champs visuels*) n°14: L'image et les musées, Paris, L'Harmattan, 2000, pp. 84-92.

CHAUMIER Serge (dir.), *Baromètre qualitatif de satisfaction des visiteurs de la citadelle de Besançon*, Dijon, CRCMD, université de Bourgogne, 2001.

CHAUMIER Serge, «Les Amis de musées: de faux amis?», *La Lettre de l'Ocim* n°75: Les Amis de musées (dir. Serge CHAUMIER), 2001, pp. 3-5.

CHAUMIER Serge, «Éthique du bricolage: les économies de la modestie. De la sauvegarde du lien social par les amis de musées», *La Lettre de l'Ocim* n°75: Les Amis de musées (dir. Serge CHAUMIER), 2001, pp. 24-30.

CHAUMIER Serge, «Regards croisés entre professionnels, bénévoles et amis de musée, impliqués dans un même site: le musée du Revermont», *La Lettre de l'Ocim* n°75: Les Amis de musées (dir. Serge CHAUMIER), 2001, pp. 31-32.

CHAUMIER Serge, *Évaluation des publics des Nuits de la Citadelle (étude quantitative auprès de 312 personnes)*, Dijon, CRCMD, 2001.

CHAUMIER Serge, «Les ambivalences du devenir d'un écomusée: entre repli identitaire et dépossession», *Publics & Musées* n°17-18: L'écomusée: rêve ou réalité, 2002, pp. 83-113.

CHAUMIER Serge, *Des musées en quête d'identité. Écomusées versus technomusées*, Paris, L'Harmattan, coll. «Nouvelles études anthropologies», 2003.

CHAUMIER Serge, «L'exposition comme média, mais quelle exposition, quel média, et pour quel public?», *Médiamorphoses* n°9: L'exposition, un média (dir. Joëlle LE MAREC), 2003.

CHAUMIER Serge (dir.), DI GOIA Laetitia, *Étude statistique de* connaissance sociologie des publics du musée Courbet à Ornans, Dijon, CRCMD, université de Bourgogne, 2003, p. 80.

CHAUMIER Serge (en collaboration pour la phase terrain avec Damien NASSAR et Vivanne JOVET), *Étude de connaissance sociologie des publics du musée du jouet de Moirans en Montagne*, Dijon, CRCMD, université de Bourgogne, 2003.

CHAUMIER Serge, «Les relations entre professionnels et bénévoles dans les écomusées: l'impossible rencontre?», *colloque de la Fédération des écomusées et musées de société: écomusées et musées de société pour quoi faire?*, (Besançon, 6-7 novembre 2002), 2004.

CHAUMIER Serge, «Les relations des professionnels et des amateurs dans les écomusées: éléments de réflexion pour une problématisation des rapports entre culture savante et culture populaire», 2004.

CHAUMIER Serge (avec la collaboration sur le terrain de Céline DUPUIS et Marion COISEUR, *Évaluation des dispositifs d'aide à la visite et propositions de médiation sur le site d'Alésia. Mission Alésia. Assistance à la mise en place de visites audioguidées sur le site d'Alésia (Évaluation de la pertinence de médiations par audioguide sur le site d'Alésia. Diagnostic et préconisations)*, Dijon, CRCMD, université de Bourgogne, 2004.

CHAUMIER Serge, «La place des publics dans la Lettre de l'Ocim», *La Lettre de l'Ocim*, n°100, 2005, pp. 22-29.

CHAUMIER Serge, HABIB Marie-Claire, DE MENGIN Aymard, *Le Rapport aux sciences et aux techniques dans la vie quotidienne. Étude qualitative exploratoire*, Cité des sciences et de l'industrie, DEP, 2001.

CHAUMIER Sege, BELAËN Florence, BADUEL Yannick, *Évaluation qualitative de l'exposition temporaire* L'Homme transformé, Cité des sciences et de l'industrie/CRCMD, 2002.

CHAUMIER Serge, BELAËN Florence, BADUEL Nathalie, *Évaluation des animations proposées lors de l'exposition* L'Homme transformé, Cité des sciences et de l'industrie/CRCMD, 2002.

CHAUMIER Serge, LINXE Aurélie, *Évaluation formative des textes d'exposition pour le musée de la céramique de Lezoux*, Dijon, CRCMD, université de Bourgogne, 2006.

CHAUMIER Serge, LINXE Aurélie, *Évaluation de la politique de communication pour le site d'Alésia*, Dijon, CRCMD, université de Bourgogne/Conseil général de Côte-d'Or, 2006.

CHAUMIER Serge, LINXE Aurélie *et. al.*, *Évaluation de la communication du site d'Alésia*, CRCMD, université de Bourgogne, 2006, p. 76.

Centre Pompidou/Junior Communication (Junior entreprise du Celsa), *Les Touristes du Centre Pompidou*, 2001.

Centre Pompidou (Observatoire des publics)/Junior Communication (Junior entreprise du Celsa), *Les adhérents du Centre Pompidou*, 2001.

Centre Pompidou/Junior Essec Conseil (Junior entreprise de l'Essec), *Le public au musée national d'Art moderne (Mnam)*, 2002.

Centre Pompidou/Sciences Po Conseil (Junior entreprise de Sciences Po Paris), *Les Enquêtes de l'Observatoire des publics. Direction de l'action éducative et des publics. Les publics du Centre*, 2003, p. 40.

Centre Pompidou/Médiamétrie, Centre Pompidou: *Notoriété, Image, Fréquentation, Concurrence*, 2005.

Centre Pompidou/Addibell, *Étude sur les motifs de non-réadhésion au Laissez Passer*, 2005.

Centre Pompidou/Symbial, *Les Publics du centre Pompidou*, 2006.

Centre Pompidou (Observatoire des publics), *Enquêtes de satisfaction sur les expositions*, 2000, 2001, 2002, 2003, 2004, 2005, 2006.

Centre Pompidou, *Enquête sur l'évaluation des actions de médiation du centre Pompidou*, 2006.

Cité des sciences et de l'industrie, DEP, *Trois Expositions temporaires en 2000-2001 (La recherche et l'Outre-Mer, Quel travail !, La forêt du Grand Nord)*, 2001 (juin).

Cité des sciences et de l'industrie, DEP, *Données de l'observatoire des publics: synthèse sur* L'homme transformé, 2002 (mai).

Cité des sciences et de l'industrie, DEP, *Les Publics de* Poussières d'Étoiles, 2003 (janvier).

Cité des sciences et de l'industrie, DEP, *Données de l'observatoire des publics: synthèse sur* L'homme et les gènes, 2003 (janvier).

Cité des sciences et de l'industrie, DEP, *Qui sont les visiteurs d'Explora (en 2002)*, 2003 (janvier).

Cité des sciences et de l'industrie, DEP, *Données de l'observatoire des publics. Synthèse sur* L'âge de l'aluminium, 2003 (novembre).

Cité des sciences et de l'industrie, DEP, *Données de l'observatoire des publics. Synthèse sur* La chimie naturellement, 2003 (décembre).

Cité des sciences et de l'industrie, DEP, *Perception de l'exposition* Jeux sur je, 2004 (février).

Cité des sciences et de l'industrie, DEP, *Perception de l'exposition* Bambou, herbe insolite, 2004 (octobre).

Cité des sciences et de l'industrie, DEP, *Perception de l'exposition* Scènes de silence, 2004 (octobre).

Cité des sciences et de l'industrie, DEP, *Perception de l'exposition* Climax, 2004 (octobre).

Cité des sciences et de l'industrie, DEP, *Perception de l'exposition* Soleil, mythes et réalités, 2004 (novembre).

Cité des sciences et de l'industrie, DEP, *Perception de l'exposition* Scènes de silence, Paris, 2004, p. 25.

Cité des sciences et de l'industrie, DEP, *Perception de l'exposition* Le Canada vraiment, Paris, 2004, p. 21.

Cité des sciences et de l'industrie, DEP, *Perception de l'exposition* Le Cannabis sous l'œil des scientifiques, Paris, 2004, p. 15.

Cité des sciences et de l'industrie, DEP, *Perception de l'exposition* Opération Carbone, 2005 (juillet).

Cité des sciences et de l'industrie, DEP, *Perception de l'exposition* Population mondiale, 2005 (juillet).

Cité des sciences et de l'industrie, DEP, *Perception de l'exposition* Tout capter, 2005 (juillet).

Cité des sciences et de l'industrie, DEP, *Perception de l'exposition* Le Monde de Franquin, 2005 (septembre).

Cité des sciences et de l'industrie, DEP, *Perception de l'exposition* Cinquantenaire Citroën DS, 2005 (novembre).

Cité des sciences et de l'industrie, DEP, *Observatoire de la Cité des enfants (synthèse des résultats)*, 2005 (décembre).

Cité des sciences et de l'industrie, DEP, *Perception de l'exposition* Biométrie, le corps identité, 2006, p. 11.

Cité des sciences et de l'industrie, DEP, *Observations et entretiens auprès des visiteurs de l'exposition* L'ombre à la porté des enfants, 2006, p. 43 + annexes.

CLOUTEAU Ivan, «Activation des œuvres d'art contemporain et prescriptions auctoriales», *Culture et Musées* n°3: Les médiations de l'art contemporain (dir. Elisabeth CAILLET, Daniel JACOBI), 2004, P. 23-44.

COHEN Cora, «L'enfant, l'élève, le visiteur ou la formation au musée», *La Lettre de l'Ocim*, n°80, 2002, pp. 32-37.

COHEN-HADRIA Pierre, *Les Publics de la médiathèque d'histoire des sciences de didactique et de muséologie. Synthèse et conclusions*, Cité des sciences de l'industrie, DEP, 2001 (avril).

COHEN-HADRIA Pierre, *Étude du cycle de conférences «psyché dans tous ses états», «le sommeil et le rêve», «le cerveau intime»*, Cité des sciences et de l'industrie, DEP, 2002 (décembre).

COHEN-HADRIA Pierre, *L'Homme et les gènes: synthèse des données de l'observatoire des publics*, Cité des sciences et de l'industrie, DEP, 2003.

COHEN-HADRIA Pierre, *Les Publics de la 2ᵉ biennale Villette numérique*, Cité des sciences et de l'industrie, DEP, 2004 (octobre).

COHEN-HADRIA Pierre, *Les Spectateurs du cinéma Louis-Lumière*, Cité des sciences et de l'industrie, DEP, 2005 (janvier).

COHEN-HADRIA Pierre, RATTIER Valérie, SUILLEROT Agnès, *Les Améliorations souhaitées par les visiteurs d'Explora*, Cité des sciences et de l'industrie, DEP, 2000 (juillet).

COHEN-HADRIA Pierre, RATTIER Valérie, SUILLEROT Agnès, *Les Visiteurs d'Explora. Données de base*, Cité des sciences et de l'industrie, DEP, 2000 (octobre).

COHEN-HADRIA Pierre, HABIB Marie-Claire, *Les Publics de l'exposition* Désir d'apprendre *au moment de son ouverture*, Cité des sciences et de l'industrie, DEP, 2000 (février).

COHEN-HADRIA Pierre, SUILLEROT Agnès, *Les Améliorations souhaitées par les visiteurs d'Explora au cours de l'année 2000*, Cité des sciences et de l'industrie, DEP, 2001 (octobre).

COHEN-HADRIA Pierre, HABIB Marie-Claire, *Les Publics de* Trésors du Titanic, Cité des sciences et de l'industrie, DEP, 2003 (juin).

COHEN-HADRIA Pierre, HABIB Marie-Claire, *Les Publics du collège (analyse des questionnaires)*, Cité des sciences et de l'industrie, DEP, 2004 (janvier).

COHEN-HADRIA Pierre, HABIB Marie-Claire, *Étude auprès des visiteurs de l'exposition Design 2004*, Cité des sciences et de l'industrie, DEP, 2004 (mars).

COHEN-HADRIA Pierre, TOPALIAN Roland, HABIB Marie-Claire, *La Lettre Visite Plus: synthèse des résultats*, Cité des sciences et de l'industrie, DEP/DIEM, 2004 (avril).

COLIN Marie, *Les Interactions politique/culture/public dans la restructuration du muséum d'Histoire Naturelle de Lyon (1991-2003)*, mémoire de maîtrise de science politique, sous la direction de Didier RENARD, université Lumière Lyon 2, faculté de sciences juridiques, 2003.

COLIN-FROMONT Cécile, LACROIX Jean-Louis (dir.), *Muséums en rénovation. Les sciences de la Terre et l'anatomie comparée face aux publics*, Dijon/Paris, Ocim/MNHN, 2005, p. 328.

COLTIER Thierry, GODLEWSKY Pierre, UGOLINI Caroline, HAMON Viviane, *Parc archéologique d'Alésia, étude de fréquentation prévisionnelle, 1. Analyse qualitative*, Grevin développement, Vivianne Hamon conseil, 2001, p. 44.

COLTIER Thierry, GODLEWSKY Pierre, UGOLINI Caroline, HAMON Viviane, *Parc archéologique d'Alésia, étude de fréquentation prévisionnelle. Rapport final*, Grevin développement, Viviane Hamon conseil, 2001, p. 49.

CORBEL Cécile, *Le Livre d'or: outil de compréhension des publics. Le cas du musée de l'ancienne abbaye de Landevennec (Finistère)*, mémoire sous la direction de Marie-Clarté O'NEIL, École du Louvre, 2003, p. 123.

CORDIER Jean-Pierre, «La reconnaissance de soi et ses limites dans l'exposition *La mort n'en saura rien*», *Culture et Musées* n°6: *Nouveaux musées de sociétés et de civilisations* (dir. Jacqueline EIDELMAN), 2005, pp. 43-59.

COULANGEON Philippe, *Sociologie des pratiques culturelles*, Paris, La Découverte, coll. «Repères», 2005.

COUETTE Isabelle, *Musées d'Art et d'Histoire de Chambéry. Les publics*, université Aix-Marseille, 2004, p. 67 + annexes.

CRCMC/Conservation départementale du Jura, *Enquêtes sur les publics juillet-août 2000 (2 phases)*, musée archéologique de Lons-en-Saunier, 2000.

CRCMD, *Étude de connaissance des publics du musée Niepce de Chalon-sur-Saône*, Dijon, 2001.

CRCMD, *Évaluation de la semaine de la science à la Cité des sciences et de l'industrie*, Dijon, 2003.

CRCMD, *Évaluation de la borne multimédia des musées des techniques et des cultures comtoises*, Dijon.

Crédoc, *Les Mutations technologiques, institutionnelles et sociales dans l'économie de la culture*, L'Harmattan, 2004.

CRESTE Jeanne, «Chambord ou le "choc" des images», *Champs de l'audiovisuel* (anciennement *Champs visuels*) n°14: *L'image et les musées*, Paris, L'Harmattan, 2000, pp. 93-100.

CRISTO J., GOTTESDIENER Hana, «L'orientation spatiale et conceptuelle du visiteur dans le musée», *16th conference of IAPS (International Association of People-Environment Studies), Paris, 4-7 juillet 2000*, Paris, 2000.

D

DARGENT Olivier, *La maquette, au sein d'un musée, est-elle une aide ou un obstacle à la compréhension des échelles en planétologie?*, mémoire de DEA de muséologie des sciences naturelles et humaines, sous la direction de Camille PISANI et Jean-Guy MICHARD, Muséum national d'histoire naturelle, 2001, p. 73.

DAUCHEZ Cécile, HABIB Marie-Claire, *Les Visiteurs de l'exposition 100 ans après Einstein*, Cité des sciences et de l'industrie, DEP/Association Ad'Hoc, 2005 (novembre).

DAVALLON Jean, GOTTESDIENER Hana, LE MAREC Joëlle, *Premiers Usages des cédéroms de musées*, Dijon, Éditions de l'Ocim, 2000.

DAVALLON Jean *et al.*, «The "expert visitor" concept», *Museum International*, n°77, 2000, pp. 60-64.

DEBENEDETTI Stéphane, *Le Contexte social de la sortie culturelle*, mémoire sous la direction de Bernard PRAS, thèse de doctorat en sciences de gestion, sous la direction de Bernard PRAS, université Paris-Dauphine, 2001 (avril).

DEBENEDETTI Stéphane, «L'expérience de visite des lieux de loisir: le rôle central des compagnons», *Recherche et applications en marketing*, 18/4, 2003, pp. 43-58.

DEBENEDETTI Stéphane, «Investigating the role of companions in the art museum experience», *International Journal of Arts Management*, 5/3, 2003, pp. 52-63.

DEBENETTI Stéphane, «Visite occasionnelle du musée d'art et confort de visite: le rôle des compagnons», *in* Olivier DONNAT et Paul TOLILA (dir.), *Le(s) Public(s) de la culture*, Paris, Presses de Sciences Po, 2003, vol. 2, pp. 273-279.

DEFLAUX Fanchon, «La construction des représentations de l'art et des artistes non occidentaux dans la presse à la suite d'une exposition d'art contemporain», *Cultures et Musées* n°3: Les médiations de l'art contemporain (dir. Elisabeth CAILLET, Daniel JACOBI), 2004, pp. 45-68.

DELARGE Alexandre (dir.), LE MAREC Joëlle, ALLISIO Silvana, BARAL Gino, BOUHAFS Marnia, CHAUMIER Serge, GENRE Luca, MAGGI Maurizio, MARTINI Stefano, «Habitants, professionnels et élus: le partage du pouvoir dans les écomusées et les musées de communautaires», in *3ᵉ rencontres internationales des écomusées et des musées communautaires «Communauté, Patrimoine partagé et éducation», du 13 au 17 septembre 2004*, Ecomusée de Santa Cruz, Rio de Janeiro, 2005.

Délégation au développement et à l'action territoriale, département de l'éducation et des formations artistiques et culturelles, *La Politique d'éducation artistique et culturelle par les directions régionales des affaires culturelles en 2003*, 2004, p. 157.

DESCAMPS Fanny, *Les Structures constitutives de l'art contemporain: mise en question, repérage, évaluation*, université Panthéon Sorbonne Paris 1, Laboratoire d'esthétique théorique et pratique/Ministère de la culture, Délégation aux arts plastiques, 2001, p. 39.

DESHAYES Sophie, *Un prototype d'exposition: le Kiosque Région Sciences à Marseille*, Centre de Culture Scientifique et Technique de Marseille/Faire Avec, 2000.

DESHAYES Sophie, *De l'expérience de visite au musée de l'Arles Antique*, Marseille, Association Publics en Perspective, 2001, p. 61.

DESHAYES Sophie, «Interprétation du statut d'un audioguide», *Études de Communication* n°24: L'interprétation: entre élucidation et création, (dir. Patrice DE LA BROISE, Joëlle LE MAREC), université de Lille, GERICO, 2001.

DESHAYES Sophie, *Les Audioguides, outils de médiation dans les musées*, Paris, 2002.

DESHAYES Sophie, «Audioguides et musées», *La Lettre de l'Ocim*, n°79, 2002, p. 2431.

DESHAYES Sophie, *Étude et recommandations pour la mise en place d'un audioguide au Museon Arlaten, musée d'ethnographie régionale*, Conseil général des Bouches-du-Rhône pour le Museon Arlaten/Association Publics en perspective, 2002.

DESHAYES Sophie, «La médiation individuelle au musée: l'enjeu des audioguides», *Actes de la conférence organisée par la société Audiovisit dans le cadre d'un séminaire: 23 et 30 novembre 2004*, Lyon-Paris, 2004, p. 9.

DESHAYES Sophie, «L'usage des supports mobiles au musée: des audioguides classiques au multi-média nomade», *in* PERROT Xavier (dir.), *Actes du colloque ICHIM Berlin, août septembre 2004*, 2004.

DESHAYES Sophie, «Nouvelle génération d'audioguides: démarche de conception et choix du multimédia mobile au Museon Arlaten», *La Lettre de l'Ocim*, n°92, 2004.

DESHAYES Sophie, *Anticipation de l'expérience de visite au futur musée des confluences: orientations pour une méthodologie d'intégration multimédia*, rapport rendu à la société Commac, «l'Atelier interactif» pour le Muséum d'histoire naturelle de Lyon, 2004.

DESHAYES Sophie, BÉRA Marie-Pierre, *Le Son dans les musées d'histoire. Le cas de l'Historial: une étude préalable à l'introduction d'éléments sonores au musée*, Association Publics en perspective/ Faire Avec 2000.

DESHAYES Sophie, LE MAREC Joëlle, *Compte-rendu d'expertise du projet multimédia Navigateur*, Cité des sciences et de l'industrie/association Publics en perspective, 2002.

DESHAYES Sophie, LE MAREC Joëlle, *Le Projet «Navigateur» à la Cité des sciences de l'industrie*, ENS-LSH / association Publics en perspective, 2002.

DI GIGOIA Laetitia, CHAUMIER Serge, *Étude de l'exposition temporaire d'intérêt national* Dresdes ou le Rêve des princes, musée des Beaux-Arts de Dijon/CRCMD, 2002.

DODDS Michael, «La mobilisation du personnel autour de l'expérience des visiteurs», *Actes du colloque international au château de Kerjean. Monuments, accueil et projet de développement. Les nouveaux enjeux. 20 et 21 mars 2003*, Kerjean, 2003, pp. 93-95.

DONNAT Olivier, «Les études de publics en art contemporain au ministère de la Culture», *Publics & Musées* n°16: Actes du colloque «Les publics de l'art contemporain» (7 avril 2000), 2001.

DONNAT Olivier, «La connaissance des publics: question de méthode», *Actes du colloque international au château de Kerjean. Monuments, accueil et projet de développement. Les nouveaux enjeux. 20 et 21 mars 2003*, Kerjean, 2003, pp. 60-65.

DONNAT Olivier (dir.), *Regards croisés sur les pratiques culturelles*, Paris, La Documentation française, coll. «Questions de culture», 2003, p. 352.

DONNAT Olivier, OCTOBRE Sylvie (dir.), *Les Publics des équipements culturels: méthodes et résultats*, Paris, La Documentation française, coll. «Travaux du DEPS», 2002 (téléchargeable sur www.culture.gouv.fr/deps).

DONNAT Olivier, TOLILA Paul (dir.), *Le(s) Public(s) de la culture*, Presses de Sciences Po, 2003, 2 vol., p. 390.

DUCRET Fabienne, «Ce que les visiteurs disent à propos des poissons... Le cas de l'aquarium d'eau douce du Muséum de Besançon», *La Lettre de l'Ocim*, n°69, 2000, pp. 28-30.

DUFOUR Claire, *État des lieux de la médiation culturelle vers le jeune public dans les musées*, mémoire de stage à la DMF, DESS Histoire et gestion du patrimoine culturel français et européen, université Paris I Panthéon-Sorbonne, 2000, p. 80.

DUFRESNE-TASSE Colette, BANNA N., SAUVE M., LEPAGE J., LAMY L., «Fonctionnement imaginaire, culture du visiteur et culture exposée au musée», *in* Colette DUFRESNE-TASSE (dir.), *Diversité culturelle, distance et apprentissage*, Paris, Conseil international des musées, 2000.

DUTARDRE Nadège, *Publics des musées en ligne et publics des musées réels: quels liens?*, DMF, ministère de la Culture et de la Communication, 2003.

E

École du Louvre, *État des lieux et analyse des actions culturelles envers le jeune public dans les musées de préhistoire et d'archéologie*, 2000.

École nationale du patrimoine, *Construire et évaluer une politique d'exposition*, 2001.

EIDELMAN Jacqueline, «La réception de l'exposition d'art contemporain *Hypothèses de collection*», *Publics & Musées* n°16: Actes du colloque «Les publics de l'art contemporain» (7 avril 2000), 2001, pp. 163-192.

EIDELMAN Jacqueline, «Identités et carrières de visiteurs», *Actes du colloque international au château de Kerjean. Monuments, accueil et projet de développement. Les nouveaux enjeux. 20 et 21 mars 2003*, Kerjean, 2003, pp. 32-38.

EIDELMAN Jacqueline, «Catégories de musées, de visiteurs et de visites», *in* Olivier DONNAT et Paul TOLILA (dir.), *Le(s) Public(s) de la culture*, Paris, Presses de Sciences Po, 2003, pp. 279-284.

참고문헌

EIDELMAN Jacqueline, «Les publics des musées scientifiques en France», *Actes du colloque Les musées de sciences. Dialogues franco-allemands/Tagundsband. Wissenschaftmuseum im deutsch-französischen Dialog*, Munich Deutsches Museum, 27 et 28 juin 2003, Paris, Ocim, 2004, pp. 112-123.

EIDELMAN Jacqueline, *Musées et publics: la double métamorphose. Socialisation et individualisation de la culture*, université Paris Descartes, Faculté des sciences humaines et sociales-Sorbonne, 2005, p. 298.

EIDELMAN Jacqueline, «Quand la muséographie révèle son identité au visiteur: études de cas au musée des arts d'Afrique et d'Océanie», *Journées d'études «Musées, connaissances et développement des publics» du 6 avril 2005*, Paris MNATP/ministère de la Culture et de la Communication (Direction des musées de France), 2005.

EIDELMAN Jacqueline (dir.), *Culture et Musées* n°6: Nouveaux musées de sociétés et de civilisations, 2005.

EIDELMAN Jacqueline, Denis SAMSON, Bernard SCHIELE, Michel VAN PRAËT, «Exposition de préfiguration et évaluation en action», *in* Jacqueline EIDELMAN, Michel VAN PRAËT (dir.), *La Muséologie des sciences et ses publics. Regards croisés sur la Grande Galerie de l'Evolution du Muséum national d'histoire naturelle*, Paris, Puf, coll. «Éducation et formation», 2000, p. 78.

EIDELMAN Jacqueline, VAN PRAËT Michel (dir.), *La Muséologie des sciences et ses publics. Regards croisés sur la Grande Galerie de l'Évolution du Muséum national d'histoire naturelle*, Paris, Puf, coll. «Éducation et formation», 2000, p. 352.

EIDELMAN Jacqueline, VAN PRAËT Michel, «Études, thèses et travaux réalisés à propos de la Grande Galerie de l'Évolution», *in* Jacqueline EIDELMAN, Michel VAN PRAËT (dir.), *La Muséologie des sciences et ses publics. Regards croisés sur la Grande Galerie de l'Évolution du Muséum national d'histoire naturelle*, Paris, Puf, coll. «Éducation et formation», Paris, Puf, 2000, pp. 335-337.

EIDELMAN Jacqueline, GOTTESDIENER Hana, CORDIER Jean-Pierre, PEIGNOUX Jacqueline, ROUSTAN Mélanie, *La Réception de l'exposition La mort n'en saura rien. Enquête réalisée auprès des visiteurs de l'exposition du musée national des arts d'Afrique et d'Océanie (1999-2000)*, Paris, Cerlis/MAAO, 2000, p. 184 + annexes.

EIDELMAN Jacqueline, RAGUET-CANDITO Nathalie, «L'exposition

itinérante *La Différence:* regards croisés sur l'identité francophone»,
*Actes du Colloque du CCIFQ Français et Québécois, Le regard de
l'autre*, Paris du 7 au 9 octobre 1999, 2000.

EIDELMAN Jacqueline, SAURIER Delphine, LE BRIAND Dilay, *En-
quête 2000: Les muséums d'histoire naturelle en régions*, Cerlis/mi-
nistère de la Recherche (Mission à la culture et l'information scienti-
fiques et techniques et des musées), 2001, p. 39.

EIDELMAN Jacqueline, VIEL Annette, JACOBI Daniel *et al.*, CROZON
Michel, HABIB Marie-Claire (coord.), *Regards croisés sur neuf ex-
positions permanentes d'Explora:* Mathématiques, espace informa-
tique, La serre, environnement, énergie, Jeux de lumière, Cité des
sciences et de l'industrie, DEP/ENS-ULM/laboratoire Culture et
Communication, 2001 (mai).

EIDELMAN Jacqueline, GOTTESDIENER Hana (dir.), CORDIER
Jean-Pierre, PEIGNOUX Jacqueline, RAULT Wilfried, RINÇON
Laurella, *La Réception de l'exposition* Kannibals et Vahinés, en-
quête réalisée auprès des visiteurs de l'exposition du musée national
des Arts d'Afrique et d'Océanie (2001-2002), tome 1: *Visites entre
adultes*, Cerlis/MAAO, 2002, p. 172 + annexes.

EIDELMAN Jacqueline, GOTTESDIENER Hana (dir.), CORDIER
Jean-Pierre, PEIGNOUX Jacqueline, RAULT Wilfried, RINÇON
Laurella, *La Réception de l'exposition* Kannibals et Vahinés, en-
quête réalisée auprès des visiteurs de l'exposition du Musée national
des Arts d'Afrique et d'Océanie (2001-2002), tome 2: *Visites fami-
liales*, Cerlis/MAAO, 2002, p. 72.

EIDELMAN Jacqueline, CORDIER Jean-Pierre, LETRAIT Muriel,
PEIGNOUX Jacqueline, LE BRIAND Dilay, *L'Espace muséal et ses
publics: catégories administratives, catégories de la recherche et caté-
gories «spontanées» des visiteurs*, Cerlis/Département Évaluation et
Prospective (ministère de la Culture et de la Communication), 2002,
p. 190 + annexes.

EIDELMAN Jacqueline, RAGUET-CANDITO Nathalie, «L'exposition
La Différence et sa réception en Suisse, en France et au Québec. Le
visiteur comme expert, médiateur et ethnologue», *Ethnologie fran-
çaise*, 2002/2, pp. 357-366.

EIDELMAN Jacqueline, GOTTESDIENER Hana, «Images de soi,
images des autres: les modes opératoires d'une exposition sur les
reliques d'Europe et d'Océanie», *in* Bernard SCHIELE (dir.), *Patri-*

참고문헌

moines et Identités, Québec, MultiMondes, 2002, pp. 121-140.

EIDELMAN Jacqueline, GOTTESDIENER Hana, «Visitors motivations and perceptions: A study of the exhibition *Death will not know about it*», *Actes du XVIIe Congrès de l'Association internationale d'esthétique empirique*, du 4 au 8 août 2002, Takarazuka (Japon), 2002, p. 10.

EIDELMAN Jacqueline, CORDIER Jean-Pierre, LETRAIT Muriel, «Catégories muséales et identités des visiteurs», *in* DONNAT Olivier (dir.), *Regards croisés sur les pratiques culturelles*, Paris, La Documentation française, coll. «Questions de culture», 2003, pp. 189-205.

EIDELMAN Jacqueline, LAFON Frédérique, «Des publics pour une refondation du musée de l'Homme», *in* Jean-Pierre MOHEN (dir.) *Le Nouveau Musée de l'Homme*, Paris, Odile Jacob/MNHN, 2004, pp. 223-251.

EIDELMAN Jacqueline, SAURIER Delphine, DESSAJAN Séverine, CORDIER Jean-Pierre, *La Réception de l'exposition* Rubens *au musée des Beaux-Arts de Lille*, tome 1: *Étude quantitative*, Cerlis/Ville de Lille, 2004, p. 57 + annexes.

EIDELMAN Jacqueline, SAURIER Delphine, DESSAJAN Séverine, CORDIER Jean-Pierre, *et coll.*, *La Réception de l'exposition* Rubens *au musée des Beaux-Arts de Lille*, tome 2: *Étude qualitative*, Cerlis/Ville de Lille, 2004, p. 230 + annexes.

EIDELMAN Jacqueline, SAURIER Delphine, DESSAJAN Séverine, CORDIER Jean-Pierre, *et coll.*, *La Réception de l'exposition* Rubens *au musée des Beaux-Arts de Lille*, tome 3: *Les groupes familiaux*, Cerlis/Ville de Lille, 2004, p. 96 + annexes.

EIDELMAN Jacqueline, SAURIER Delphine, DESSAJAN Séverine, CORDIER Jean-Pierre, *et coll.*, *La Réception de l'exposition* Rubens *au musée des Beaux-Arts de Lille*, tome 1: *Synthèse*, Cerlis/Ville de Lille, 2004, p. 14.

EIDELMAN Jacqueline, SAURIER Delphine, DESSAJAN Séverine, *Une approche compréhensive des publics potentiels du nouveau musée de l'Homme. Première étude de cas: l'exposition* Inuit, quand la parole prend forme, Cerlis, 2005, p. 107.

EIDELMAN Jacqueline, ROUSTAN Mélanie, POITTEVIN Aude, avec la collaboration de STEVANOVIC Jasmina et POIRÉE Julie, *La Musée national de la marine: étude de notoriété et de développe-*

ment des publics. *Étude prospective à visée globale stratégique.* tome 1: L'expérience de visite au MNM: visites familiales, visites entre adultes, p. 83 + annexes; tome 2: Images du MNM auprès de ses visiteurs potentiels: la décision de visite, p. 68 + annexes; tome 3: Images et imaginaires du MNM: la marine et son musée idéal, p. 43 + annexes; Synthèse générale: Pistes pour un Musée «idéal» de la marine, p. 22, Cerlis, 2006.

EIDELMAN Jacqueline, CORDIER Jean-Pierre, DESSAJAN Séverine, SERON Emmanuelle, *Une approche compréhensive des publics potentiels du nouveau musée de l'Homme. Deuxième étude de cas: l'exposition* Groenland Contact. De la lampe à l'huile au GPS, un peuple défie le temps, Cerlis, 2006, p. 134.

EIDELMAN Jacqueline, DESSAJAN Séverine, CORDIER Jean-Pierre, *La Réception des animations culturelles organisées dans le cadre de l'exposition* Naissances *(musée de l'Homme, 09/11/2005-01/09/2006)*, Cerlis, octobre 2006, p. 150.

ENS-LSH, *Le Public du projet: partenaires de l'action sociale, témoins et enjeux interculturels, acteurs de la construction identitaire*, 2001.

EPAILLARD Stéphane, HABIB Marie-Claire, DE MENGIN Aymard, *Environnement: représentations et attentes des publics*, synthèse des enquêtes réalisées en France pour éclairer les choix de programmation de la Cité des sciences et de l'industrie, Paris, Cité des sciences et de l'industrie, 2001 (décembre), p. 28.

ESQUENAZI Jean-Pierre, *Sociologie des publics*, Paris, La Découverte, coll. «Repères», 2003.

Établissement public du musée et du domaine national de Versailles, *Étude des livres d'or et des livres de réclamations*, 2005.

Établissement public du musée et du domaine national de Versailles, *Évaluation des audioguides adultes et enfants des expositions permanentes du château de Versailles*, 2006 (en cours).

Établissement public du musée et du domaine national de Versailles, *Évaluation des systèmes d'aide à la visite expérimentaux (PDA, Ipod) mis en place au Domaine de Marie-Antoinette*, 2006 (en cours).

Établissement public du musée et du domaine national de Versailles, *Étude des publics du domaine national de Versailles et du Trianon*, 2005.

Établissement public du musée et du domaine national de Versailles, *Les Grandes Eaux nocturnes*, 2006.

Eurologiques, *Projet Soulages, étude de publics potentiels pour le futur pôle d'art contemporain*. Rapport final, 2006.

F

FAUCHARD Cécile, XAVIER DE BRITO Angela, *Musées sans exclusive 2001. Accueil et dispositifs de médiation à l'intention des personnes atteintes d'un handicap visuel, auditif. Approche comparative* (3 vol.), 2001.

FIGESMA, *Étude de développement des publics touristiques du musée des Antiquités nationales de Saint-Germain-en-Laye*. Rapport final. Études et recommandations, 2005, p. 117.

FILLIPPINI-FANTONI Silvia, LE MAREC Joëlle, *Personnalisation de l'offre aux visiteurs pour l'aide à la conception du «Navigateur»*, ENS-LSH/Cité des sciences et de l'industrie, 2004.

FLEURANCE Sonia, SUILLEROT Agnès, DE MENGIN Aymard, *Synthèse des résultats d'enquête sur les 3 premiers thèmes «nouveaux territoires», «agir sur le cerveau» et «les limites du possible»*, Cité des sciences et de l'industrie, DEP, 2000 (mai).

FLEURY Laurent, *Sociologie de la culture et des pratiques culturelles*, Paris, Armand Colin, coll. «128», 2006.

FORTIN-DEBART Cécile, *Contribution à l'étude du partenariat école-musée pour une éducation relative à l'environnement: tendances et perspectives de la médiation muséale pour une approche critique des réalités environnementales*, thèse de doctorat du Muséum national d'histoire naturelle de Paris, 2003.

FOUQUET Emilie, *Le Site préhistorique, entre imaginaire et savoirs. La Roche de Solutré, sa légende et son musée*, mémoire de DEA sous la direction de Michel VAN PRAËT, Muséum national d'histoire naturelle, 2004, p. 124.

FOURTEAU Claude, «Les attentes du public au Louvre», *Le Regard instruit: action éducative et action culturelle dans les musées*. Actes du colloque organisé au musée du Louvre par le service culturel, Paris, La Documentation française, coll. «Louvre, conférences et colloques», 2000.

FOURTEAU Claude, «La politique des publics au Louvre», *in* Catherine BALLE, Elisabeth CLAVE, Viviane HUCHARD (dir.), *Publics et projets culturels. Un enjeu des Musées en Europe*, Paris, L'Harmattan, 2000.

FOURTEAU Claude, «La gratuité au bois dormant», *Les Publics des équipements culturels. Méthodes et résultats d'enquêtes*, DEP, 2001.

FOURTEAU Claude, «La mise en lumière du public», *Musées et service des publics, Actes des journées d'études des 14 et 15 octobre 1999*, DMF, 2001.

FOURTEAU Claude, *La Gratuité du dimanche au Louvre 1996-2000. Rapport d'évaluation*, Paris, Louvre, 2002, pp. 107-110.

FOURTEAU Claude, BOURDILLAT Cécile (dir.), *Les Institutions culturelles au plus près des publics. Actes des journées d'études organisées au musée du Louvre les 21 et 22 mars 2002*, Paris, La Documentation française, coll. «Louvre, conférences et colloques», 2002, p. 279.

FOURTICQ Pascale, «La spécificité de l'accueil à Lourdes. Accessibilité et déplacements des publics handicapés», *Cahier Espaces* n°78: Tourisme urbain.

G

GAGNEBIEN Anne, JOVET Viviane, SUILLEROT Agnès, *Usage des bornes d'information du publics (BIP)*, Cité des sciences et de l'industrie, DEP/Ad'Hoc, 2004 (septembre).

GAGNEBIEN Anne, HABIB Marie-Claire, *Synthèse des observations de Crad'expo, Cité des sciences et de l'industrie*, DEP/Ad'Hoc, 2005 (février).

GAL Florence, *Ami n'entre pas sans désir. La question des publics dans trois musées lyonnais*, mémoire de DESS développement culturel et direction de projet, sous la direction d'Isabelle FAURE, université Lumière Lyon II – Arsec, 2003, p. 54.

GALANGEAU-QUERAT Fabienne, «Entre pratiques de visiteurs et partages d'expériences muséales. Bilan d'une journée», *in* Cécile COLIN-FROMONT, Jean-Louis LACROIX (dir.), *Muséums en rénovation. Les sciences de la Terre et l'anatomie comparée face aux publics*, Dijon/Paris, Ocim/MNHN, 2005, pp. 213-216.

GALARD Jean, *Le Regard instruit: action éducative et action culturelle dans les musées. Actes du colloque organisé au musée du Louvre par le service culturel*, Paris, La Documentation française, coll. «Louvre, conférences et colloques», 2000, p. 208.

GALICO Agnès, LAEMMEL Christine, *Évaluation d'une exposition multisensorielle pour les enfants voyants et non-voyants*, Musée

참고문헌

zoologique de la ville de Strasbourg/université Louis Paster, 2003, p. 72.

GALICO Agnès, LAEMMEL Christine, «Quand le musée apprend des visiteurs», *La Lettre de l'Ocim*, n°96, 2004, pp. 25-31.

GAUCHET-LOPEZ Maud, POLI Marie-Sylvie, «Médiations de l'art contemporain via les sites Internet», *Culture et Musées* n°3: Les médiations de l'art contemporain (dir. Elisabeth CAILLET, Daniel JACOBI), 2004, pp. 97-116.

GAUDILLERE Edith, *La Boutique de la Grande Galerie de l'Évolution: biographie, structure et comportement d'achat des visiteurs adultes. Le rôle des boutiques de musées*, mémoire de DEA sous la direction de Jacqueline EIDELMAN, Muséum national d'histoire naturelle, 2002, p. 106.

GAUZINS Emmanuelle, *Perception du musée par les enfants: le cas de la Grande Galerie de l'Évolution*, mémoire de DESS Conception et réalisation d'expositions à caractère scientifique et technique, université Paris 13, 2002.

GAUZINS Emmanuelle, LE MAREC Joëlle, *Réactions des visiteurs à Visite + Premier bilan*, ENS-LSH/Association Ad Hoc/Cité des sciences et de l'industrie, 2003.

GELLEREAU Michèle, *Au croisement des récits: analyse de quelques dispositifs de communication dans la construction du récit patrimonial*, université de Lille 3, Gerico, 2003, p. 9.

GILBERT Claude (coordination et suivi éditorial), *Musée et services des publics. Journées d'étude, Paris, École du Louvre*, 14 et 15 octobre 1999, Paris, ministère de la Culture et de la Communication/DMF, 2001.

GIRAULT Yves (dir.), *L'Accueil des publics scolaires dans les muséums. Aquariums, jardins botaniques, parcs zoologiques*, Paris, L'Harmattan, 2003, p. 296.

GIREL Sylvia, «Cartons d'invitation et vernissages d'exposition: sur quelques rites et rythmes de l'art contemporain», *Septièmes rencontres internationales de sociologie de l'art*, organisées par le GDR Opus et le CSRPC à l'université Pierre-Mendès-France, Grenoble (du 27 au 29 novembre 2003), Grenoble, 2003.

GIREL Sylvia, «L'art contemporain, ses publics et non-publics: le paradoxe de la réception face aux nouvelles formes de création», *in* Pascale ANCEL, Alain PESSIN (dir.), *Les Non-Publics. Les arts en*

프랑스 박물관 정책과 관람객

410

réceptions, Paris, L'Harmattan, coll. «Logiques sociales», 2004.

GOB André, DROUGUET Noémie, *La Muséologie. Histoire, développements, enjeux actuels*, Paris, Armand Colin, coll. «U», 2006 [2ᵉ édition].

GOMBAULT Anne, «De la politique tarifaire des musées au prix comme variable stratégique: panorama d'une évolution», *Actes de la VIᵉ journée de la recherche de Marketing en Bourgogne*, «Marketing des activités culturelles, des loisirs, du tourisme et du sport», Latec, Crego, université de Bourgogne, Dijon, 2001.

GOMBAULT Anne, «L'émergence du prix comme variable stratégique des musées», *in* François ROUET (dir.), *Les Tarifs de la culture*, Paris, La Documentation française, coll. «Questions de culture», 2002.

GOMBAULT Anne, «La gratuité dans les musées: une revue internationale», *in* Claude FOURTEAU, Cécile BOURDILLAT (dir.), *Les Institutions culturelles au plus près des publics. Actes des journées d'études organisées au musée du Louvre les 21 et 22 mars 2002*, Paris, La Documentation française, coll. «Louvre, conférences et colloques», 2002.

GOMBAULT Anne, «La gratuité au cœur de la stratégie de prix du musée», *Revue Espaces*, juin 2005, p. 6.

GOMBAULT Anne et HARRIBEY L., «L'expérience Louvre-Estuaire: entre éducation au patrimoine et quête d'identité locale», *Cahier Espaces*, n°87, Musées et tourisme, novembre 2005.

GOMBAULT Anne, BERNEMAN Corinne, COURVOISIER François, BOURGEON-RENAULT Dominique (dir.), *Revue Espaces* n°243: Marketing de la culture en Europe, décembre 2006, p. 13.

GOMBAULT Anne, PETR Christine, BOURGEON-RENAULT Dominique, LE GALL-ELY Marine, URBAIN Caroline, *La Gratuité des musées et des monuments côté publics. Représentations, projets d'usage et comportements des publics*, Paris, La Documentation française, coll. «Questions de culture», 2007.

GOMBAULT Anne, EBERHARD-HARRIBEY Laurence, «L'expérience Louvre-Estuaire: entre éducation au patrimoine et quête d'identité locale», *Cahier Espaces* n°87: Musées et tourisme, novembre 2005, p. 10.

GOTTESDIENER Hana, *L'Évolution des études et des recherches sur les publics des musées au cours des trente dernières années*. Rapport intermédiaire, DMF/université d'Avignon et des Pays du Vaucluse,

참고문헌

laboratoire Culture et Communication, 2005.

GOTTESDIENER Hana, VILATTE Jean-Christophe, «Family visit to an art exhibitioin: what effect has a game booklet on the visit and on children's perception of the exhibition», *16th Congress of the International Association of Empirical Aesthetics. New York, August 9-12-2000.*

GOTTESDIENER Hana, VILATTE Jean-Christophe (eds.), *Culture and Communication, Proceedings of the 17th Congress of the International Association of Empirical Aesthetics.* Université d'Avignon et des Pays du Vaucluse, 2006.

GOTTESDIENER Hana (dir.), CHAUMIER Serge, THEVENARD Céline, VILATTE Jean-Christophe, *Évaluation de l'utilisation des livrets pédagogiques dans le cadre de l'exposition Impressionnistes en Bretagne au musée de Quimper*, Cerem, université de Saint-Étienne, 2000.

GOTTESDIENER Hana, EIDELMAN Jacqueline, *et coll.*, La CGT déménage Le Louvre à Montreuil: *Étude de la réception d'une exposition pas comme les autres*, Cerem/Cerlis/Le Louvre (service culturel), 2000, p. 30 + annexes.

GOTTESDIENER Hana, EIDELMAN Jacqueline, «Motivations et expériences de visite», *Actes du colloque international du château de Kerjean. Monuments, accueil et projet de développement. Les nouveaux enjeux. 20 et 21 mars 2003*, Kerjean, 2003, pp. 39-45.

GOTTESDIENER Hana, VILATTE Jean-Christophe, *Les Voies d'accès des jeunes adultes à l'art contemporain. Rapport*, laboratoire Culture et Communication, université d'Avignon et des Pays du Vaucluse, 2005, p. 115.

GOTTESDIENER Hana, VILATTE Jean-Christophe, «Vues et points de vue dans l'espace muséal», 16th conference of IAPS (International Association of People-Environnement Studies), Paris, 4-7 juillet 2000.

GOTTESDIENER Hana, VILATTE Jean-Christophe, *L'Accès des jeunes adultes à l'art contemporain. Approches sociologique et psychologique du goût des étudiants pour l'art de leur fréquentation des musées*, Paris, ministère de la Culture et de la Communication, DDAI/DEPS, 2006.

GOURDOU Julie, *Les 20-30 ans revisitent le musée*, mémoire de master Médiation culturelle, sous la direction de Bruno PEQUIGNOT, université Paris III Sorbonne-Nouvelle, 2003, p. 93.

GRANDVAL Agathe, HABIB Marie-Claire, *Étude auprès des visiteurs de l'exposition* Le Cerveau intime, Cité des sciences et de l'industrie, DEP/Nadine Salabert SARL, 2003 (novembre), p. 35.

GRASSIN Anne-Sophie, *Observation des objets et lectures des cartels: le «jonglage» comme stratégie de visite*, Paris, École du Louvre, 2004.

GUIBERT Etienne, *État des lieux et analyse des actions culturelles envers le jeune public dans les musées de préhistoire et d'archéologie*, Paris, École du Louvre, 2000, p. 47.

GUILLOU Christine, HABIB Marie-Claire, *Étude auprès des visiteurs de l'exposition* La forêt du Grand Nord, Cité des sciences et de l'industrie, DEP/Ad'Hoc, 2001 (mars).

GUIONY COURTADE Pascale, *Développement des publics – Musées et entreprises*, mémoire de muséologie sous la direction de Michèle PROTOYERIDES, Paris, École du Louvre, 2003, p. 70.

H

HABIB Marie-Claire, DAUCHEZ Cécile, L'Ombre à la porté des enfants: *observations et entretiens auprès des visiteurs de l'exposition*, Cité des sciences et de l'industrie/DEP, 2006.

HABIB Marie-Claire, DE MENGIN Aymard, «La curiosité des publics et leurs dispositions ou affinités avec les sciences et techniques», *in* Cécile COLIN-FROMONT, Jean-Louis LACROIX (dir.), *Muséums en rénovation. Les sciences de la Terre et l'anatomie comparée face aux publics*, Dijon/Paris, Ocim/MNHN, 2005, pp. 241-257.

HEINICH Nathalie, «Les rejets de l'art contemporain», *Publics & Musées* n°16: Actes du colloque «Les publics de l'art contemporain» (7 avril 2000), 2001.

HEINICH Nathalie, *La Sociologie de l'art*, Paris, La Découverte, coll. «Repères», 2004.

HERIARD Pierre, DEBOURDEAU Claire, *La Visite numérique du domaine de Marie-Antoinette: évaluation du dispositif*, Établissement public du musée et du domaine national de Versailles, 2006.

HEYDACKER Aude, *Le Musée d'Art et d'histoire du judaïsme et le quartier du Marais. Un musée particulier dans un quartier particulier*, mémoire de maîtrise de sociologie, sous la direction de Dominique DESJEUX, Jacqueline EIDELMAN, université Paris V-Descartes, Faculté des Sciences Humaines et Sociales, 2000, p. 101.

참고문헌

HOUSSAYE Lora, *Le livre d'or du musée national du Moyen Âge*, mémoire de master 2 professionnel Conduite de projets culturels et connaissance des publics, université Paris X, 2005.

I
───

IDJERAOUI-RAVEZ Linda, *Domaines d'analyse, modes approches et enjeux socio-culturels. Le témoignage humain comme support de médiation muséal d'un nouveau genre et enjeux socio-culturels*, université d'Avignon et des Pays de Vaucluse, laboratoire Culture et Communication, 2003.

IESA, *Le Musée de l'Homme, Observatoire des Publics:* Inuit, quand la parole prend forme, Paris, 2005, p. 43.

Info-test, *Étude des publics du domaine national de Versailles et de Trianon*, 2005.

IRES, *Les Administrations entre le public et le client: définition, redéfinition du travail. Une comparaison des personnels des musées et de l'équipement*, 2001, p. 18.

J
───

JACOBI Daniel, *Les Styles muséographiques et les textes affichés dans les expositions permanentes depuis 1985. Enquête qualitative sur leur reconnaissance par un échantillon de visiteurs*, Paris, DDRI, Cité des sciences et de l'industrie de la Villette, 2000 (janvier).

JACOBI Daniel, «Les dispositifs non scolaires d'acculturation: introduction à l'analyse de l'éducation non formelle», *Éducations, société*, 2000, p. 165.

JACOBI Daniel, *L'Écrit comme registre muséographique des expositions de la Cité des Sciences & de l'Industrie de la Villette*, Paris, DDRI, Cité des sciences et de l'industrie de la Villette, 2000 (octobre).

JACOBI Daniel, *Recensement et revue critique de la littérature relative à la place des textes dans les musées et les expositions d'art contemporain*, DAP, ministère de la Culture (en collab.), laboratoire Culture et Communication, université d'Avignon et des Pays du Vaucluse, 2000.

JACOBI Daniel, *Évaluation préalable des textes d'exposition dans la nouvelle exposition temporaire du musée de l'Arles antique:* Naissance de la chrétienté en Provence, laboratoire Culture et Communication, université d'Avignon et des Pays du Vaucluse, 2001 (mars).

JACOBI Daniel, *La Médiation écrite de l'art contemporain et ses formes dans quelques centres d'art*, DAP, ministère de la Culture et de la Communication, laboratoire Culture et Communication, université d'Avignon et des Pays du Vaucluse, 2001 (novembre).

JACOBI Daniel, *Le Public de l'exposition temporaire* D'un mode à l'autre, 2002 (février).

JACOBI Daniel, *Le Public de l'exposition temporaire* Parfums et cosmétiques de l'Égypte ancienne, laboratoire Culture et Communication, université d'Avignon et des Pays du Vaucluse, 2002 (octobre).

JACOBI Daniel, *Le Potentiel culturel et économique du château d'If. Analyse du comportement et des attentes des visiteurs*, Centre des Monuments Nationaux, laboratoire Culture et Communication, université d'Avignon et des Pays du Vaucluse, 2002 (novembre).

JACOBI Daniel, *Un centre de culture et de tourisme scientifique et industriel dédié à l'énergie nucléaire et aux déchets industriels radioactifs, étude d'opportunité et de faisabilité*, laboratoire Culture et Communication, université d'Avignon et des Pays du Vaucluse, 2003 (juillet).

JACOBI Daniel, *Le Potentiel de fréquentation du Camp des Milles. Rapport*, COPIL, Aix-en-Provence, juin 2004 [en collaboration], Aix-en-Provence, laboratoire Culture et Communication, université d'Avignon et des Pays du Vaucluse, 2004 (janvier).

JACOBI Daniel, *Les Visiteurs du Musée d'Histoire de Marseille*, Direction des Musées de la ville de Marseille [en collaboration], laboratoire Culture et Communication, université d'Avignon et des Pays du Vaucluse, 2005 (janvier).

JACOBI Daniel, *Les Noms d'un espace d'exposition sur le nucléaire, valeur évocative et pertinence dénominative*, CEA CECER, Marcoule [en collaboration], laboratoire Culture et Communication, université d'Avignon et des Pays du Vaucluse, 2005 (janvier).

JACOBI Daniel, *La Fréquentation du patrimoine Antique à Arles: publics, visiteurs des monuments et visiteurs du musée*, laboratoire Culture et Communication, université d'Avignon et des Pays du Vaucluse, 2005 (octobre).

JACOBI Daniel, *L'Exposition* Arles, Cité des Territoires *et le futur Centre d'interprétation de l'architecture et du patrimoine d'une ville d'Art & d'histoire*, Service du Patrimoine, ville d'Arles [en collaboration], laboratoire Culture et Communication, université d'Avignon et des Pays du Vaucluse, 2006 (janvier).

JACOBI Daniel, *Les Visiteurs de Roussillon face aux atouts différents du Sentier des ocres et du Conservatoire des ocres & pigments appliqués*, PNRL, Okhra et ville de Roussillon [en collaboration], laboratoire Culture et Communication, université d'Avignon et des Pays du Vaucluse, 2006 (janvier).

JACOBI Daniel (dir.), *Les Médiations écrits de l'art contemporain. Impact de différentes versions de textes de médiation sur la reconnaissance d'une œuvre*, DAP, ministère de la Culture [en collaboration], laboratoire Culture et Communication, université d'Avignon et des Pays du Vaucluse.

JACOBI Daniel, «La signalétique conceptuelle entre topologie et schématisation: le cas des parcours d'interprétation du patrimoine», *Colloque Indice, index, indexation*, université de Lille 3, 2006.

JACOBI Daniel, LACROIX Jean-Louis, MIEGE Delphine, DUCRET Fabienne, «Dénommer une exposition, tester la signalétique et faciliter l'orientation des visiteurs», *in* Jacqueline EIDELMAN, Michel VAN PRAËT (dir.), *La Muséologie des sciences et ses publics. Regards croisés sur la Grande Galerie de l'Évolution du Muséum national d'histoire naturelle*, Paris, Puf, coll. «Éducation et formation», 2000, pp. 123-143.

JACOBI Daniel, ETHIS Emmanuel *et al.*, *La Fréquentation du patrimoine antique de la Région Paca pendant la saison 2000. Analyse des résultats de l'enquête conduite auprès de 6000 visiteurs entre juillet et octobre dans sept monuments différents*, Marseille, Artec et Région Paca, laboratoire Culture et Communication, université d'Avignon et des Pays du Vaucluse, 2001.

JACOBI Daniel *et al.*, *La Fréquentation du patrimoine antique à Arles: publics, visiteurs des monuments et visiteurs du musée. Rapport de l'enquête qualitative conduite auprès d'un échantillon aléatoire de visiteurs et promeneurs de la ville au cours de l'été 2005*, Arles, Mapa, laboratoire Culture et Communication, université d'Avignon et des Pays du Vaucluse, 2005.

JACOBI Daniel, CAILLET Elisabeth, «Introduction», *Culture et Musées* n°3: Les médiations de l'art contemporain (dir. Elisabeth CAILLET, Daniel JACOBI), 2004, p. 1322.

JACOBI Eva et Daniel, *Les Publics et la thématique Médecine, santé et société*, Cité des sciences et de l'industrie/DEP, 2006.

JEANTEUR Christophe, SIOUFI Nabil, *Nouveau tarif et projet de*

프랑스 박물관 정책과 관람객

416

contrat d'objectif avec plan d'action pour développer la fréquentation et doubler les recettes propres. Enquête de public au musée et à l'exposition Sisley, ainsi qu'à l'extérieur; enquête (benchmarking) auprès de musées de beaux-arts en France et à l'étranger, Farman & Partners/Ville de Lyon, musée des Beaux-Arts de Lyon, 2003.

JEANTEUR Christophe, SIOUFI Nabil, *Musées gallo-romains de Fourvière et de Saint-Romain-en-Gal. Enquête de public et à l'extérieur, et auprès de professionnels. Benchmarking de 40 musées en Europe. Évaluation fréquentation/coût par levier (expositions, audio-guide, signalétique, tourisme, gratuité, nouveau tarif)*, Farman & Partners/ Conseil général du Rhône, 2004.

JEANTEUR Christophe, SIOUFI Nabil, *Plan de développement des recettes propres par les animations et les visites guidées au Centre d'histoire de la résistance et de la déportation (CHRD) de Lyon. Eclairage nouveau sur les publics potentiels et préconisation du nouveau tarif*, Farman & Partners/Ville de Lyon, Centre d'histoire de la résistance et de la déportation, 2005.

JEANTEUR Christophe, SIOUFI Nabil, *Mise en place de l'Observatoire des publics du Petit Palais et du musée Carnavalet avec enquête auprès des visiteurs et auprès de publics potentiels à l'extérieur des sites*, Farman & Partners/Ville de Paris, Petit Palais et musée Carnavalet, 2006.

JEANTEUR Christophe, SIOUFI Nabil, *Châteaux-musées de Compiègne et de Fontainebleau. Plan de développement économique. Benchmarking auprès de 25 châteaux en Europe. Enquête d'image. Étude du positionnement, des circuits et modalités de visite, de l'accueil et des services. Organisation en fonction du public: fonctions à renforcer, productivité/modulation des horaires, motivation et qualité. Évaluation des priorités, phasage des objectifs et des investissements*, Farman & Partners/ministère de la Culture et de la Communication, DMF, 2006.

JOIN-LAMBERT Odile, LOCHARD Yves, RAVEYRE Marie, UGHETTO Pascal, *Servir l'État et l'usager. Définition et redéfinition du travail par le public dans le domaine des musées*, IRES, 2004, p. 118.

JONCHERY Anne, *La Visite en famille de maisons de personnages célèbres. Enquête à la maison de Chateaubriand à Châtenay-Malabry*, mémoire de DEA de muséologie des Sciences naturelles et humaines, sous la direction de Jean-Marc DROUIN, Muséum national d'histoire naturelle, 2001, p. 81.

JONCHERY Anne, *Quand la famille vient au musée: des pratiques de visites aux logiques culturelles*, doctorat en muséologie sous la direction de Michel VAN PRAËT, Muséum national d'histoire naturelle, Paris, 2005, p. 675.

JULIEN Maxence, *Musée national de préhistoire, analyse du livre d'or (juillet 2004 – janvier 2006)*, mémoire sous la direction de Antoine CHANCEREL, université de Versailles Saint Quentin, IUP ASCM, 2006, p. 61 + annexes.

K

KASSARDIJAN E., «Influence d'une exposition scientifique sur l'exposition des visiteurs», *La Lettre de l'Ocim*, n°81, 2002, pp. 18-22.

KAWASHIMA A., POLI Marie-Sylvie, «De la lecture à l'interprétation des cartels; stratégies cognitives des visiteurs dans un musée d'art», *Champs de l'audiovisuel* (anciennement *Champs visuels*) n°14: L'image et les musées, Paris, L'Harmattan, 2000, pp. 60-81.

Kynos-ISR Consultants, *Le Domaine de Sèvres: Musée national de Céramique et Manufacture de Sèvres. Enquête auprès des visiteurs des Journées du Patrimoine 18 et 19 septembre 2004.*

KREBS Anne (dir.), *Étude Joconde*, Louvre, 2001.

KREBS Anne (dir.), *Étude Vénus de Milo*, Louvre, 2001.

KREBS Anne (dir.), *Les Nocturnes du Louvre: caractéristiques des visiteurs, freins et motivations à la visite, impact d'évolutions*, Louvre, 2003.

KREBS Anne (dir.), *Les Horaires d'ouverture du Louvre: enquête préalable à un éventuel élargissement des horaires*, Louvre, 2003.

KREBS Anne (dir.), *Analyse de la politique tarifaire du musée du Louvre et enquête auprès de visiteurs de musées et d'expositions*, Louvre/Crédoc, 2003.

KREBS Anne (dir.), *L'impact du nouvel emplacement de la Vénus de Milo sur les flux, les comportements et les représentations des visiteurs*, Louvre, 2004.

KREBS Anne (dir.), *«Une revue à l'image du Louvre». Enquête auprès des Amis du Louvre*, Louvre, 2004.

KREBS Anne (dir.), *Le lectorat des publications gratuites du Louvre*, Louvre, 2004.

KREBS Anne (dir.), *Enquête auprès des visiteurs de 18 à 25 ans entrant*

프랑스 박물관 정책과 관람객

gratuitement en nocturne (enquête quantitative), Louvre, 2004.

KREBS Anne (dir.), *Mesure et attributs de la satisfaction des visiteurs du Louvre*, Louvre, 2004.

KREBS Anne (dir.), *Baromètre des publics du Louvre 2005. Vague du premier trimestre 2005*, Paris, Louvre/TEST/Observatoire des publics du musée du Louvre, 2005, p. 63.

KREBS Anne (dir.), *Modélisation économétrique de la fréquentation du Louvre*, Louvre/Crédoc, 2005.

KREBS Anne (dir.), *Étude comportementale des visiteurs de la Salle des États à sa réouverture*, Louvre, 2005.

KREBS Anne (dir.), *Pré-test de visuels et du titre de l'exposition temporaire* Bijoux de l'Italie antique. La collection du marquis Campana, Louvre/JBC, 2005.

KREBS Anne (dir.), *Pré-test de visuels et du titre de l'exposition temporaire Ingres*, Louvre/BVA, 2005.

KREBS Anne (dir.), *Baromètre des Publics du Louvre*, Louvre/TEST, 2004.

KREBS Anne (dir.), *Comptages-type de semaines, dimanches gratuits, journées et nocturnes exceptionnelles*, Louvre/TNS-Sofres.

KREBS Anne (dir.), *Enquête sur le profil des visiteurs en groupe*, Louvre/TEST, 2005.

KREBS Anne (dir.), *Étude de positionnement de la fréquentation du Louvre sur la scène culturelle nationale et internationale. Étude reconduite semestriellement*, Louvre.

KREBS Anne (dir.), *Baromètre des établissements culturels 2002. L'expérience et la connaissance du musée du Louvre dans la population nationale âgée de 15 ans et plus*, Louvre/ISL/ARCMC, 2003.

KREBS Anne (dir.), *Baromètre des établissements culturels 2005. Notoriété, fréquentation et attraction du Louvre et de ses expositions temporaires*, Louvre/ISL, ARCMC, 2005.

KREBS Anne (dir.), *Évaluation de la réception de l'exposition* Michel-Ange. Les dessins du Louvre, Louvre, 2003.

KREBS Anne (dir.), *Évaluation de la réception de l'exposition* Léonard de Vinci. Dessins et manuscrits, Louvre/ISL, 2003.

KREBS Anne (dir.), *Évaluation de la réception des expositions* Tanagra et L'esprit créateur. De Pigalle à Canova, Louvre, 2004.

KREBS Anne (dir.), *Évaluation de la réception de l'exposition* Paris 1400. Les arts sous Charles VI, Louvre, 2004.

KREBS Anne (dir.), *Évaluation de la réception de l'exposition* La France romane. Au temps des premiers Capétiens, Louvre/TEST, 2005.

KREBS Anne (dir.), *Les Visiteurs étrangers du Louvre: perception de l'offre culturelle et pédagogique, besoins et attentes exprimés*, Louvre, 2004, p. 31.

KREBS Anne (dir.), *Enquête auprès des adhérents de la société des Amis du Louvre*, Louvre/Plein Sens, 2004.

KREBS Anne (dir.), *Les Visiteurs du département des Antiquités orientales*, Louvre, 2004.

KREBS Anne (dir.), I – *L'Impensé de l'art contemporain: les visiteurs français du Louvre et leur rapport à l'art contemporain*, Louvre, 2005.

KREBS Anne (dir.), II – *Évaluation de la réception de l'exposition Contrepoint*, Louvre, 2005.

KREBS Anne (dir.), *Observatoire permanent des publics*, Louvre/ISL, étude annuelle depuis 1994.

KREBS Anne, MARESCA Bruno, *Problèmes politiques et sociaux* n°910: Le renouveau des musées, La Documentation française, 2005.

KRUMMENACKER Carolyne, *L'Éducation à la citoyenneté au musée, enjeux et applications. L'exemple de la Cité des enfants*, mémoire sous la direction d'Yves GIRAULT, Muséum national d'histoire naturelle, 2002, p. 105.

L

LAFON Frédérique, *Nature en tête*, Muséum national d'histoire naturelle, 2000.

LAFON Frédérique, *Pas si bête*, Muséum national d'histoire naturelle, 2000.

LAFON Frédérique, *L'Exposition permanente GGE*, Muséum national d'histoire naturelle, 2000.

LAFON Frédérique, *L'Exposition permanente GGE*, Muséum national d'histoire naturelle, 2001.

LAFON Frédérique, *Diamants*, Muséum national d'histoire naturelle, 2001.

LAFON Frédérique, *Les Visiteurs de l'exposition permanente*, MNHN/Observatoire permanent des publics, Direction de la Grande Galerie de l'Évolution, 2001.

LAFON Frédérique, *Études d'audience des expositions* Le siècle de

Théodore Monod & Alcide d'Orbigny, du Nouveau Monde... au passé du Monde, Paris, Muséum national d'histoire naturelle, 2002, p. 34.

LAFON Frédérique, *Les Cours publics du Muséum*, Muséum national d'histoire naturelle, 2002.

LAFON Frédérique, *Image du Muséum et de son logo*, Muséum national d'histoire naturelle, 2002.

LAFON Frédérique, *Nature Vive*, Muséum national d'histoire naturelle, 2003.

LAFON Frédérique, *Étude d'audience des publics du musée de l'Homme*, Muséum national d'histoire naturelle, 2004, p. 36.

LAFON Frédérique, *Les Ateliers pédagogiques de la GGE*, Muséum national d'histoire naturelle, 2004.

LAFON Frédérique, *Les Journées du patrimoine*, Muséum national d'histoire naturelle, 2004.

LAFON Frédérique, *La Fête de la science*, Muséum national d'histoire naturelle/IPSOS Culture, 2004.

LAFON Frédérique, *Au temps des mammouths*, Muséum national d'histoire naturelle, 2005.

LAFON Frédérique, *La Galerie de Paléontologie et d'anatomie comparée*, Muséum national d'histoire naturelle, 2005.

LAFON Frédérique, «Quels publics pour les rénovations des galeries du Jardin des Plantes?», *in* Cécile COLIN-FROMONT, Jean-Louis LACROIX (dir.), *Muséums en rénovation. Les sciences de la Terre et l'anatomie comparée face aux publics*, Dijon/Paris, Ocim/MNHN, 2005, pp. 217-227.

LAFORE Amélie, *Des femmes, des villes, des musées: la diffusion de l'innovation culturelle et sociale*, mémoire de maîtrise option communication des organisations, rapport de stage à la DMF, sous la direction de Claude GILBERT (directrice de stage), Valérie CARAYOL (directrice de méthodologie), Catherine PASCAL (directrice de projet), ISIC, Bordeaux, 2002, p. 86.

LAMPRON Nathalie, «Développement des publics jeunesse: les tout-petits au musée», *Musées*, n°22, 2000.

LANGLOIS Cécile, «Novices et experts face à l'exposition L'alimentation au fil du gène», *La Lettre de l'Ocim* n°68: Muséums en rénovation, 2000, pp. 17-22.

LARGE Audrey, *Rapport de stage ministère de la culture DMF*, univer-

참고문헌

sité Paris 7 – Denis Diderot, 2004.

LAS VERGNAS Marie-Laure, «La prise en compte des visiteurs handicapés», *La Lettre de l'Ocim*, n°79, 2002, pp. 17-20.

LAURENT Hélène, HABIB Marie-Claire, *Évaluation de l'exposition* Soleil, mythes et réalités, Cité des sciences et de l'industrie, DEP/ École du Louvre, 2004 (août).

LAVAULT Marie, *Conditions d'une éducation artistique dans les centres d'art. Pour une méthodologie d'évaluation. Centres d'art contemporain le Quartier, Quimper et la Criée*, Rennes, mémoire de DEA de sociologie, université Rennes 2, département d'histoire de l'art, 2001, p. 161.

La Lettre de l'Ocim n°75: Les Amis de musées, mai-juin 2001.

LEBRUN Anne-Marie, «Les expériences recherchées au cœur des attentes des touristes», *La Lettre de l'Ocim*, n°101, 2005, pp. 12-17.

LE BERRE Anne, *Statistiques des entrées. Musée de Fécamp*, Ville de Fécamp, 2006, p. 11.

LE BERRE S., «De l'autre côté des vitrines», *La Lettre de l'Ocim*, n°85, 2003, pp. 10-14.

LE COQ Sophie, «De la notion des non-publics de l'art à une analyse de la transmission/réception d'art: le paradoxe de la réception face aux nouvelles formes de création», *in* Pascale ANCEL, Alain PESSIN (dir.), *Les Non-Publics. Les arts en réceptions*, tome 2, Paris, L'Harmattan, coll. «Logiques sociales», 2004, pp. 213-230.

LE GALL-ELY Marine, URBAIN Caroline, BOURGEON Dominique, GOMBAULT Anne et Christine PETR, «La gratuité dans le domaine culturel: étude des représentations des bénéficiaires dans les musées et monuments français», *Actes Journée de Recherche, Prix, Consommation et Culture(s)*, IAE Tours, 2003.

LEMAIRE Marion, *Les Études de publics dans les musées en France (2000-2006)*, mémoire de master Muséologie, sciences et sociétés, sous la direction de Jacqueline EIDELMAN, Muséum national d'histoire naturelle, 2006.

LE MAREC Joëlle, «L'image dans les expositions: le flou et la rigueur», *Champs de l'audiovisuel* (anciennement *Champs visuels*) n°14: L'image et les musées, Paris, L'Harmattan, 2000, pp. 101-116.

LE MAREC Joëlle, «L'usage en son contexte. Sur les usages des interactifs et des cédéroms de musées», *Réseaux*, n°101, 2000, pp. 173-196.

LE MAREC Joëlle, «Le public: définitions et représentations», *Bulletin*

프
랑
스

박
물
관

정
책
과

관
람
객

des Bibliothèques de France, n°46, vol 2, 2001, pp. 50-55.

LE MAREC Joëlle, *Ce que le «terrain» fait aux concepts: vers une théorie des composites*, habilitation à diriger des recherches en sciences de l'information et de la communication, université Paris 7, 2002, p. 199.

LE MAREC Joëlle, «Le musée à l'épreuve des thèmes sciences et sociétés: les visiteurs en public», *Quaderni*, n°46, 2002, pp. 105-122.

LE MAREC Joëlle, «Les musées en devenir? Une interrogation paradoxale», Bernard SCHIELE (dir.), *Patrimoines et Identités*, Montréal, MultiMondes, 2002, pp. 15-40.

LE MAREC Joëlle (dir.), *Médiamorphoses* n°9: L'exposition, un média, 2003.

LE MAREC Joëlle, «Les études d'usage des multimédias en milieu culturel: une évolution des questions», *Culture & Recherche*, n°102, ministère de la Culture et de la Communication, 2004, pp. 16-17.

LE MAREC Joëlle, «Les études d'usage et leur prise en compte dans le champ culturel», *in* S. CHAUDIRON (dir.), *Évaluation des systèmes de traitement de l'information*, Paris, Hermès/Lavoisier, 2004, pp. 353-373.

LE MAREC Joëlle, «Ignorance ou confiance: le public dans l'enquête, au musée et face à la recherche», *in* Isabelle PAILLART (dir.), *La Publicisation de la science*, Grenoble, Presses Universitaires de Grenoble, 2005.

LE MAREC Joëlle, «La relation entre l'institution muséale et les publics: confrontation de modèles», *Musées, connaissance et développement des publics*, Paris, Éditions du Ministère de la Culture et de la Communication, 2005.

LE MAREC Joëlle, «Public usager, public témoin», *Annual Meeting 2005 Museology – a Field of Knowledge: Museology and Audience du 30 juin au 2 juillet 2005*, Calgary, Canada, ICOFOM, ENS-LSH, 2005.

LE MAREC Joëlle, «La relation entre l'institution muséale et les publics: confrontation de modèles», *in* Françoise WASSERMAN (responsable éditoriale), Bernadette GOLDSTEIN (coordination), *Journée d'études «Musées, connaissance et développement des publics» du 6 avril 2005*, Paris MNATP, éditions du ministère de la Culture et de la Communication, 2005, 103-121.

LE MAREC Joëlle, «Public, inscription, écriture», *Sciences de la société*, n°67, ENS-LSH, 2006, pp. 145-161.

LE MAREC Joëlle, DEBRUYNE François, *L'Exposition* Son: *le style Villette?*, Paris, Cité des sciences et de l'industrie/Observatoire des publics, 2000.

LE MAREC Joëlle, REBEYROTTE Jean-François, «Les relations écoles-musées en contexte exotique: l'interculturel au carré», *Médiations des cultures UL3, Actes des journées d'étude du groupe médiation de la Société française des sciences de l'information et de la communication*, 26-27 mars 1999, Lille, université Charles-de-Gaulle, 2000.

LE MAREC Joëlle, DUBOST Monique, *Étude préalable à l'exposition permanente du musée des Cultures du monde. Le public du projet: partenaires de l'action sociale, témoins des enjeux interculturels, acteurs de la construction identitaire*, Lyon, ENS-LSH, 2001 (http://sciences-medias.ens-lsh.fr/article.php3?id_article=34).

LE MAREC Joëlle, BABOU Igor, «Science, musée et télévision: discours sur le cerveau», *Communication et langages*, n°138, 2003, pp. 69-88.

LE MAREC Joëlle, BABOU Igor, «La génétique au musée: figures et figurants du débat public», *Recherches en communication*, n°20, 2004.

LE MAREC Joëlle, BABOU Igor (dir.), *Sciences, médias et société*. Actes du colloque à l'ENS-LSH, 15 au 17 juin 2004, 2005.

LE MAREC Joëlle, TOPALIAN Roland, «Évaluation et interactivité: un modèle peut en cacher un autre», *Communication et langages*, n°137, 2003, pp. 77-87.

LE MAREC Joëlle, TOPALIAN Roland, «Énonciation plurielle et publication de la parole du public en contexte muséal: le cas de la tribune des visiteurs», *Communication et langages*, n°135, 2003, pp. 12-24.

LE MAREC Joëlle, TOPALIAN Roland, «Le rôle des technologies dans les relations entre institutions et publics: peut-on (vraiment) innover en matière de communication?», *Actes d'ICHIM 2003, 8-12 septembre 2003*, Paris, École du Louvre, 2003.

LE MAREC Joëlle, SCHERBINA Katia, *Étude qualitative sur la réception de la gratuité. Muséum Lyon*, ENS-LSH, laboratoire de recherche Communication, Culture et Société/Muséum Lyon, 2005 (février), p. 31.

LE MAREC Joëlle, RINÇON Laurella, *Étude qualitative des pratiques de visite de l'exposition* La Population mondiale… et moi, Cité des sciences et de l'industrie, université d'Avignon, laboratoire Culture et Communication/Cité des sciences et de l'industrie, DEP, 2006, 47.

LE MAREC Joëlle, DESHAYES Sophie, NOEL-CADET Nathalie, STABLEFORTH Alexandre, *Rapport de recherche, Volet «Usages et médiation» d'un programme de recherche-développement pour la conception de visites guidées par téléphone portable*, en collaboration avec le musée Gadagne Lyon.

LEMIRE F., GIRAULT Yves, «Du musée témoin au musée acteur de la société: l'accompagnement culturel d'une exposition objectifs, musées et stratégies», *La Lettre de l'Ocim*, n°77, 2001, pp. 27-34.

LESAGE Sandrine, *Les Jeunes de 12 à 18 ans dans les musées: quelles médiations adopter?*, mémoire de master AESC/mention Métiers des arts, de la culture et du patrimoine, sous la direction de Serge CHAUMIER, Dijon, université de Bourgogne, faculté de droit et de science politique, 2005.

LESTY Aude, «Les bornes audiovisuels dans l'exposition scientifique», *La Lettre de l'Ocim*, n°68, 2000, pp. 10-16.

Le Troisième Pôle, *Étude de développement des publics du musée national du château de Pau*, 2006, p. 164.

Le Troisième Pôle, *Étude des publics du musée national du château de Pau*, 2006, p. 81.

LEVERT Florence, *Étude sur le musée des Arts et de l'Enfance*, Ville de Fécamp, 2005.

LEVERT Florence, *Étude sur le musée des Terre-Neuvas et de la pêche*, Ville de Fécamp, 2005.

LEVERT Florence, *Étude sur les musées de la Ville de Fécamp*, Ville de Fécamp, 2005.

LEVERT Florence, *Étude sur les musées de la Seine-Maritime*, Ville de Fécamp, 2005.

LEVERT Florence, *Étude sur les musées auprès d'établissements scolaires fécampois*, Ville de Fécamp, 2005.

LEVILLAIN Agnès, DUPUIS Céline, COISEUR Marion, CHAUMIER Serge (resp.), *Étude préparatoire à la mise en place d'un système de visite par audio guidage sur le site d'Alise St Reine*, CRCMD, université de Bourgogne, 2005.

LEVY Florence, PAPASPILIOPOULOS Katia, ARCHAMBAULT Claude, *Médecines chinoises: étude quantitative et qualitative des visiteurs (18 avril-8 juillet 2001)*, parc La Villette, 2001, 41.

LEWIN Elsa, *L'Évolution de l'action pédagogique et culturelle au musée du Louvre*, mémoire de maîtrise d'histoire de l'art, sous la direction de Dominique POULOT, université Paris 1/Louvre, 2001.

LIDGI Sylvie, «Enquêtes dans les sites culturels. Les bonnes raisons de la satisfaction», *Espaces*, n°193, 2002, p. 5.

LINXE Aurélie, *Le «musée-événement(s)»: la culture populaire investit le musée. L'exemple du musée international des Arts modestes de Sète*, mémoire sous la direction de Serge CHAUMIER, université de Bourgogne, faculté de droit et de science politique, Dijon, 2005.

LIPPI Laurence, *Imaginaire des visiteurs face au bâtiment et conceptions des sciences de la Terre*, mémoire de DEA Muséologie, sciences et sociétés, sous la direction d'Annette VIEL, Fabienne GALANGAU-QUERAT, Muséum national d'histoire naturelle, 2003, 109.

LOISEL Virginie, HABIB Marie-Claire, SUILLEROT Agnès, *Les Défis du vivant: portraits de visiteurs*, Cité des sciences et de l'industrie, DEP/Association Double Face, 2003 (décembre), p. 87.

LOPITAUX-FRANCON Céline, MERPILLAT Maud, «L'Archéologie à la rencontre des jeunes publics et des visiteurs handicapés», *La Lettre de l'Ocim*, n°103, 2006, pp. 4-11.

LUCILE Arnaud, *Accessibilité des musées pour les personnes à mobilité réduite*, 2000.

LUGON O., «Des cheminements de pensée: la gestion de la circulation dans les expositions didactiques», *Art Press* n°21: Oublier l'exposition (dir. P. LEGUILLON), 2000, p. 1625.

M

MAENE Sophie, *L'accueil des personnes déficients visuelles au musée: le musée propose-t-il une réelle intégration?*, mémoire de DEA Muséologie des sciences naturelles et humaines, Muséum national d'histoire naturelle, 2000.

MAGUET Frédéric, «Des indiens de papiers, entre réception royale et réception populaire», *Gradhiva* n°3: Du Far West au Louvre: le musée indien de George Catlin, 2006.

MARCHAL Jean-Philippe, GOBERT Bertrand, MILLET Brigitte, «Recherche scientifique et fête maritime», *La Lettre de l'Ocim*, n°77, 2001, pp. 17-25.

MARESCA Bruno, *Consommation et modes de vie* n°179: Quel «prix» pour le Louvre? La stratégie tarifaire au service de l'élargissement du public, Paris, Crédoc, 2004, p. 4 .

MARESCA Bruno, ARBAN G., COUREL Jérémy, *Peut-on prévoir la fréquentation des établissements culturels?*, Paris, Crédoc, coll. «Cahiers de recherche», 2000.

MARESCA Bruno, KREBS Anne, *La Politique tarifaire du Louvre. Résultats de l'étude réalisée par le Crédoc à la demande du musée du Louvre*, Crédoc/Musée du Louvre, 2005.

MAISONNIER Virginie, *Les audioguides au château de Versailles*, 2006.

MARTEAUX Séverine, MENCARELLI Rémi, PULH Mathilde, «La consommation culturelle a changé, les organisations culturelles s'adaptent», *Revue Espaces* n°243: Marketing de la culture en Europe, décembre 2006, p. 16.

MATHEVET Yvan, «Un service des publics pour l'art moderne et contemporain», *Musée et services des publics. Journées d'étude, Paris, École du Louvre, 14 et 15 octobre 1999*, Paris, DMF, 2001, pp. 103-113.

MAUREL Marianne, *Les Parcours des visiteurs en groupe au Louvre*, École du Louvre, 2001.

MAZEIRA B., *Lunes. Enquête qualitative*, CRCMD, 2000, 53 P.

MC KOURT Karen, *Analyse du livre d'or de l'exposition des Galeries nationales du Grand Palais*, Visions du futur, une histoire des peurs et des espoirs de l'humanité, monographie de muséologie, École du Louvre, 2004.

MELIN Hélène, *La Construction d'un patrimoine industriel dans le Nord-Pas-de-Calais. Du travail de mémoire au développement local*, thèse de doctorat en sociologie, université de Lille, 2002, p. 1762.

DE MENGIN Aymard, *L'Image de la Cité des sciences et de l'industrie auprès de la population française*, Cité des sciences et de l'industrie, DEP, 2001 (juin).

DE MENGIN Aymard, *Attentes des publics des expositions dans un établissement culturel*, Cité des sciences et de l'industrie, DEP, 2001 (septembre).

DE MENGIN Aymard, *Un sens de visite plus clair*, Cité des sciences et de l'industrie, DEP, 2003 (janvier).

DE MENGIN Aymard, *Prospective 2015: scénarios de fréquentation*, Cité des sciences et de l'industrie, DEP, 2004 (juin).

DE MENGIN Aymard, «Muséographie et publics», *in* Olivier DONNAT et Paul TOLILA (dir.), *Le(s) Public(s) de la culture*, vol. 2, Pa-

참고문헌

ris, Presses de Sciences Po, 2003, p. 285.

DE MENGIN Aymard, *Perception de l'exposition Climax: synthèse des données de l'observatoire des publics*, Cité des sciences et de l'industrie, DEP, 2005.

DE MENGIN Aymard, HABIB Marie-Claire, MIRONER Lucien, CASAMAYOU Christophe, JACOMY Bruno, EIDELMAN Jacqueline, GERARD Bernard, *Les Centres d'intérêt scientifique et technique des Français*, Cité des sciences et de l'industrie, DEP, [en collaboration], 2004.

DE MENGIN Aymard, HABIB Marie-Claire (dir.), *Les Visiteurs. Synthèse des études 1986-2004*, pp. 7-8, Paris, Cité des sciences et de l'industrie, DEP, 2005.

MENUEL Anne-Sophie, *Le Guide vert Michelin sur Paris et le musée du Louvre; le rôle des outils de préparation avant, pendant et après la visite muséale*, mémoire sous la direction de Hana GOTTESDIENER, université Jean-Monnet Saint-Étienne, 2001 (septembre).

MEUNIER Anik, *La Mise en scène d'objets ethnographiques: analyse de l'influence éducative de différentes mises en exposition?*, thèse de doctorat en communication, université d'Avignon et des Pays du Vaucluse, laboratoire Culture et Communication, 2002.

MEYRIEUX Céline, *Rapport d'évaluation* Gustave Courbet et la Franche-Comté *(23 septembre-31 décembre 2000)*, musée des Beaux-Arts et de l'Archéologie de Besançon, Service des Publics, 2001, 27.

MIDALI Sylvie, (réunion des textes et suivi éditorial), *Musées et intercommunalité*, Actes du colloque du 2 avril 2002, musée national des Arts asiatiques – Guimet, Paris, ministère de la Culture et de la Communication/Direction des musées de France, p. 95, 2003.

MIEGE Delphine, «Textes de médiation des œuvres et citation de la parole de l'artiste», *Culture et Musées* n°3: Les médiations de l'art contemporain (dir. Elisabeth CAILLET, Daniel JACOBI), 2004, pp. 139-162.

MIEGE Delphine, *Les Influences d'une muséographie de la sensation sur la réception des publics: diversité accrue des modes d'appropriation de l'exposition. Évaluation qualitative de l'exposition Ni vu ni connu – Paraître, disparaître, apparaître présentée du 8 novembre au 2 juillet 2006*. Rapport d'évaluation pour le Muséum de Lyon, Service développement et stratégie, Muséum Lyon/laboratoire Culture et Communication, université d'Avignon et des Pays du Vaucluse,

2006.

MIEGE Delphine, *Formes de présence de l'artiste dans les textes de médiation de l'art contemporain: mécanismes et enjeux de la citation*, thèse de doctorat en communication sous la direction de Daniel Jacobi, université d'Avignon et des pays de Vaucluse, 2007.

MIGNON Patrick, «De l'identification des publics du patrimoine sportif», *Cahier Espaces* n°88: Patrimoine sportif et tourisme, mai 2006, p. 7.

Ministère de la Culture et de la Communication/DMF, *Rapport sur les incidences financières de la gratuité d'accès des jeunes de moins de 18 ans dans les musées*, Paris, 2001, p. 17.

Ministère de la Culture et de la Communication/DMF/Maison des Femmes du Hédas, *Des femmes, des villes, des musées. Culture, altérité, transmission*, Actes du séminaire au château de Pau 9 et 10 novembre 2001, 2003, p. 112.

MIRONER Lucien, (en coll. avec AUMASSON Pascal, FOURTEAU Claude), *Cent Musées à la rencontre du public*, Castebany, France Édition, 2001.

MIRONER Lucien, «Les publics du capcMusée, musée d'art contemporain de Bordeaux», *Publics & Musées* n°16: Actes du colloque «Les publics de l'art contemporain» (7 avril 2000), 2001.

MIRONER Lucien, *Notoriété, fréquentation et attraction de sept établissements culturels parisiens dans la population nationale âgée de 15 ans et plus*, ARCMC/Institut de sondage Lavialle, 2003, p. 39.

MIRONER Lucien, *Le Public de sites et monuments développant un thème scientifique, technique, industriel ou artisanal dans le Nord de la Bourgogne*, ARCMC, 2004.

MIRONER Lucien, *Château de Tanlay*, ARCMC, 2004.

MIRONER Lucien, *Enquête auprès des publics du musée Picasso*, château Grimaldi, Antibes/ARCMC, 2005, p. 68.

MIRONER Lucien, *Les Publics de l'écomusée du pays de Rennes La Bintinais*, ARCMC, 2005, 102.

MIRONER Lucien, *Enquête auprès des publics du Museon Arlaten*, ARCMC, 2005, 105.

MIRONER Lucien, «Les musées des sciences de la Terre à la rencontre du public» *in* Cécile COLIN-FROMONT, Jean-Louis LACROIX (dir.), *Muséums en rénovation. Les sciences de la Terre et l'anatomie comparée face aux publics*, Dijon/Paris, Ocim/MNHN, 2005, pp. 229-240.

MIRONER Lucien, *Baromètre des établissements culturels*, ARCMC/ Établissement public du musée et du domaine national de Versailles, 2006.

MIRONER Lucien, *Enquête sur l'expérience et l'attractivité du château de Versailles. Baromètre des établissements culturels*, ARCMC/Institut de sondage Lavialle, 2006.

MOLINATTI Grégoire, *Diagnostic d'écart de conceptions sur le thème du cerveau – Mise en perspective des conceptions des adolescents avec celles des commissaires scientifiques de l'exposition Cerveau 2001*, mémoire de DEA de Muséologie des sciences naturelles et humaines, sous la direction de Camille PISANI, Gilles CHEYLAN, Stéphane HERGUETA, Muséum national d'histoire naturelle, 2001, p. 42.

MONOD Pascal, BOIRAUD Olivia, *Les Musées de la ville de Paris face à leurs publics*, Paris, 2000, p. 29.

MONPETIT Raymond, «L'expérience, un geste envers les visiteurs», *Médiamorphoses* n°9: L'exposition, un média (dir. Joëlle LE MAREC), 2003.

MOUCHTOURIS Antigone (dir.), *Aspirations et représentations culturelles de visiteurs du musée du Louvre*, tome 1, travail collectif master 2 professionnel Conduite de projets culturels et connaissance des publics, université Paris X, 2001.

MOUCHTOURIS Antigone (dir.), *Les Visiteurs en groupe au sein du musée du Louvre: aspirations et représentation d'un itinéraire muséal*, tome 2, travail collectif master 2 professionnel Conduite de projets culturels et connaissance des publics, université Paris X, 2002.

MOUCHTOURIS Antigone, *Sociologie du public dans le champ culturel et artistique*, Paris, L'Harmattan, coll. «Logiques sociales», 2003, p. 133.

MULLER Isabelle, *État des actions à destination du jeune public et du public scolaire. Synthèse réalisée à partir du questionnaire adressé aux musées de France de Midi-Pyrénées*, Toulouse, Drac Midi-Pyrénées, 2004, 5.

Musée de la Résistance nationale de Champigny-sur-Marne/AERI, *Création d'un musée virtuel «La Résistance en Ile-de-France»*, 2005.

Musée des Beaux-Arts de Dijon, *Exposition temporaire* L'Art à la cour de Bourgogne *Enquêtes de publics*, Ville de Dijon, 2004.

프랑스 박물관 정책과 관람객

430

Musée des Beaux-Arts de Libourne, *Bilan de fréquentation, musée des Beaux-Arts*, Chapelle du Carmel, 2003-2004-2005, 2006, p. 20 + annexes.

Musée des Beaux-Arts de Lyon, Service culturel, *Analyse de l'enquête sur l'exposition* Symboles sacrés, 4000 ans d'art des Amériques *au musée des Beaux-Arts de Lyon, du 20 février au 28 avril 2003*, 2006, p. 19.

Musée des Beaux-Arts de Rouen, *À travers le miroir de Bonnard à Buren*, 2000.

Musée des Beaux-Arts de Tours, *Les Peintres du roi, morceaux de réception à l'Académie royale de peinture*, 2000.

Musée d'Art moderne-Mamac, *Yves Klein*, 2000.

Musée d'Art moderne de Céret, *Soutine à Céret*, 2000.

Musée d'Art moderne Lille Métropole, *Étude des visiteurs du musée d'art moderne, et incidence des résultats sur les modalités opérationnelles d'accueil de tous les visiteurs*, 2000.

Musée d'Orsay, Service des publics, Secteur développement, *Observatoire permanent des publics des collections permanentes*, mai 2001-juillet 2004.

Musée d'Orsay, Service des publics, Secteur développement, *Analyse des usages et des pratiques des adhérents Carte blanche*, 2002.

Musée d'Orsay, Service des publics, Secteur développement, *Étude des visiteurs de l'exposition Aux origines de l'abstraction (1800-1914)*, octobre 2003-janvier 2004.

Musée d'Orsay, Service des publics, Secteur développement, *Étude des visiteurs de l'exposition Johan Barthold Jongkind (1819-1891)*, juin-septembre 2004.

Musée d'Orsay, Service des publics, Secteur développement, *Fréquentation, pratique et perceptions du public de l'exposition New York et l'art moderne.* Alfred Stieglitz et son cercle (1905-1930), octobre 2004-janvier 2005.

Musée d'Orsay, Service des publics, Secteur développement, *Le Néo-impressionnisme, de Seurat à Paul Klee, Profils des visiteurs, Analyse du ressenti et de la satisfaction autour de l'exposition*, mars-juillet 2005.

Musée d'Orsay, Service des publics, Secteur développement, *Enquête permanente sur le lieu de résidence des visiteurs individuels*, depuis janvier 2006.

Musée d'Orsay, Service des publics, Secteur développement, *Cézanne* et Pissarro: 1865-1885. Analyse de la mise en vente de l'exposition auprès des visiteurs individuels et des prescripteurs de visites en groupe, mars-août 2006.

Musée d'Orsay, Service des publics, Secteur développement, Analyse du dispositif d'information et d'orientation du musée d'Orsay. Définition d'une typologie de parcours de visite, décembre 2006-avril 2007.

Musée Gadagne, Bilan de fréquentation du musée Gadagne en 2001, 2001.

Musée Guimet, Enquête musée Guimet, exposition OTA, p. 52.

Musée Guimet, Observatoire permanent des publics, 2003.

Musée Guimet, Service marketing et politique commerciale, Démarche qualité CRT, 2004.

Musée Guimet, Service marketing et politique commerciale, Rénovation de la politique tarifaire, 2004.

Musée Guimet, Service marketing et politique commerciale, Évaluation de l'impact de la brochure sur le public touristique, 2005.

Musée Guimet, Service marketing et politique commerciale, La Fidélisation des publics du musée Guimet, 2005.

Musée Guimet, Service marketing et politique commerciale, L'Accessibilité des personnes handicapées au musée Guimet, 2005.

Musée Guimet, Service marketing et politique commerciale, Mise à jour de la politique tarifaire et commerciale, 2006.

Musée Guimet, Service marketing et politique commerciale, Comment rendre plus attractif le musée Guimet auprès du jeune public?, 2006.

Musée Guimet, Service marketing et politique commerciale, Baromètre de l'OPP: Notoriété du musée, 2006.

Musée Guimet, Service marketing et politique commerciale, Les Audio guides du musée Guimet, février 2006.

Musée Guimet, Service marketing et politique commerciale, Étude de l'impact des moyens de communication sur le public pendant l'exposition OTA.

Musée Nicéphore Niepce, Étude prospective des publics du futur musée Nicéphore-Niepce, 2003, p. 5.

Musées de la ville de Strasbourg, Iconoclasme. Vie et mort de l'image médiévale. Musée de l'œuvre Notre-Dame Strasbourg, 12 mai-26 août 2001. Bilan quantitatif et qualitatif de l'exposition, Strasbourg, 2002.

Musées, marketing, communication. Actes du colloque du 11 décembre

2002 au Conservatoire de l'Agriculture à Chartres, Le Compa, 2002, p. 95.

N

NADEAU Marguerite, *Conception et mise en œuvre de projets culturels?, La prise en compte des visiteurs handicapés moteurs dans les musées parisiens: un travail de relais et de concertation*, mémoire de master Conception et mise en place de projets culturels, université Paris III, 2005.

NEIGE Cyril, *Étude sur le public du musée de la batellerie (Conflans-Sainte-Honorine)*, mémoire de DESS/Observatoire permanent des publics, 2000.

NESTELHUT Sylvie, *Étude d'opportunité sur l'évolution du musée du Textile et du costume de Wesserling*, Public et Culture/Conseil général du Haut-Rhin, 2000.

NESTELHUT Sylvie, *Restructuration des musées d'archéologie et d'histoire naturelle*, Public et Culture, en collaboration avec Patrick O'Byrne-CAFE associés, 2001.

NESTELHUT Sylvie, *Étude des publics potentiels de la future Fondation François-Pinault pour l'art contemporain*, Public et Culture, 2001.

NESTELHUT Sylvie, *Diagnostic rapide sur la valorisation culturelle et touristique du Château de Foix*, Public et Culture/AFIT, 2001.

NESTELHUT Sylvie, *Méthodologie des diagnostics Territoire et Tourisme – avec la SCET-Nord*, Public et Culture/pour la Direction départementale de l'équipement du Pas-de-Calais, 2001.

NESTELHUT Sylvie, *Repositionnement de l'écomusée de Marquèze*, Public et Culture, 2002.

NESTELHUT Sylvie, *Étude de faisabilité économique du Centre de l'imaginaire Lalique à Wingen-sur-Moder*, Public et Culture, 2002.

NESTELHUT Sylvie, *Politique de fidélisation du CMN*, Public et Culture, 2002.

NESTELHUT Sylvie, *Développement des publics du musée national de la Renaissance-château d'Écouen (2001-2002)*, Public et Culture, 2002.

NESTELHUT Sylvie, *Développement des publics des musées nationaux des châteaux de Compiègne et de Fontainebleau (2001-2002)*, Public et Culture, 2002.

NESTELHUT Sylvie, *Étude de valorisation du château de Villevêque*, Public et Culture/Ville d'Angers, 2003.

NESTELHUT Sylvie, *Élaboration d'une charte des lieux de mémoire du Pays cathare*, Public et Culture/Conseil général de l'Aude, 2003.

NESTELHUT Sylvie, *Étude de faisabilité de l'extension du musée-promenade de Marly-le-Roi*, Public et Culture, 2003.

NESTELHUT Sylvie, *Choix du nom du musée départemental de la Céramique*, Public et Culture, 2003.

NESTELHUT Sylvie, *Étude de développement touristique du patrimoine culturel du cirque de Salaazie: écomusée Salazie*, Public et Culture/Drac de La Réunion, 2004.

NESTELHUT Sylvie, *Étude de définition et de faisabilité pour la réalisation d'un mémorial des Deux Guerres mondiales*, Public et Culture, 2004.

NESTELHUT Sylvie, *Étude de faisabilité du projet de maison de la Rivière à Sainte-Thorette*, Public et Culture, 2003.

NESTELHUT Sylvie, *Étude des publics potentiels du futur Centre Pompidou-Metz*, Pubilc et Culture, 2004.

NESTELHUT Sylvie, *Étude de faisabilité sur la valorisation du patrimoine culturel, naturel, historique, ethnographique du territoire des 2 Massifs pour la création d'un «musée éclaté»*, Public et Culture, 2004.

NESTELHUT Sylvie, *Étude de définition et de faisabilité pour la création d'un centre de ressources en Contes et Légendes*, Public et Culture, 2004.

NESTELHUT Sylvie, *Étude de faisabilité sur un projet culturel et économique pour la fonderie de Baignes*, Public et Culture/Conseil général de Haute-Saône, 2005.

NESTELHUT Sylvie, *Étude de faisabilité d'une Maison du foie gras et des faïences à Thiviers*, Public et Culture/Communauté de Communes du Pays Thibérien, 2005.

NESTELHUT Sylvie, *Étude de diagnostic, de concept, de programmation et de faisabilité pour un projet de développement des écomusées des Monts d'Arrée*, Public et Culture/Conseil général du Finistère, 2005.

NESTELHUT Sylvie, *Étude de valorisation touristique d'un site archéologique à Bourguignon-lès-Morey*, Public et Culture/Communauté de communes des Belles Fontaines, 2005.

프랑스 박물관 정책과 관람객

434

NESTELHUT Sylvie, *Étude prospective des publics du nouveau musée national de Monaco*, Public et Culture, 2005.

NESTELHUT Sylvie (chargé d'études Michaël CAUCAT), *Étude sur les aménagements visant à mieux accueillir les publics touristiques dans le site du château de Gy*, château de Gy/Public et Culture, 2005.

NESTELHUT Sylvie (chargée d'études Chloé LEONETTI), *Étude prospective des publics du futur musée Nicéphore-Niepce*, Public et Culture, 2005.

NESTELHUT Sylvie, *Enquête annuelle auprès des visiteurs des monuments nationaux*, Public et Culture, 2006 – 2005.

NESTELHUT Sylvie, *Étude prospective des publics du futur musée du Louvre à Lens*, Public et Culture, 2006.

NESTELHUT Sylvie, *Étude de l'appropriation du projet Louvre-Lens par les habitants et les visiteurs potentiels*, Public et Culture, 2006.

NESTELHUT-ESTANSAN Sylvie, GUGENHEIM David, DESSAJAN Séverine, ZEEGERS Marieke, *Étude de l'appropriation du projet Louvre-Lens par les habitants et les visiteurs*, Public et Culture, 2006, p. 114.

NESTELHUT-ESTANSAN Sylvie, REBOUL Anne, *Étude prospective, quantitative et qualitative des publics du futur musée de la soie à Tours*, Public et Culture, 2006, p. 145.

N'GUYEN DEVEZE Victor, *Bilan des enquêtes de satisfaction Expositions du centre Pompidou*, centre Pompidou, 2004, p. 8.

N'GUYEN DEVEZE Victor, *Rapport des études menées sur les jeudis au centre Pompidou*, centre Pompidou, 2005, p. 12.

NOEL Nathalie, «Les expositions virtuelles comme outil de médiation», *Médiamorphoses* n°9: L'exposition, un média (dir. Joëlle LE MAREC), 2003.

NOUVELET Nicolas, *Une exposition qui décale pour mieux se rapprocher ou comment une exposition de reproductions d'œuvres du Louvre peut permettre à un public de non-initiés de commencer à se familiariser avec une pratique culturelle nouvelle: la visite des musées de Beaux-Arts*, mémoire de DEA de sociologie, sous la direction de François DE SINGLY, Cerlis, 2001, p. 72.

NUNEZ LAISECA Monica, *Les Visites scolaires au Musée en herbe: analyse de l'impact de l'exposition* Le Fabuleux Jean de La Fontaine, mémoire sous la direction de Claire MERLEAU-PONTY, École du Louvre, 2003, 2 vol., p. 60.

참고문헌

OCTOBRE Sylvie, «Pratiques muséales des Français», *Regards sur l'ac-tualité*, n°269, 2001, pp. 42-53.

OCTOBRE Sylvie, «Publics, pratiques et usages des musées», *in* Jean-Michel TOBELEM (dir.), *Politique et musées*, Paris, L'Harmat-tan, coll. «Patrimoines et sociétés», 2002.

OCTOBRE Sylvie, «Les 6-14 ans et les équipements culturels: des pra-tiques encadrées à la construction des goûts», *Revue de l'OFCE*, n°86, juillet 2003.

OCTOBRE Sylvie, *Les Loisirs culturels des 6-14 ans*, Paris, La Docu-mentation française, coll. «Questions de culture», 2004, p. 424.

OCTOBRE Sylvie, «Les français et les musées. Dépenses et pratiques», *Cahier Espaces:* Musées et tourisme, n°87, 2005, p. 7.

OLLAGNON Adrienne, *La Transmission des savoirs dans le cadre mu-séal. Étude du musée Gadagne*, mémoire de DEA Muséologie et mé-diation culturelle, sous la direction de Françoise BUFFET, université d'Avignon et des Pays du Vaucluse, 2001, p. 104 + annexes.

O'NEILL Marie-Clarté, «Âge et statut social: leur influence sur la vi-site d'une exposition temporaire», *in* Colette DUFRESNE-TASSE (dir.), *L'Évaluation, recherche appliquée aux multiples usages*, Paris, Conseil international des musées, 2002.

O'NEILL Marie-Clarté, «Comment les éléments d'une exposition peuvent faire varier la construction de sens des visiteurs», *Actes du colloque Apprendre au musée*, Paris, musée du Louvre, Publication électronique, 2005.

O'NEILL Marie-Clarté et DUFRESNE-TASSE Colette, *Étude sur la ré-ception des visiteurs de l'exposition* Matisse-Picasso *(17 septembre 2002-6 janvier 2003)*, Galeries nationales du Grand Palais, École du Louvre/université de Montréal, 2003.

O'NEILL Marie-Clarté, DUFRESNE-TASSE Colette, *Étude sur la ré-ception par les visiteurs de l'exposition Visions du futur: une histoire des peurs et des espoirs de l'humanité* (5 octobre 2000-1ᵉʳ janvier 2001), Galeries nationales du Grand Palais, École du Louvre/univer-sité de Montréal, 2001.

OUNTZIAN Sonia, *Enquête sur le public du musée Eugène-Delacroix durant l'exposition temporaire* Le Maroc de Gérard Rondeau, hom-mage à Delacroix (10 décembre 1999-13 mars 2000), Paris, 2000, p. 68.

프랑스 박물관 정책과 관람객

PAILLART Isabelle (dir.), *La Publicisation de la science*, Grenoble, Presses universitaires de Grenoble, 2005, p. 133.

PAOLI Olivia, *Les Étudiants et leur fréquentation dans les musées (Nice)*, mémoire de maîtrise de sociologie, université de Nice, 2001.

PAPASPILIOPOULOS Catherine, DABLANC Aurélie, *Les Publics du Centre Pompidou*, Centre Pompidou, 2000.

PAPASPILIOPOULOS Katia, LEVY Florence, DU RIVAU Isabelle, COHEN-HADRIA Pierre, *Villette numérique. Comptes-rendus d'entretiens auprès du public. Études 24-29 septembre 2002*, Parc La Villette, 2002, p. 53.

PAQUIN Claude, GOUTOULY-PAQUIN Geneviève, *Le Son dans les musées d'histoire. Le cas de l'Historial: une étude préalable à l'introduction d'éléments sonores au musée*, Historial de Péronne, 2000.

PARIS Emmanuel, PIVARD Virginie, HABIB Marie-Claire, DE MENGIN Aymard, *Étude qualitative auprès des visiteurs de l'exposition* Climax, Cité des sciences et de l'industrie, DEP, 2004 (avril).

PARIS Emmanuel, VIDAL Geneviève, GAGNEBIEN Anne, MACCARIO Suzie, HABIB Marie-Claire, *Synthèse de l'étude qualitative des publics de l'exposition* Le Canada vraiment, Cité des sciences et de l'industrie, DEP, 2004 (avril).

PASSEBOIS Juliette, «Comprendre la fidélité des visiteurs de musées. Les apports du marketing», *in* DONNAT Olivier, TOLILA Paul (dir.), *Le(s) Public(s) de la culture*, Paris, Presses de Sciences Po, 2003, pp. 261-272.

PASSERON Jean-Claude, PEDLER Emmanuel, *Le Temps donné aux tableaux*, Marseille, Documents Cercom/Imerec, 2001.

PEIGNOUX Jacqueline, EIDELMAN Jacqueline, *Approche évaluative du musée pyrénéen de Lourdes. Développement d'un partenariat avec les scolaires. 2ᵉ partie: Les élèves de Lourdes en visite au château, au musée pyrénéen et à l'exposition de préfiguration* Il était une fois le château fort de Lourdes, Cerlis, 2001, p. 116.

PERALTA Maureen, *Analyse du livre d'or de l'exposition des Galeries nationales du Grand Palais* Visions du futur, une histoire des peurs et des espoirs de l'humanité, monographie de muséologie, École du Louvre, 2000.

PESSEMIER Hélène, *Les Pratiques et perceptions muséales des visiteurs peu ou pas diplômés. La visite de l'exposition* Rubens au Palais des

Beaux-Arts de Lille, mémoire sous la direction d'Olivier SCHWARZ, Dominique DESJEUX, Paris, université René-Descartes Paris V, Faculté des sciences humaines et sociales, Sorbonne, 2004.

PETR Christine, «Le musée, une institution légitime pour le tourisme?», *Cahier Espaces*, n°87: Musées et tourisme, 2005, p. 9.

PIERRON Cindy, *Bilan de l'étude des publics musée des Beaux-Arts de Rouen, exposition temporaire* Miroir du temps. Chefs-d'œuvre des musées de Florence, GRIS, université de Rouen/Service culturel de la ville de Rouen, 2006, p. 83.

PIVARD Virginie, *L'Expérience de visite et l'appropriation du savoir dans les expositions à scénographie différente. L'exemple de la Cité des sciences et de l'industrie: les défis du vivant, mémoire de DESS Conception et réalisation d'exposition à caractère scientifique et technique*, université Paris 13/UFR Communication, 2003.

PLANEL Michèle, «Tourisme et musées. Une coopération nécessaire», *Cahier Espaces* n°87: Musées et tourisme, novembre 2005, p. 5.

Plein Sens, *Les Dimanches gratuits dans les monuments et les sites* (rapport quantitatif), 2000.

POLI Marie-Sylvie, «Exposer la différence, les textes d'exposition comme outils de médiation», *Médiation des cultures*, Lille, Greco, université de Lille 3, 2000, pp. 59-67.

POLI Marie-Sylvie, «Le sens et la mémoire des mots au musée», *Cahiers Recherches du Musée dauphinois*, n°1, Éditions Musée dauphinois, 2000, p. 40.

POLI Marie-Sylvie, *Les Pratiques culturelles des salariés de Hewlett-Packard à Grenoble*, 2001, p. 55.

POLI Marie-Sylvie, *Communiquer sur la gratuité dans les musées nationaux*, 2001, p. 55.

POLI Marie-Sylvie, BORDON E., *Étude préalable pour une exposition organisée par le CCSTI de Grenoble sur les biotechnologies*, partenariat CCSTI/université Pierre-Mendès-France Grenoble II, 2001, p. 48.

POLI Marie-Sylvie, BORDON E., *Enquête auprès du public de Place aux sciences, Fête de la science d'octobre 2002. Spécificité des publics, intérêt pour les projets scientifiques et industriels, représentations de la future Cité de l'innovation*, université de Grenoble, 2002, p. 40.

POLI Marie-Sylvie, *Le Texte au musée: une approche sémiotique*, Paris,

프랑스 박물관 정책과 관람객

L'Harmattan, coll. «Sémantiques», 2003, p. 130.

POLI Marie-Sylvie, «L'exposition produit-elle du discours média-tique?», *Médiamorphoses* n°9: L'exposition, un média (dir. Joëlle LE MAREC), 2003, p. 6.

POLI Marie-Sylvie, GAUCHET Maud, «Musées de sciences et publics: du modèle de la diffusion du savoir au principe d'interaction sociale», *Actes du colloque international: La publicisation de la science*, université Stendhal Grenoble III, 2004.

POLI Marie-Sylvie, «Les commentaires de photomontages au musée: des actes de discours d'opinion avant tout», *ELA*, université de Grenoble, 2005.

POLI Marie-Sylvie, ANCEL Pascale, LE QUEAU Pierre, NEYRAT Yvonne, SURCOUF Christian, *Étude de la fréquentation et de la réception de l'exposition* L'Art italien et la Metafisica. Le temps de la mélancolie 1912-1935 *(Musée de Grenoble, 12 mars-12 juin 2005)*, université Pierre-Mendès-France Grenoble II, équipe CSRPC, département de sociologie/musée de Grenoble/DMF, ministère de la Culture et de la Communication, 2005, p. 207.

POLI Marie-Sylvie, «La dimension esthétique des textes destinés aux visiteurs», *Traverses*, n°9, université Paul-Valéry Montpellier III, 2006.

PONTICELLI Lise, *Trois Livres d'or pour l'exploration du fonctionnement du visiteur*, mémoire sous la direction de Marie-Clarté O'NEILL, École du Louvre, 2003, p. 98.

POTTECHER Marie, *Iconoclasme, vie et mort de l'image médiévale. Rapport d'évaluation*, musée de la Ville de Strasbourg/université Lyon III, 2001, p. 88 .

POTTERIE Sophie, *Analyse du livre d'or de l'exposition des Galeries nationales du Grand Palais* L'Or des rois scythes, monographie de muséologie, École du Louvre, 2004.

POTTERIE Sophie, O'NEILL Marie-Clarté, DUFRESNE-TASSE Colette, «Le livre d'or comme barographe du besoin d'expression des visiteurs. Proposition d'un instrument d'analyse», *in* Colette DUFRESNE-TASSE (dir.), *Familles, écoliers et personnes âgées au musée: recherches et perspectives*, Paris, Conseil international des musées, 2006.

POULAIN Nadège, *Les Politiques des musées à l'égard du jeune public depuis 1959*, mémoire sous la direction de Dominique POULOT, Paris, université Paris I, 2002, p. 130.

참고문헌

POULOT Dominique, «Quelle place pour la "question du public" dans le domaine des musées?», *in* Olivier DONNAT et Paul TOLILA (dir.), *Le(s) Public(s) de la culture*, Paris, Presses de Sciences Po, 2003, pp. 103-123.

POULOT Dominique, *Musée et Muséologie*, Paris, La Découverte, coll. «Repères», 2005.

POUTS-LAJUS Serge, LECCIA Elisa, DE MENGIN Aymard, *Enquête auprès des publics réguliers du carrefour numérique*, Cité des sciences et de l'industrie, DEP/Éducation et Territoires 2006 (mars).

PRESSAC L., *Expression libre. De l'usage du livre d'or dans les musées et les lieux d'exposition*, mémoire de DESS Gestion des institutions culturelles, sous la direction de D. DAMMAME, université Paris IX, 2002.

Public & communication, *Étude de développement des publics des musées nationaux Léger, Chagall et Picasso*, 2002, p. 27.

Q

Alain QUEMIN, «Art contemporain, publics et non-publics: des connaissances limitées», *in* Pascale ANCEL et Alain PESSIN (dir.), *Les Non-Publics. Les arts en réceptions*, tome 2, Paris, L'Harmattan, coll. «Logiques sociales», 2004, pp. 107-131.

R

RACT MADOUX Didier, HOCQUART Mathias, *Modèle d'évaluation des retombées économiques et des emplois créés ou maintenus par les attractions touristiques à caractère patrimonial ou culturel*, groupe Second Axe, 2003, p. 19 + annexes.

RAMOS Elsa, HABIB Marie-Claire, DE MENGIN Aymard, *Motivations, attentes et appréciations des publics du Planétarium*, Cité des sciences et de l'industrie, DEP/Cerlis, 2000 (septembre).

RAMOS Elsa, HABIB Marie-Claire, *Pratiques culturelles et représentations des jeunes adultes interrogés à l'intérieur et à l'extérieur de la Cité des sciences et de l'industrie*, Cité des sciences et de l'industrie, DEP, 2001.

RAMOS Elsa, CONTINI Hava, (dir. scientifique Jacqueline EIDELMAN), *Innovation et développement durable: le bien-être individuel à l'épreuve*, Cité des sciences et de l'industrie, DEP/Cerlis, 2006.

RATTIER Valérie, *Fréquentation de la Cité des sciences et de l'industrie en 2000*, Cité des sciences et de l'industrie, DEP, 2001.

RATTIER Valérie, *L'Évolution de la fréquentation payante de la Cité de 1989 à 2001*, Cité des sciences et de l'industrie, DEP, 2002 (septembre).

RATTIER Valérie, *Résultats des enquêtes quantitatives menées auprès des visiteurs d'Explora en 2003*, Cité des sciences et de l'industrie, DEP, 2004 (janvier).

RATTIER Valérie, *Les Visiteurs d'Explora: données de l'Observatoire des publics 2004*, Cité des sciences et de l'industrie, DEP, 2005 (mars).

RATTIER Valérie, *Site Internet et réservation*, Cité des sciences et de l'industrie, DEP, 2005 (novembre).

RATTIER Valérie, DE TOMASI Walter, *CitéWeb: perception du projet de site Internet destiné aux enseignants*, Cité des sciences et de l'industrie, DEP/AREA, 2000.

RATTIER Valérie, RIVET J.-P., *Fréquentation de la Cité des sciences et de l'industrie en 1999* (Évolution 1989-1999. Grands chiffres. Origines géographiques des visiteurs payants), Cité des sciences et de l'industrie, DEP, 2000 (juin).

RATTIER Valérie, ROUDIL Jean-Claude, DE MENGIN Aymard, *Fréquentation de la Cité des sciences et de l'industrie. Fréquentation payante de la Cité de l'année 2003*, Paris, Cité des sciences et de l'industrie, DEP, 2003 (janvier), p. 37.

RATTIER Valérie, DE MENGIN Aymard, ROUDIL Jean-Claude, *Fréquentation de la Cité des sciences et de l'industrie en 2004*, Cité des sciences et de l'industrie, DEP, 2005.

RATTIER Valérie, SUILLEROT Agnès, *Les Visiteurs des expositions d'Explora. Résultats de l'Observatoire des publics 2005*, Cité des sciences et de l'industrie, DEP, 2005, p. 26 + annexes.

RAULT Wilfried, ROUSTAN Mélanie, «Du MAAO au musée du Quai-Branly: le point de vue des publics sur une mutation culturelle», *Culture et Musées* n°6: Nouveaux musées de sociétés et de civilisations (dir. Jacqueline EIDELMAN), 2005, pp. 65-79.

REGNIER Laurence, *L'Accueil des handicapés visuels dans les musées français. Enquête sur la situation début 2001*, mémoire de maîtrise, université Paris VIII, UFR arts plastiques, 2001.

REVAT Robert, *Alésia, dénomination et figuration*, BL/LB, 2006, p. 36.

RICHARD Nathalie, *Apport de la médiation orale dans l'exposition. Analyse de cas au musée des Arts et métiers*, mémoire de DEA de muséologie, sous la direction de Michel VAN PRAËT, Muséum national d'histoire naturelle, 2001, p. 148.

RICHART B., NADAL B., «Néo au musée de la préhistoire de Carnac», *La Lettre de l'Ocim*, n°80, 2002, pp. 3-7.

ROMANO Sylvie, «Les enfants de 4 à 6 ans et les institutions culturelles», *Colloque Savoirs formels, savoirs informels*, université catholique de Louvain La Neuve, 14 et 15 décembre 2000.

ROUET François, «Les enjeux de la tarification des musées», *Cahiers Espaces*, n°87: Musées et tourisme, 2005, p. 4.

S

SAEZ Jean-Pierre (dir.), *L'Art contemporain: champs artistiques, critères, réception. Actes du colloque du musée d'Art contemporain de Lyon, du 16 au 18 octobre 1998*, Paris, L'Harmattan, 2001.

SANTOS VENTURA Paulo César, *La Négociation entre les concepteurs, les objets et le public dans les musées techniques et les salons professionnels*, thèse de doctorat en sciences de l'information et de la communication, sous la direction de Daniel RAICHVARG et Joëlle LE MAREC, université de Bourgogne, 2001.

SAURIER Delphine, EIDELMAN Jacqueline, *Les Visiteurs du musée Curie – 1re partie: étude quantitative*, Paris, Cerlis, 2000, p. 30.

SAURIER Delphine, EIDELMAN Jacqueline, *Les Visiteurs du musée Curie – 2e partie: étude qualitative*, Paris, Cerlis, 2000, p. 84.

SAURIER Delphine, EIDELMAN Jacqueline, *Images et représentations sociales au Musée Curie*, Paris, Cerlis, 2000, p. 28.

SAURIER Delphine, BERGERON Andrée, *Évaluation du dispositif «Les poissons du Siam»*, Paris, laboratoire Jean-Perrin/palais de la Découverte, 2001, p. 12.

SAURIER-GUZOWSKI Delphine, *Médiations et co-construction du patrimoine littéraire de Marcel Proust. La maison de Tante Léonie et ses visiteurs*, thèse de doctorat en communication, sous la direction de Daniel JACOBI, université d'Avignon et des Pays du Vaucluse, 2003, p. 363.

SCHAUB Johannes, *Étude prospective de fréquentation et de fonctionnement*, ACANTHES, 2001.

SCHAUB Johannes, *Pratiques culturelles parent(s)-enfant(s). Enjeux et modalités organisationnelles des pratiques culturelles en famille. Phase exploratoire*, ACANTHES, 2005, p. 64.

SEASSAL Paul Consultants, *Résultats de l'enquête d'opinion*, 2000.

SEBOT A., *Études de définition des horaires d'ouverture: écomusée de Saint-Quentin-en-Yvelines*, mémoire de DESS sous la direction de A. CHAVEAU, P. IFRI, université Paris X, 2002.

SEGRE Gabriel (dir.), *Le Public de la Galerie contemporaine face à la nouvelle contemporanéité du musée de la Musique*, travail collectif master 2 professionnel Conduite de projets culturels et connaissance des publics, université Paris X, 2003.

SEGRE Gabriel (dir.), *Enquête de satisfaction auprès du public de la collection permanente du musée de la Musique*, travail collectif master 2 professionnel Conduite de projets culturels et connaissance des publics, université Paris X, 2004.

SEGRE Gabriel (dir.), *Attentes et perceptions des visiteurs franciliens d'expositions (des Galeries nationales du Grand Palais, de l'Institut du monde arabe, et du palais de Tokyo) concernant le musée du Quai-Branly, travail collectif master 2 professionnel Conduite de projets culturels et connaissance des publics*, université Paris X, 2005.

SERON Emmanuelle, *La Muséologie participative: concepts et expérimentations. L'expérience d'un comité de visiteurs au «nouveau musée de l'Homme»*, mémoire de master II Recherche, culture et communication (section Muséologie), sous la direction de Jacqueline EIDELMAN, université d'Avignon et des Pays du Vaucluse, 2006.

SHIH Chiu Yen, *Analyse du livre d'or de l'exposition des Galeries nationales du Grand Palais* L'Or des rois scythes, monographie de muséologie, École du Louvre, 2001.

SIOUFI Nabil, JEANTEUR Christophe, «Retrouver le juste prix d'entrée des musées», *Cahier Espaces* n°87: Musées et Tourisme, 2005, p. 4.

SOLIMA Ludovico, «L'image des musées: la satisfaction des valeurs dans la perception des visiteurs», *Champs de l'audiovisuel* (anciennement *Champs visuels*) n°14: L'image et les musées, Paris, L'Harmattan, 2000, pp. 23-34.

SUILLEROT Agnès, *Les Visiteurs d'Explora. Données de base*, Cité des sciences et de l'industrie, 2000, p. 21.

SUILLEROT Agnès, *L'Offre audiovisuelle à la Médiathèque (pré-enquête)*, Cité des sciences et de l'industrie, DEP, 2003 (mars).

SUILLEROT Agnès, RATTIER Valérie, ROUDIL Jean-Claude, PO-

참
고
문
헌

KORSKI Marie-France, COHEN-HADRIA Pierre, EIDELMAN Jacqueline, TIEVANT Sophie, DE MENGIN Aymard, HABIB Marie-Claire, *Les Visiteurs de la Cité des sciences et de l'industrie. Synthèse des études réalisées de 1986 à 2004*, Cité des sciences et de l'industrie, 2005, 88 p

SUILLEROT Agnès, GAGNEBIEN Anne, HABIB Marie-Claire, *Observatoire de la Cité des enfants 2005*, Cité des sciences et de l'industrie/ DEP, 2006.

SURBLED Cyril, *Le Comportement d'orientation des visiteurs dans les cours du château de Versailles.* Synthèse de l'étude psycho-éthologique, 2006.

T

TAUZIN Karine, «Le texte de médiation à la recherche de ses lecteurs modèles», *Culture et Musées* n°3: Les médiations de l'art contemporain (dir. Elisabeth CAILLET, Daniel JACOBI), 2004, pp. 117-138.

TELLIER Corinne, *Les Livres d'or, de remerciements et de réclamations au château de Versailles*, rapport de licence sous la dir. de Pierre HERIARD, IUP Arts, sciences, culture et multimédia de l'université de Versailles-Saint-Quentin-en-Yvelines, 2005, p. 20.

THEVENARD-N'GUYEN Céline, *Les Associations d'amis de musées, leur position et leur engagement dans l'espace public. Une approche institutionnelle et communicationnelle des associations d'amis de musées en Rhône-Alpes, université d'Avignon et des Pays du Vaucluse*, laboratoire Culture et Communication, 2002.

TIEVANT Sophie, *Le Développement de nouveaux usages à la médiathèque: approches du thème de la santé par la population*, Cité des sciences et de l'industrie, DEP, 2001 (juin).

TIEVANT Sophie, HABIB Marie-Claire, *Étude préalable Collège*, Cité des sciences et de l'industrie, DEP, 2002 (mars).

TIEVANT Sophie, MARTIN Christine, RATTIER Valérie, *Test de présence humaine auprès des visiteurs sur Explora*, Cité des sciences et de l'industrie, DEP/Action culturelle, 2002 (mars).

TIEVANT Sophie, DU RIVAU Isabelle, RATTIER Valérie, *La Cité et les sorties scolaires*, Cité des sciences et de l'industrie, DEP, 2005 (avril).

TIMBART Noëlle, «L'accueil des adolescents dans les institutions muséales scientifiques», *La Lettre de l'Ocim*, 2005, pp. 24-37.

TIMBART Noëlle, *La Perception des objets archéologiques dans le contexte et hors contexte. L'exemple des salles égyptiennes du musée du Louvre*, mémoire de DEA sous la direction de Jacqueline EIDEL-MAN, Muséum national d'histoire naturelle, 2002, p. 215.

TOBELEM Jean-Michel, *Étude d'impact et des publics pour la restructuration et l'extension du musée Goya. Phases 1, 2, 3 – Cahier des charges*, Option culture, 2002.

TOBELEM Jean-Michel, *Cité de l'architecture et du patrimoine/musée des Monuments français: étude exploratoire et étude qualitative des publics*, Option culture, 2002.

TOBELEM Jean-Michel, *Enquête sur les visiteurs des musées et des monuments du département de la Côte d'Or*, Comité départemental du tourisme de la Côte-d'Or/Option culture, 2002.

TOBELEM Jean-Michel, *Étude quantitative des publics des villes et pays d'art et d'histoire*, Option culture/DAPA, ministère de la Culture et de la Communication, 2003.

TOBELEM Jean-Michel, *Étude qualitative et quantitative des publics du château des ducs de Bretagne*, Option culture/Ville de Nantes, 2003.

TOBELEM Jean-Michel, *Étude de développement et enquête relative aux publics de l'astronomie*, Centre d'astronomie de Saint-Michel l'Observatoire/Option culture, 2004.

TOBELEM Jean-Michel, *Étude qualitative et quantitative des publics potentiels d'un lieu d'interprétation et d'animation dans le Limousin*, Conseil Loisirs Europe/Option culture, 2004.

TOBELEM Jean-Michel, *Le Nouvel Âge des musées*, Paris, Armand Colin, 2005.

TOBELEM Jean-Michel, *Étude qualitative des publics potentiels du département des Arts de l'Islam et cartographie des réseaux de partenaires*, Option culture/Musée du Louvre, 2006.

DE TOMASI Walter, RATTIER Valérie, *Participation de la Cité, perception du stand et des entretiens de la Villette dans le contexte du salon*, Cité des sciences et de l'industrie, DEP/AREA, 2000 (janvier).

DE TOMASI Walter, *Perception du projet de site Internet destiné aux enseignants*, Cité des sciences et de l'industrie, DEP/AREA, 2000 (juin).

DE TOMASI Walter, RATTIER Valérie, *Perception d'Explora un mois après la visite: quatre récits*, Cité des sciences et de l'industrie, DEP/AREA, 2000 (octobre), p. 31.

DE TOMASI Walter, RATTIER Valérie, *Représentation des dysfonctionnements et perception des pannes des dispositifs*, Cité des sciences et de l'industrie, DEP/AREA, 2002 (février).

DE TOMASI Walter, RATTIER Valérie, *Perception des services concédés*, Cité des sciences et de l'industrie, DEP/AREA, 2004 (février).

U

URBAN-FOURRIER Susann, *L'espace EDF Electra et son public. Enquête réalisée durant l'exposition* Eustache Kossakowski, mémoire de master 2 professionnel Conduite de projets culturels et connaissance des publics, université Paris X, 2005.

V

VANDANGEON Solène, *Étude du public du musée Rodin*, mémoire de stage master 2 Métiers de la culture, sous la direction de Clémence GOLBERGER, université de Lille III, 2006.

VAN PRAËT Michel, «Connaître ses visiteurs, démarche douloureuse ou aide à la création des expositions», *in* B. PELLEGRINI (dir.) *Sciences au musée, sciences nomades*, Genève, Georg éd., 2003, pp. 199-214.

VAREILLE Emmanuelle, *L'Entretien comme méthode et situation d'enquête: le cas de l'évaluation muséale, thèse de doctorat en sciences de l'information et de la communication*, université d'Avignon et des Pays du Vaucluse, 2001.

VENNETIER Lorène, HABIB Marie-Claire, DE MENGIN Aymard, *Entretiens de l'étude auprès des visiteurs de l'exposition* Quel travail?, Cité des sciences et de l'industrie, DEP, 2001 (juillet).

VERDIER Olivier, *Le Désenchantement du réel dans l'art contemporain: la mise en place de la médiation humaine au Palais de Tokyo*, mémoire de sociologie sous la direction de Dominique DESJEUX, Jacqueline EIDELMAN, université Paris V, faculté des sciences humaines et sociales, 2002, p. 92.

VERDIER Olivier, CLAIS Jean-Baptiste, EIDELMAN Jacqueline, *Étude de réception de l'exposition* Le Canada vraiment, Cerlis, 2004, p. 80.

VERGARA-BASTIAND A, «Les publics de l'art contemporain: le cas du Magasin de Grenoble», *Publics & Musées* n°16: Actes du colloque «Les publics de l'art contemporain» (7 avril 2000), 2001.

VERNIER Jean-Marc, «Publics du projet "51, rue de Bercy": publics potentiels, nouveaux publics?», *Les Publics des équipements culturels*, Paris, ministère de la Culture et de la Communication/Mission de réalisation du 51, rue de Bercy, 2001, pp. 203-212.

VIALLET Maud, *L'Innovation dans l'action culturelle*, mémoire de stage, université de Picardie Jules-Verne, 2005.

VIEL Annette, GAGNIER Pierre-Yves, *Musées d'Amériques. Mission 2005. Rapport de synthèse*, Muséum national d'histoire naturelle, département des galeries, 2005, p. 81.

VILATTE Jean-Christophe, GOTTESDIENER Hana, «A temporary exhibition versus permanent collections in a museum: influence of what motivated the visit on the behavior and satisfaction of the visitors», *16th Congress of the International Association of Empirical Aesthetics, New York*, August 9-12-2000.

VILRET Delphine, *Étude des publics château de Grignan. Résultats de l'enquête réalisée aux mois de mars, d'avril et de mai 2005*, université Michel-de-Montaigne Bordeaux III, UFR d'histoire de l'art et de l'archéologie, 2005.

VITALBO Valérie, «Comment le public utilise-t-il les repères de guidage de l'activité de visite?», *La Lettre de l'Ocim*, n°74, 2001, pp. 17-24.

VITALBO Valérie, *Musée, signalétique et conceptualisation de l'activité de visite*, thèse de doctorat en communication, université d'Avignon et des Pays du Vaucluse, 2006.

VOL Alexandre, BERNIER Roxane, *Pratiques et représentations des utilisateurs de sites-musées sur Internet*, université Paris 8/Cerem, 2000.

W

WASSERMAN Françoise (responsable éditoriale), GOLDSTEIN Bernadette (coordination), *Musées, connaissances et développement des publics*, Journées d'études 6 avril 2004, Paris, DMF/musée national des Arts et traditions populaires, 2005, p. 172

참고문헌

447

찾아보기

찾아보기

마리피에르 베라(Marie-Pierre Béra)

정치학(정치대학교 IEP)과 박물관학(전문연구과정 수료증 DEP)을 전공한 후 유대교예술역사박물관에서 관람객 연구를 맡고 있다. 표상 연구와 매개 사용, 관람객에 대한 지식을 통해 박물관의 위치를 성찰하고 있다.

이메일 주소: mpbera@mahj.org

레지 비고(Régis Bigot)

경제학 박사이며, 2001년부터 생활환경연구관찰연구센터에서 '프랑스인의 삶의 조건과 욕구(Conditions de vie et aspirations des Français)'에 대한 설문조사를 총괄했으며, 현재는 센터장직을 맡고 있다. 연구 목표는 생활환경연구관찰연구센터가 진행하는 설문조사를 통해 프랑스인의 행태와 의견에 대한 분석이다.

이메일 주소: bigot@Crédoc.fr

나탈리 캉디토(Nathalie Candito)

「관람 경험과 수용방식. 순회전시, 차이점과 관람객(*Expérience de visite et registres de la réception. L'exposition itinérante La Différence et ses publics*, 2001)」이라는 논문으로 아비뇽 대학교에서 정보통신학(박물관학 전공) 박사과정을 수료한 후 리옹에 위치한 콩플루앙스박물관의 '박물관 개발과 전략부'에 평가팀을 만들었으며, 현재 박물관에서 평가와 연구에 대한 책임을 맡고 있다.

이메일 주소: nathalie.candito@rhone.fr

세르주 쇼미에(Serge Chaumier)

문화사회학을 전공했으며 관람객 연구와 전시 평가, 사회박물관과 에코뮤지엄 및 생태학박물관과 관련된 문제, 문화유산의 개념, 거리예술 분야의 전문가로 활동했다. 부르고뉴 대학교 드니-디드로 학부의 교수로서 문화예술경영 석사과정의 박물관학과 박물관기술학을 맡았으며, 현재는 아르토아 대학교에서 교수로 재직하고 있다.

이메일 주소: serge.chaumier@u-bourgogne.fr

프랑수아 슈발(François Cheval)

프랑슈 콩테 대학교에서 역사학과 민족학을 전공했으며, 1996년 사진의 역사 및 사용을 다루는 니세포르-니에프스박물관(Musée Nicéphore-Niepce)의 관장직을 맡아서 현재까지 활동하고 있다. 또한 예술가와 역사학자, 기술자, 연구자와의 협력을 통해 박물관기술학의 혁신적 반전에 주력했다.

이메일 주소: musee.niepce@chalonsursaone.fr

파브리스 드니즈(Fabrice Denise)

역사를 전공하고 고대 아를과 프로방스박물관(Mapa)에서 보존처리사로 활동했으며, 프랑스박물관관리청의 관람객 부서와 감독국을 거쳐 2000년에는 고대 아를과 프로방스박물관(Mapa)에 관람객 부서를 설치하는 임무를 맡았다.

이메일 주소: fabrice.denise@cg13.fr

세브린 드사장(Séverine Dessajan)

카메룬인의 정체성을 다룬 연구로 인류학 박사학위과정[사회과학고등연구원(EHESS)]을 수료했으며, 사회관계연구센터에서 비정규직 연구원으로 활동했다. 잠재 관람객의 동기와 기대에 대한 포괄적인 접근을 통해 인간박물관의 재창립을 위한 작업을 총괄했으며, 현재는 파리의 데카르트 대학교에서 기술전문가로 활동하고 있다.
이메일 주소: severinedessajan@hotmail.com

자클린 에델망(Jacqueline Eidelman)

박물관 관람 빈도 전문가로서 사회학자인 동시에 국립과학연구소의 연구자, 파리 데카르트 대학교의 연구지도교수로 활동했다. 또한 사회 관계연구센터의 '예술, 문화 그리고 소비(Arts, cultures et consomma-tions)' 부서와 함께 아비뇽 대학교와 파리 국립자연사박물관의 박물관학 석사과정 연구소를 공동으로 운영했다. 현재 국립과학연구센터와 프랑스박물관관리청의 관람객상설관찰소 소장을 맡고 있다.
이메일 주소: jacqueline.eidelman@univ-paris5.fr

아녜스 갈리코(Agnès Galico)

자연인문학 박물관학 박사논문제출자격증(DEA)을 취득했으며, 박물관학자인 동시에 보존처리사다. 10년간 홍보 분야에서 활동한 경험을 바탕으로 박물관에서 다양한 문화 작업을 실행했다.
이메일 주소: galico_agnes@yahoo.fr

필리프 지메(Philippe Gimet)

미술사를 전공했으며, 2000년 과학 및 신기술 프로그램을 담당한 세계 프랑스어교수연합회(FIPF)의 제10대 부회장을 역임했다. 2001년부터는 르 트루아지엠 폴의 연구책임자와 파트너를 맡았다. 현재 문화공학그룹(Cultural Engineering Group)의 설립자이자 경영자로 활동함과 동시에 문화협력연구소(Institut de Coopération pour la Culture)의 임원을 맡고 있다.
이메일 주소: info@letroisiemepole.com

461

베르나데트 골드스탕(Bernadette Goldstein)

역사학자이자 미술사학자이며, 2001년부터 프랑스박물관관리청의 관람객 부서에서 관람객에 대한 지식, 교육 활동, 문화 보급에 대한 책임을 맡고 있다.

이메일 주소: bernadette.goldstein@culture.gouv.fr

하나 고트디에너(Hana Gottesdiener)

파리 낭테르 대학교의 심리학과 교수인 동시에 아비뇽 대학교의 문화와 소통연구소의 연구원, '문화와 박물관(Culture et Musées)'의 대표이사 겸 공동편집장으로 활동하고 있다.

이메일 주소: hana.gottesdiener@wanadoo.fr

코린 게즈(Corinne Guez)

프랑스국립도서관(BNF)의 인사과에서 근무한 경험을 갖고 있으며, 국립고고학박물관의 사무장을 역임했다.

이메일 주소: corinne.guez@culture.gouv.fr

마리클레르 아비브(Marie-Claire Habib)

과학산업박물관 평가전망 부서의 책임자를 역임했다. 또한 발견의 전당, 퐁피두센터의 공립도서관, 오르세미술관, 루브르박물관, 과학산업박물관 등 다수 문화기관과의 연구 계약을 통해 관람객과 문화사회학에 대한 연구를 수행했다.

이메일 주소: mc.habib@cite-sciences.fr

다니엘 우바르(Danièle Houbart)

2002년부터 그르노블박물관 사무장직을 맡았으며, 박물관장 기 토사토를 지원하는 행정 업무를 담당했고, 문화 기획의 실행에도 참여했다. 현재 그르노블박물관에서 메세나 담당자로 활동하고 있다.
이메일 주소: daniele.houbart@ville-grenoble.fr

다니엘 자코비(Daniel Jacobi)

아비뇽 대학교의 정보통신학부에서 박물관학 담당 교수이자 '문화와 소통(Culture et Communication)' 연구소의 소장으로 활동하고 있으며, 프랑스 남부지역에서 다수의 관람객 연구를 주도했다.
이메일 주소: daniel.jacobi@univ-avignon.fr

안 종슈리(Anne Jonchery)

미셸 방 프라에 교수의 지도 아래 「가족이 박물관을 방문할 때: 문화논리에 따른 관람활동(*Quand la famille vient au musée: des pratiques de visites aux logiques culturelles*)」이라는 논문으로 국립자연사박물관에서 박물관학 박사학위를 취득했다. 특히 국립자연사박물관을 위해 다수의 관람객 연구와 전시물 감정을 담당했다. 현재 프랑스 문화통신부에서 연구책임자로 활동하고 있다.
이메일 주소: jonchery@mnhn.fr

크리스토프 코롤(Christophe Korol)

폴란드의 TV 기자 출신의 경제학자로서 국립문화재문화유적센터(Monum)에서 연구자와 관람객관찰소의 책임자로 활동했다.
이메일 주소: christophe.korol@monum.fr

안 크레브스(Anne Krebs)

자문연구소에서 프랑스·유럽의 기업과 지역적 집합체의 문화 프로젝트 연구, 자문, 지원 임무를 수행한 후 루브르박물관 연구평가전망부의 책임자로 활동했으며, 현재는 루브르박물관의 연구조사 부서장을 맡고 있다. 브루노 마레스카와 함께 "박물관의 혁신(Le Renouveau des mu-sées)"[정치사회 문제, 도큐망타시옹 프랑세즈 910호, 파리 2005년 3월 (Problèmes politiques et sociaux n°910, La Documentation française, mars 2005, Paris)]이라는 글을 발표했다.

이메일 주소: anne.krebs@louvre.fr

크리스틴 라멜(Christine Laemmel)

정성적 방법으로 커뮤니케이션과 평가를 실행하는 전문연구소(Agence Marketing freelance)의 소장이며, 관람객 연구 분야에 속하는 다수의 문화기관에 자문을 제공하고 있다. 스트라스부르의 루이 파스퇴르 대학교 (Université Louis-Pasteur)의 과학기술 커뮤니케이션 석사과정 운영에 참여하고 있다. 2003년 '과학기술산업문화를 개발하기 위한 박물관협회'(AMCSTI)로부터 '디드로 문화상(Diderot de l'initiative culturelle)' 을 수여했다. 스트라스부르의 동물학박물관이 개최한 〈나는 만지고, 너는 보고, 우리는 동물을 발견한다(Je touche, tu vois, nous découvrons les animaux)〉가 이 문화상을 수상했으며, 이 전시의 연구책임자로 참여했다.

이메일 주소: c.laemmel@libertysurf.fr

세실 라투르(Cécile Latour)

현대문학 석사학위와 미술사 학사학위를 갖고 있으며, 1990년 5월 1일부터 샤토 드 포 국립박물관의 사무장으로 현재까지 활동하고 있다. 1981년부터 1990년까지 일반 행정처에서 인사 행정을 맡으면서 인사 안내, 개인 보안 등의 부서에서 책임자를 역임했으며, 문화통신부에서 다수의 직책을 맡은 경력을 갖고 있다.

이메일 주소: cecile.latour@culture.gouv.fr

조엘 르 마렉(Joëlle Le Marec)

정보통신과학에 대한 연구지도 자격을 지닌 부교수로서, 2001년부터 리옹고등사범학교 연구소 C2So를 이끌고 있다. 1989년 과학산업박물관에 전시평가 부서를 만들고 운영에 대한 책임을 맡았으며, 1997년부터 릴르 제3 대학교에서 재직하고 있다. 연구는 주로 관람객의 활동, 관람객과 박물관의 관계에 집중되었다. 또한 문화기관(박물관과 도서관), 특히 관람객의 활동에 바탕을 둔 매개 장치를 개발하는 것을 목적으로 한 행동 연구의 관점에서 정보통신기술 사용에 관한 연구를 주도하며 실행하고 있다. 또한 연구팀과 함께 박물관과 미디어와의 관계, 과학(자연과학과 인문과학) 담론의 확산에 관한 성찰을 진행했다. 현재 파리 디드로 대학교에서 교수로 재직하고 있다.

이메일 주소: jlemarec@ens-lsh.fr

마리옹 르메르(Marion Lemaire)

국립자연사박물관의 박물관학, 과학과 사회 2 마스터 학위(2006년도 입학) 소지자이며, 현재 멘에루아르(Maine-et-Loire)에 소재한 루아르 에 모주(Loire et Mauges) 환경상설센터(CPIE)에서 유물과 관련된 활동을 담당하고 있다. 이 지역의 7개 박물관을 연계한 네트워크의 기획(보존, 전시, 관람객 수용)에 대한 자문 및 지원을 제공하고 있다. 지질학을 전공했으며, 툴루즈자연사박물관(Muséum d'histoire naturelle de Toulouse)과 귀엘르-루주(Gueules-Rouges)[83, 투르베 지역(Tourves, 83)]의 소장품 부서에서 재직한 경력을 갖고 있다. 현재 모르방 에코뮤지엄(Écomusée du Morvan)에서 문화유산보존 담당관으로 재직하고 있다.

이메일 주소: m-lemaire@paydesmauges.fr

저
자

소
개

465

브루노 마레스카(Bruno Maresca)

사회학자이며 생활환경연구관찰연구센터의 연구소장이다. 관람객 정책평가팀의 책임자로서, 프랑스인의 문화활동과 문화소비에 대한 전문가다. 올리비에 도나와 함께 도큐망타시옹 프랑세즈(La Documentation française, 2003, Paris)에 "문화활동에 대한 엇갈린 전망(*Regards croisés sur les pratiques culturelles*)"이라는 글을 기고했다.

이메일 주소: maresca@crédoc.fr

에마르 드 망장(Aymard de Mengin)

파리 경영대학교(HEC)에서 학위를 받은 사회학자로 과학산업박물관 평가전망 부서의 책임자다. 이 부서는 1986년 박물관 개관과 함께 정량적·정성적 연구를 실행하는 관람객관찰소를 설치했다. 1991년 취임 이래 예측 작업, 특히 잠재 관람객에 관한 연구와 기존의 프랑스 관람객과 비관람객의 과학기술적 관심에 관한 설문조사를 실행했다. 평가전망 부서는 그의 책임 아래 1986년부터 2004년에 이루어진 연구를 통합해서 2005년에 하나의 연구로 완성했다. 과학산업박물관에 입사하기 전에는 공기업의 경영 부서에서 재직했다.

이메일 주소: a.demengin@cite-sciences.fr

클레르 메를로퐁티(Claire Merleau-Ponty)

에콜 드 루브르의 국제교환 프로그램의 책임자다. 새싹박물관(Musée en herbe) 설립에 참여했고, 누메아박물관(Musée de Nouméa)에서 청소년 관람객 부서를 개설했다. 또한 국립아프리카·오세아니아미술관의 문화활동 책임자, 기메박물관(Musée Guimet) 문화개발부의 책임자를 역임했다. 30여 권의 저서를 저술했고, 50여 개의 전시에서 책임자로 활동했다. 현재 에콜 드 루브르에서 박물관학을 가르치고 있다.

이메일 주소: c.merleau-ponty@ecoledulouvre.fr

델핀 미에주(Delphine Miège)

아비뇽 대학교(Université d'Avignon)에서 커뮤니케이션 박사학위를 취득했다. 특히 현대 미술 전시와 박물관에서 텍스트 배치와 텍스트에 대한 관람객의 지각에 대해 연구하고 있다. 이 주제에 대해 다수의 연구를 실행했고, 정보통신학연구소(Laboratoire Culture et Communication)에서 다니엘 자코비 교수 지도하에 「현대미술의 매개 텍스트에서의 예술가 존재의 형태: 인용의 메커니즘과 문제점(Formes de présence de l'artiste dans les textes de médiation de l'art contemporain: mécanismes et enjeux de la citation)」이라는 논문을 썼다.
이메일 주소: delphinemiege@hotmail.com

실비 옥토브르(Sylvie Octobre)

사회학 박사학위, 문화기관경영 DESS 학위 소지자로 루브르박물관에서 관람객 연구 및 개발 담당자를 역임했으며, 이후 문화통신부의 연구전망통계과에서 책임연구원으로 활동하면서 특히 15세 이하의 문화활동에 대한 연구 프로그램을 진행하고 있다. 현재까지 문화통신부의 연구전망통계과에서 연구책임자로 재직하고 있다.
이메일 주소: sylvie.octobre@culture.gouv.fr

마리-클라르테 오닐(Marie-Clarté O'Neill)

국립유산기구(INP) 학예연구실의 실장으로 초기에는 교육담당자로 활동했으며, 에콜 드 루브르에서 교육과 연구를 맡고 있다. 소르본 대학교(Sorbonne)에서 예술사 석사학위를 취득했으며, 프랑스와 미국을 중심으로 다양한 과학 카탈로그에 대한 연구를 실행했다. 프랑스박물관관리청에서 다양한 유형의 관람객에 대한 문화활동을 담당했고, 세브르(Sèrves) 소재 국립세라믹박물관(Musée national de la Céramique)에서는 관람객 봉사를 담당했으며, 프랑스박물관관리청 교육국(조직, 채용,

저
자

소
개

467

교육)에서 재직한 경력을 갖고 있다. 이후 에콜 드 루브르의 매개와 커뮤니케이션 연구(유산학교), 에콜 드 루브르 학부(2ème Cycle)의 박물관학과 국제관계과정을 맡아서 운영했으며, 캐나다 몬트리올 대학교의 겸임연구원으로도 활동하고 있다.

이메일 주소: marie-clarte.oneill@inp.fr

에마뉘엘 파리(Emmanuel Paris)

파리 13대학교(Université Paris XIII) 정보통신과학과 부교수로 과학 전시 기획에 대한 전문 석사과정 운영을 맡고 있다. 최근 환경주의와 관련된 전시의 관람객에 대한 조사 결과인 "설득의 통로: 기후 변화에 대한 커뮤니케이션, 관련 기관, 압력 단체의 이용 방법(*Les couloirs de la persuasion. Usages de la communication, tissu associatif et lobbies du changement climatique*)"이라는 글을 "탐구" 총서(La Découverte, coll. Recherches, 2007, pp. 227-244)인 아미 다앙 달메디코(Amy Dahan Dalmedico)가 쓴 "미래의 모델: 기후변화와 경제 시나리오, 과학적·정치적 문제점(*Les Modèles du futur. Changement climatique et scénarios économiques: enjeux scientifiques et politiques*)"에 발표했다.

이메일 주소: paris@sic.univ-paris13.fr

마르크 플로키(Marc Plocki)

영업팀 경영의 전문가로 문화 영역에서도 활동하고 있다. 역사를 전공했으며, 프낙(Fnac)에서 9년간 근무하면서 서점 운영에 대한 지식을 습득했다. 루브르박물관의 피라미드 신관에 서점을 개설할 때, 국립박물관협회에 합류해서 8년 동안 서점 작업을 하다가 결국 영업 부서를 만들었다. 교육상품부의 판매이사로서 그 능력을 인정받게 됨에 따라 3년 전부터는 인터넷 교육의 새로운 도구 확산에 주력하고 있다. 오르세미술관 관람객 봉사 부서의 책임을 맡으면서 살아있는 문화의 장소를 대표하는 박물관 세계와 새로운 관계를 맺는 기회를 갖게 되었다.

이메일 주소: marc.plocki@musee-orsay.fr

마리실비 폴리(Marie-Sylvie Poli)

그르노블 제2 피에르 망데스 프랑스 대학교(Université Pierre-Mendès-France de Grenoble II)의 언어과학전공 교수다. 문화 표상과 활동에 관한 사회학연구소(Laboratoire CSRPC)의 박물관학 및 문화사회학 연구원으로도 활동하고 있다. 특히 박물관의 매개 담론, 지식에 대한 담론으로서의 전시, 관람객 수용 방법에 대한 연구를 실행했다. 현재 아비뇽 대학교에서 교수로 재직하고 있다.

이메일 주소: marie-sylvie@upmf-grenoble.fr

멜라니 루스탕(Mélanie Roustan)

파리 데카르트 대학교(Université Paris Descartes)에서 민족학과 사회학 박사학위를 취득했으며, 1999년부터 사회관계연구센터의 겸임연구원으로 활동했다. 자클린 에델망 교수의 과학적 지도에 따라 관람객의 수용에 대한 연구와 전문적인 업무에 수차례 참여했다. 더 나아가 유형적 문화의 문제점에 대해, 그리고 사회 차원에서뿐 아니라 개인 차원에서 전시물이 '문화를 형성하는(font culture)' 방법에 대해 특별한 관심을 쏟고 있다. 2003년 안 몽자레(Anne Monjaret)와 자클린 에델망과 함께 "MAAO 회고록"[MAAO Mémoires, 마르발(Marval)출판사]을 저술했는데, 이 책은 폐관하는 국립아프리카·오세아니아미술관에서의 "생생한 기억(mémoires vives)"과 과거의 물질적 흔적을 교차시킨 민족학적 내용을 담고 있다. 2007년에는 라르마탕(L'Harmattam) 출판사에서 『객체의 지배? 물질적 문화와 자율성(Sous l'emprise des objets? Culture matérielle et autonomie)』을 출간했다. 현재 국립자연사박물관에서 부교수로 재직하고 있다.

이메일 주소: melanieroustan@yahoo.com

저
자
소
개

469

미셸 방 프라에(Michel van Praët)

국립자연사박물관의 교수이자 전시실 부서의 수장으로서 '진화대전시실(Galerie de l'Évolution, 1987~1994)' 프로젝트를 주도했다. 또한 박물관의 석사과정에서 박물관과 과학전시사를 가르쳤다. 국제박물관협의회(ICOM)의 프랑스 위원회 회장을 역임했으며, 현재 국제박물관협의회의 실행위원회와 윤리위원회의 위원직을 맡고 있다. 현재 국립자연사박물관의 명예교수로 재직하고 있다.
이메일 주소: vanpraet@mnha.fr

장크리스토프 빌라트(Jean-Christophe Vilatte)

낭시 제2 대학교(Université Nancy II)의 교육과학 부교수로 재직하고 있으며, 아비뇽 대학교의 문화와 커뮤니케이션 연구소(Laboratoire Culture et Communication)의 연구원을 겸직하고 있다. 학교와 박물관에서의 예술 교육에 관한 연구를 실행했으며, 전시 및 박물관 평가에도 참여했다. 또한 현대 미술에 관한 매개 전문가를 대상으로 교육 프로그램을 운영했다.
이메일 주소: jean-christophe.vilatte@univ-avignon.fr

역자 소개

이보아

성균관대학교 문헌정보학과를 졸업하고, 동 대학원에서 미술학 석사학위를 받았다. 미국 뉴욕대학교를 거쳐 플로리다주립대학교에서 문화예술경영학 박사학위를 취득했다. 중앙대학교, 경희대학교, 숙명여자대학교, 추계예술대학교, 서강대학교 교수를 역임했으며, 문화관광부 및 문화재청 등에서 문화정책입안에 참여했다. 현재 중앙대학교 예술공학대학 컴퓨터 예술학부에 재직하며, 디지털 미디어와 관련된 다수의 프로젝트와 융합적 관점에서 관람객 연구를 수행하고 있다. 저서로는 『박물관 테크놀로지』, 『박물관 경영과 마케팅』, 『인류에게 왜 박물관이 필요했을까』, 『박물관 현상학』, 『루브르는 프랑스 박물관인가』, 『예술과 경영』, 『컬덕시대의 문화마케팅』, 『문화경제학과 만나기』, 『박물관학 개론』, 『성공한 박물관 성공한 마케팅』, 『박물관 영화를 유혹하다』, 『박물관 창조도시, 영월』 외 다수가 있고, 역서로는 『관람객과 박물관』, 『문화예술기관의 마케팅』, 『21세기 박물관 경영』, 『박물관 경영 핸드북』 등이 있다. 이 외에도 박물관 경영, 관람객 연구, 박물관 테크놀로지, 디지털 전시에 대한 다수의 논문이 있다.

조예슬

파리 제3 대학교(Université Sorbonne Nouvelle - Paris 3)에서 영화학을 전공했다. 시드니, 뮌헨 등지에서 한국영화제 행사 및 전시 프로모션 관련 업무를 수행했으며, 현재 전시기획사에 재직 중이다.